U0610619

纪念中国岩画现代研究保护一百周年论文集萃

（下册）

王建平　主编

科学出版社
北京

内 容 简 介

我国是岩画大国，目前据不完全统计，已记录全国28个省市自治区、120多个县市区的1300余处岩画区（点）计有百万幅以上，占世界岩画总遗存的1/5。随着我国经济发展和民族振兴，国家对岩画的研究与保护越来越重视。越来越多的专家学者投入到对岩画的调查与研究中。在纪念中国岩画现代研究百年之际，我们编辑出版了这本《纪念中国岩画现代研究保护一百周年论文集萃》，因篇幅有限，本书共收集了77篇论文，截稿至2020年。还有许多专家学者的专著与论文未能收纳，待未来补篇奉献。谨以本书纪念中国岩画现代研究保护一百周年。

本书可供岩画学界的专家学者，岩画研究保护单位、考古单位、博物馆、图书馆，高校相关专业师生，以及岩画爱好者、志愿者和社会读者参考阅读。

图书在版编目（CIP）数据

纪念中国岩画现代研究保护一百周年论文集萃：全2册 / 王建平主编. — 北京：科学出版社，2023.7
ISBN 978-7-03-051370-0

Ⅰ.①纪… Ⅱ.①王… Ⅲ.①岩画–中国–文集 Ⅳ.①K879.424-53

中国版本图书馆CIP数据核字（2016）第315430号

责任编辑：王琳玮 / 责任校对：张亚丹
责任印制：肖 兴 / 封面设计：金舵手

科学出版社 出版
北京东黄城根北街16号
邮政编码：100717
http://www.sciencep.com

河北鑫玉鸿程印刷有限公司 印刷
科学出版社发行 各地新华书店经销
*
2023年7月第 一 版 开本：787×1092 1/16
2023年7月第一次印刷 印张：56
字数：1 330 000
定价：**398.00元**（全二册）
（如有印装质量问题，我社负责调换）

西南系统岩画篇

广西岩画研究简述

胡鹏程

（广西民族博物馆）

岩画作为全球性的一种文化现象，是指在岩穴、石崖壁面和独立岩石上的彩画、线刻、浮雕的总称[①]。中国岩画是世界岩画的重要组成部分，根据制作技法、分布范围、内容主题等可划分为北方、西南、东南三大系统。北方系统岩画是中国北方草原地区狩猎、游牧民族的作品，以凿刻为主，范围大、数量多，内容以动物为主，风格较写实；东南沿海地区岩画表现内容主要为抽象的图案，在技法上也以凿刻为主；西南系统岩画则以红色颜料涂绘为主，内容包括人物、动物、符号等。广西岩画是西南涂绘系统岩画的典型代表。

一、广西岩画简介

广西地处中国西南边陲，境内岩画主要以红色涂绘为主。目前，共发现岩画点113处，主要分布于桂南的左江流域、桂西的右江流域，桂中、桂北地区也有少量分布（图一）。广西岩画内容、表现形式以及所蕴藏的观念意识与社会发展有着密切的联系。广西岩画在时间上大致经历了人头山岩画、左江花山岩画和桂西、桂中、桂北岩画三个阶段[②]（表一）。

---

① 陈兆复、邢琏：《原始艺术》，上海人民出版社，1998年。

② 陈远璋：《广西岩画的发展与演变》，《广西博物馆文集》，广西民族出版社，2012年，第236页。

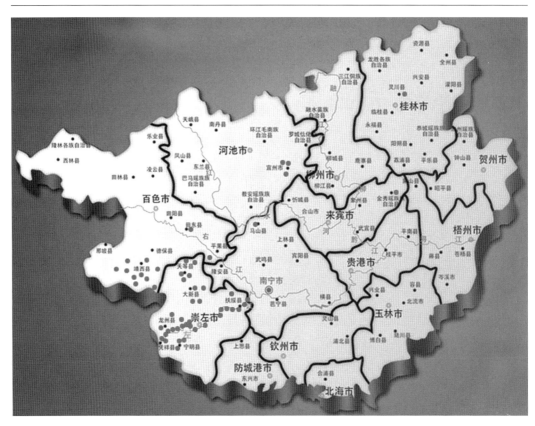

图一　广西岩画分布图

表一　广西岩画分部区域一览表

地理范围	行政区属	岩画处数
桂南地区85处（左江花山岩画）	凭祥市	3
	龙州县	21
	宁明县	5
	崇左市（江州区）	29
	扶绥县	27
桂南、桂西地区26处（包括左、右江流域及相邻区域）	大新县	6
	天等县	3
	靖西县	13
	田东县	1
	马山县	1
	宜州市	2
桂中地区1处	金秀瑶族自治县	1
桂北地区1处	灵川县	1

由于广西岩画的研究重点多集中在左江花山岩画，因此，本文也重点介绍这方面的研究情况和相关成果。

二、左江花山岩画研究

左江，又称丽水，是贯穿广西西南部的一条河流。在左江及其支流明江、平而河沿岸及其附近的峰林断崖峭壁上，分布有大量的赭红色岩画。岩画以人像为主，以动物、器物、符号为辅，以祈求风调雨顺、农业丰产、人丁繁衍、民族兴旺为主题，具有原始宗教的意义，是群体性祭祀场景的真实记录。

这些岩画点的选址一般距江面50～100米的地方，多位于江水转弯处。目前，在左江流域发现的80余个岩画点，呈间断性分布于广西崇左市所辖的7个县（市、区）境内，绵延数百里，形成一道奇特的岩画艺术长廊，被学术界称为"左江花山岩画"或"左江岩画"（图二）。其中又以宁明花山岩画最为典型。

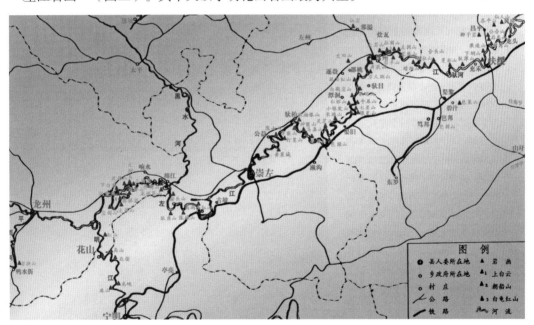

图二　左江花山岩画分布图

宁明花山岩画是目前为止，中国发现的单体面积最大、内容最丰富、保存最完好的一处岩画，长约172、高约50米，面积8000多平方米，可辨认的图像有1800多个，以人像为主，最大的高达3、最小的约0.3米。整幅岩画气势恢宏，内容丰富（图三）。

图三　花山岩画局部图

（一）前人关于左江花山岩画的研究及成果

　　历代史籍对于左江花山岩画的记载既少且晚，使得这一璀璨的历史文化艺术瑰宝长期"藏在深山无人知"。今人对左江花山岩画的系统调查研究是从20世纪50年代开始的。现对历年来的大规模调查研究工作汇总如下。

　　（1）1956年8月，广西少数民族社会历史调查组与中央民族学院部分师生对左江花山岩画进行了科学考察，在明江下游沿岸新发现7个岩画点，并在珠山岩画附近岩洞采集到铜斧、网坠、骨针、粗绳纹硬陶片等文物[①]。

　　（2）1962年7月，广西民族事务委员会组织专家考察团（多学科），对左江花山岩画进行全面调查，新发现岩画43处。此次调查之后，编写出版了《花山岩壁画资料集》[②]。

　　（3）1985年，广西壮族自治区人民政府邀请区内外专家学者再次考察左江花山岩画。先遣队一行7人历时三个月，将调查所得材料写成《左江流域崖壁画考察报告》。11月，80多名教授专家重点考察了十几个岩画点，并举行了学术研讨会[③]。

　　（4）1986年10月，广西地矿局和地质科学研究所组成考察队，对42个岩画点从地

---

　　① 覃圣敏、覃彩銮、卢敏飞、喻如玉：《广西左江流域崖壁画考察与研究》，广西民族出版社，1987年，第15页。

　　② 覃圣敏、覃彩銮、卢敏飞、喻如玉：《广西左江流域崖壁画考察与研究》，广西民族出版社，1987年，第15页。

　　③ 覃圣敏、覃彩銮、卢敏飞、喻如玉：《广西左江流域崖壁画考察与研究》，广西民族出版社，1987年，第16页。

层、岩石、古生物、沉积相、地质构造、地貌、地质发展史等方面进行了调查研究。

（5）1991年1月，广西文化厅组织文物研究、综合勘察、遥感测绘、水文地质等方面的专家团队，对左江花山岩画保护及地质情况进行了详细调查，提出了"左江花山岩画地质环境病害及防治对策的意见"，测绘了1/500花山立壁岩体环境工程地质图、1/10000花山地质图、1/50花山立壁岩体环境工程地质图、1/500花山岩体工程地质剖面图，并进行了岩矿成分鉴定。

（6）2004年11月，广西测绘局航空遥感测绘设计院对宁明花山进行岩画近景摄影，制作完成了1/20DOM岩画影像接合全图50张。

（7）2005年1月，广西测绘局航空遥感测绘设计院历时一个多月，实测了宁明花山保护范围地形图，完成了两平方米的1：500及1：2000的地形图绘制。

（8）2007～2011年，在第三次全国文物普查工作中，各市县对左江花山岩画又进行了一次全面的考察，对所有岩画点均做了翔实的资料登记，充分了解了左江花山岩画的保存现状以及周边考古遗址分布情况。

（9）2009年12月，广西文物局组织考察队开展左江文化遗址调查，在明江与丽江、左江交汇的三江口发现了一汉城遗址。

（10）2010年9月，广西文物局组织申遗办、考古所、南宁市博物馆及宁明、龙州、江州、扶绥等四县开展左江岩画遗址调查，历时三个月，新发现新石器晚期古墓葬一处，出土一批具有研究价值的石器，并确定把宁明花山贝丘遗址作为探掘点之一。

多年来，我们对左江花山岩画的调查研究一直都没有停歇。除规模以上的调查研究之外，小规模的专题调查多达上百次。所取得的研究成果在国内岩画研究领域最为丰富，同时也引起世界岩画学界的关注。通过系统的调查研究，基本弄清了岩画族属、作画年代、工具材料、画面内容、艺术风格等方面的问题，逐步揭开了左江花山岩画的神秘面纱（表二）。

表二　左江花山岩画相关研究及结论简表

研究	结论
作画族属	左江花山岩画是骆越部族或部落联盟中居住在左江流域的氏族及部落所绘制
岩画断代	从周代一直延续到汉代，即青铜时代晚期至铁器时代早期，公元前5～公元2世纪
工具材料	画笔为软笔；颜料为三氧化二铁（Fe_2O_3）为主的铁系天然矿物颜料，即赤铁矿，混合新鲜植物树液作为黏合剂按照适当比例调配而成
岩画内容	以人像为主，以动物、器物、符号为辅，是群体性祭祀场景的真实记录，表现的是祈求风调雨顺，农业丰产，人丁繁衍，民族兴旺的主题
接近崖壁方式	自下而上攀援法、直接搭架法、自上而下悬吊法、高水位浮船法

（二）左江花山岩画研究新成果

2012年以来，在前人研究的基础上，我们再次在民族学、考古学、年代学岩画本体和岩画数字化等方面，开展了深入细致的研究工作，取得了一系列新的研究成果。

1. 岩画区域村寨调查

2012年以来，广西民族博物馆成立岩画区域村寨调查小组，围绕着整个左江流域岩画群展开了调查，试图以典型性村落中的居民为调查对象，探寻与岩画相关的人文信息。通过调查，找到与岩画相关的信息有：①濑江屯南海观音庙中，仙婆的剪纸图案"人骑马"中的"倒八字"头饰与岩画中的头饰相似。②调查区域保存着水葬习俗，水葬地点是河流转弯处，这与岩画点的选址相吻合。③端午节当地人为祭河神而展开赛龙舟活动，赛龙舟形象与岩画中羽人划船图案相似。④河道转弯处的台地受河流冲刷，使河流改道，居住在台地上的居民随之搬迁到更高的地方居住。因此居民有搬迁的习俗。⑤从流传的山歌中，可以看出当地居民与河流相互依存又相互斗争的关系。⑥从当地居民耕作水稻的面积和水稻产量可以分析该区域的人口数量。

一处文化的产生，必然与其主要的经济活动、相关的社会模式相联系。这些信息的获得说明左江岩画文化的产生必然与当地居民的文化有着不可割舍的联系。

2. 岩画数字化记录与应用

随着岩画研究技术、手段和方法不断更新，数字化技术正广泛运用于岩画的记录、监测、保护、研究和开发利用等各个方面。为推动广西岩画事业的发展， 2012年10月，广西民族博物馆与湖北省海达文化遗产保护科技研究院合作，基于GIS系统，运用三维激光扫描、无人机航拍、正摄影像、360°环拍等技术手段，对左江流域25处岩画点进行了精确的数字信息采集，获取了25处岩画点的原始数据，进一步修正、补充和完善了前人在岩画本体记录上的不足。

通过该项目的实施，人们获得了左江岩画三维GIS展示系统、25处岩画点岩画数字拓片、岩画场景航拍图和正摄影像图、岩画场景360°全景影像、3处岩画点的三维动画展示等一批数字化成果。

这些数字化成果为当前各学科领域研究、岩画保护和修复、岩画基础数据库建立、岩画申遗工作、岩画博物馆陈列展览等，提供了精确的图像资料及数据支持；同时也为岩画的数字化体系（记录、监测、保护、开发利用）的建立提供了帮助。

3. 岩画点周边遗址考古发掘

2013年8～12月，广西文物保护与考古研究所联合中国社会科学院考古研究所等多家单位，组成20多人的考古调查与试掘组，在龙州、宁明、江州、扶绥等地开展了为期4个多月的左江流域考古调查与试掘。

通过此次考古调查、试掘和研究，人们进一步摸清了左江流域尤其是岩画周边古代文化分布的状况，丰富了岩画和考古文化类型，粗略勾画出区域文化脉络，为左江岩画的源流研究提供了实物证据，促进了岩画系统研究的深入和细化，在一定程度上建立了岩画与遗址之间的关联。另一方面，出土的大量文化遗物有利于左江地区史前文化发展序列的建立（图四）。

图四　出土部分遗物

4. 岩画绘制技法

在此之前，由于无法近距离观察悬崖绝壁之上的岩画图像，前人提出了四种接近岩壁的方式。对这些"蹲踞式"[1]人像"投影单色平涂"和"内部空白骨架示物"[2]的

---

[1]　汤惠生：《原始艺术中的蹲踞式人形研究》，《中国历史文物》1996年第1期，第3～18页。

[2]　陈远璋：《岩画艺术的殿堂——探秘广西左江岩画》，《中国文化遗产》2008年第5期，第35～39页。

绘制方法，由于缺乏有力的证据，表述过程通常十分简略。对岩画图像本身的绘制技法、步骤的研究涉及较少。

基于政府对宁明花山岩画的抢救性保护，投巨资在岩画点前搭设脚手架，为研究者近距离接近岩画提供了条件。研究人员从艺术学的角度，运用造型艺术的研究方法对画面形象进行系统分类，通过图像留下的信息，系统地总结了花山岩画绘制时的四种方法（图五）：写意法、勾边填涂法、重复涂绘法、以点定位法，这是对花山岩画绘制技法的新发现。

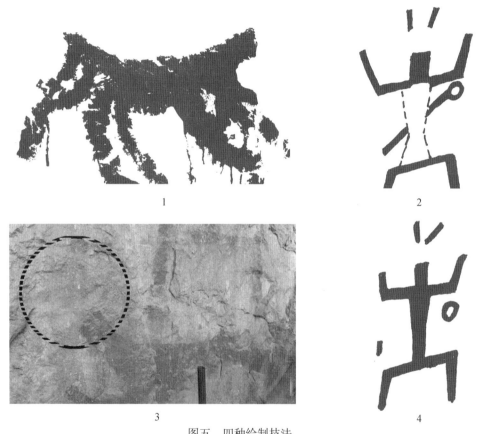

图五　四种绘制技法
1.写意法　2.勾边填涂法　3.重复涂绘法　4.以点定位法

5.岩画铀系测年的年代学论证

2013年，应遗产地政府的邀请，西澳大学（University of Western Australia）和卧龙岗大学（University of Wollongong）的学者在宁明花山岩画采集了12块与岩画直接相连的碳酸钙样本（有的覆盖在岩画表面，有的被岩画所叠压）碳酸钙自饱和溶液中沉淀时通常含有少量可溶性铀（238U和234U），最终衰变为230Th，230Th本质上不溶于水，也不会与碳酸钙一起沉淀。这造成衰变链的失衡，所有该系列中的同位素不再以同一衰变率衰变。随后238U和234U衰变为230Th，直至形成长期放射性平衡。因为衰变率已知，故可通过精确的同位素测量计算出碳酸盐岩地层的年代。

根据观察，其中一个样本的岩画夹在两层方解石之中，从而为断代提供了绝好的样本。据分析，该处岩画绘于2070年（测量年代加2σ）至940年（测量年代减2σ）（约公元前55～公元1075年）。而在所有采集样本中，有两个样本纯度最高。根据对这两个样本的测年，与之相连的岩画绘制于1920年（测量年代加2σ）至940年（测量年代减2σ）（约公元95～1075年）。

6. 其他专题研究

除此之外，研究人员围绕着左江花山岩画还开展了一系列的专题性研究。诸如花山岩画文化价值系统探讨、岩画病害分析、岩画保护性研究等。通过这一系列课题项目的顺利展开，所获得的研究成果对岩画保护、开发和利用也更加科学合理，对左江花山岩画的论证越发清晰明了，也更接近岩画的庐山真面目（表三）。

表三 相关专题研究项目一览表

序号	课题名称
1	广西崇左市花山岩画民族文化艺术价值研究
2	广西花山文化形成的社会环境研究
3	广西左江岩画文化内涵与独特性研究
4	广西花山岩画音乐舞蹈文化内涵及其独特性研究
5	岩画渗水病害热红外成像探测及机理研究
6	广西花山岩画颜料脱落及褪色保护修复技术研究
7	石灰岩质文物注浆材料及工艺研究
8	花山岩画环境监测方法与指标研究
9	天然水硬性石灰在岩土文物和遗址加固修复中的应用研究
10	广西左江岩画区域自然环境背景概况

三、桂南、桂西、桂中、桂北岩画研究

需要说明的是：除桂南左江花山岩画外，根据岩画的年代及特点，把左、右江流域及相邻地域继左江花山岩画之后出现的岩画，称为桂南、桂西岩画[①]。

目前，共发现桂南、桂西和桂中、桂北岩画点28处。对这些岩画的调查记录工作

---

① 陈远璋：《广西岩画的发展与演变》，《广西博物馆文集》，广西民族出版社，2012年，第244页。

包括拍照、摄像、文字描述、相关的人类学、民族学调查、周边遗址考察等方面。我们对所收集的原始资料进行了分类整理和建档工作，以便为后续的研究提供数据和资料支持。

1. 桂南、桂西岩画

桂南、桂西岩画学术界少有介绍，其年代问题亦少论及，规模较小，画像个体也较小。包括人像、人首、手形、足印、人骑马、武士、坐轿、武器、铜鼓、动物、麒麟、星云、飞天、太阳纹、圆点、圆圈和几何图案式符号等，尤以人像、马、人骑马等图像为多。

桂西、桂中地区岩画各自的年代有所不同，从绘制技法和留下来的踪迹来看，岩画下限不会晚于清代。宜州市古坡岩画是以马图像为主体的岩画（图六，2），绘有各种姿态的马匹图像200余个，大者30多厘米，小者约7厘米，也有少量人像及骑士图像。岩壁上留有明万历五年（1577年）落款，据此分析，岩画绘于明代的可能性更大。大新的猴山、岜淑山、天等那羊山（图六，1）、靖西县岜农山、岜等山等岩画都有与古坡岩画、那砚山岩画相似的马或骑马图像，其年代应相去不远。

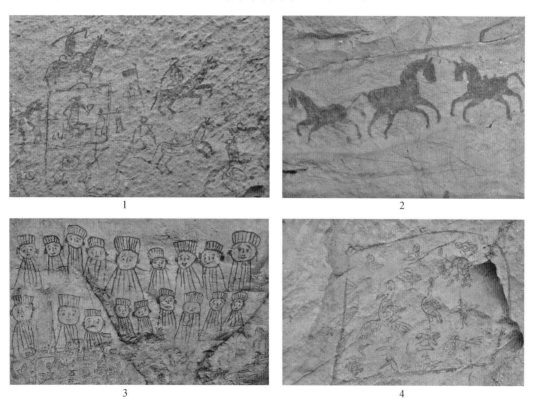

1　　　　　　　　　　　　　　　　2

3　　　　　　　　　　　　　　　　4

图六　部分晚期岩画

1.天等那羊山岩画　2.宜州市古坡岩画　3.金秀瑶族自治县帽合山岩画　4.猫儿山岩画

2. 桂中岩画

目前，桂中地区只发现了一处岩画，即金秀瑶族自治县帽合山岩画（图六，3）。该岩画点位于山中部山腰的峭壁上，岩画东西宽8.7、高约2.2米，用红色颜料绘成，画面以人像为主，还有马、龙、星、鸟、怪兽、云形、圆圈、似文字符号等图像。根据岩画人像装饰及头顶的盘状包头分析，岩画可能为当地瑶族所绘，岩画内容与宗教及图腾有关，绘制年代学术界倾向于明代。

3. 桂北岩画

在桂北的灵川县发现一处岩画，即猫儿山岩画（图六，4），以禽鸟花卉图案为主，表现的是祈求天下太平的美好愿望。

四、结　语

广西岩画作为西南涂绘岩画系统的重要组成部分和典型代表，是生活在这片土地上的先民留下的珍贵文化遗产，见证了他们杰出的智慧和卓越的创造力。通过一批批研究人员的不懈努力，完成了这些岩画的调查记录、分类建档、系统研究，基本梳理了广西岩画的区域分布、时间源流、发展分期、内容主题、风格特征等相关问题。

然而，就目前的研究情况来看，将广西岩画和中国西南涂绘系统岩画，全球各大洲涂绘岩画的对比性研究工作开展得还不够；如何提高广西岩画研究的深度和广度，需要广大岩画研究爱好者拓宽研究思路，放远视点，继续努力。

左江岩画区的铜鼓文化

蒋廷瑜

（广西壮族自治区博物馆）

一、花山岩画所见铜鼓图像

在左江岩画中有许多圆圈图案，据陈远璋20世纪80年代统计，在35个岩画地点中有254个，分布于宁明、龙州、崇左、扶绥，其中以宁明最多，而且集中，仅花山岩画中就有151个[①]。

对这些圆圈，学界有不同的解释。有人认为是铜鼓、铜锣，有人认为是太阳，也有人认为是藤牌。我同意把它们中的大部分视为铜鼓的看法。因为在这众多的圆圈图案中，大多数绘有光芒，与铜鼓鼓面中心的太阳纹近似；少数绘有晕圈，个别的在圆圈外还绘有对称双耳。这些都是人们俯视铜鼓鼓面时看到的基本特征（图一）。

我们知道，中国南方古代铜鼓分为两大系统八个类型，即滇桂系统的万家坝型、石寨山型、冷水冲型、遵义型、麻江型，粤桂系统的北流型、灵山型、西盟型[②]。

万家坝型，以云南省楚雄县万家坝春秋战国时期墓葬出土的一批铜鼓为代表。其特点是：鼓面特别小；鼓胸特别外凸；鼓腰极度收束；鼓足很矮；花纹简单、古朴。鼓面的太阳纹有的仅有光体而无光芒，有的有光芒，而芒数无定，太阳纹之外多为素面，没有晕圈。广西右江流域有这类铜鼓出土。

石寨山型，以云南省晋宁石寨山汉代墓葬出土的一批铜鼓为代表。这类铜鼓面部宽大；胸部突出；腰部呈梯形；足部短而直，布局对称；纹饰丰富华丽。鼓面中心太阳纹光体与光芒浑然一体，三角光芒之间填以斜线，太阳纹之外是一道道宽窄不等的晕圈，窄晕中饰由锯齿纹、圆圈纹、点纹等构成的花纹带，宽晕是主晕，饰以旋转飞翔的鹭鸟。胸部也饰与面部相同的几何纹带，其主晕则是人物划船的写实画像。腰部除晕圈组成的纹带之外，还有由竖直纹带分隔成的方格，方格中饰以牛或砍牛仪式及用羽毛装饰的人跳舞的图像。造型较雄伟，而纹饰刻划细腻。广西西林、隆林、百色、田东、贵

① 陈远璋：《左江岩画铜鼓图像的初步探讨》，《中国铜鼓研究会第二次学术讨论会论文集》，文物出版社，1986年。

② 蒋廷瑜：《古代铜鼓通论》，紫禁城出版社，1999年。

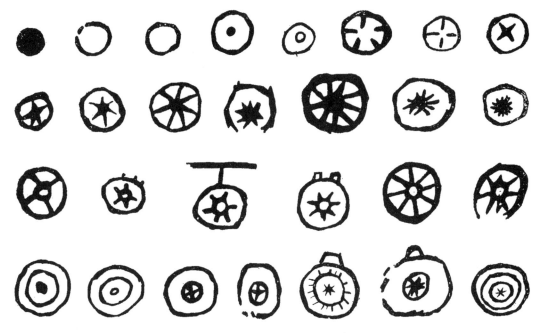

图一 左江岩画中的铜鼓图像

港、贺州有这类铜鼓出土。

冷水冲型，以广西藤县蒙江乡横村冷水冲出土的铜鼓为代表。这类铜鼓体型高大轻薄；鼓面宽大，但不出沿或稍稍出沿；鼓胸略大于面径或与面径相等；鼓腰上部略直；鼓足较高；纹饰总的特点是瑰丽而繁缛。鼓面中心太阳纹基本固定为12芒，芒间夹实心双翎眼坠形纹，鼓面边沿有立体青蛙，有的在青蛙之间再饰乘骑、牛橇、水禽、龟等动物塑像。鼓面、鼓身遍布各种图案花纹，主晕为高度图案化的变形羽人纹和变形翔鹭纹。鼓胸多有图案化的变形船纹。鼓腰有变形舞人图案和细方格纹。鼓足多有圆心垂叶纹，有着一种纤巧的美。广西桂东南、桂西南、桂中都有出土。

遵义型，以贵州省遵义市南宋播州土司杨粲夫妇墓出土的铜鼓为代表。这类铜鼓，面沿略伸于鼓颈之外；面径、胸径、足径相差甚微；胸、腰、足各部的高度相当接近；胸腰间缓慢收缩，无明显分界线；胸腰际附大跨度扁耳两对；鼓面边缘无青蛙塑像，但有蛙趾装饰。纹饰简单，几何纹用同心圆纹、连续角形图案、羽状纹、雷纹构成，主纹则是一种由一个圆圈缀两条飘动的带子组成的游旗纹。广西数量较少，分布比较分散。

麻江型，以贵州省麻江县谷硐火车站一座古墓中出土的铜鼓为代表。是黑格尔分类中的Ⅳ型。这类铜鼓的特点是：体形小而扁矮；鼓面略小于鼓胸，面沿微出于颈外；鼓身胸、腰、足间的曲线柔和，无分界标志；腰中部起凸棱一道，将鼓身分为上下两节；胸部有大跨度的扁耳两对。在广西主要分布于桂西，以红水河流域最集中。

北流型，以广西北流出土的铜鼓为代表。这类铜鼓，形体硕大厚重；鼓面宽大，边缘伸出鼓颈之外，有的边缘下折成"垂檐"；胸壁斜直外凸，最大径偏下；腰呈反弧形收束，胸腰间斜度平缓，只有一道凹槽分界，腰足间以一道凸棱分界；鼓足外侈，与面径大小相当；鼓耳结实，多为圆茎环耳；鼓面青蛙塑像小而朴实，太阳纹圆突如饼，以八芒居多，装饰纹样多为云雷纹。

灵山型，以广西灵山县出土的铜鼓为代表。体型凝重，形象精巧；鼓面平展，稍广于或等于鼓身，边缘伸出，但不下折；胸壁微凸，最大径居中；胸以下逐渐收缩成腰；胸腰间仅以细线为界；附于胸腰之际的鼓耳均为带状叶脉纹扁耳；鼓面所饰青蛙塑像都是后面二足并拢为一的"三足蛙"，蛙背上饰划线纹或圆涡纹，装饰华丽，有的青蛙背上又有小青蛙，即成"累蹲蛙"；装饰花纹多以二弦分晕，鼓面和身各有三道较宽的主晕，以骑兽纹、兽形纹、鹭鸟纹（或鹭鸶含鱼纹、鸟形纹）为主体纹样，其他晕圈云纹、雷纹、半圆纹、半圆填线纹、席纹、四瓣花纹、"四出"钱纹、连线纹、虫形纹、水波纹、蝉纹等。

西盟型，以云南省西盟佤族地区仍在使用的铜鼓为代表。这类铜鼓器身轻薄，形体高瘦；鼓面宽大，边沿向外伸出；鼓身为上大下小的直筒形，胸、腰、足没有分界线；晕圈多而密，纹饰多小鸟、鱼、圆形多瓣的团花、米粒纹；鼓面有立体青蛙，常见二蛙或三蛙甚至四蛙叠踞；有的鼓身纵列立体的象、螺蛳、玉树等塑像。

有人会问，花山岩画上那些圆圈如果是铜鼓的话，是什么类型？花山岩画是大写意的、供人远距离膜拜的祭祀性神画，没有细致入微的描写，比如中心太阳纹芒间填饰什么，晕圈中是什么纹带，无从知晓，边沿看不到青蛙塑像。难以给它们划分类型，因而也难以给它们判断年代。

二、左江岩画区的铜鼓发现

图二　龙江村鼓

左江流域的龙州、大新、崇左、扶绥都曾出土过铜鼓。

（一）龙　　州

1971年，响水镇龙江村派良屯出土西盟型早期铜鼓，此鼓面径49.9、高33.4厘米。鼓面中心饰7芒太阳纹，边沿逆时针环列四蛙；胸腰间扁耳二对；其他部分饰变形羽人纹、翔鹭纹、鸟纹、同心圆纹、栉纹等。现藏广西民族博物馆（图二）。

1994年2月15日，距逐卜乡锦阁村板阁屯约1千米的空排竜坡地上出土一面灵山型铜鼓，面径92、高55厘米，重70千克。面中心饰10芒太阳纹，二弦分晕；面沿逆时针环列6只背饰旋涡纹的三足累蹲蛙；胸腰间有带状扁耳二对。鼓面与身饰鸟形纹、变形羽人纹、席纹、四出钱纹、四瓣花纹、蝉纹等。藏龙州县博物馆（图三）。

1996年11月2日，距武德乡武德街西南约2千米的地方出土一面鼓，面径62、高42厘米，重19千克。面中心饰12芒太阳纹，芒间饰坠形纹；晕间饰变形羽人纹、翔鹭纹、交叉双线纹、同心圆纹、栉纹等；面沿逆时针环列4蛙。胸腰间有扁耳二对。报道说为西盟型，实为冷水冲型。现藏龙州县博物馆（图四）。

图三　板阁屯鼓

图四　武德鼓

（二）大　　新

1939年，于硕龙镇爱江村岜权屯西北山岭出土冷水冲型鼓。面径59、残高9厘米。面中心饰11芒太阳纹；面沿顺时针环列4蛙，已残两只。胸腰间有耳一对。面、身主要饰鱼纹、云雷纹和弦纹、变形羽人纹、变形翔鹭纹等。现藏岜权屯方奇德家中。

1954年，于雷平镇太平村振武街南约300米南岭坡出土冷水冲型鼓，面径64.4厘米，身残。面中心饰12芒太阳纹。面沿逆时针环列4蛙；芒间饰坠形纹，其余饰素晕与栉纹双行同心圆纹带、复线交叉纹、变形羽人纹、变形翔鹭纹、眼纹、细方格纹、相背变形划船纹、圆心垂叶纹。现藏广西民族博物馆。

1962年，大新县文化馆拨交一面冷水冲型铜鼓给广西博物馆（编号区博158号）。面径64.6厘米，足部残缺，高度不明。面有4蛙，逆时针环列；12芒太阳纹，芒间饰坠形纹；共18晕，第10晕是主晕，饰变形羽人纹，第12晕也是主晕，饰变形翔鹭纹和定胜纹，其他晕是素晕，还有栉纹夹双行同心圆纹、复线交叉纹。胸上部和腰下部也饰栉纹夹双行同心圆纹、腰上部纵分为六格，格中空白。足下部为同心垂叶纹。辫纹扁耳两对。现藏广西民族博物馆。

1993年10月，在桃成镇大岭村慢侣屯头挖出一面冷水冲型鼓。面径64、高47厘米，重29千克。面中心饰12芒太阳纹；其他部分饰变形羽人纹、变形翔鹭纹、云雷纹等。面沿逆时针方向环列4蛙。现藏大新县博物馆（图五）。

（三）左　江　区

1973年10月2日，左州镇陇合村布逻屯出土一面灵山型鼓。面径50.5、高36.6厘米，重75千克。面中心饰太阳纹。面沿环列3单蛙和3累蹲蛙相间。其他部分饰钱纹、四瓣花、席纹等。基本完好。现藏崇左博物馆（图六）。

图五　慢侣鼓

图六　布逻鼓

（四）扶　绥　县

1985年2月，昌平乡四和村恒丰村（屯）石柱岭出土一面冷水冲型鼓。面径73、高45厘米。面中心饰12芒太阳纹。面沿逆时针环列4蛙。胸腰间有扁耳二对，内壁胸、足部各有二对纽。芒间饰心形纹，其余饰栉纹夹同心圆纹纹带、复线交叉纹、变形羽人纹、变形翔鹭纹、眼纹、圆心垂叶纹等，已残。现藏广西民族博物馆（图七）。

还有两面铜鼓需要介绍。一面是日本东京出光美术馆展出的，一面是几年前从左江打捞出水的。

1996年，笔者去日本访问，在东京出光美术馆看到一面冷水冲型铜鼓，被玻璃柜罩着，通高64、口径81厘米。鼓面突出鼓颈，但仍在胸部最大径之内；胸部圆突，但偏矮；腰较长；足较高；胸腰间有两对辫纹耳。鼓面边缘有四只大的青蛙塑像，逆时针环列；胸部主晕是变形船纹；腰部是骑兽纹；其他晕圈是栉纹、切线同心圆纹等；足部光素。在其腰部的兽纹上，錾刻有九行汉字铭文，从形态来看，与中国广西左江-邕江流域的冷水冲型铜鼓相似（图八）。

图七　恒丰鼓　　　　　　　　　图八　流落到日本的大新铜鼓

经过一个多小时反复推敲，大约可以释读80%：

世知茗盈州州事李□□
知全茗州知州事许□□
□世□州绅民，公
备铜鼓一具，敬送
极天□殿永远
供奉，风调雨顺，国
泰民安。时
嘉庆十四年上人月上
浣吉旦公立。

清代茗盈州和全茗州是相邻的两个土州，都在今广西大新县境，从铭文可知，这面铜鼓是清嘉庆十四年（1809年）广西大新县境一些官绅百姓供奉在某个寺庙里的，不知何时流落到日本。

2009年年底，笔者在南宁唐山路古玩城京华堂看到一面据说是从左江扶绥段打捞出水的铜鼓，此鼓很残破，挖沙机已把它抓成几块，严重变形，但从整体上还可以看出其形制和纹饰。面径91、身高68厘米。鼓面一弦分晕，共7晕；边沿4蛙（仅存其一），蛙背脊饰三道直线，腰上横系一道栉纹和一道叶脉纹，蛙头两侧也饰叶脉纹。中心12芒太阳纹，芒间饰翎眼纹；第三晕是变形羽人纹；主晕是第五晕，有10只变形翔鹭逆时针飞翔；其他晕饰栉纹、勾连雷纹、双层切线圆圈圆点纹。胸部有变形羽人划船纹；腰部用切线圆圈纹和栉纹带垂直分格，格内饰变形羽人舞蹈纹。足部素面无纹。2010年拿到广西壮族自治区博物馆文物修复室进行修复，是一面大型的冷水冲型铜鼓（图九）。

图九　扶绥水捞铜鼓胸腰部

三、左江岩画区内古代铜鼓习俗

《后汉书·马援列传》说道："（马援）好骑，善别名马，于交阯得骆越铜鼓，乃铸为马式，还，上之。"马援得骆越铜鼓的地点在哪里？东汉时期的"交阯"范围很大，包括广东、广西的大部分，海南和越南北部，这些地方既是骆越人的世居之地，也是马援征战活动的地区。北魏郦道元（约470～527年）《水经注·温水条》说："《林邑记》曰：'浦通铜鼓，外越安定、黄冈、心口'。盖藉度铜鼓，即骆越也。有铜鼓，因得其名。马援取其鼓以铸铜马。"有人据此认为马援得骆越铜鼓的地方就在广西境内，而且是左江流域。

三国时期左江流域仍是使用铜鼓的地区。三国万震《南州异物志》说："交、广之界，民曰乌浒。东界在广州之南，交州之北，恒出道间，伺候二州行旅，有单迥辈者，辄出击之，利得食人，不贪其财货也。……其伺候行人，小有失辈，出射之。若人无救者，便止，以火燔燎食之。若有人伴相救，不能得，失力不能相尽担去者，便断取手足以去。尤其以人手足掌跖为珍异，以贻长老。出得人，归家合聚邻里，悬死人当中，四面向坐，击铜鼓，歌舞饮酒，稍就割食之。"交广之界是什么意思？所谓"交广"即交州和广州。三国东吴时的交州治所在龙编（今越南的河内），辖境相当于今越南承天以北诸省和广西防城港、钦州、北海地区及广东雷州半岛。广州治所在番禺（今广州市），辖境相当于今广东、广西大部分地区。交广之界也就是广西的桂东南和广东的粤西地区，生活在这一带的乌浒人有猎头之俗，他们敲击铜鼓、唱歌、跳舞，以助酒兴。

到唐代左江流域仍是使用铜鼓的地区。唐代有个著名浪漫诗人李贺，他有一首著名的《黄家洞》诗[①]：

---

① 此诗收在《全唐诗》卷三百九十一。

雀步礜沙声促促，四尺角弓青石镞。
黑幡三点铜鼓鸣，高作猿啼摇箭簇。
采巾缠蹄幅半斜，溪头簇队映葛花。
山潭晚雾吟白鼍，竹蛇飞蠹射金沙。
闲驱竹马缓归家，官军自杀容州槎。

所谓黄家洞，亦即黄洞，是少数民族"西原蛮"居住的"溪峒地"。当时西原蛮已发展到奴隶制社会阶段，内部"争相雄长"，斗争十分激烈。其中左、右江流域以黄姓势力最强，故又称黄洞。属于羁縻州洞地区。按唐王朝规定，向边远民族征收的赋税应是一般编户的一半，但自中唐以后，吏治腐败，地方官吏背着中央加重对少数民族的剥削，远远超过此限，引起矛盾激化，加上民族内部纷争迭起，终于引发了以黄姓为首的西原蛮起义。在黄乾曜、黄少卿父子的领导下，先后于天宝十五年（756年）、大历十二年（777年）、贞元十年（794年）起兵，几次纵横广西全境，斗争持续70余年。李贺正处在唐王朝多次向广西派兵，使用镇压和招抚两种手段的年代。他这首诗，形象地反映了黄家洞部族与唐朝官军作战的历史事实。黄洞蛮人使用落后的弓弩石镞，在充满巫术色彩的气氛中与官军周旋，并取得胜利。"黑幡三点铜鼓鸣，高作猿声摇箭簇"，使我们看到民族酋首挥舞着黑色战旗，敲击着铜鼓，指挥着部众，跨山越涧，穿云破雾，与敌周旋的激烈场面。

唐代诗人孙光宪有一首《菩萨蛮》词，说道：

木棉花映丛祠小，越禽声里春光晓。
铜鼓与蛮歌，南人祈赛多。

有木棉花的地方，而且听到越禽叫，当也是在广西南部，左右江流域。

宋代缺乏左江铜鼓记载。但周去非（1135～1189年）《岭外代答》说："广西土中铜鼓，耕者屡得之。"不排斥左江流域有铜鼓出土。

到元代，有个使臣叫陈孚（1240～1313年），出使安南，往还都取道左江，他有一首《交州使还感事》诗说道：

少年偶此请长缨，命落南州一羽轻。
万里上林无雁到，三更函谷有鸡鸣。
金戈影里丹心苦，铜鼓声中白发生。
已幸归来身复在，梦回犹觉瘴魂惊。

龙州在明代还使用铜鼓。明初才子、主持纂修《永乐大典》的解缙被贬谪广西布政使参议，从邕州溯左江到过龙州，写有《龙州诗》四首，其中一首就说到龙州铜鼓赛神的事：

> 波罗蜜树满城閣，铜鼓声喧夜赛神。
> 黄帽褐衣虚市客，青裙锦带冶游人。

明代万历年间广东按察使盛万年写有《右江谣》诗[①]：

> 昭江滟滟连邕管，千崖赭碧清霜满。竹鸡格格啼榕林，修蛇毒雾愁浸淫。
> 鸟言卉服绣项渠，荒茅丛箐山头居。时平莫负思篓弩，夜雨丛祠赛铜鼓。

昭江，昭州之江，昭州是唐代岭南路的一州，即后来的平乐，昭江即今之桂江；邕管是唐代岭南西道的三管之一，治所在邕州，管理到左右江。从桂江到左右江千崖赭壁，竹鸡啼榕树，到处见少数民族语言和服饰，"夜雨丛祠赛铜鼓"。

明代万历时诗人徐渤《送凌云孚司马擢粤西太平郡守》诗说到[②]：

> 节钺西行象郡赊，襄帷闲看刺桐花。
> 匏笙吹月春驱骑，铜鼓闛云早放衙。
> 地过郁林装怪石，洞经勾漏觅丹妙。
> 朱轮奕世承恩宠，不忝当年万石家。

象郡本是秦代郡，治临尘，后人泛指左江流域。这时还是"匏笙吹月春驱骑，铜鼓闛云早放衙"。

明万历五年（1577年）甘东阳修的《太平府志》说到太平府的城隍庙里有伏波铜鼓，相传马援所置（卷二《古迹志》）。

清代乾隆时人罗大钧写《丽江杂诗》，其中一首：

> 地纪穷南极，峻嶒别一天。灵岩无限好，仙迹傍谁传。
> 铜鼓埋荒草，香鱼产黑泉。休嫌风土薄，百越尽居边。
>
> 　　　　　　　　　　　　　　（《三管英灵集》卷二十一）

清代有几个本地诗人写过有关铜鼓的诗文。

---

① 朱彝尊：《明诗综》卷五十四，中华书局，2007年。
② 《粤西诗载》卷十九，广西人民出版社，1988年。

谢兰，字雨阶，崇善（今左江区）人，道光十年（1830年）生，同治九年（1870年）贡生，在村镇教书四十年，著有《笔花吟馆诗抄》，存诗二百余首，其中大部分是写本地风土人情的作品。其中有光绪戊寅（1878年）写的《诸葛铜鼓》七律五首，其中一首说：

> 云山万叠忽嵯峨，铜鼓声中唱凯歌。
> 安排石上风能击，处置溪边水欲磨。
> 巴客闻来秋雨暗，蛮奴听去夕阳过。
> 遗规不独传诸葛，东汉曾称马伏波。

黄焕中（1832～1911年），又名玉田，思乐（今宁明县）人，清道光十二年（1832年）生，同治五年（1896年）贡生，光绪九年（1883年）投身黑旗军，追随刘永福二十年，中日甲午战争后退居钦州，将平生所写诗词四百余首汇编成册，名为《天涯亭吟草》。其中有《铜鼓赋》："以诸葛大名垂宇宙为韵"，将"诸葛大名垂宇宙"七字嵌入赋中，极尽铺陈之能事，他对铜鼓的看法是"溯古物于汉末，瞻遗器于蜀初，声闻暨于南服，利用出于草庐"，"阅十二代而色已斑烂，留传今古，经千百年而音犹雄壮，久历居诸"。

曾鸿燊（1863～1933年），字子仪，号瓶山，同正（今扶绥县）人，清同治初年生，光绪十九年（1893年）中举，宣统三年（1911年）当选为广西省咨议局议员，两次主编《同正县志》，著有《瓶山诗集》三卷，《瓶山文集》一卷。道光二十五年（1845年），永康（今扶绥县中东）北五里的旧县村农民耕地得一铜鼓，完好无缺。曾鸿燊在修《同正县志》时，写了一篇《铜鼓考》，详细记述了这面铜鼓的形制、纹饰和尺寸，并引用文献做了考证。同时，又写下《铜鼓歌》："西南蛮俗铜造鼓，不识何时瘗林莽。旧县村农耕山麓，道光之季忽出土。"用诗的形式记述旧县村铜鼓的形制、纹饰、色泽和音响，与《铜鼓考》互为表里。这面铜鼓的形制是："腰间束缩腹底空，兀若坐墩宛覆釜。"铜鼓的尺寸是："径围六尺高尺五。"铜鼓的装饰纹样是："四耳傍缀槌心滑，三十九环旋可数；圜面列踞六蟾蜍，二者负螺目瞪怒。""雷纹回互疑籀篆，绿锈坚牢不窳苦。"铜鼓的声音："声蓄铿答惊鸣蛙，铿应洛钟震激楚。"可以说，曾鸿燊是他那个时代诗人中观察铜鼓最仔细，也是最动脑筋思考铜鼓的第一人。

清末民初，龙州诗人黄敬椿在《龙州风土诗》提到铜鼓：

> 骆交铜鼓费摩挲，犹记银钗扣处和。
> 铸自伏波搜不尽，曾偕春杵葬山河。

（《龙州县志·艺文》）

据民国十六年《龙州县志》记载："同治初年，上龙司有人携铜片求售，说是犁田得之。越旬，又于近地山沟得其一，纠众举之，触崩底角，古色斑驳，下承以坚木舂杵，土人既知为神物，不敢复毁，送入玄协神祠。其制面圆平，中厚边薄。近边有三足蟾六，环绕左旋，大约寸许，高相等，长倍之。中通，可穿绳而舁之。面径约二尺五六，心突起，旁镌古钱式及花草痕。足作圆桶形，高二尺许，小于面二寸许，上宽而收，腰束而下侈，文如其面。此鼓于光绪十六年（1890年），苏元春经其地，见而携归连城。民纪八年（1919年），谭浩明祖祠落成时，移入祠内。民国十年（1921年）因兵乱，龙城失陷，此鼓不见，又不知流落何所矣。"

黄敬椿想必看到过这面铜鼓。

四、岩画与铜鼓的关系

从上述铜鼓发现和铜鼓文献来看，左江流域是冷水冲型铜鼓分布区，也是灵山型铜鼓分布区的西部边沿，再往西就基本上见不到灵山型铜鼓了，同时也是西盟型早期铜鼓的发源地。这些铜鼓流行年代是东汉至唐。没有发现汉代以前的铜鼓，并不能说明汉代以前这里没有流行过铜鼓。考古发现是有限的，不能排除以后会发现早期的铜鼓。

左江岩画制作年代是战国至东汉，岩画流行时期也盛行铜鼓，岩画停止制作以后，铜鼓还在继续使用，一直传承下来。

正确处理花山岩画"保遗"与"申遗"的关系

彭安威

（广西崇左市宁明县花山申遗办）

以花山岩画为主题的花山历史文化是战国至东汉时期壮族先民骆越人遗留下来的文化瑰宝。花山岩画自1954年被调查发现后引起相关部门的重视，于1963年被定为广西壮族自治区文物保护单位，1988年被列为全国重点文物保护单位，1995年被列为广西爱国主义教育基地，2001年成为南宁地区十佳旅游景点之一，2007年1月16日，国家文物局将花山岩画列入申报世界文化遗产预备名单。花山历史文化资源逐步被国家高度重视，得到进一步的保护。但花山岩画及以花山岩画为主题的花山文化还不能达到"申遗"条件，其知名度还得不到应有的提升。为此，我们必须深究其因，在保护与开发利用花山文化资源时，要在推介花山岩画成为世界文化遗产工作上有突破性的进展。

第一，当前保护与开发利用以花山岩画为主题的花山历史文化资源面临的问题。

（1）花山岩画自身存在的严重病害，给保护工作带来很大的难度，延缓了成功"申遗"的步伐。历经2000多年的自然、地质环境及人类活动等因素的影响，花山岩画积存了多种病害，这些病害类型复杂多样，主要有以下几项。

1）岩画开裂剥落。花山岩画地区属温暖亚热带季风型气候，高温多雨，西向岩画崖壁的日晒从中午至傍晚。长时间遭受太阳光的暴晒，造成白天和夜间的温度及湿度差异大，对岩画岩体的稳定性产生了极大的负面影响。岩画岩体为断壁面，构造作用使岩画壁岩体裂隙比较发育。受断层构造运动和高温高湿等环境因素影响，岩画载体岩体开裂破坏的形式有鳞片状、片状、板状开裂：鳞片状开裂岩体厚度小于5毫米，脱空面积小于0.01平方米；片状、板状开裂的岩画本体岩画的脱落面积已经超过了500平方米，呈鳞片状；板状开裂的岩画本体岩体区域占总面积的1/2。

2）岩画危岩体。由于各类裂隙的相互交切，岩画崖壁上发现许多规模不等的危险块体，随时有崩塌、垮落的危险。危岩体可以分为岩画本体区域的危岩体和岩画区域以外的危岩体。岩画本体区域的危岩体破坏形式主要为滑塌，一旦产生破坏，对岩画破坏是毁灭性的，危害性大；岩画区域以外的危岩体规模大小不一，形态各异，破坏形式以崩塌或滑坡为主，其危害除了破坏崖壁岩体的环境外，其产生破坏的累积危害也较大。

（2）岩画水害。对岩画有侵蚀破坏危害的水害类型主要有两种：裂隙渗水和崖壁面流水。渗水的危害是在崖壁面上形成白色、灰色、黑色流水状水痕的膜状钙质沉积。

如果钙质沉积发生在岩画区域，就形成钙质沉积对岩画的覆盖破坏。

（3）岩画画面风化。由于受自然、人为等多种因素的影响以及岩画长期暴露在野外，岩画表层出现颜料层的风化剥落，严重损害了岩画的价值。

上述几种病害，给岩画保护工作带来许多科学难题，使"保遗"在较长的历史时期内还找不到有效防护措施，也就不可能在短时间内对花山岩画遗产项目进行有效的防护，使之难以有符合世界文化遗产的条件。所以花山岩画本体的病害严重性，成了延缓成功"申遗"的一个因素，也直接影响到开发利用花山岩画的整体性工作的展开。

第二，历经18年的努力，花山岩画保护性工程已取得实质性进展，但也给花山岩画的保护工作带来极为繁重的科学论证和实施过程。

花山岩画的科学保护需要大量的科学研究时间，导致花山"申遗"工作耽误相当长的时间。花山岩画存在问题的严峻性和保护工作的迫切性引起了中央领导、国家文物局领导、地方各级政府的高度重视，同时得到了社会各界、新闻媒体的极大关注。2004年4月，国务委员陈至立就花山岩画保护做出重要批示；2005年5月，国家文物局局长单霁翔专程考察了花山岩画，就花山岩画的保护做出批示；2006年11月23日，国务委员会陈至立专程考察了花山岩画的保护及利用情况，叮嘱"一定要很好地保护花山岩画"。10年来，我们在区文化厅文物局指导下，组织了地质学、工程学、文物保护工程学、化学等多学科的中科院院士、高级专家和相关研究机构、工程单位，对花山岩画保护开展了全方位的基础研究和现场勘察工作。与此同时，也加强了行政审批的环节工作。自治区人民政府及广西文化厅先后组织召开了10多次花山岩画保护工作会议，围绕保护开发利用花山岩画及花山文化资源进行研究，理顺保护和利用花山岩画古遗址和花山文化的整体思路。充分表明自治区人民政府和自治区文化厅对保护开发利用花山岩画的高度重视。但保护和利用花山岩画这一体现花山文化资源的工作涉及众多学科问题，给保护和利用工作提出了很高的要求，使保护和利用花山岩画乃至推进花山岩画申遗工作构成了一个系统性工作，也耗费了大量的时间和专家、学者及行政领导的心血和精力，使保护和利用花山岩画的整体性工作延续了18年。这完全由花山岩画本体病害的严重性和确保安全保护和利用花山岩画，实现"申遗"成功的科学性因素所决定。

第三，花山岩画的申遗工作是一个过程，但以保护和利用花山岩画为主题的花山文化资源所呈现的缓慢趋势，成为花山岩画申遗滞后的根本原因。花山岩画的申遗工作已经经历了十年之久，充分体现了国家文物局和自治区、市级政府部门对花山岩画"申遗"工作的极大重视，表明了国家和自治区、市政府部门对"申遗"和保护与利用花山文化资源的信心和决心。但因科技、物力、人力与财力等因素成为花山岩画"申遗"的薄弱环节，延缓了"申遗"成功的进程。

第四，保护和开发利用以花山岩画为主题的花山文化遗产的资金、技术等方面的投入不足，直接影响对花山岩画的保护和申遗的项目建设，使花山名胜风景区的文化旅游观光景点难以达到国家5A级世界顶级品位的标准，使花山风景区整体的对外开放受到严重影响。岩画保护是世界文化遗产保护中的重大课题，目前尚无成熟的经验可以借鉴。因此，对花山岩画的调查研究、保护技术研究，则需要一个较长时期。针对各种病害还需要分清轻重缓急，有计划、分步骤实施，而且此类文物保护工程的不可逆性，文物的珍贵性、不可复制性，要求保护技术必须有绝对的可靠性，以最大限度地避免文物被破坏。花山岩画保护是一项较为复杂艰巨的工程，需要长期艰苦的努力工作，还需要集中力量，联合攻关，需要开放性、广泛性合作，还需要国家、地方的大力支持，在资金、技术等方面加大投入。就目前而言，经过18年的调查研究，开发利用花山岩画的工作有了基础的铺垫，为下一步要求在五年内基本完成岩画保护的任务与"申遗"整体工作奠定了基础。2006年花山岩画保护的规划与总体实施方案得到了国家文物局的批复。使岩画保护与申遗的整体工作有序地开展，花山岩画保护工作经费逐步到位。

第五，开发利用花山历史文化资源，提升花山岩画世界知名度，促进花山岩画"申遗"成功的几项实质性工作。

一是以务实的精神进一步加大花山岩画保护工作力度，即在前期开展岩画气象条件、环境污染、表层岩体温度梯度、雨水、河水污染地理、地质、岩体构造对岩画本体病害侵蚀等互为影响的科学论证和科学实验的基础上，以目前搭设脚手架区域的岩画保护为施工工程对象，开展以岩画本体开裂岩体黏结加固为主的抢救性加固保护工作。

二是正确处理"申遗"与"保遗"之间的关系，做好"保遗"促进"申遗"的基础性工作。

花山岩画是我国优秀的民族文化遗产，是壮族先民遗留下来的宝贵资源，是壮族古文化的杰出代表，也是世界岩画史上的精品。目前，花山岩画已列入《中国世界文化遗产预备名单》，"申遗"工作正有条不紊、紧锣密鼓地进行。花山岩画的"申遗"成功，将会进一步提升宁明、崇左、广西乃至中国的形象，成为一张靓丽的世界级"名片"，为对外交流提供一个崭新的载体，花山文化品牌的含金量也因此越来越高，其带来的社会、经济、文化等价值将是一笔巨大的财富。因此，保护花山岩画文化遗产和将花山岩画遗产作为成功申遗项目有着双重社会意义。为此，我们必须正确处理好对花山岩画的"保遗"和"申遗"的关系。只有从根本上做好"保遗"工作，才能为花山岩画成功"申遗"奠定基础，并为之创造优越的先决条件。从这种意义上讲，"保遗"就是为了更好的"申遗"，"申遗"就是在更为稳妥的基础上做好"保遗"工作，二者之间的关系密不可分。我们必须将"保遗"与"申遗"很好地结合起来，互为推动、互为促进，更加协调地做好"保遗"与"申遗"的技术性工作。

三是加快对花山岩画的开发与利用步伐。世界上任何一种历史文化遗产的保护，都离不开对该项遗产的充分开发与利用，正确适度地对历史文化遗产的开发与利用都旨在更好地体现出对该历史文化遗产价值的运用。发挥出其文化社会价值的作用，以造福后代。我们对花山岩画的"保护"也在于运用其遗产价值的作用。我们已在花山岩画保护工程上投入了大量的人力、物力和财力，就应该紧紧抓住对这一古文化遗产的"申遗"过程，加大花山岩画的开发与利用工作力度。

（1）加大对以花山岩画为主轴景观区的规划建设和打造花山文化品牌整体工作的力度。①组织代表调研、视察、听取专项工作报告，成立专家组。在充分论证的基础上，科学制定出对花山岩画开发和利用的发展规划。在项目规划成型后，逐一落实项目的开发建设。②为了保护文化遗产的真实性与完整性。花山岩画申遗保护划立缓冲带之内，50年历史以上的老建筑严禁拆除，严禁任意改建。设立遗产保护缓冲带，将严格按照"申遗"的标准，有计划、有步骤地推进历史建筑和文化遗址的保护、修缮和恢复，保护好遗产缓冲带内原始生态环境。③对现有的文化品牌进行包装打造，形成品牌。围绕宁明花山壮族文化这一优势，作为资源优势进行充分的挖掘整理。整理出一批代表宁明地域文化风貌、有着较高历史文化、人文价值、工艺价值和艺术价值的有形和非物质文化遗产项目，如将"壮族山歌"人文景观点列入申报全国非物质文化遗产项目进行开发利用。④在现有民族文化产业发展总体规划下，精心选择课题，组织开展一系列文化挖掘活动，提高全县文化旅游产品知名度，着力变文物资源优势为旅游产业优势，更有效地挖掘文物历史文化财富的社会价值，把文物资源优势转化为经济优势。⑤倾力推动明江流域旅游资源保护，开发规划和建设一批重点旅游项目，诸如复制一幅新的花山岩画，建设具有花山文化元素的文化广场、花山古都、花山温冷泉度假村等一批项目，策划"走进花山"和"花山壮族文化生态保护区"两个大型文化产业项目，着力打造花山水上舞台和广西"北有桂林《印象·刘三姐》、南有宁明《走进花山》"文化产业和文化品牌等观光旅游项目。⑥拓宽投融资渠道，确保花山岩画的"保遗"和"申遗"所需资金。在强化管理体制机制到位的情况下，保证投资资金用在项目建设上，以快投入、快产出的理念推动开发利用的步伐，使开发和利用花山岩画尽快成为快速高效的开发项目，全面促进宁明旅游产业转入高效益的快车道，使宁明文化品牌和文化产业成为一个重要的支柱产业，为振兴宁明经济发挥其应有的作用。

（2）加大花山岩画保护工作力度，即以目前搭设脚手架区域的岩画保护为施工工程对象，狠抓保护工程的工作进度，切实按照区域岩画的工作程序、成果，进行其他区域岩画本体病害的消除工作，力争在2015年全部完成花山岩画本体开裂岩体和画面剥落等画体抢救性保护工程的全面完工。

（3）加快花山岩画"申遗"步伐。花山岩画的"申遗"工作必须加快步伐。岩画的"申遗"正处于关键时期，据了解自治区文化厅多次专程赴京向国家文物局汇报花山岩画保护工作及申报世界文化遗产事宜，争取国家文物局支持。同时还向自治区人民政府请示花山岩画申报世界文化遗产工作。我们要尽快将花山岩画申报世界文化遗产列入工作日程，成立专门机构，设立花山岩画保护工程和申报世界文化遗产专项经费，各级政府每年安排一定比例资金用于该项工作，确实抓好落实。要在花山岩画保护性工程及花山旅游项目获得全面竣工的同时，以一个县5A级标准旅游区对外开放，让花山岩画成为"世界文化遗产"中的一员。从而推动宁明旅游、文化事业的健康快速发展。

花山岩画保护研究

王金华

（复旦大学）

一、引　　言

　　广西宁明花山岩画位于广西壮族自治区宁明县驮龙乡耀达村左江支流明江右岸陡崖峭壁岩体上（图一～图四），是由战国至汉代时期壮族先民骆越人涂绘。岩画长172、高约50米，面积8000多平方米，规模宏大，是中国乃至世界画面最大的岩画，现存人物、动物、器具等各种图像1900多个（图五）。花山岩画保存较好，画像清晰、图像密集、内容丰富神秘，为左江流域乃至中国南方岩画的典型代表，并在世界岩画界中占有重要地位，具有重要的历史文化、美学艺术、民族史研究、鉴赏教育等价值，1988年被国务院公布为第三批全国重点文物保护单位。2006年12月15日花山岩画入选《中国世界文化遗产预备名单》。

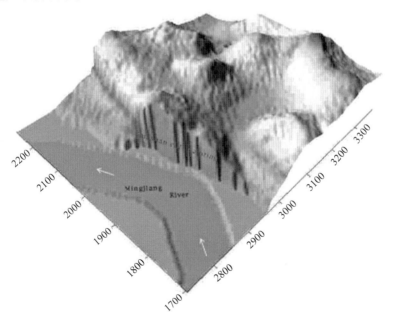

图一　花山岩画区域模拟地貌

图二　花山岩画环境条件

图三　花山岩画地貌特征

　　由于自然环境因素的长期作用，花山岩画产生了岩画本体岩体的开裂剥落破坏、山体岩体的崩塌垮落、水的溶蚀、钟乳石沉积覆盖破坏、岩画颜料层的风化破坏等病害。其中岩画本体岩体的开裂剥落危害性最大：①脱空区域大。据初步调查，1/4～1/3的岩画区域因为本体岩体的开裂而呈现脱空状态。②状态危险。开裂的岩画本体岩体呈上部张开、向外倾斜状态，块体40%～60%的区域都与崖壁岩体脱离，隙宽5～10毫米。此种状态对外力——风力、水的流动等十分敏感，极易产生破坏，十分危险。③近

图四　花山岩画全景

图五　花山岩画局部画面

年来时常发生小规模的崩塌破坏，对岩画的破坏十分严重。花山岩画存在的岩石剥落、垮塌威胁着岩画和游人的安全，现在还不能对公众开放。花山岩画保护工作十分迫切。

花山岩画保护工程的特点：①存在的问题十分复杂，花山岩画保护技术，国内外没有现成的经验可以借鉴，需要集中力量联合公关，需要开放性、广泛合作性（包括国际合作）研究。②花山岩画前期调查工作复杂，需要借助三维、红外成像检测技术等先进科技手段，不但工作量大，而且技术复杂，需要充足的资金做保证。③保护工作条件难度极大，由于花山岩画背景宏大，为开展调查、试验研究和保护工作，需要搭设20000～30000平方米的脚手架，高度100米左右，而且花山岩画紧邻明江河流，脚下的平台为乱石崩塌堆积物，结构松散，基础不实。搭建如此大规模的脚手架，难度巨大，其性质、规模在国内外是罕见的。脚手架工程必须保证工程、人员、文物的安全，又是保护工程必需的，其在文物保护工程中的应用也是一项研究课题。④花山岩画保护工作的重点是本体加固材料的遴选、研究；加固材料要求与岩画岩体性能相近、黏接强度适宜、耐老化、不能产生衍生破坏，适应花山岩画高温高湿的气候条件。

花山岩画保护形势的严峻性和保护工作的复杂性、难度，得到国家文物局、地方政府的高度重视，政府已投入资金900万元用于调查、研究工作。中国文化遗产研究院作为主要研究机构，组织相关科研机构、大学开展了基础调查和部分试验工作，取得了丰富的成果。

二、自然环境条件

（一）地理环境与气候条件

花山地区地处北回归线以南，属温暖亚热带季风型气候，高温多雨，终年少见霜雪。每年7～9月，雨量非常集中，强度大、历时短，易酿成灾害性洪水。据历史记录，花山地区最高洪水位为121.04米（1986年7月23日），但洪水位低于岩画底部高程，对岩画没有浸泡侵蚀影响。但降雨强度的集中易诱发崖壁局部岩体的垮塌病害，对游人及环境造成危害。

多年平均气温19～22℃，冬季1月最冷，平均气温13.3℃，夏季7月最热，平均气温28.4℃，年度最大平均温差15.1℃（1967年1月）。历年极端最高气温达40.8℃（1958年5月），历年极端最低气温-2.4℃。极端气温变幅达43.2℃。温差变化产生的应力作用，对岩画表层岩体风化破坏有一定的影响。

据宁明气象站资料记载，年平均蒸发量为1663.7毫米，空气相对湿度较大，年平均值为79%。花山岩画的载体为对水敏感的石灰岩，空气中湿度大，对岩画质感、色泽的保存有一定的影响。

全年以东风频率最大，东北风、西南风次之。区内大风多为东北风，最大风速17～20米/秒。每年6～9月常受台风侵袭。花山崖壁走向为NNW向，受西南风的影响较大。风的影响有两个方面：①降雨时，风将雨水吹落到岩画上，对岩画产生一定的水害影响；②风及挟带土砂对岩画产生一定的磨蚀作用。

（二）地 形 地 貌

崖壁：花山岩画依托的山体为陡峭的崖壁，高差100～220米，规模宏大，由于构造运动和河水的切割侵蚀作用，崖壁下部呈负坡，负坡对岩画有一定的遮护作用。但由于坡体陡峻，常常发育一些具有垮塌、滑动破坏趋势的危岩体。岩画崖壁北侧坡体中部以下山势平缓，堆积有坡积物，为雨水的保存和渗流提供了条件。

洼地：岩画区内北侧，紧邻花山岩画崖壁发育1个大的岩溶洼地，呈似椭圆形，长轴方向长80、短轴方向长30、洼地深度为5～6米。洼地内有第四系松散堆积物覆盖，其厚度由小于1米至4～5米。洼地底部有溶斗，落水洞或消溢洪洞等发育。该落水洞与明江相通，是洼地的主要泄洪通道。洼地地势高，降雨时的积水犹如悬在岩画上方的一盆水，但根据调查，洼地对岩画没有影响。

河谷阶地：明江普遍发育有河漫滩及二级阶地。花山岩画管理站就坐落在明江右岸的Ⅰ级阶地上。芭耀村和花山村都坐落在Ⅱ级阶地上。花山岩画对面为广阔的Ⅱ级阶地，其上为现代河床相粉砂土及粉质黏土组成。阶地粉砂及粉土随风飘扬，对岩画保存有一定的影响。

（三）地层岩性及地质构造

1. 地层岩性

花山岩画地层为中石炭系黄龙组（C2h）浅灰色—灰色厚层—巨厚层状生物碎屑微—泥晶灰岩夹中薄层生物碎屑灰岩，岩石为基底式胶结，基质组分为微—泥晶方解石，岩石结构相对致密。岩石中方解石含量较高，容易受水的溶蚀作用。

2. 地质构造

构造：花山岩画区立壁岩层总体为向SSE倾斜单斜地层，区内未见褶皱，产状平缓，一般倾向为165°～190°，倾角为16°～20°。

断裂相对比较发育，对花山岩画有影响的主要构造形迹有花山F1断层：该断层纵贯全区，长约20.5千米，走向呈弧形弯曲，转折起伏不平；区内该断层走向NNW，断层面产状260°∠60°，为一压扭性断层，断层两盘张开30～50厘米，中间有泥质充填，沿断裂面溶蚀现象比较发育，在层面裂隙和断层相交处可见大小不一的石钟乳和溶孔，溶孔直径为20～40厘米。花山地区位于该断层的北端，在断层的切割及河流侵蚀作用下，形成了高约140、宽约300米的断壁。花山岩画就分布在这一断壁之上。受断层构造运动的影响，花山岩画崖壁岩体节理裂隙比较发育。

节理裂隙：立壁岩体中各种节理裂隙比较发育，主要类型有构造节理裂隙、风化裂隙和卸荷裂隙。

构造裂隙：岩画立壁岩体中各种节理裂隙十分发育。据野外调查统计，主要发育有三组节理，产状为：①275°～285°∠70°～80°；②250°～260°∠55°～65°；③215°～225°∠75°～85°。其次还有两组不太发育，产状为：①200°∠70°～80°；②295°～300°∠80°～85°。三组节理裂隙相互交切，破坏了岩体稳定性，产生滑塌破坏。岩画崖壁面上发育的交切构造裂隙，对岩画载体的安全稳定构成威胁。构造裂隙以剪裂隙为主，裂隙面平直。延伸较长，一般延伸数米至数十米。由于岩溶及其他风化营力的作用，大部分节理均有一定的张开度，一般张开约数毫米至数厘米，大部分为泥质所充填。构造裂隙与层面裂隙交错切割，形成渗水带。

风化裂隙：受构造运动的应力作用以及温差作用等，崖壁岩体，尤其是岩画载体的表层岩体发育有各式各样的风化裂隙，使得岩画载体岩体出现开裂、片状张开、起鼓，甚至剥落破坏，对岩画造成严重损害。

卸荷裂隙：受崖壁应力释放作用影响及岩体应力调整的影响，崖壁岩体发育一些卸荷裂隙，卸荷裂隙的类型有两类：①卸荷作用使原有的构造裂隙产生位移、变形、扩张变化；②岩体应力作用，崖壁岩体上产生一些不规则的卸荷裂隙。卸荷裂隙的危害性是形成危岩体破坏岩体稳定。

层面裂隙：层理裂隙发育是花山岩画崖壁岩体最显著的构造特征。崖壁岩体发育有层理裂隙17条，层面裂隙倾角较缓，产状为倾向165°～190°，倾角为16°～20°。花山岩画崖壁岩体发育的层理裂隙延展广阔，控制着花山山体地下水的渗流状态。层理裂隙的隙宽差异性较大，有些张开性好一些，有些比较闭合，据现场测试、统计，隙宽外侧一般1～2厘米。

（四）水 文 条 件

1. 地下水的补给、径流与排泄

本区地下水主要有岩溶裂隙水和第四系松散堆积物孔隙水两类。

岩溶裂隙水接受大气降水补给，地下水在坡脚以下降泉或暗河的形式朝明江排泄，对花山岩画影响较小。

第四系松散堆积物孔隙水赋存于Ⅰ级阶地和Ⅱ级阶地的松散堆积层中，对岩画没有影响。

对岩画有影响的是大气降水沿层理裂隙渗流，在岩画崖壁上以下降泉排泄形成的水害。

2. 地下水的化学特征

本区水的类型有两种：河水与地下水。河水为$HCO_3·SO_4—K+Na$型，地下水中的井水为$HCO_3—（K+Na）·Ca$型，泉水为$HCO_3—Ca$型，立壁渗出水为$HCO_3·Cl·SO_4—Na·Mg·Ca$型。与河水相比，岩溶水中含有较多的Cl^-、SO_4^{2-}根离子，这种水质有利于岩溶作用。

（五）地　　震

据广西地震资料，历史地震记录最大震级为里氏4.5～4.9级。根据《建筑抗震设计规范》（GB 50011–2001）附录A《我国主要城镇抗震设防烈度、设计基本地震加速度和设计地震分组》之规定，宁明县抗震设防烈度为6度。由于文物的重要性，岩画区内的抗震设防烈度按7度考虑、设计基本地震加速度值为0.127克。

三、主要病害

花山岩画存在的病害：花山岩画本体岩体的开裂剥落破坏、岩画载体崖壁危岩体的崩塌垮落破坏、水的溶蚀、覆盖破坏及钟乳石发育的破坏、岩画颜料层的风化破坏等，其中主要病害为花山岩画本体岩体的开裂剥落破坏、岩画载体崖壁危岩体的崩塌垮落破坏。岩画本体岩体的开裂剥落对岩画的破坏是毁灭性的，危害性最大，崖壁岩体危岩体的崩塌垮落，对岩画保护管理、监测研究及游人参观鉴赏的安全造成威胁。

（一）岩画本体岩体的开裂剥落破坏

据统计，花山岩画的脱落面积已经超过了500平方米，呈鳞片状、板状开裂的岩画本体岩体区域占总面积的1/2，花山岩画的安全保存面临着严重威胁。

花山岩画岩体开裂病害分为三类：①岩体构造裂隙为控制因素引起的开裂称为构造开裂；②风化作用为控制因素引起的开裂称为风化开裂；③部分开裂岩体病害的形成是上述两个成因的综合作用（图六～图九）。

根据第一期735平方米区域调查，共发现3025处开裂岩体病害，病害总面积90.22平方米，约占调查区域面积的12.28%。其特征：开裂岩体厚度主要集中在1～200毫米；块体形式2178处呈片状开裂，847处为块状开裂；开裂面形式279块裂隙面呈平面，2746块裂隙面呈曲面；裂隙开口方位分为自上而下开裂、自下而上开裂和侧向与其他三类，比例相当；裂隙的张开宽度多在0.5～20毫米；裂隙内多无填充物。开裂岩体病害类型以风化开裂为主，所有调查的开裂岩体中有2178块风化开裂岩体，占开裂岩体总数的72%，构造开裂岩体为847块，占开裂岩体总数的28%（表一）。

图六　岩画岩体开裂状况　　　　　　　　图七　岩画岩体开裂状况

图八　鳞片状剥落破坏　　　　　　　　图九　片状开裂破坏

表一　开裂岩体类型统计表

开裂岩体分类	构造开裂体	风化开裂体
统计个数	847	2178
面积/平方米	43.93	46.29
平均面积/平方米	0.0521	0.0215

　　开裂岩体病害危险性评估：首先岩画本体开裂体都视为不稳定块体，根据开裂岩体开裂面积与开裂岩体总面积之比（假定该比值为A）作为判断指标，为此建立危害评

估标准依据，划分为3个不稳定性评估级别：

（1）当$A \geqslant 1/2$时，则为Ⅰ级不稳定（最危险块体）；

（2）当$1/3 < A < 1/2$时，则为Ⅱ级不稳定（次危险块体）；

（3）当$A \leqslant 1/3$时，则为Ⅲ级不稳定（一般危险块体）。

根据上述标准，开裂岩体的不稳定情况： 2096块为Ⅰ级不稳定，占开裂岩体总数的70.41%，538块为Ⅱ级不稳定，占开裂岩体总数的18.07%，343块为Ⅲ级不稳定，占开裂岩体总数的11.52%，部分开裂岩体已发生脱落。

花山岩画岩体开裂病害形成机理分析：①花山断层相对错动，受压应力、剪切应力等影响，断层表层岩体发育大量的剪张性、剪切性裂隙，这些裂隙或呈显性裂隙面，或呈隐形裂隙面，为崖壁岩体后期裂隙的扩展、发育打下条件。②岩体表层岩体温度梯度的剧烈波动，从而造成表层岩体温差应力巨幅变化，主要是张拉应力，平行崖壁的张拉应力对岩体的破坏严重，加速岩体表层的开裂，特别是当表面岩体力学强度在风化作用下降低，热力学性质改变的情况下，这种作用更加明显。温差应力变化是导致花山岩画表面开裂的主要因素。

（二）岩画崖壁危岩体的破坏

由于各类裂隙的相互交切，花山岩画崖壁上发育许多规模不等的危险块体，随时有崩塌、垮落的危险。按岩画位置，可以分为岩画本体区域的危岩体和岩画区域以外的危岩体。岩画本体区域的危岩体，一般规模较小，由构造裂隙和卸荷裂隙交切形成，形态多为楔形体，破坏形式主要为滑塌，一旦产生破坏，对岩画破坏是毁灭性的，危害性大；岩画区域以外的危岩体规模大小不一，形态各异，有的是由构造裂隙相互交切形成，规模较大，破坏形式以崩塌或滑坡为主，比如崖壁顶部被构造裂隙切穿的岩体，危岩体规模大，其破坏以崩塌、滑动为主，其危害除了破坏了崖壁岩体的环境外，其破坏产生的累积危害较大；分布崖壁规模较小的危岩体，易产生崩塌破坏（图一〇）。

（三）水 的 危 害

花山岩画岩体水病害的特点：①对岩画有侵蚀破坏危害的水害类型主要有两种：裂隙渗水和崖壁面流水；②渗水量很小，裂隙渗水和面流水水量都较小，几乎很难见到流动的水流，无法进行渗水量的测量；③崖壁不同区域遭受水侵蚀破坏形式不同，岩画北侧区域以面流水侵蚀为主，崖壁中部受裂隙渗水影响较大；④裂隙渗水病害受沉积层理裂隙控制；⑤花山岩画崖壁上部及周边地貌受水面积较大，水的来源途径较多。花山岩画水害的类型按渗流方式分为两种：裂隙渗水病害和沿崖壁分布的面流水水害。花山岩画的裂隙渗水有层理裂隙水、节理裂隙水，其中以层理裂隙水为主。裂隙渗水的危害主要是钟乳石沉积对岩画的覆盖、掩埋。

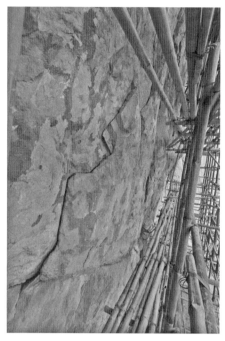

图一〇　小型危岩体

　　面流直接的危害是在崖壁面上形成白色、灰色、黑色流水状水痕的膜状钙质沉积。如果钙质沉积发生在岩画区域，就形成钙质沉积对岩画的覆盖破坏（图一一、图一二）。

图一一　岩画崖壁面流水影响的三个区域

图一二 钙质覆盖破坏

（四）岩画颜料的风化破坏

由于环境因素的作用，岩画表层出现颜料层的风化剥落（图一三），严重损害岩画的价值。

图一三 颜料层剥落状况

四、花山岩画保护工作的特点及要求

花山岩画保护工作为抢救性保护：岩画本体岩体的剥落、垮塌对岩画的破坏是毁灭性的，而且这种病害依然在恶化发展，还没有采取有效的保护措施，随时会发生。所以花山岩画保护形势十分迫切。

岩画本体保护是重点：花山岩画存在崖壁岩体危岩体、岩画本体开裂及剥落、岩画颜料脱落、裂隙渗水、岩溶、微生物及动物侵蚀、环境污染等多种病害，其中最危险的病害是花山岩画本体岩体的开裂、剥落，最紧迫的保护工作是花山岩画本体开裂岩体的加固保护。

关键技术问题是保护材料研发。岩画本体岩体加固需要大量的黏接加固材料，材料要求与岩画岩体性能相近、黏接强度适宜、耐老化、不能产生衍生破坏作用，还要适应花山岩画高温的气候条件，不宜选用有机树脂材料，宜选择无机材料，等等。这些技术要求是花山岩画作为重大文化遗产保护必需的。

必须重视前期勘察研究工作：花山岩画存在的问题十分复杂，病害的类型、形式、分布特征、危害性评估、病害机理分析等需要进行详细的调查、勘察、试验、分析研究，需要进行环境监测和相关试验；病害治理的保护材料、技术措施需要试验研究。

花山岩画保护目前是国际文化遗产保护的科研难题，是一项综合性保护工作，需要多学科协作、支持，需要集中力量联合攻关，需要开放性、广泛合作性（包括国际合作）研究。

花山岩画保护是一项长期工作，需要分轻重缓急，有计划、分步骤实施。

五、关键技术——修复保护材料的应用性研究

目前在工程实践中，主要有两种材料，即无机水泥质材料和有机树脂高分子材料。水泥材料由于黏结强度高，在现代工程中得到了广泛应用。但是，大量的科学研究与工程实例证明，现代水泥材料与传统砖石等材料不兼容，如水泥中的水溶盐会给文物建筑带来严重损坏。其次，水泥建筑一旦出现问题，其再次修复也是很困难的，有些甚至是不可能的。而高分子材料（如环氧树脂）与砖石材料的物理化学性质差异更大，在实践中出现了更多更严重的兼容性问题，主要表现为强度太高、发脆，老化产物与砖石材料完全不同、不吸水、不透气。

自20世纪90年代初启动花山岩画保护工作以来，在关键技术——保护材料试验研究方面曾经开展了环氧树脂、硅橡胶、超细水泥等材料试验，因无法达到花山岩画保护的要求，花山岩画保护工作一直没有取得实质性的进展。

2007年，中国文化遗产研究院根据花山岩画岩石性能特征和独特的自然地理环境

特征，进行了大量的室内试验和现场试验，对不同加固材料性能、配比及其性能参数进行比选，最终选定天然水硬性石灰作为花山岩画的加固修复材料，第一次系统开展了针对重大文化遗产保护工程的应用研究，即水硬性石灰在花山岩画修复保护中的应用研究（包括大量的性能试验、配比性能对比试验、现场效果及工艺试验、材料性能认证试验等）。试验成果证明水硬性石灰具有稳定、长久的黏结强度、与岩画岩体性能相近、结构相近、热膨胀系数相近，不存在盐类析出腐蚀等后续衍生的问题等优点。

（一）水硬性石灰简介

中国建筑工程上习惯说的石灰，是指气硬性石灰，它是由含碳酸钙较多的石灰岩石经800～1000℃高温煅烧而成的气硬性胶凝材料。石灰又分为：生石灰和熟石灰。生石灰粉是由块状生石灰材料磨细而得到的细粉，其主要成分是CaO；熟石灰粉是块状生石灰用适量水熟化而得到的粉末，又称消石灰，其主要成分是Ca（OH）$_2$。采用不纯、黏土质含量大于8%的石灰石，经过烧制（温度900～1100℃）、粉碎、消解而成，则烧成的石灰中除CaO以外，还含有较多的硅酸钙、铝酸钙和铁铝酸钙等化合物，是一类有别于传统石灰材料与水泥材料的天然无机材料。这类钙质凝结材料称为水硬性石灰，使用后它们会呈现出较强的水硬性。

天然水硬石灰成分主要有二钙硅石（2CaO·SiO$_2$，简写成C$_2$S）、熟石灰Ca（OH）$_2$、部分生石灰CaO、部分没有烧透的生石灰CaCO$_3$及少量的黏土矿物、石英等组成。其固化的机制可以分成三个部分。

（1）C$_2$S的固化（水硬性组分）：水硬性石灰中的水硬性组分C$_2$S在遇到拌和水后，发生水化反应，形成钙硅酸盐，使其强度增加。该组分是传统白石灰中不具备的。

（2）Ca（OH）$_2$的碳化：Ca（OH）$_2$也是水硬性石灰材料的主要组分之一，其和空气中CO$_2$和H$_2$O反应，形成碳酸钙固化，这也是普通消石灰的固化机理。

（3）Ca（OH）$_2$与骨料中的活性组分的反应：Ca（OH）$_2$与骨料（如黏土砖粉）中的活性SiO$_2$、Al$_2$O$_3$也可以发生胶凝反应，形成硅酸钙、铝酸钙。这是用石灰改性土的重要化学反应。

其特性：①其固化反应及凝结过程分为水合反应硬化（即水硬化）和碳化合反应（即气硬化），具有通过水合反应固化满足早期强度要求，逐渐碳化合反应固化满足长期强度要求的特性。长期缓慢的气硬化过程使材料与加固对象的适应性能更加优越。②与水泥材料相比，不含有水溶盐等腐蚀性成分。③与传统熟石灰相比，抵御自然侵蚀破坏的能力更强。④对于微小的变形，可以通过缓慢、不断进行的气硬化过程进行必要的修正。理论与实践研究证明，水硬性石灰是建筑遗产保护修缮的理想材料之一。

欧洲成立了EUROLIME（欧洲石灰）协会，宗旨是研发、生产用于文物保护的石灰材料，每年发表论文，定期召开年会。

2002年欧洲对水硬性石灰进行了科学规范，并制定了标准EN459-1/2002，同时规定了测试方法及质量参数。

20世纪80年代，李最雄先生首先对中国传统水硬性石灰进行了研究，经过对甘肃省秦安县大地湾出土的仰韶时期人类居住房址的地面建筑材料分析和室内模拟实验证明，烧料姜石是在烧陶的窑中约900℃温度条件下烧制而成，并对研究成果进行了发表。近年，李最雄先生又对西藏寺院传统用房屋地面及屋（顶）面建筑材料——阿嘎土进行了烧制研发，以及料姜石烧制及系统研发。2004年马清林博士对料姜石的材质、胶凝机理和胶凝后的产物形貌进行了系统研究，为潮湿环境下的壁画地仗加固提供了材料和方法。

总体而言，我国对水硬性石灰的系统研究还刚刚起步，尤其是结合重大文化遗产保护的针对性、系统性研究，花山岩画保护还是第一次。

（二）研 究 工 作

水硬性石灰在花山岩画保护中的应用研究思路：提出花山岩画保护材料的要求，制定技术指标，然后进行材料海选，选定材料类型、骨料，制订各类材料配比计划，进行各种配比材料的性能试验、对比试验，选定性能适宜的配比材料，对选定的配比材料进行环境适应性效果试验，以及现场效果、工艺试验，最终确定各种性能优化、效果良好、适于操作的配比材料（表二）。

表二　材料性能效果试验统计表

材料 性能	注浆材料	封口材料
抗压强度	28天强度：1～5MPa， 最终强度5～10MPa	28天强度：1～5MPa， 最终强度10～15MPa
抗压与抗折强度比	≤3	
附着力（拉拔强度）	0.1～0.5MPa	
抗剪强度		0.1～0.3 MPa
流动性	很好，可灌	好的触变性，不挂流
热膨胀	和灰岩处于同一数量级	
收缩性	小，无裂纹	≤0.15%，无裂纹
透气性	≥石灰岩的透气性，越高越好	
吸水性	≥石灰岩的吸水性，越高越好	
耐热老化	很好	

材料类型要求：一类是填补黏结材料，第二类是灌注黏结材料。

材料类型选择：根据调研及国内外研究成果查询，国内没有水硬性石灰产品，试验材料选自德国Hessler-Kalk公司的NHL2水硬性石灰。

材料性能指标要求。

骨料的选择：为确保黏结材料的性能与岩画岩体的性能最大程度的适应性，选择花山岩画岩体的岩石作为骨料材料，并根据不同隙宽灌注技术需求，研制不同粒径的骨料。

性能试验：黏结材料的性能试验包括黏结强度、吸水试验、透气性试验、抗折试验、抗压试验、抗拉试验、耐酸抗崩解试验、碳化试验、添加剂作用及影响试验、固化材料物理化学成分试验、流动性测试、热膨胀系数测试及干湿交替耐候试验等。

（三）研究成果

根据岩画保护材料需求和各种性能试验对比，确定最佳配比材料用于不同隙宽的黏接加固。

最佳的封口黏结材料，如表三、表四所示。

表三　最佳封口黏结材料配比1

组分	比例
水硬性石灰（NHL2）	491
灰岩粉（极细）	489
可再分散乳胶粉（FX7000）	10
减水剂（C-SP）	1
消泡剂（P803）	2
木质纤维素（FD40）	5
触变润滑剂（987）	2

注：每种配方为干混料，取1000克，比例中数字为各组分质量

表四　最佳封口黏结材料配比2

组分	比例
水硬性石灰（NHL2）	350
灰岩粉（粗）	120
灰岩粉（细）	350
灰岩粉（极细）	157
可再分散乳胶粉（FX7000）	10
减水剂（C-SP）	1
纤维素醚（MC500）	2

续表

组分	比例
木质纤维素（FD40）	5
触变润滑剂（987）	2

注：每种配方为干混料，取1000克，比例中数字为各组分质量

最佳的注浆黏结材料，如表五、表六所示。

表五　最佳注浆黏结材料配比1

组分	比例
水硬性石灰（NHL2）	497
灰岩粉（极细）	490
可再分散乳胶粉（FX7000）	5
减水剂（C-SP）	3
消泡剂（P803）	3
纤维素醚（MC500）	2

注：每种配方为干混料，取1000克，比例中数字为各组分质量

表六　最佳注浆黏结材料配比2

组分	比例
水硬性石灰（NHL2）	250
灰岩粉（粗）	120
灰岩粉（细）	400
灰岩粉（极细）	217
可再分散乳胶粉（FX7000）	5
减水剂（C-SP）	3
纤维素醚（MC500）	2
木质纤维素（FD40）	3

注：每种配方为干混料，取1000克，比例中数字为各组分质量

广西宁明花山岩画本体岩体开裂病害特征及机理分析

陈嘉琦[1]　王金华[1]　严绍军[2]　方　云[3]

［1.复旦大学；2.陕西省文物保护研究院；3.中国地质大学（武汉）］

花山岩画位于广西壮族自治区宁明县左江支流明江西岸的花山崖壁上。长172、高50米，面积约8600平方米，现存人物、动物、器具等各类图像1900多个，为战国至汉代时期壮族先民骆越人所绘，是迄今发现世界上规模最大、内容最丰富的岩画[1-3]，具有独特的历史与美学价值[4-7]。目前花山岩画已列入《中国世界文化遗产预备名单》。

但由于地质作用及环境因素的影响，花山岩画正面临着诸如崖壁岩体失稳、岩画本体岩石开裂剥落、颜料层风化脱落、微生物侵蚀等多种病害的威胁[8-11]，其中岩画本体岩石的开裂、剥落是最直接的破坏，也是毁灭性的破坏[12]，所以对岩画本体岩石开裂剥落病害的加固保护是花山岩画抢救保护工作的重点。

通过对花山岩画本体岩石开裂病害特征的调查与统计分析，以及表层岩体温度梯度监测、现场环境条件的调查分析，我们提出了地质构造作用是花山岩画岩石开裂病害产生的内因，温度应力作用是主要的破坏外力的结论，深化了对开裂病害形成影响因素及机理的认识，为岩画保护提供理论依据。

为此开展的主要调查、研究工作有①自然地质环境调查，主要开展崖壁岩体构造的调查与分析；②崖壁表层岩体温度梯度监测、数据采集及分析；③开裂岩体特征调查，包括开裂岩石所在位置、形态、开裂面积、开裂岩石厚度、裂隙口开裂方位、裂隙宽度、裂隙充填情况；④病害机理分析研究，在对开裂岩石特征进行统计分析的基础上，结合环境监测数据分析病害形成的机理。

一、花山岩画区域环境及地质条件

（一）气候条件

花山地区地处北回归线以南[13]，属温暖亚热带季风气候，高温多雨，终年少见霜雪。年平均降雨量1242.2毫米，4～9月为雨季，占全年雨量的81.8%，10月至次年3月为旱季，占全年雨量的18.2%。雨季雨量集中，降雨强度较大，月降雨量最大值可达461.4毫米，日最大降雨量为196.7毫米（1953年6月13日）。年均蒸发量为1663.7毫米。空气相对湿度较大，年均79%。

多年平均气温19～22℃，冬季1月最冷，平均气温13.3℃，夏季7月最热，平均气温28.4℃，年度平均温差15.1℃。历年极端最高气温达40.8℃（1958年5月），历年极端最低气温–2.4℃（1967年1月）。极端气温变幅达43.2℃。

受地形影响，区内风速较小，年平均风速为1.3米/秒，4～9月多吹东至西南风，10月至次年3月多吹东至东北风。全年以东风频率最大，东北风、西南风次之。区内大风多为东北风，最大风速17～20米/秒。每年6～9月常受台风侵袭。花山崖壁走向为NNW向，受西南风影响较大。

（二）岩画岩体温度场特征

1. 光照度

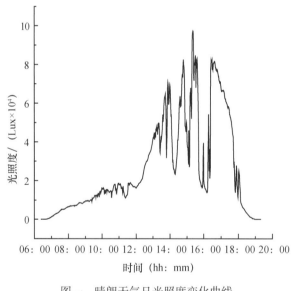

图一　晴朗天气日光照度变化曲线

根据一天中岩体温度普遍高于空气温度的事实，结合传热学理论可知岩体温度变化主要影响因素是太阳热辐射，而大气与岩体之间的热传导居次要地位[14]。

花山岩画岩体的温度场与季节、天气等因素密切相关。夏、秋季光照度明显高于冬、春季；晴朗天气，日光照时间平均12小时左右，阴雨天气则光照度大幅降低，为晴朗天气的1/10～1/5。晴朗天气典型光照度变化情况如图一所示，其最强光照度出现在下午15：00左右。

2. 大气与岩体表面温度

岩画区域大气温度与岩体表面温度动态过程基本趋于一致，且多数时间岩体温度要高于大气温度，仅在上午10：00至下午14：00左右整体环境温度由于吸收太阳辐射上升过程中，岩体温度较空气温度稍低，出现滞后现象。14：00以后，两者温度继续上升，岩体表面温度上升速度明显高于空气温度升高速度，温差随后出现峰值。下午17：00以后太阳辐射减弱，岩体及空气温度开始缓慢下降，至次日早上6：00～8：00出现最低值。据热力学定律，在10：00至14：00期间由于空气温度稍高于岩体温度，热量由空气向岩体传播，而其余时间则由岩体向空气传播。由此印证了岩体温度效应主要受太阳辐射影响而与气温变化关系不大的结论（图二、图三）。

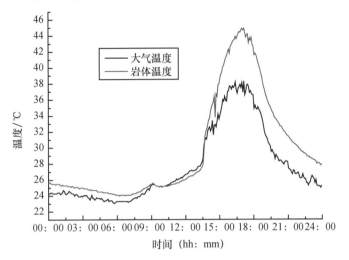

图二　典型岩体、大气温度变化曲线

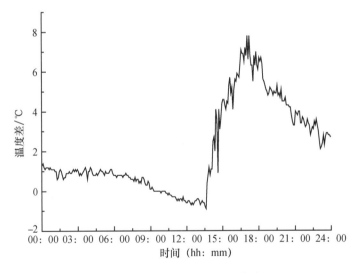

图三　典型岩体、大气温差曲线

3. 表层岩体温度及温度梯度

不同深度岩体温度监测数据表明：岩体深部温度趋近于某一恒定值，并随时间变化基本保持一致。而浅部岩体的温度则随时间出现一定幅度的变化，且埋深越浅这种变化幅度越明显，在0～15厘米范围内的岩体温度变化最为显著。岩体高温峰值一般出现在下午17：00～18：00，比太阳光照度峰值时间有一定的滞后。说明太阳高强辐射期间岩体始终处于升温状态，一旦高强辐射结束岩体随即向外释放热量从而导致温度降低。

温度引起的岩体风化主要原因不在于岩体温度的高低，起决定作用的是岩体内部的温度梯度，梯度越大相邻岩石间的温度应力就越大，岩石开裂劣化也就越快越显著。所以有必要重点探讨表层岩体的温度梯度变化情况，梯度的计算公式：

$$\text{grad}\,(t) = \frac{t_i - t_{i-1}}{d_i - d_{i-1}}$$

式中，t_i、t_{i-1}为i、$i-1$点的温度值；d_i、d_{i-1}为i、$i-1$点与岩体表面垂直距离。

结合监测点布置情况，取0～5厘米、5～15厘米、15～30厘米、30～50厘米四个区间的温度梯度为研究对象。梯度同样在0～15厘米范围内变化最为显著，最大最小梯度值均出现在0～5厘米的梯度线上，分别达到$-40℃$/米至$130℃$/米，强烈的温度梯度作用会使岩体表层出现拉剪应力，促使岩体表层发生片状剥离（图四、图五）。

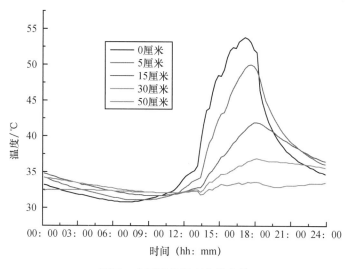

图四　表层岩体温度变化曲线

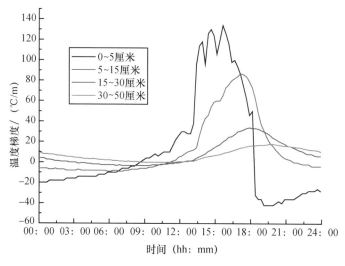

图五　表层岩体温度梯度变化曲线

（三）花山岩画岩性及构造特征

1. 岩画岩性特征

研究表明岩石主要成分为钙镁质碳酸盐，约占物质组成的98%，其中CaO与MgO之比介于6.2∶1~8.6∶1，属白云质灰岩。值得注意的是在岩体的裂隙中检测出了来自大气污染物SO_2生成的硫酸盐——石膏，石膏在吸水过程中体积会剧烈膨胀，威胁岩画安全。

本次试验采取了三种不同的岩样对花山岩石性质进行研究，分别为组成崖壁主体的生物碎屑灰岩、风化剥落形成的片状灰岩以及崖壁附近的钟乳石样本，主要进行了岩石化学成分及热力学参数的测定。试验表明：灰岩剥落体的导热系数最高为0.893W/(m·K)，而钟乳石的导热系数最低，为0.231~0.490W/(m·K)，一般灰岩则介于两者之间，为0.605~0.780 W/(m·K)；岩石比热随温度升高而增大，相同温度下，灰岩比热低于石钟乳；石灰岩线膨胀系数为（3~4）×10^{-6}/K^{-1}，即当昼夜温差为40℃时，其收缩或膨胀率可达到0.12~0.16mm/m。

2. 岩画岩体构造特征

花山岩画崖壁岩体为一个断层盘，该断层为一压扭性断层。在断层两盘相对运动的过程中，断层一盘或者两盘的岩石中常产生派生的张拉裂隙和剪切裂隙。这些派生的裂隙与主断层斜交，其交角大小因派生裂隙的力学性质不同而异。

岩画所在立壁内无大型断裂存在，但壁面发育有大量的与断层具有一定相关性和继承性的构造裂隙，这些构造裂隙是在断层上下盘相对运动的过程中，岩石受到张剪作用形成的，其与断面交角与受力情况和岩层性质有关。断层在多次运动过程中形成的多组相互切割、相互作用的裂隙，成为岩画表层岩体开裂的一个主要原因。

二、岩画本体岩体开裂的病害特征

根据导致岩画开裂的原因可以将岩体开裂病害分为两大类：构造开裂以及风化开裂。其中构造开裂是由于地质运动作用在崖壁表面形成的裂隙；而由于水、热等环境因素影响，诱发产生的开裂破坏称为风化开裂。

（一）开裂岩体特征统计对比分析

1. 开裂岩体的特征分析

开裂块体形态特征：岩画调查区域面积为735平方米，共发现3025处开裂岩体，病害总面积为90.22平方米，占调查区域总面积的12.28%。其中2178块岩体呈片状开裂，847块为块状开裂，并存在多处岩体脱落现象。开裂块体以片状开裂为主，占71%，主要为风化裂隙切割的块体；块状开裂体占28%，主要为构造裂隙切割的块体（图六、图七）。

图六　构造及风化裂隙

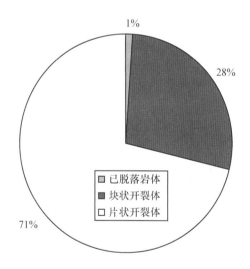

图七　岩体开裂形态统计

对开裂岩体面积的统计结果表明：开裂面积多小于0.2平方米，最大开裂岩体面积为9平方米，为由构造形成的小型危岩体，而最小开裂面积仅为0.0001平方米。平均开裂面积约为0.03平方米；开裂体厚度在不同部位尺寸不一致，本文统一采用最大值来表征，厚度主要集中在1～200毫米，最大、最小厚度值分别为1050毫米和1毫米，平均厚度为20.9毫米。

开裂块体形态以片状开裂为主、开裂面积小、开裂体厚度小等特征说明开裂岩体的主要破坏力为外力。

裂隙张开度是评价岩体稳定性及加固效果的重要指标之一，花山岩画岩壁的裂隙张开度多在10～25毫米，平均裂隙宽度为2.8毫米。如构造裂隙宽度可达到200毫米，为小型危岩体控制面（图八）。

由于崖壁直立陡峭、岩层巨厚，加之裂隙张开度较小，多数裂隙无充填物，占裂隙总数量的86.7%。剩余裂隙充填物多为泥质、钙质或泥质钙质的混合充填，统计情况如图九所示。

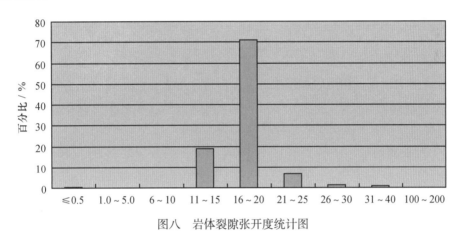

图八 岩体裂隙张开度统计图

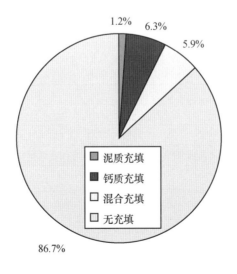

图九 开裂岩体充填情况

2. 不同开裂类型形态对比

（1）开裂数量对比。

在所调查的开裂体中，风化开裂有2178处，占总数目的72%；构造开裂岩体有847处，占总数的28%。虽然两者数量存在一定差异，但由于构造开裂形成的面积一般较大，所以两者形成的病害面积却几乎相当（表一）。

表一　开裂数量对比表

开裂岩体分类	构造开裂体	风化开裂体
统计个数	847	2178
面积/平方米	43.93	46.29
平均面积/平方米	0.0521	0.0215

（2）厚度对比。

从厚度方面来说，构造裂隙形成的开裂厚度一般大于风化裂隙，主要集中在1～40毫米，该厚度区间占该类裂隙总数的71.78%，其次为41～60毫米，占总数的14.4%。而风化裂隙形成的开裂占该类裂隙总数的94.83%（图一〇、图一一）。

（3）开裂面积对比体厚度介于1～300毫米，主要开裂范围为1～30毫米，对裂隙开展面积对比结果如图一二、图一三，构造裂隙开裂面积在0.0011～0.1平方米居多，占该类开裂面积的86.49%，其次为0.0001～0.001平方米与0.1～1平方米两个区间，分别占4.15%、8.41%。在调查区域内，单块开裂面积达到1平方米的构造开裂体共发育8处，最大开裂面积达到9平方米，形成一处危岩体。而风化开裂面积一般较小，多集中于0.001～0.05平方米，占风化开裂体个数的89.06%。

（4）隙宽对比。

对比图一四、图一五构造隙宽与风化隙宽分布图可知，构造开裂体与风化开裂体

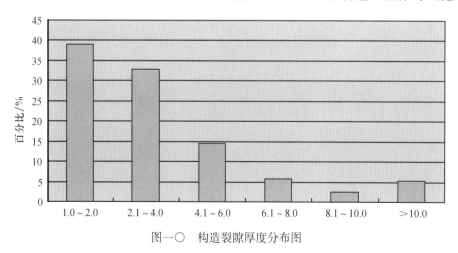

图一〇　构造裂隙厚度分布图

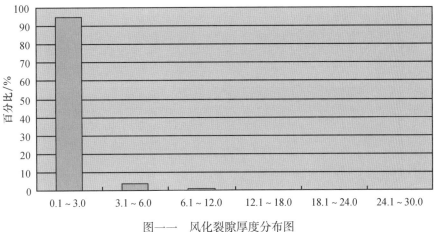

图一一　风化裂隙厚度分布图

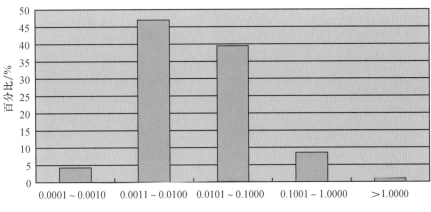

图一二　构造开裂体面积分布图

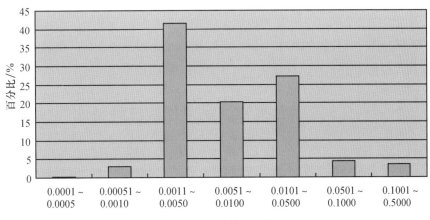

图一三　风化开裂体面积分布图

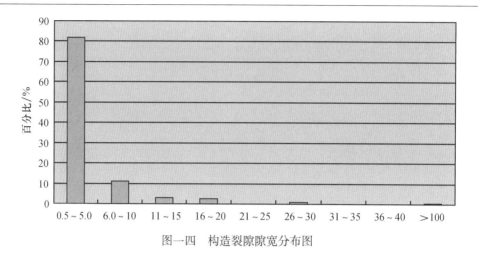

图一四　构造裂隙隙宽分布图

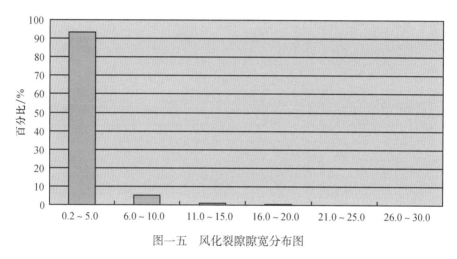

图一五　风化裂隙隙宽分布图

的隙宽大多集中在5毫米以下。其中构造隙宽多集中在0.5～5毫米，而风化隙宽多集中于0.2～5毫米。其中风化裂隙体中存在一定数量0.5毫米以下的微张开裂隙。从两者张开度大小极其相似的事实来看，开裂类型对张开度的影响较小。

（二）开裂岩体病害危险性评估

本文将岩画本体开裂均视为不稳定块体，以开裂岩体开裂面积与总面积之比作为定性评判指标（实际状况需要其他指标综合评估），并据此建立病害危险性的初步评估标准，将开裂岩体分为3个不稳定评估级别：

（1）当A≥1/2时，Ⅰ级不稳定（最危险块体）；

（2）当1/3＜A＜1/2时，Ⅱ级不稳定（次危险块体）；

（3）当A≤1/3时，Ⅲ级不稳定（一般危险块体）。

根据该评判标准，岩体开裂的不稳定情况如下：在调查区域共查得2977块开裂岩体，其中2096块为Ⅰ级不稳定，占总数的70.41%；Ⅱ级不稳定块体为538块，占总数的18.07%；343块Ⅲ级不稳定块体，占开裂岩体总数的11.52%。

不同的开裂类型，其不稳定块体危险性构成也不尽相同。构造开裂体中Ⅰ、Ⅱ级不稳定块体分别占该类开裂的60.19%和22.77%；而风化开裂的Ⅰ、Ⅱ级不稳定块体分别占75%和16%。所以风化裂隙的贯通性要好于构造裂隙，并且由于风化裂隙多呈薄层片状开裂，在相同张开度情况下，其稳定性要低于构造裂隙，危害也更大一些（图一六）。

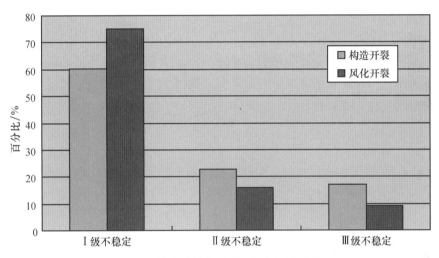

图一六　构造及风化开裂不稳定级别对比图

开裂岩体危险性分级评估为保护工程实施步骤提供了依据。

三、岩画岩体开裂病害机理分析

通过对花山岩画本体岩体开裂特征的调查、统计分析、对比，结合岩画所在区域的气候、构造、岩性等特征[12,15]，笔者对岩画本体的开裂机理进行了初步的研究，结论如下。

（1）花山断层是岩体开裂的区域性控制因素。

花山断层活动的强度及性质决定了岩画崖壁、分支断裂及其伴生裂隙的形态和分布特征。首先在断层错动过程中，断面上会受到拉、压、剪等各种应力的复合作用，造成岩壁损伤破坏；另外由于错动或风化作用使得断层一侧临空，形成崖壁，造成垂直崖壁的水平应力缺失，容易形成平行于崖壁的卸荷裂隙。这些以显性或隐性形式存在于岩体内部的裂隙为后期更大规模的发育和扩展创造了条件。同时在岩体重力及不同形态裂隙的组合作用下，极易形成范围较大的危岩体，大大影响了岩画的安全。

（2）热-力耦合数值模拟分析风化裂隙形成的原因。

崖壁的延展方向及地貌特征，为太阳直接辐射提供了有利条件，午后最大光照度可达到9.73×10^4Lux。崖壁岩体温度升高的主要因素是太阳西晒的热辐射。在升温过程的开始阶段，岩体表面为吸热状态，由于灰岩传导率不大，使表面吸收的热量难以快速向岩体内部传导，致使岩体内部温度梯度过大。

岩石是由不同矿物所组成的非均质体，各种矿物在高温条件下的热膨胀系数各不相同，受热后各种矿物颗粒的变形也不同。然而，岩石作为一个连续体，为了保持其变形的连续性，内部各矿物颗粒不可能相应地按各自固有的热膨胀系数随温度变化而自由变形，因此，矿物颗粒之间产生约束，变形大的受压缩，变形小的受拉伸。由此在岩石中形成一种应力，称为结构热应力。

当气温升高时，内部岩体与表层岩体不能同步膨胀，在内外层之间便产生与表面方向垂直的拉力，具体分布表现为应力集中。热-力耦合的有限元计算得出的最大主拉应力在0.6MPa左右（图一七）。

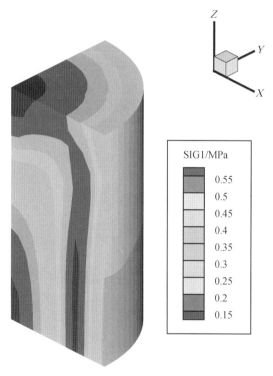

图一七　温度循环过程中最大主拉应力的极值分布
（变温速率=3℃/m）

另外，夜间环境温度急剧降低，岩体开始对周围环境释放白天吸收的热量，崖壁表面在大气环境的影响下温度迅速下降，岩体表层又由于散热快而变冷收缩，而内部温度相对保持恒定，就产生了和白天完全相反的力学效应。

温度变化梯度所引起的热应力，特别是拉应力造成的岩石的疲劳损伤，日积月累造成表层岩体产生劈裂。

研究表明，由热导致的岩体膨胀和收缩变形均不可恢复，正是这种不可恢复的变形在岩石内部产生了导致岩石破损的应力，从而产生劈裂裂隙，这种现象在很多劣化石材的表面都得到了验证（图一八）。

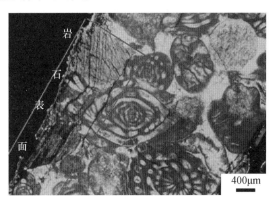

图一八　表层岩体发育的隐性裂隙

（3）环境污染可能是加速岩体劈裂的另外一个原因。环境污染组分与大气降水或地下水渗透流动为主要影响途径，并在崖壁裂隙中形成一系列易溶或中溶盐类，在空气中水和太阳辐射的作用下，盐类发生吸水膨胀、失水收缩的循环变化，致使岩石裂隙不断的开裂。

四、结　　论

（1）在调查区域内，花山岩画本体中病害面积达到总面积的12.28%，岩画的完整性受到了严重的威胁。其中构造和风化引起的病害各占一半，而两种病害由于形成机理不同其危害方式也各异。构造病害以块体破裂为主，数量少、面积大，甚至个别地方形成了局部的危岩体；而风化形成的病害则主要是为小范围的片状劈裂，数量大、面积小。针对不同的病害形式应采取不同的治理措施。

（2）构造裂隙与风化裂隙在病害总面积、张开度两个关键指标方面较为接近，对两种病害形式均应引起足够的重视。但由于风化裂隙的贯通性高于构造裂隙，加之其为表面的片状开裂形式，贯通到一定程度后容易产生掉块现象；而构造裂隙的块体即使全部贯通与母岩脱离，但在周围岩体的约束下大部分仍能处于稳定状态。所以近期抢救性保护工作应首先对风化裂隙进行，逐步拓展至小型危岩体整治以及普通构造裂隙块体。

（3）地质构造应力作用是花山岩画崖壁表层岩体产生大量开裂的内因。花山岩画崖壁为一断层盘面，断层错动过程中，断面上会受到拉、压、剪等各种应力的复合作用，造成岩壁损伤破坏，在崖壁表层岩体中发育显性或隐性裂隙，在温度性应力诱发的热膨胀应力作用，产生扩张或变形，从而产生开裂破坏。

（4）在太阳辐射作用下，表层岩体温度梯度变化产生的温度应力是花山岩画表层岩体开裂的主要破坏外力。

（5）对于在岩石裂隙中发现的少量硫酸钙（石膏）粉末，应通过进一步的研究工作查明其确切来源，究竟是来源于大气还是山体内部的地下水，根据不同原因采取对应措施防止或减少该类物质的进一步沉积。

参 考 文 献

［1］　李萍.从左江花山壁画看壮族的审美追求与习俗文化［J］.江西科技师范学院学报，2005（05）：82-86

［2］　梁庭望.花山崖壁画：古骆越文明的画卷［J］.传承，2008（21）：34-35

［3］　林晓.四十年来国内学者对左江流域崖壁画的研究概述［J］.广西师院学报，2000（03）：105-110

［4］　姚静媛.花山岩画形式特征的审美分析［J］.柳州师专学报，2010（06）：32-34

［5］　王丹.广西花山岩画的图形审美浅析［J］.美术界，2010（5）：65-66

［6］　黄晓娟.生存的渴望与艺术审美的知觉——花山岩画的艺术人类学探析［J］.杭州师范学院学报（社会科学版），2007（03）：85-91

［7］　过伟.花山崖壁画的文化价值、历史价值与旅游价值［J］.柳州师专学报，2007（01）：82-86

［8］　郭宏，韩汝玢，赵静，等.广西花山岩画颜料及其褪色病害的防治对策［J］.文物保护与考古科学，2005（04）：7-14

［9］　郭宏，韩汝玢，赵静，等.广西花山岩画风化产物微观特征研究［J］.中原文物，2005（06）：82-88

［10］　郭宏，赵静，韩汝玢，等.水在广西花山岩画风化病害中的作用及其防治对策［J］.文物保护与考古科学，2007（02）：5-13

［11］　徐利军，方云，王金华，等.花山岩画渗水病害机理及环境治理对策［J］.安全与环境工程，2006（02）：24-30

［12］　方云，刘建辉，王金华，等.宁明花山岩画区危岩体稳定研究［J］.文物保护与考古科学，2007（04）：37-40

［13］　黄建清，胡衡生，韦倩虹.广西花山旅游资源开发利用研究.衡阳师范学院学报，2006（6）：122-125

［14］　章熙民，任泽霈，梅飞鸣.传热学（第五版）［M］.北京：中国建筑工业出版社，2007：64

［15］　邝国敦.环境破坏对花山崖壁画的影响［J］.南方国土资源，2003（02）：24-25

宁明花山岩画加固工程对中国涂绘类岩画保护的意义

朱秋平

（广西宁明县文物管理所）

岩画是人类早期社会的一种普遍文化现象，广布于世界五大洲，存在于石山体表、洞窟内壁或江岸峭壁之上。

通观世界岩画，按其绘制方式大致可分为凿刻和涂绘两大类。我国的岩画北方多为凿刻类，如宁夏贺兰山岩画、内蒙古阴山岩画等，南方多为涂绘类，如广西左江岩画、云南沧源岩画、贵州龙里岩画等。

岩画大多处于野外，长时风吹日晒雨淋，生成各种病害。为了保护这类珍贵文化遗产，世界各地也在进行治理这些病害的探索。宁明花山岩画自2001年以来，开展了一系列岩画保护课题研究，并将研究成果应用于岩画本体加固保护，取得了较好的效果。现叙述该项实践，或可对我国涂绘类岩画的保护提供借鉴。

一、宁明花山岩画及其病害

崇左市境内左江沿岸山崖及其附近峰丛断崖峭壁上迄今发现82处岩画，为战国至东汉时期壮族先民所绘制，学术界统称为"左江岩画"。其中位于宁明县城中镇耀达村明江东岸拐弯处的花山岩画是左江岩画中最杰出的代表（图一）。岩画画面长172、高约50米，面积为8000多平方米，现遗存各种图像1900多个，均为朱红色，包括人、马、兽、铜鼓、刀剑、羊角纽钟、船、道路等，构成岩画主体的人像皆做曲肘腿半蹲式，有正、侧身两种，大小不一，一般为60～150厘米，小者高仅20厘米，大者高达3米，正身人像有的腰挂环手刀，脚下绘有兽（类狗），造型古朴粗犷，整个画面各种图像可分成111组神秘的图画，以其画面大、图像多、分布密集、场面险绝壮观而著称于世（图二、图三）。

调查发现，宁明花山岩画历经2000年的风雨沧桑，已存在多种危害岩画的病害，主要表现为以下几方面。

图一　广西宁明花山岩画

图二　花山岩画巨大画幅

图三　花山岩画局部

1. 崖壁面出现平行的片层状开裂和剥落

花山地处亚热带，岩画直接绘制于花山临江的一面绝壁之上，岩画载体是石灰岩。这里的大气候一年四季冬夏温差大，冬季最低气温在4℃左右，而夏季最高气温可达38℃，而花山岩画区内的小气候温差更显特殊，如7月份，岩画区内温度下午最高可达60多℃，而到了晚上骤降至20℃以下。由于崖壁面热胀冷缩，且不断的反复循环，极易造成岩面风化，这样在地球应力的作用下，崖壁出现片状开裂、剥落，最终导致岩画随岩块掉落而损毁（图四）。

图四　岩画风化剥落病害

2. 石钟乳、石帘及碳酸钙沉积物覆盖

花山地区是典型的喀斯特地貌，岩溶异常发育。山顶落水洞或崖壁裂隙渗水，岩溶释出形成石钟乳、石帘或白色的碳酸钙沉积物，这是喀斯特地貌最为显著的一个特点，而这些物质在崖壁面的形成，造成直接覆盖或溶蚀岩画的毁损（图五）。

3. 粉沙尘覆盖

花山岩画所依附的是一个陡峭的负倾角（向里倾斜）崖壁，整个崖壁凹凸不平，其中有许多是向外倾斜的岩石小块面，大气中的粉尘、沙尘飘落，很容易附着在这些岩石小块面上，日积月累，又长期受南方潮湿水汽作用，尘埃钙化，形成一层薄而坚硬的钙华覆盖层把岩画覆盖（图六）。

图五　石钟乳覆盖病害　　　　　　图六　粉沙尘覆盖病害

4. 强光照射，岩画褪色

花山崖壁面西而立，每天午后，受太阳强光照射，四周岩壁及河水面对强光形成反射，聚于岩画之上，造成岩画颜色消退。

5. 其他特殊破坏形式

图七　苔藓地衣覆盖病害

（1）苔藓、地衣、植物生长破坏画面。

花山为石灰岩山体，西侧为悬崖，其他三面为泥石混合的山坡，内部裂隙密布，每逢雨季，大气降水储存于山体内，通过裂隙和岩溶管道向崖壁渗流，因此在崖壁面滋生微生物，年久日长生成许多苔藓、地衣及小灌木，对岩画面造成破坏（图七）。

（2）小鸟、马蜂筑巢污垢覆盖。

花山崖壁高大内凹，是一个天然的避风遮雨的岩厦，小鸟、山鹰及小马蜂喜欢于此筑巢生活繁衍，它们用泥巴累筑的巢穴及其排泄物造成岩面的污染覆盖。

经过研究，花山岩画上述病害中，有些破坏是微小而缓慢的，而岩石风化开裂造成岩画大面积剥落，是非常严重而且是致命性的毁损，对其进行保护加固与防范迫在眉睫。故此，对岩画风化开裂病害进行详细的研究分析，以寻找有效的治理办法为当务之急。

二、花山岩画加固工程黏结材料的选择与实施加固

花山岩画岩石风化开裂病害主要是由于光、温、水、大气以及地球应力等多种因素共同作用所造成，成因及地理条件都很复杂，治理难度大。宁明县文物管理所邀请了中国文化遗产研究院、中国地质大学、上海德赛堡建筑材料有限公司等专业技术部门开展岩画保护前期勘察、病害治理试验和现场会诊，研究花山岩画病害治理办法与策略，最终确定以抢救性加固保护和长期治理相结合的保护方案，并制订了《花山岩画保护工程施工工作计划》。岩画加固保护分实验室试验、现场试验、岩画本体开裂点加固、岩画本体开裂整体加固四步进行，以确保花山岩画保护的科学性。

加固的关键是黏结材料的选择，花山岩画所用的加固保护材料，不仅要与石灰岩存在兼容性，同时也要与不能清洁掉的钙质泥质沉积、铁质充填物存在兼容性。通过对岩画裂缝病害的分析可以看出，对花山岩画本体的裂缝变化的环境影响因素以温差变化为主，干湿变化为辅，这种裂缝的长度和宽度会随温差及干湿交替变化而有轻微变化。

由于无法控制花山岩画本体的温湿度，因此病因无法得到根除或缓解，裂缝会继续发展，直到表层岩片与基岩完全分离为止。因此必须采取一定的干预手段将开裂的石材黏结起来，缓解开裂分解的程度和速度。

根据这一指导原则，现在使用的材料和工艺必须为将来的加固与维修在可持续性方面提供可能性。采用与花山岩画石材在化学成分上相近的无机材料是本次加固的首选；加固好的岩片如果再开裂应该沿着已有的主要裂缝发展，而不要产生新的裂纹，或使次要裂缝变成主要裂缝，所以要求新的加固黏结材料的强度远低于花山石灰岩本身的强度；加固黏结材料要尽可能缓解凝结水对岩画的影响。

（一）加固黏结材料的比较与筛选

目前对于石材等无机材料的加固黏结，国际上采用过的材料有很多种，可大致分为无机及其改性材料和有机材料及其改性材料两大类。

曾经使用过的有机合成树脂及其改性材料包括：①环氧树脂；②丙烯酸树脂；③聚氨酯；④有机硅树脂；⑤正癸酸乙酯及其软化衍生材料；⑥聚酯（PE）。

曾经使用过的无机黏结加固材料及其改性材料包括：①水泥；②硅酸盐（水玻璃）（包括甲基/锂基硅酸盐）；③纯石灰（CL）及分散石灰（DHL）；④水硬性石灰（NHL）。使用过的传统无机有机复合材料还包括桐油石灰、糯米石灰等。

环氧树脂黏结强度太高，常常是加固黏结好的裂缝本身不开裂，在其周边的位置重新出现开裂。同时环氧树脂不耐紫外线，在很短的时间内就会变色老化；不透气，仅适合没有水的裂缝的黏结；而且环氧树脂的热膨胀性比石材高约10倍，可施工性差，流淌的部位只能在很短时间内用溶剂清洁，固化后只能采用机械的方法清洁，这会对岩画本身造成极大伤害。花山岩壁全年均有形成凝结水的条件，使溶剂型树脂类的黏结材料的使用受到限制。

丙烯酸树脂耐紫外线的能力虽好于环氧树脂，变色老化程度相对要小，但是由于其透气性差、热膨胀系数高使得其在文物修复中的应用越来越受到限制。

硅橡胶具有非常好的耐候性，但是不吸水、不透气，在岩画本体上的可操作性差，不适合花山本体开裂的加固黏结。

水泥在文物建筑的混凝土结构砖石砌体等加固中广泛应用，其强度可以通过添加各种助剂来进行调整，但含的水溶盐量高，在文物和历史建筑修缮中的应用越来越少。

目前常规的黏结加固材料，环氧树脂、丙烯酸树脂、水泥，均不合适花山岩画本体开裂岩体的加固黏结。通过对现场的调研及国际上类似案例的最新成果，优化的天然水硬性石灰是目前比较适合的材料。

花山开裂岩体黏结加固材料可分成两类：第一类是填充黏结材料；第二类是灌注黏结材料。前者主要是将已经开裂的岩片黏结住，放置脱落并且防止灌注黏结材料的流失。后者是注射到裂隙中，起到黏结和填充的作用。从材料技术要求角度，两者具有相似性，即很好的黏结性、耐久性及韧性。但是在施工方面，要求前者具有很好的湿黏性和很好的操作时间，后者具有很高的流动性，使材料可以流到裂纹的各个角落。因此要根据裂缝的类型需要，采用不同黏度、不同粒径的灌注黏结材料以满足不同的要求。

天然水硬石灰（natural hydraulic lime，NHL），是采用不纯的含杂质的石灰石经过烧制（温度900～1100℃）、粉碎、消解而成，是一类有别于传统石灰与水泥的天然无机材料，与水泥不同的是在消解的过程中不添加任何外来的材料。

天然水硬石灰成分主要有二钙硅石（$2CaO \cdot SiO_2$，简写成C_2S）、熟石灰$Ca(OH)_2$、部分生石灰CaO、部分没有烧透的生石灰$CaCO_3$及少量的黏土矿物、石英等组成，兼有石灰和水泥的优点，低收缩、耐盐、适中的抗压与抗折强度，但是由于其生产过程中无任何外来添加物，其水溶盐的含量很低。

在我国目前还缺乏对石灰材料的水硬性组分的系统研究，缺乏对石灰固化的物理、化学机理，使用条件等问题的科学阐述，很多传统石灰工艺也面临失传。

（二）水硬石灰在岩画本体加固保护中的应用

在实验室试验过程中，根据花山崖壁的特点，进行多种配方调试，模拟岩石开裂情况做裂隙封堵和灌注试验，并进行耐高温、耐酸、耐老化及拉拔强度、抗压、抗折、抗崩解等多项材料性能测试，收集提取每组试验的数据进行研究分析后，对试验方案再做调整与完善，以求取最佳黏结加固效果（图八）。

现场试验是水硬性石灰应用于花山岩画本体加固的必要环节，是进一步验证所选择的配方是否最优配方的手段，同时，在现场试验中可依据加固对象的具体情况，对黏结与灌注加固方法与步骤进一步细化与微调（图九）。

图八　现场配料　　　　　　　　　　图九　现场试验

1. 脱落岩画的归位粘贴

岩片的脱落是花山岩画最普遍而且危害十分严重的病害，有岩画的部位脱落使花山岩画的价值大大降低；没有岩画的石材脱落也同样会严重影响岩画的完整及整体稳定与安全。因此把已经脱落或者将要脱落的岩片归位粘贴是抢险加固的重中之重。其基本步骤为：

（1）揭取，编号。

（2）清洁。采用铜丝刷及不锈钢刷刷掉灰土等，再采用高压空气吹掉表面灰尘。

（3）根据裂隙宽度选择黏结剂。

（4）黏结剂的准备：加水到归位黏结剂中，搅拌均匀；严格控制添加的水量，添加水量少会有空气排不尽，添加水量多会影响附着力。

（5）核对编号及部位。

（6）抹黏合剂，涂抹的时候要在垂直裂缝的方向做出锯齿状的纹，以在黏结时排出空气；涂抹量要适当，以平均4～5毫米为宜。

（7）压到原位。

（8）轻轻敲击，排出多余的黏结剂，以全部饱满为佳。

（9）用不滴水的湿毛巾擦掉多余的黏结剂后将氧化铁调到清水中，拼色做旧（图一○）。

图一○　现场试验

2. 开裂岩体的填充再注射黏结试验

大部分岩片与岩体之间存在裂隙，但局部仍然相连。本方法适合已经开裂，但是开裂的岩片仍然与岩体黏结的开裂岩体。具体施工随开口方向的不同再进行调整。

注浆黏结材料的配比参照裂缝的宽度分成两类，一类为＜3毫米细缝需要用细骨料，增加流动性；第二类为＞3毫米的缝，骨料粗，以降低收缩，增加黏合性。注浆材料的配比采用室内试验筛选出的最优配比。

施工的工艺流程如下：

（1）用毛刷清除浮灰。

（2）预黏结。

（3）等预填充黏结材料干后（至少24小时后），采用高压空气清洁，同时采用薄刀片辅助清洁。

（4）根据裂缝的大小选择注浆头，间隔50毫米左右埋设注浆头。

（5）埋设注浆头后采用填充黏结材料填充。

（6）24小时后从底部开始注射制备好的注浆料。

图一一　现场加固

（7）流出的多余的注浆料用毛巾清洁后，用填充黏结材料及时封堵。

（8）注射达到饱和。

（9）5分钟后补注。

（10）再补注一次，敲击无空鼓为合格。

（11）隔天清理，24小时后拔掉注浆管。

（12）除掉多余的填充黏结材料。

（13）清洁后表面拼色（图一一）。

3.岩画本体开裂部位注浆黏结试验

通过在非岩画区域的注浆黏结试验，对材料和工具使用以及现场操作工艺都有了一定经验，在此基础上进行了岩画区域注浆试验。

选取有代表性的剥落病害区域作为试验区。其中试验区一面积（26×36）平方厘米，裂隙长度65厘米，处于开裂状态的石片厚3～5毫米，裂隙开口宽度5～8毫米，裂隙开口朝下。试验区二面积（50×50）平方厘米，裂隙长度140厘米，开裂状态的石片边缘较薄，厚2～3毫米，中间部位较厚，20～30毫米，裂隙宽度5～8毫米，裂隙开口为向上和单侧向左，另两侧有连接。

在材料使用上两处所用配方不同，试验区一使用了细注浆材料和填充材料，试验区二裂隙宽，使用了粗填充材料和注浆材料。操作的主要过程：

（1）采用高压空气清洁裂隙内部，并用水润湿。

（2）12～24小时后对裂隙边缘进行封闭，并在裂隙较高位置处留出相应的注浆开口。

（3）24～48小时后开始注射制备好的注浆料。

（4）填充由于封口不严造成的漏浆，流出的多余的注浆料用毛巾清洁，表面污染的浆液及时清洗。

（5）5～10分钟后再补注，敲击无空鼓为完成。

（6）24小时后用填充黏结材料填充裂隙开口处。

（7）清洁裂隙边缘和表面的多余填充材料。

水硬性石灰在花山岩画岩体风化开裂试验中取得了很好效果，在2009年8月专家评审验收会上，试验成果得到了专家首肯，并同意在花山岩画第一期抢救性加固工程中应用。

三、花山岩画加固工程对中国涂绘类岩画保护的意义

（一）项目工程的典范作用

1. 清晰的保护思路

花山岩画病害复杂多样，对它进行保护治理，必须有一个正确的保护思路。经过多年的对花山岩画的调查研究分析，我们基本掌握了岩画病害的不同特点和成因，最终确定以抢救性加固与长期治理相结合的保护思路。第一期保护项目的性质是抢救性保护，保护工作的重点是花山岩画本体保护，保护工作的核心是岩画黏结加固材料的研究。从花山岩画的病害特点入手，分析岩画对保护材料的要求，通过广泛的调研筛选，进行了大量的室内室外试验，有针对性地筛选出适合花山岩画岩片开裂的黏结材料。以对文物本体"最小干预"为原则，实施岩画开裂部位的抢救性加固，使岩画在一定时期内不再发生剥落，并且确保这种加固措施对岩画造成的影响最小。对抢救加固后的长期治理目标则通过《花山岩画保护规划》做出明确规定，其中包括山顶落水洞、山体裂隙渗水的治理；崖壁生长的石钟乳、碳酸钙沉积物的清理以及周边环境整治等。

2. 科学的实施方案

（1）多学科多部门参与。对岩画的保护，是世界文化遗产保护中的重大难题。花山岩画规模宏大，2000多年的历史风霜逐渐积聚而成的岩画病害现状使保护工作非常严峻。目前在同类岩画保护中，无成熟的经验可以借鉴，因此，花山岩画调查研究、保护技术研究需要一个较长的时间过程（图一二）。

图一二　多学科参与研究

针对各种病害还需要分轻重缓急，有计划，分步骤实施，而且此类文物保护工程的不可逆性，文物的珍贵性、稀缺性和不可复制性，要求保护技术必须有绝对的可靠性，以最大限度地避免保护性破坏。花山岩画保护是一项较为复杂艰巨的工程，需要长期艰苦的努力工作，需要集中力量联合公关，我们邀请了包括中国科学院院士袁道先、中国工程院院士葛修润等在内的，在岩溶地质、岩画保护及文物规划方面知名专家到花山岩画现场进行现场勘察，对岩画病害问题进行专家会诊，联合了西北大学文博学院、中国文化遗产研究院、中国地质大学、首都师范大学、上海同济大学、上海德赛堡建筑

材料有限公司、广州白云文物保护有限公司、河北省文物保护中心、中央民族大学中国岩画研究中心等部门开展岩画保护前期调查研究。

（2）多项目技术研究支撑。为了给花山岩画保护提供强有力的技术支撑，自2001年以来，相继开展并完成了"花山岩画本体病害详细勘察""花山岩画本体开裂岩体黏结加固材料试验""花山岩画微环境气体监测""花山岩画岩体开裂剥落病害机理研究""花山岩画环境监测和评估设计""花山岩画第一期抢救性加固设计""花山岩画本体开裂岩体加固系统试验研究"等数十个项目课题。而这些课题的完成，从理论和技术层面上解决了长期以来花山岩画保护面临的许多难题，为花山岩画保护工程的实施提供了科学的技术支撑（图一三）。

图一三　多学科参与研究

（3）保护措施的调整与完善。

2009年12月8日花山岩画保护工程正式开工。鉴于花山岩画保护工程是一项专业性强、难度较大的文物保护工程，为使花山岩画保护工作的连贯性和文物保护学术性得到好的发挥，根据国内文物保护专家意见，保护方案设计单位直接参与方案实施，便于在施工过程中及时发现和解决新的问题。每个项目的实施严格履行报批手续，并且接受专家组中途检查评审和竣工验收，在充分听取专家的意见和建议后，对原设计方案进行及时调整和完善，确保各项技术性能的安全可靠和岩画的绝对安全。

（二）对我国图绘类岩画保护的意义

目前，世界各地的岩画面临着一个共同的难题就是保护问题。在中国，对岩画的保护研究很多还处在对岩画的调查、统计、年代断定、内容解读等层面上。各地岩画存在的不同程度的病害毁损，大多都因为或技术或资金或人员等方面原因，暂时都还任由其自然的生老病死。对各种病害造成的岩画毁损，甚至是岩画即将消失现状还是无可奈何。

花山岩画因其特殊的地理环境以及特殊的病害形式，目前，也没有可以借鉴的成功保护经验，在近十年的前期的勘察、研究、分析、试验中，逐步摸索出的一种特殊的保护方式，是岩画发展进程中的一个过程，同时也是岩画人积极面对困难，勇于探索，为保护我们人类历史文明的一个壮举。可以说花山岩画一期保护工程是摸着石头过河，其可圈点之处在于它具有创造性，不管是在陡峭且负倾角很大的狭窄河岸悬崖搭设高耸的脚手架，不需打一个连墙孔，还是在加固材料的选择、配比，最后到保护方案的具体实施，都是一次大的挑战。花山岩画一期保护工程是广西左江岩画保护的转折点，它揭开了中国岩画大规模实施保护维修新的一页，是中国岩画保护史上的里程碑（图一四、图一五）。

图一四　保护工程开工仪式现场

图一五　临江脚手架

在我国南方岩画中，云南、贵州、四川等省的岩画与广西左江花山岩画同属涂绘岩画，都是以红色颜料直接涂绘于洞窟或野外的岩壁之上，它们所处环境有许多相同或相似之处，同样面临岩石风化致使岩画受损等病害，花山岩画保护工程作为一个成功案例得到我国岩画界的认可，可以作为它们今后实施保护的一种参照。对我国北方岩画而言，尽管北方岩画的情况与花山岩画有很大不同，但从同类文物的保护思路、保护方法去思考，也可起到借鉴作用。

左江岩画几个问题的思考

肖 波

（广西民族大学民族研究中心）

关于左江岩画的记载，最早见于宋李石所著《续博物志》卷八："二广深豁石壁上有鬼影，如淡墨画。船人行，以为其祖考，祭之不敢慢"[1]；明人张穆《异闻录》中载："广西太平府有高崖数里，现兵马持刀杖，或有无首者。舟人戒无（毋）指，有言之者，则患病"[2]；清光绪九年编纂的《宁明州志》载："花山距城五十里，峭壁中有生成赤色人形，皆裸体，或大或小，或持干戈，或骑马。未乱之先，色明亮；乱过之后，色稍黯淡。又按沿江一带，两岸石壁如此类者有多"[3]。此类记载均属于猎奇性质，还比较零散（图一）。

中华人民共和国成立后，广西壮族自治区[4]人民政府先后于1956年和1962年两次组织考察团，对左江岩画进行系统考察，发现岩画50多处，初步弄清了左江岩画的分布情况，后根据考察的发现于1963年编辑出版了《花山崖壁画资料集》。该书对左江岩画进行了初步讨论并附有部分岩画的局部临摹图；随后，还陆续开展了其他一系列的调查研究，一些新的岩画点不断被发现；1980年6、7月间广西壮族先民自治区博物馆组织开展了左江岩画第三次调查，新发现了14处岩画点；1985年，自治区人民政府组织了由历史、民族、民俗、考古、美术、舞蹈、宗教、民间文学、水文、地质、地貌、岩熔、化学、碳素年代学等十四个学科的80多位专家学者组成的考察团，对左江岩画展开了一场中华人民共和国成立以来规模最大、学科最多的一次综合性考察。随后广西民族出版社于1987年出版了由覃圣敏、覃彩銮、卢敏飞、喻如意著的《广西左江流域崖壁画考察与

---

① （宋）李石：《续博物志》，巴蜀书社，1991年，第117页。

② （明）张穆：《异闻录》，转引自覃圣敏等：《广西左江流域崖壁画考察与研究》，广西民族出版社，1987年，第15页。

③ 本段文字见于黎申产辑，台湾成文出版社有限公司1970年版的《宁明州志》第21页，其原文为繁体字，无标点，简体字为"又按沿江一带两岸石壁如此类者有多"，后人引用这段文字一般为"又按沿江一路两岸，石壁如此类者有多"，这种说法最先见于覃圣敏等先生的《左江流域崖壁画考察与研究》第15页，后被多人转引，把"一带"写成"一路"不知所据何本；另外，在断句方面笔者也稍有不同意见。

④ 1958年3月5日之前称广西省，之后称广西壮族自治区。

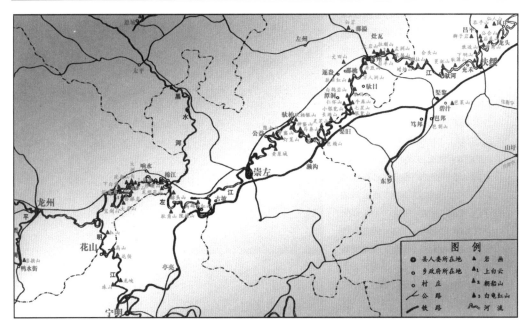

图一　左江岩画分布图

研究》，该书对左江岩画进行了全面系统的考察与研究，对作画环境、作画时间、作画民族、画面内容、艺术风格进行了详尽的分析，并对左江岩画与四川、云南、贵州等广西邻近地区具有类似风格岩画之间的关系进行了初步探讨，可以说，该书是广西左江岩画研究的一部扛鼎之作；1988年文物出版社出版了王克荣、邱钟仑、陈远璋等著的《广西左江岩画》一书，对左江岩画进行了概述性的研究；1992年广西人民出版社出版了由覃彩銮等著的《左江岩画艺术寻踪》，对左江岩画的内涵进行了深度的挖掘；2006年11月广西人民出版社出版了唐华主编的《花山文化研究》，书中收录了20余篇关于宁明花山岩画的功能、艺术价值、与大石铲文化的关系以及花山岩画文化品牌的打造等方面的论文；2010年广西人民出版社出版了杨炳忠、蓝锋杰、刘勇主编的《花山申遗论谭》，围绕着花山岩画申遗的主题，对花山岩画的内容、花山文化的传播、花山资源的开发等方面进行了探讨；而与左江岩画有关的论文、报告以及在报纸上发表的文章等有近百篇，学者们从年代、族属、宗教思想、艺术特点等方面进行了广泛的分析与探讨，有力地推动了左江岩画的研究（图二、图三）。

一、作画地点及岩面选择的问题

由于巫术心理的作用，在原始人的观念中，岩画点的选址与岩画的内容同等重要，甚至超过了后者。这些岩画点所处的位置，毫无疑问都是先民们精心选择的结果，这就涉及人类学家斯宾塞所说的"神场"问题。他说，在澳大利亚"一个土人会告诉

图二　宁明花山岩画全景

图三　宁明花山岩画局部

你，一副特制的图画，画在某个地方什么意义也没有，但如果它是画在其他地方，他又会完全确切地告诉你，这图画应当表示什么意思。这第二种图画，永远是在那个我们可以把它叫作神场的地方出现，这地方妇女不能走近。"①在左江流域80个岩画点中，有72个岩画点分布在左江及其支流明江、平而河及黑水河两岸的临江峭壁上，占岩画地点总数的90%，其中又有约80%处于河流的拐弯处，其对岸往往有一块较为宽屏的舌形台地。此外，有8个地点不在江边，距离河岸2.5至12千米不等。而据徐海鹏先生的考证，"广西左江流域非临江崖壁画点与临江崖壁画点，作画时的地理环境基本上是一致的"②，其后由于气候变化而导致水文、地貌等条件发生了改变。而从左江岩画点的选址来看，大部分都位于河流拐弯处，这与岩画作者的思维观念是分不开的。

要了解岩画作者的思维观念，必须回到作者所处的特定时空环境中去。战国至东汉时期，左江流域地区仍然盛行巫术，《史记·孝武本纪》记载："时既灭南越，越人勇之乃言'越人俗信鬼，而其祠皆见鬼，数有效。……'乃令越巫立越祝祠，安台无坛，亦祠天神上帝百鬼，而以鸡卜。上信之，越祠鸡卜始用焉"③；《赤雅》记载："汉元封二年平越，得越巫，适有祠祷之事。令祠上帝，祭百鬼，用鸡卜。斯时方士如云，儒臣如雨。天子有事不昆命于元龟，降用夷礼，廷臣莫敢致诤。意其术大有可观者矣"④；《魏书·僚传》记载了越人后裔僚人也"其俗畏鬼神，尤尚淫祀"⑤。壮族先民为岭南越人一支，崇巫习俗自是一样，由他们创作的左江岩画，正是其崇巫习俗的具体表现。亚瑟·瓦拉认为，"在古代中国，鬼神祭祀时充当中介的人称为巫。据古文献的描述，他们专门驱邪，预言，卜卦，造雨，占梦。有的巫师能歌善舞。有时，巫就被释为以舞降神之人。他们也以巫术行医，在作法之后，他们会像西伯利亚的萨满那样，把一种医术遣到阴间，以寻求慰解死神的办法。可见，中国的巫与西伯利亚和通古斯地区的萨满有着极为相近的功能，因此，把'巫'译为萨满是……合适的"⑥。

汤惠生先生指出，"越来越多的学者认识到萨满教与人类最初文明的关系，认为人类最初的文明就是萨满文明，萨满教是世界范围内唯一的原始宗教"⑦。其指的是上古社会具有迷狂、三界宇宙观、灵魂再生、二元对立思维等性质的宗教形式。所谓三界宇宙观，则指天堂、人间和地狱，三个世界分别住着天神、人和恶魔；迷狂俗称附体，

　　① 〔法〕列维·布留尔：《原始思维》，商务印书馆，1987年。转引自《中国原始艺术符号的文化破译》，中央民族大学出版社，1998年，第18页。

　　② 徐海鹏：《广西左江流域非临江崖壁画点的地理环境研究》，《广西民族研究》1988年第1期。

　　③ （汉）司马迁：《史记》，北京市线装书局，2006年，第75页。

　　④ （明）邝露著，蓝鸿恩考释：《尔雅考释》，广西民族出版社，1995年，第166页。

　　⑤ （北齐）魏收：《魏书》，吉林人民出版社，1995年，第1379页。

　　⑥ Arthur Waley. *The Nine Songs, A Study of Shamanism in Ancient China*. London: Allen & Unwin, 1955: 9. 转引自张光直：《美术、神话与祭祀》，民族出版社，1999年，第35页。

　　⑦ 汤惠生：《关于萨满教和萨满教研究的思考》，《青海社会科学》1997年第2期。

即巫师与神、鬼、人的灵魂打交道时所必须采用的途径。三个世界由一根"中心轴"或"中心柱"联系在一起，中心轴或中心柱位于世界中心，又被称为"世界柱""宇宙柱""天柱"等，这个中心的艺术形象一般用山、树和孔的形式来表现。萨满巫师可以通过天柱，或上天，或入地与神魔沟通。事实上，这种三界宇宙观同样存在于壮族古代社会。梁庭望先生指出，"按壮族神话《布洛陀》所说，宇宙是一个圆柱形结构，分三层，上层称为天界，即蓝天以上的部分，由雷王主管；中界是人类生活的大地，由布洛陀主管"①。在这里，圆柱形的宇宙结构实际上就是"世界柱""宇宙柱""天柱"的象征，也就是世界中心的象征。因此，选择这些地方进行祭祀最重要的一个原因就是这些处于河流拐弯处的山体是先民心目中的"世界中心"②，是先民借以登天的场所。至于为什么这些地方成为壮族先民心目中的世界中心，我认为主要有以下几个方面的原因：

　　第一，在洪水泛滥的季节，这些地方对左江流域居民造成的危害最大，对壮族先民而言，这里也是鬼怪聚集之地，必须在此地作法对其进行镇压。壮族先民傍水而居，长于舟楫，左江流域河道纵横，便于行舟，舟船是生活在那里的人们从事生产与生活不可或缺的交通工具；而另一方面左江流域自古以来就是洪水多发区，据《宁明县志》记载，"每年7~9月，当台风中心经过或影响明江流域的时候，暴雨倾盆而下，雨量非常集中，强度大，历时短，往往酿成灾害性洪水。倘若明江、左江同时发洪，支干流洪水相遇而引起顶托作用，则明江洪水宣泄不畅，则后果更为严重"③。另据《扶绥县志》记载，"自1959年至1985年的27年中，共有11年出现洪涝，占总年数的40.7%"④。每次洪涝灾害来临，左江流域均一片汪洋，损失惨重。而扶绥县的风灾同样严重，"以8级大风为标准统计，1959年至1985年出现大风的年份共19年，占总年数的70%，大风多出现在7月。尤其是8月。大风常与大暴雨同时产生，危害性很大"⑤。壮族神话中也有很多对洪水灾害的描述，如流传于广西各地的兄妹结婚繁衍后代的神话，讲述的是洪水过后只有兄妹两人逃过一劫，后来兄妹结婚繁衍后代的故事。洪水对壮族先民的影响是巨大的，它甚至是壮族先民四处迁徙的一个重要原因。整个傣族史诗《巴塔麻嘎捧尚罗》很多篇章反映的都是傣族先民与洪水搏斗的故事，充满了对洪水灾害的恐惧。诗中记述到"神柱倒，天垮了，地也塌了，大天下，依旧雾蒙蒙，茫茫水一片"⑥，洪水造

---

　　①　梁庭望：《花山崖壁画——壮族上古的形象历史》，《中央民族学院学报》1988年第2期，第48页。

　　②　这里所谓的世界中心有两个条件构成，一是河流拐弯处；二是岩面朝南的山体，同时满足这两个条件的我们才能称之为世界中心。关于为何山体的岩面朝南，将在下文进行论述。

　　③　宁明县志编纂委员会：《宁明县志》，中央民族学院出版社，1988年，第43页。

　　④　扶绥县志编纂委员会：《扶绥县志》，广西人民出版社，1989年，第49页。

　　⑤　扶绥县志编纂委员会：《扶绥县志》，广西人民出版社，1989年，第72页。

　　⑥　西双版纳州民委：《巴塔麻嘎捧尚罗》，云南人民出版社，1989年，第150页。

成"天地毁了又形成，人类灭了又诞生，遭灾数千次，天地才永牢，人类才纯真"[1]。可见神对人的惩罚主要是以洪水为主，说明洪水给人类带来的死亡是经常性的，甚至造成了整个种族的灭绝。而傣族与壮族同源，傣族神话从一个侧面反映了壮族先民因洪水而向外迁徙的历史。而河流拐弯处，水流湍急，对于以舟船为生的壮族先民来说，在洪水泛滥的季节发生沉船事故的概率更高，对他们造成的危害也特别巨大。

另外，经过历次文物普查和调查，在左江流域岩画点附近发现了新时期时代以来的遗址和墓葬近20处，其中最为集中的发现是2010年9月，由广西文化厅左江岩画申遗办牵头，联合广西文物考古研究所、南宁市、崇左市的文博专业技术人员组成的左江岩画考古队进行的左江流域考古专题调查，在78处岩画点附近新发现遗址和墓葬15处，其中贝丘遗址9处、岩洞葬3处、岩洞葬与贝丘遗址3处。这些遗址和墓葬分布在各岩画点旁近的岩洞、岩厦内和江岸台地上，年代为新石器时代晚期或商周时期，这不仅可以断定岩画点附近（即河流拐弯处）从新石器时代开始一直都有人居住，而且有理由推测那些生活在岩画点旁近的人们，很有可能就是岩画的绘制者；另外，在左江流域还发现一些新石器时代贝丘遗址，基本上都位于河流拐弯处。正因为河流拐弯处是壮族先民重要的栖息地，这里发生洪水灾害会对他们的生命财产带来严重威胁，因此，先民们便通过巫术活动祈求上天的帮助，这些岩画所在的山体就成了他们心目中的天梯，这可以在与其他地方的岩画的比较中进一步得到阐释（图四~图八）。

图四　渡船山洞穴遗址远景

---

① 　西双版纳州民委：《巴塔麻嘎捧尚罗》，云南人民出版社，1989年，第233页。

图五　渡船山洞穴遗址内采集的标本

图六　棉江花山远景

图七　棉江花山岩画点 第二大岩画点

图八　棉江花山洞穴遗址地表上的石器

由于洪水在河流拐弯处肆虐对壮族先民的危害是如此之巨，对他们而言，这里就是魔鬼聚集的地方，必须在此开展巫术活动，借助上天的力量对其进行镇压。其途径就是由巫师借助于一些辅助工具通过"天梯"（即岩画所在的山体）到天上请天神帮助镇压水怪。

第二，河流拐弯处之所以成为壮族先民心目中的世界中心，是因为那些因洪水而丧生于此的人灵魂停留于此，只有在这里施展巫术才可以使亲人的亡灵升天。使灵魂升天的仪式包括前后两个连续的步骤，第一步是招魂，第二步是引魂升天。关于招魂，早在《仪礼》《周礼》《礼记》等中国古代文献中就已经有了记载，当时被称为"复"礼，用于招引初死者的魂魄归体，进而使其能够复活，而关于招魂流传最广的记载当属《楚辞》中屈原的名作《招魂》一文。但笔者认为招魂这种习俗应该比文献记载的要远为古老，而招魂的观念则可能从人类有灵魂信仰之初就已产生。当原始人看到亲人突然死亡的时候，一定是非常不解，在万物有灵观念的支配下，他们一定会认为是亲人的灵魂暂时离开了躯体，于是大声呼喊希望他们的灵魂能够回来，从而可以复活，这应该就是最早的招魂观念；随着原始宗教即萨满教的产生，人们认识到宇宙空间是由天上、地下和人间三层结构组成的，分布在这三个空间中的分别是神、鬼和人，对于死去的亲人，他的魂魄有可能进入地下变成鬼魂危害活人，也有可能进入天上变成神仙从而庇护活人。自从天堂与地狱这种二元对立的观念产生以后，出于趋利避害的考虑，人们借助于一定的仪式和方法让亲人的灵魂升天，汉代墓葬的导引升天图就是例证。笔者认为最早的招魂就是通过巫师的迷狂来实现的，在这种状态下巫师可以与死者的灵魂打交道即灵魂附体；而为了实现引魂升天，巫师还需要借助一定的工具，其中就包括岩画中的船。出土文物告诉我们，越人有死后用船形棺安葬的习俗，如贵县罗泊湾一号汉墓的

7名殉葬者的棺木，均是将圆木一分为二，刳空以葬尸骨，其形如独木舟；桂西地区的田阳、田东、平果等地岩洞葬，也都是用圆木制成独木舟形状的棺木。另，据宋人周辉《清波杂志》引《南海录》云："南人送死者，无棺椁之具，稻熟时理米，凿大木若小舟以为臼，土人名曰春塘，死者多敛于春塘中以葬"[①]。此外，大量的羽人划船纹还出现在广西各地出土的铜鼓上，法国学者戈鹭波认为，这类羽人划船纹的作用与东南亚婆罗洲达雅克人超度死者亡灵到云湖中央的"天堂之岛"所用的"金船"相类似[②]，其本质就是运送灵魂升天的"灵魂之舟"。达雅克人"引魂"用的"黄金船"，船头、船尾也是用犀鸟的头和尾作为饰物，以便将"亡魂"送到云海中的"天国"[③]，而船上的羽人则为这一仪式的参加者，从左江岩画人形图像的头上可以看到也都有羽翎，这些图像也可以被称为羽人，而且很多羽人是站在船上的，和铜鼓船纹上的羽人图案具有同样的文化功能。由于铜鼓在古代西南少数民族中被视为神物，具有沟通人与神的功能，因此，用船"送魂"图案出现在铜鼓上是不难理解的，因此，左江岩画中的羽人划船纹同样表示的是"送魂"。事实上，"用舟船载送灵魂升天的观念和习俗曾经普遍地存在于古代中古南方以及东南亚和太平洋岛屿地区"[④]，其中当然也包含壮族先民所居住的左江流域。作画地点的选择反映了壮族先民希望将死去亲人的灵魂送去天堂的强烈心愿（图九、图一〇）。

图九　铜鼓中的羽人划船纹

① （宋）周辉等著：《四部丛刊续编子部[56]：清波杂志 桯史 括异志 续幽怪录》，上海书店出版社，1934年，第157页。

② 〔法〕V. 杆戈鹭波：《东京和安南北部的青铜时代》，《民族考古译文集》，云南民族博物馆 中国古代铜鼓研究会，1985年，第254页。

③ 〔法〕鲍克兰著，汪宁生译：《读〈东南亚铜鼓考〉》，《民族考古译丛》第1辑，云南民族学院，1979年，第58页。

④ 刘小兵：《滇文化史》，云南人民出版社，1991年，第55页。

图一〇　宁明花山岩画中的羽人划船纹

　　第三，这个地方成为世界中心还跟"画板"的选择有关。综观世界各地的图绘岩画，大多数都位于洞穴内与岩阴处，如欧洲25个国家发现的岩画基本上全为这两种类型；南部非洲的岩画也大都描绘在洞穴和岩阴处，如"坦桑尼亚的都亚县发现了200多个岩绘洞穴岩画"[1]；印度中央邦的彩绘岩画也在岩阴下；而与广西毗邻的东南亚地区如马来西亚、印度尼西亚和泰国、老挝、缅甸的岩画也多属于这两种类型；其他地区的彩绘岩画也大多如此。反观左江岩画，其所在山体的洞穴很多，适合作画的岩阴也不少，有些洞穴和岩阴处还有人类生活的遗迹，应该说在这里作画是很方便且很自然的事情，但是壮族先民们并没有在这里作画，而选择在条件极其艰险的岩壁上作画（左江岩画画面一般距江面20～60米，最高可达120米左右，下临滔滔的江水，向上壁立千仞，即便借助今天的技术手段也很难攀登上去，其作画条件的艰险为国内仅见），并且这些地方免不了日晒雨淋，对岩画的保护非常不利，可是先民们依旧选择这些地方作画。如果说洞穴和岩阴是动物经常出入的场所，因而这些地方在他们心目中具有了神圣性，那么壮族先民们选择在这些陡峭的岩壁上作画正是出于镇压水神的需要。关于这一点我们可以从符箓的作用进行说明。姚周辉认为，"道教符咒术来源于古代巫术，它是以中国古已有之的萨满教咒术信仰为基础，并在吸收了巴、氐等少数民族原始宗教的某些符咒及仪式的基础上发展起来的"[2]；据《辞海》记载，符箓是可以用来"驱除灾治病及役使鬼神"等的"天神的文字"；李远国指出，"道教声称符是天神所降，精气所成，有治病、镇邪、驱鬼、召神的神效"[3]。因此，岩画在这里有类似符箓的作用。而符箓一

　　① 李森、刘方：《世界岩画资料集》，中国工人出版社，1992年，第3页。

　　② 姚周辉：《神秘的符箓咒语——民间自疗法及避凶趋吉法研究》，广西人民出版社，2003年，第11页。

　　③ 李远国：《道教符箓与咒语的初步探讨》，《中国道教》1991年第3期。

个著名的例子就是门神，其功能的发挥要求符箓必须被放置在鬼神的必经之地，如果把岩画画在洞穴中这种驱使鬼神的目的就不能实现；而另一方面，岩画作为"天上神的文字"，离天越近，其神性自然就越强，降妖镇魔的效果自然就会更加明显。

另外，必须注意到，左江流域河流拐弯处的岩壁很多，但并非所有岩壁都被选择作为"画板"，这可能跟人们特定的思想观念有关，因此，左江岩画作画崖壁的选择也是经过深思熟虑的。画面的方向大部分朝南，少部分朝向东、西，朝北的很少，朝向正北的没有。但是，在左江沿岸，朝向正北而作画条件良好的岩壁仍然很多，但先民们并没有选择这些岩壁作画，这很可能与壮族先民对正北方向存在的神秘观念有关。但是观念总是来源于现实生活并最终以观念的形式固化在人们的思维结构中的，中国人从原始社会时期开始就已经存在着房屋坐北朝南的观念，考古发现的房屋绝大多数都是大门朝南，而岭南包括广西在内的洞穴遗址洞口也大多数朝南，有的学者认为，这样做的目的是为了能够"避风寒，纳日光"①，笔者赞同这种观点。叶舒宪先生从神话学的角度对这种避北趋南的思想观念进行了更深层次的解读，他从神话学宇宙观中推导出"昆"、"昔"两种神话宇宙模式，这是建立在二元对立思维基础上的一种分类模式，即"昆"与"昔"的对立统一构成了中国上古神话宇宙模式的垂直系统。用二元对立的图示来概括，则有如下派生的价值等式："'昆'模式：上=阳=南=神界=男=天（气）=光明=正=夏=白昼；'昔'模式：下=阴=北=鬼界=女=水=黑暗=负=冬=夜晚"②。与"昆"模式所代表的阳性、光明等正价值相对应，南方也就成了代表光明、神界的方位，而与之相反，由"昔"模式所代表的北方也就成了阴性、黑暗的方位。人们选择朝南的岩面（或者说选择非北向的岩面，因为部分岩面也朝东、西向）正是因为在古人的观念中这些岩面是光明、神界的代表，即岩面具有神性，只有在这里巫术的效果才会显现（图一一）。

图一一　江州区万人洞山　岩画点左侧为一山洞

①　曹劲：《先秦两汉岭南建筑研究》，社会科学出版社，2009年，第39页。

②　叶舒宪：《中国神话哲学》，中国社会科学出版社，1992年，第24页。

由此可见，左江岩画的出现一方面是巫师借以沟通鬼神，向上天传达人的声音，同时也邀请天神下凡为人排忧解难；另一方面，是为了将已故亲友的灵魂送到天堂，因为，只有进入天堂的祖先灵魂才能成为家族的保护神。

二、作画习俗消亡的原因

左江岩画作画习俗作为一个特殊历史时期的产物最终消亡了。关于岩画习俗消亡的原因，覃圣敏等先生认为是由于"左江流域崖壁画作为氏族或者部落共同的祖先崇拜的表现，其所以逐渐消亡和最后消失，正是被家庭祖先崇拜逐渐取而代之的结果"[①]；而盖山林先生则认为"壁画的终止，可能与秦汉时代中原汉文化大量涌入这一地区有关"[②]。但笔者认为，左江岩画作画习俗的消亡应该是人们宗教观念变化的结果，即宗教取代了巫术。正如前文已经指出，左江岩画的内容反映的是萨满教的思想，而萨满教作为一种原始宗教信仰形式，本身具有巫术和宗教两方面的特点，但它更侧重于使用巫术手段，只不过披上了一层宗教外衣，从而具有了宗教的部分特点，如宗教的万物有灵观、原始的宗教仪式等，但是宗教最明显的特征即对超自然力的顶礼膜拜在这里还不明显，其更强调的是对鬼神的利用与降服。巫术思想认为，人们可以通过适当的仪式和咒语来控制外在的力量来达到自己的目的。对于巫术，弗雷泽作了如下阐释："尽管巫术也确实经常和神灵打交道，它们正是宗教所假定的具有人格的神灵，但只要它们按其正常的形式进行。它对待神灵的方式实际上是和它对待无生物完全一样，也就是说，是强迫或压制这些神灵，而不是像宗教那样去取悦或讨好它们。因此，巫术断定，一切具有人格的对象，无论是人或神，最终总是从属于那些控制着一切的非人力量。任何人或只要懂得用适当的仪式和咒语来巧妙地操纵这种力量，他就能够继续利用它"[③]。从左江岩画的内容来看，反映的正是巫术内容，巫师通过迷狂来降神使其为己服务。另外，岩画颜色的选择也是强调其巫术功能，在这里，红色是血的象征，而血在仪式中是有特殊作用的，陈梦家先生对此成有过如下论述："卜辞被禳，尚注意及巫术中的巫术物，而以血（尤其犬、豕、羊家畜的血）为最具有巫术能力的。祭祀与巫术在形式上无显著之别，但从用牲一项上可以分别之：巫术之祭的用牲重其血，因血可以被禳一切，祭祀用牲重其肉，因为先祖可以享用它；巫术之祭用牲重于清洁，祭祀用牲重于丰盛"[④]。因此，虽然左江岩画人物程式化的特征很明显，具有强烈的宗教意味，但并不表示岩画的内容是宗教性的，相反，整个左江岩画反映的恰恰是巫术内容，而所谓的程式化的人物

① 覃圣敏等：《广西左江流域崖壁画考察与研究》，广西民族出版社，1987年，第180页。
② 盖山林：《广西左江流域崖壁画学术价值试论》，《广西民族研究》1986年第3期。
③ 〔英〕弗雷泽著，徐育新等译：《金枝》，大众文艺出版社，1998年，第79页。
④ 张光直：《中国青铜时代》，三联书店1990年版，第60页。

风格只是巫术的一种特定仪式——降神仪式；其所谓的蛙舞则是萨满在降神仪式中表现出的迷狂状态，这种仪式的目的正是为了强化巫术效果。

人们最初使用巫术的手段希望借助天神、祖先神的力量来镇压肆虐的水神（或者称之为"水怪"），崇左市附近江心孤山上的"归龙斜塔"和左江沿岸地名中的"镇龙山"（在左江流域，壮族先民崇拜的图腾是"图额"，学者们一般认为它是鳄鱼。后来随着汉文化的传入，壮族先民对"图额"的崇拜逐渐演变为对龙的崇拜），都是这种镇压思想的孑遗。但是无数实践证明，这样做的效果并不好，人们对上天的呼吁以及借助于绘画与上天沟通的方式并没有使人们获得实惠，左江并没有停止泛滥。以后，随着生产力的发展，人们科学知识的增长，人们对水神的基本态度逐渐产生了变化，由镇压代之以献媚。由于岩画失去了它本身的功能，逐渐被人们屏弃了，而是代之以在江边拿祭品供祭或修建庙宇等形式。到这时，作画习俗作为特殊时代艺术形式的反映也便消失了。但是由镇压到献媚并不是一步完成的，而是经过一个相当长的阶段逐步实现的。根据弗雷泽的研究，在宗教的早期阶段，巫术和宗教是很难分开的，即彼此还没有从对方中分化出来。"为了实现其愿望，人们一方面通过祈祷和奉献祭品来求得神灵的赐福，而同时又求助于仪式和一定形式的话语，希望这些仪式和言词本身也许能带来所盼望的结果而不必求助于鬼神"[1]。即他们同时使用宗教和巫术两种方式来达到自己的目的。如壮族先民在建立龙王庙供奉龙王的同时，还在河流附近建塔以及将铜铁（包括铜鼓）抛入水中，以镇压水怪。这正是宗教孕育于巫术而尚未从巫术脱离的表现。但是，无论怎样，作为巫术时代的文化遗产，岩画失去了它的功能并最终被人们屏弃了，并最终宣告了一个时代的结束。

总之，左江岩画是壮族先民留下的珍贵文化遗产，它不仅为已消逝的壮族先民的历史提供了明确的证据，而且对中国民族宗教信仰的形成和发展也具有非常重要的影响。其作画地点的选择反映了壮族先民强烈的宗教思想，在严重的水患面前，先民们显得是如此渺小，如此无力，但是他们并没有放弃抗争，而是力图通过自己的一套方法寻求上天的帮助来镇压肆虐的水神。随着时间的推移，巫术的弱点一步步暴露，先民们并没有从这种镇压活动中得到实惠，他们认识到自己的渺小，转而向水神祈福，巫术被宗教所代替，岩画的作画习俗就此消亡了。以上本人正是在学习前辈学人大量成果的基础上总结出一点心得，有些方面与前人的观点相同，有些方面也存在着些分歧，但不管怎样，左江岩画研究都将在不断的学术争鸣中逐步揭开其神秘的面纱。

（原载于《三峡论坛（三峡文学·理论版）》2013年第3期）

---

[1]　〔英〕弗雷泽著，徐育新等译：《金枝》，大众文艺出版社，1998年，第81页。

贵州岩画遗址的调查与研究

曹　波

（贵州省文物考古研究所）

　　贵州省位于中国西南地区，我国西南部地势第二级阶梯的云贵高原上，平均海拔1100米左右。全省地势西部地区最高，中部稍低，自中部起向北、东、南三面倾斜。世界岩画发现表明，有岩画的地区，也是史前文化较为发达的地区。贵州以其丰富的岩画发现与史前文化著称于世。

一、贵州岩画的空间分布及其自然环境

　　贵州岩画遗址时空分布变化与区域地貌环境密切相关，全省喀斯特地貌发育，占全省总面积的61.9%。因碳酸盐类岩石的可溶性形成的洞穴，其中的一些就成为石器时代人类的天然居所，在众多洞穴的堆积物中常常可以找到远古人类劳动、生息的遗物和遗迹。这一特殊的地形也给贵州旧石器时代以来至各历史时期的文化交融传播变迁创造了条件。更新世的考古发现，大气环流、地球化学、地质构造、生物演化等都提供了有力证据，表明贵州大地与今天的面貌截然不同。这里有着适合早期人类生存与发展的生态环境。岩画与古人类生息繁衍的环境息息相关。

　　贵州是喀斯特地理环境最典型的地区之一，峡谷深切，河流蜿蜒，发育良好的峰林、崖壁、洞穴、岩壁、岩厦、岩腔随处可见。史前人类活动频繁，史前时期人类活动的遗址就有300余处。岩石就是岩画的载体，喀斯特岩溶世界给古人创作岩画提供了天然的条件。

　　从贵州目前已经发现的岩画遗址来看，古人在立意作画之前，对岩画的选址十分讲究，对即将要作画的岩石、岩壁以及周边环境也有十分严格的要求。一般选择向阳、避雨、朝向东方或东南、迎面开阔、距离水不远、岩面高大平整的白色崖壁或岩石窟穴。

　　例如，贞丰大红岩岩画、长顺傅家岩岩画、龙里巫山岩画、六枝木岗岩画等。也有在古老驿道一侧的山体岩壁上。例如，关岭马马岩岩画、六枝木则岩刻画、息烽三妹岩岩画、丹寨石岩画等。贵州岩画也有相当一部分发现在古人所居住的溶洞洞穴石壁上，如兴义猫猫洞岩画、惠水岩画群、六枝观音洞岩画、册亨郭家洞岩画和贵阳孟关猫

坡洞岩画等。由于贵州岩画有很大一部分是古人在祭祀仪式的同时所创作的，因此为了表达对天、对上苍的诚意，选择一些离天更近的山顶的岩壁或岩厦来绘制，如关岭红崖天书、安龙梨树岩画、岩书、贞丰大红岩岩画等。这充分说明，岩画作者在创作画时所考虑的空间不再仅限于岩画平面空间，而它已成为作画者表达精神世界和充满精神生活现实与期望的场所（图一）。

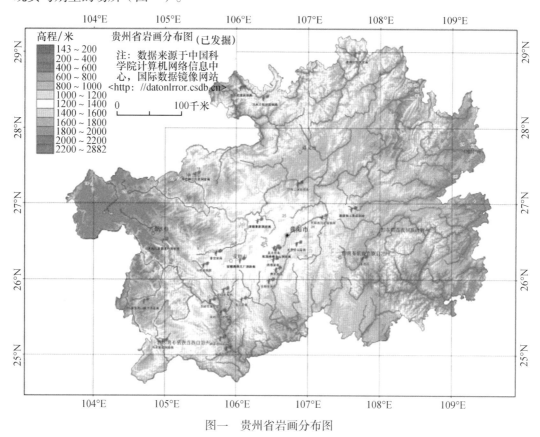

图一　贵州省岩画分布图

贵州境的古人类，在旧石器时代晚期开始制作精美的骨、角、牙、蚌等器物，穿孔蚌器装饰品，孔有佩戴磨损痕迹的穿孔动物犬齿，刻的符骨块，似鸟形骨制饰品，刻有经纬纹的小砾石，豪猪牙上的刻痕，角上的刻痕，象门齿上的刻痕线条，打制兼局部磨制的石器造型，它们除有工具的性质外，更多地反映出当时人类的爱美审美意识，实为装饰品、艺术品。贵州古人类在进入新石器时代后，继承沿袭了旧石器时代人类的艺术加工，更精美、器形也更多。并出现了陶器，特别是在陶器上的装饰纹样，更直接地反映出了美的视觉冲击，有粗细绳纹、方格纹、锥刺纹、刻划纹、附加锥纹、网纹。特别是在平坝飞虎山洞穴遗址陶片中发现了3片彩陶，1片是在泥质灰陶的内外施以粉橙色陶衣上绘有两条平行的红色条带。贵州岩画主要集中分布在以贞丰大红岩岩画点为代表的北盘江流域和以龙里巫山岩画点为代表的黔中地区。

目前，贵州的崇山峻岭的山崖上、洞穴中都发现岩画点。在开阳、息烽、花溪、修文，龙里、惠水、长顺，六枝、水城，兴义、安龙、册亨、普安、贞丰，安顺、关岭、普定、紫云，镇远、丹寨，赤水、道真，江口、毕节等24个市县（区），共发现岩（崖、洞穴）40余处。其中以贞丰、龙里、长顺、惠水、开阳等地岩画最多。

二、贵州岩画址与其他考古遗存和出土文物的关系

在贞丰大红崖岩岩画A区左侧5米处的硝洞1的文化遗存，表明该地点是一处旧石器晚期遗址，该岩画测年部分岩画成画年代为旧石器时代晚期至新石器时代中期。在龙里巫山、燕子岩、册亨洛凡、开阳梯子岩、六枝木岗、桃花洞、兴义猫猫洞、花溪孟关等十余处岩画地点或附近，岩画与史前至汉代遗址共存（个别地点晚到宋明）。在岩画点的邻近区域内这一时段遗址和墓葬地点有许多，作为作画人群的生存空间，岩画与遗址甚至墓葬应该存在某种直接或间接的联系。也就是说，生活区以现在发现的遗址为表现，墓葬则表现出亡灵安葬地，而岩画点显然是他们从事巫术或其他庆典娱乐活动、祭祀活动的场所。

北盘江流域发掘了贞丰县的孔明坟、沙坝、坡们、垃它、天生桥、罗甸羊里和望谟县的水打田等新石器时代至汉代遗址，其中在孔明坟、沙坝、垃它和罗甸羊里遗址中，出土有大量的有肩石器。这一区域以各种有肩石器为主，有肩石器在新石器时代中晚期开始出现，商周时期最为流行。

贵州开阳岩画中出现铜鼓太阳纹光体，它与赫章可乐汉代墓葬中发现用铜洗盖脸的葬式，用铜釜或铜鼓的"套头葬"，同样反映出原始宗教信仰的表达。岩画中的舞人，与赫章墓葬中的戈内部的舞人同有巫舞的性质。岩画中的表意符号与兴义出土汉代的"心"形纹戈，普安、兴义出土的"♥"形符号铜钺等图案符号的含义，或许与"俗好鬼巫"有关。

早在汉晋时期，牂柯郡就"俗好鬼巫，多禁忌"。唐宋至明清时期，贵州地方许多民族的先民也都有崇尚巫鬼的民俗。贵州众多的岩画址和凝固在岩石上的图形，作为地域文化、民族文化的载体在其他民族文化、汉族文化的影响下逐渐消失了，代之以其他形式出现，这可能是画崖之习渐被其他信仰或形式所取代的结果。很可能与时代前后佛教传入西南有关。从棺画年代普遍晚于岩画看，似乎也存在一个画崖被画棺取代的趋势。现代西南少数民族中的开路仪式在功能上与岩画是一致的，部分取代了岩画的功能。壮族民间约从明代开始，曾用壮语经书取代了岩画营造的祖先世界。"跳月""歌墟"等，则可视作活着的岩画。

三、贵州岩画的技术运用与艺术表现

史前人类美的意识是多种载体，"美"是人类永恒的主题，贵州史前时期和往后的各历史时期也同样存在着这样一群人，它通过艺术品——岩画体现出来，他们的审美冲动和创作热情让现代人感到吃惊。岩画代表了手印和狩猎时期、人面时期、游牧时期、铜鼓文化和马时期，并与相关历史文献、其他考古遗存相联系，与史前人类和古代民族相关联。红色，这一生命的颜色，一直以来都是我们和我们的祖先崇尚的，特别是在远古，人们相信来世的观念。用自然赤铁矿（三氧化二铁）粉末做岩画的颜料，是早期人类的、具有世界性的普遍行为。据目前资料，采用红色为颜料最早见于距今7万年前南非Blooms洞穴遗址的一件赭石上的刻划图案，展现了古代人类追求"美"的内心世界。

包括贵州在内的中国西南和东南亚地区史前墓葬中和以后历史时期墓葬中使用红色粉末、红烧土等尚红习俗有关。由此可见，红色颜料被古代人们用于画岩画石不足为奇。颜料一般是铁系天然矿物质与动物血、朱砂、骨胶等作为黏合剂混合起来使用，使它能保存久远而不褪色或衰变。制作岩画是一种技术活动，贵州岩画主要以涂绘、勾勒、吹、喷、印等技术活动去完善图形内容。用刻或绘的方法勾画出作画对象的轮廓外形，再进行凿刻或涂绘该物体形象。可用涂绘方法和凿刻的方法勾画，如贞丰大红崖岩画的野猪图形就是先勾勒绘制之后再涂绘的。

涂绘是区别于凿刻而对应的方法。贵州岩画与我国南方岩画，大都使用红色矿物质颜料，采取涂绘的形式完成图形。该方法是用软质工具蘸颜料涂画。马鬃、皮毛、羽毛、植物纤维都可用来制笔，也可用手指来涂抹颜色，也可用管子将粉状颜料直接吹到岩石上，还可用嘴把颜料喷到岩石上，用制好的图形或原物（如手、树叶、脚掌等）直接将颜料印在岩石上。凿刻是区别于涂绘的一种方法。用工具去掉岩石表面暗色的岩晒，露出较亮的原始层。用打磨了的尖角燧石器琢出图案，或用石錾子和石斧进行，用石块磨掉或擦刮掉岩石表面的覆盖物，再深深地刻进岩石中去。有敲凿法、磨刻法、线刻法。北方岩画大多如此。贵州省仅六枝木岗、安龙洒雨、修文黄鹰岩、赤水官渡、安龙和习水有零星发现。

岩画作为各历史时期人群物质、精神、文化的艺术再现，代表了多个历史的节点，它所提供出的信息不只是一些古代艺术家们在岩石上以平面造型、两度空间的简单线条、色块组织构成的图形。从这些图形的背后，我们看到的是贵州地域文化的深厚，它体现了人类审美意识的萌芽。贵州岩画由于地域、民族的原因，属南方西南系统，它已经打破了地缘的物理空间，如果我们视觉思维定格遨游在岩画建立的时间中，隐藏在岩画图像中，西南民族特有的交感巫术、崇拜祭祀、生产生活场景便会浮现出来。

从这一处处、一片片、一幅幅古朴写实、清晰生动、稚嫩拙朴、诡异难测的图形中，透露出贵州高原古代人类与古代民族物质生活、精神世界的方方面面。还正向许多方面延伸，并联系和涵盖贵州各时段、各族群的历史文化。

贵州岩画与世界、中国岩画的某些符号、物象有着惊人的相似性，如太阳、十字形符号、鸟崇拜、狩猎交感巫术等，几乎所有远古族群都有。符号、手印、龙形、人面像、野生动物等，表现出史前远古遗风；马文化表现出汉唐时代烙印，牛岩画反映了游牧放牧文化经济。

四、岩画与贵州古代民族

贵州岩画及西南岩画甚至南方岩画都与北方岩画有所区别。在文化圈上属于西南山地类型的岩画，这一地区的岩画与云南、广西、四川岩画较为接近，有的甚至雷同。岩画表现的物种和文化生态内容属于西南山地类型岩画，在图形内容方面展露出的民俗和文化习俗为西南高原文化圈。

贵州岩画从画址现状、相关遗存等方面，与川、滇、桂等地岩画在时代上较接近，而与北方岩画迥然不同，说明西南岩画是同一种模式，因此在产生时间上处于同一个时期，即除个别地点可追溯到旧石器时代晚期至商周时期外，大多数地点的岩画处于战国至唐宋时期，有些晚至明代。而作者分别与生活在贵州境内相应历史时期的远古人类百越、百濮、氐羌、苗瑶四大族群，今天被称为彝、仡佬、布依、苗、侗、水、瑶等的民族有关。

贵州岩画作为文字萌芽前的古代艺术和文字出现后的古代民族艺术盛宴，是献给神灵的，也是古代人类族群给自己的狂欢。它蕴藏着古代人类太多的秘密，以至于我们大多无法去解读。

这些凝固在岩石上的图形载体隐埋根植在历史的长河中，它引领我们把目光投向今天贵州少数民族具有丰厚文化传统的傩舞文化、服饰文化、铜鼓文化、鬼神文化、祭祖文化、丧葬文化、节日活动和其他习俗中。

贵州岩画运用绘画语言所留下的形象记录，向我们讲述了远古时期古人类的一些片断，真实地记录留存各民族的文化特征，从这些凝固在岩石上的静态的艺术沉淀或记录中那具有个性色彩的物质元素中，远古人类、古代民族的文化与生活情景得以表述。岩画以其风格迥异的点滴、具象的记录、视觉形象的表述为我们真实解读追溯民族题材或少数民族题材绘画提供了依据。

五、岩画的地域文化特征

贵州地理位置实际上处于多个地理单元结合部，多方交融地带。苗岭以北属长江上游，隔云南两广与东南亚半岛及印度次大陆相连，隔四川盆地与黄河接应，隔荆湖与长江中下游联系，隔广西与岭南相连。东西南北四面八方分别同贵州发生着双边交融，形成了多个通道的多边关系。包括岩画在内的文化会随着人们流动而扩散，原生地域文化的地缘色彩，与传播地文化的交流、文化存在有着很强的地域色彩和地域差异。

贵州境内的岩画遗址、旧石器时代遗址集中分布在贵州腹地的贵阳、黔西南、六盘水等区域。新石器遗址及以后历史时期的遗址集中分布区与旧石器时代相比没有发生大的变化。贵州的周边云南、四川、重庆、湖南、广西几百处旧石器、新石器时代遗址的研究表明了当时文化的相互影响、交流、变迁、融合。大部分洞穴旧石器晚期遗址文化层上层都叠压着新石器或更晚时期的文化或有新石器或更晚的历史考古遗存。

贵州的新石器时代河边阶地、台地留下了古人类向旷野进军的身影，过去的传承，而今的创造历史在这里迈入了一个新的里程。在技术上和地理区划上给古代贵州人注入了多源性、土著性、兼容性、高原大地展露出一派盎然生机。西南、广东、湖南大量的考古遗存、北盘江的在大量发现，古环境、古文献、古代民族、历史地理等大量的资料证明，泛珠江三角洲自古以来的远古人类、古代民族在基因上的交往融合，在民族上称谓的集团性，在地域上文化生态的一致性等反映出文化时空分布的整体性。

贵州区域文化从旧石器时代至新石器时代到秦汉由于地理因素，文化与周边文化犬牙交错，石器文化积淀的过程长。在贵州，由于文化生态的原因，由于人类发展的不同阶段，也由于族群的原因，各历史时期多种经济并存。体现在石制品的时代延续上，各种小的生态环境给人类生存赋予的条件，区域间的技术、学习、文化交流与传播时时存在，就像今天仍生活在贵州的民族一样认同感依然存在，信仰、风俗有差别而不尽统一。山川、分水岭、各种地理屏障的阻隔，使文化向几个方向传播或发生区域互动、交流扩散。秦汉文化、巴蜀文化、楚文化、滇文化、越文化、岭南文化等在各历史对应时期与贵州区互动，直到今天，中国南方和西南边地各种民族的族群认同感在风俗和信仰不统一的前提下依然存在。

"贵州人"，有一个迁移、融合、共生的历史进程。从远古开始到以前先民们去去来来，相互交融，最终定格成贵州现存的17个世居少数民族、汉族和其他兄弟民族。西南的少数民族，源于古代的四大族群：百濮、氐羌、百越和苗瑶。再分化出民族：百濮可分出仡佬族；氐羌可分出彝、羌、土家、白族等；百越可分出布依、侗、水、毛南、壮、仫佬族等；苗瑶分出苗、瑶、畲族等。

贵州今天这种多民族大杂居、小聚居的生存格局的形成，是在漫长的历史长河中远古人类、不同族群相互融合的结果。它的形成可追溯史前时期的许多考古发现。贵州史前遗址和地点目前已发现400余处。这些若干遗址构成了贵州地域文化在远古的特色。

进入商周时期，百濮、百越、氐羌和巴蜀等几大族群活跃在云贵高原地区，它们不断交流与整合，形成多民族文化的原始基础。发展到战国秦汉时期，便逐渐形成不同于中原华夏文明系统的"西南夷"地方族群的地域文化，北盘江流域发掘了贞丰县的孔明坟、沙坝、坡们、垃它、天生桥、罗甸羊里和望谟县的水打田等新石器时代至汉代遗址,其中在孔明坟、沙坝、垃它和罗甸羊里遗址中,出土有大量的有肩石器。

这一区域以各种有肩石器为主。北盘江流域,有肩石器在新石器时代中晚期开始出现,商周时期最为流行。遗址中陶器的陶质、陶色和器形等方面均与广西红水河流域先秦时期遗址和岩洞葬中出土陶器比较接近,尤其是在沙坝、孔明坟等遗址中亦发现与广西红水河流域基本相同的屈肢葬俗,从整个遗址群表现出的文化特征来看,贵州黔西南北盘江一带早在先秦时期即已基本成为古代百越文化区的一部分。

贵州西部地区出土的有肩、有段石器与云南东部、广西西北部等地区出土者具有较多的一致性,说明在这一地区存在着一个人们共同体,"这种人们共同体便是古代越人的一支"。

我们发现"鸡公山文化"来自西北地区的氐羌文化因素。普安铜鼓山遗址炭化水稻和反映渔业经济的鱼钩、鱼叉等,体现了浓厚的临水而居的古百越族群文化特征。

文献记载中的古百濮族群的一部分,在发展中先后受到来自南方的越族群、来自北方的氐羌族群、来自四川盆地的巴蜀族群、来自西部滇池一带的滇文明和来自东部的楚文明的不同程度影响,在战国秦汉时期形成多种文化因素的并存或多族群的共存局面。

今天的华南和东南亚,由于文化、人类、地理因素等构成的许多民族之间,都有紧密联系。南方地区这一复杂的民族构成,实际上是数千年乃至上万年的一个延续。

贵州境的岩画这一并不孤立存在的遗存研究显示出,它与中国南方,特别是中国西南、东南亚、南亚是一个整体。它们由于地域文化、民族文化、地理单元的相似和接触,在地区上的发生拓展,在文化生出触角,呈文化圈联系扩展势态,为我们从岩画去反映中国西南、东南亚、南亚文化与民族的多元、多样提供了很大的空间。

南方岩画的典型

——贵州岩画

王良范

（贵州大学）

一、呈现高度一致性的贵州古代岩画

贵州是中国大陆西南边陲的一个多山省份，崇山峻岭连绵不绝。当地俗谚有"地无三里平"之谓。本地文化特征之一就是样式的多样化与复杂化。举苗族为例，同一民族隔一座山或是一条水，其服饰、语言、习俗便有了许多差异，令人眼花缭乱。究其原因，复杂的地域使然也。但是在贵州诸多的文化现象中，却有一种古老的文化景观呈现出高度的一致性，它就是贵州的古代岩画。从地域的面积上来说，贵州岩画占据的地域跨度相当大，它们分别分布在六枝、开阳、关岭、贞丰、丹寨、长顺、龙里等七个县境内。其跨越地域从西到东的距离约有100、南北距离约有120千米。在贵州这种山重水复的地理环境中，一种文化现象跨越了如此大的面积却仍然呈现出相同的一致性，这是很少见的。贵州的岩画在形态上的这种高度同质性，使我们不得不想象在遥远的古代，在山崖上作这些岩画的人是同一个族群的人，岩画极有可能是一支不断迁徙流动的人所留下的作品。山崖不会说话，巨大的岩石地老天荒地保持着沉默，不肯吐露一丝一毫的消息。那些山崖上的岩画图像也就成了贵州古代历史一个永久的文化迷思，而我却梦想着去向这个迷思做一番叩问。

我是在20世纪80年代末开始关注贵州岩画的。对古老的文化和原始艺术的着迷使我背着简陋的考察工具和一架过时的照相机，跑遍了贵州岩画的每一个分布地点。太阳高悬，山风划过，我跋涉在陡峭的山路和蛮荒的河谷。汗水浸透衣衫，我感到体力透支消耗的眩晕。但是当我在一堵山崖的岩厦上看到那些或浅或深的红褐色的图像时，所有的劳顿便顷刻化为乌有。我的头顶是堆着白云的蓝天，身旁是高耸的危崖，脚下数步之外便是令人头晕目眩的峡谷。江水在谷底平静地流淌，蜿蜒曲折地消失在远山那边。四周异常得寂静，我听到自己的呼吸声和虫子飞舞的嗡嗡声。我开始意识到人们一般是不会随便到这里来的。此刻，我确信在眼前的这座巨大山崖上面那些红色的图像绝对是一种最为原始的叙事，一种凝固在岩石上的古老文化。

在考察贵州岩画的那些日子里，当我每次面对它的时候，总是兴奋地巴不得想弄清楚隐藏在这些稚拙古朴的图像中的全部秘密，当我逐渐冷静下来后，终于意识到要想读懂包含在这些图画中的意思简直是一件令人绝望的事，然而却也是一件令人惊奇和引人入胜的事。作为一个现代人，我知道我已经无法还原到与这些崖画作者同样的视觉、想象、期待和观念来理解这些岩画。但是并不等于说这些岩画对于我失去了意义。事实上，当我仔细地观摩、阅读、研究它们时，却开始从中获得了一些有关贵州古老历史文化的信息。

二、南方岩画的典型

贵州境内已发现的岩画共有十来处，有代表性的是开阳县的"画马岩"、关岭县的"马马岩"、长顺县付家院乡的"红洞"、六枝县的"桃花洞"和龙里县的"巫山大岩脚"。

从地图上可以看到贵州这些岩画基本都分布在盘江（古称豚水）流域，这一带历史上曾经是古代夜郎王国的疆域。因此，当人们看到这些岩画时，自然会猜想它们会不会是古夜郎人留下的遗物？遗憾的是我们今天看到的贵州岩画已经是一个残缺不全的文本。风雨的侵蚀、阳光的剥蚀，以及时间的流逝，剩下的图像大多已漫漶模糊了。几乎每一处岩画的图像已经不存在上下文之间的完整联系。这增加了辨识上的难度。不过对岩画做出某种整体性的解读，则是可以从另外的角度进入的。

贵州岩画从工艺学以及大的美学风格上来看，属于典型的中国南方岩画。就西南地区而言，贵州岩画和云南沧源崖画、广西花山岩画相比，其画面幅度的规模要显得小一些。但图像的个体大小则是极为相近的。一般在几厘米至十几厘米。从图像的内容上来看，贵州岩画和云南、四川、广西的岩画一样，同样呈现出丰富多彩的文化内容。直观上，我们可以从贵州岩画的图像中辨别出几个类型：人物、动物、器物、自然物（天体）、抽象符号等。它们都是用同一种红褐色颜料绘制的，经分析，这种颜料的主要成分为赤铁矿粉末。中国南方岩画几乎全部是用这种材料绘制的。调和剂很可能还掺有植物的液剂、动物的血、油脂和水等。岩画中的人物形象有行走、奔跑、射箭、骑马、舞蹈、拱手膜拜、击鼓等活动情景；动物图像中可以看到马、狗、虎、豹、鹿、鹤、飞鸟等；器物有铜鼓、箭、腰刀、棍棒、马槽、头饰、房屋等；自然物有太阳、星辰等；抽象符号则有十几种之多。

中国南方岩画同北方岩画在工艺上最大的区别是南方岩画为颜料岩石（rock paintings），而北方岩画则是刻石岩画（rock engravings）。贵州岩画是中国南方岩画的典型，岩画的图像呈褐红色，覆盖在青灰色或白色的岩幕上，这些红色图像辉映在绿色植被的山体上，效果十分醒目和神秘。在原始初民的心目中红色和生命有着神秘的关系。南方民族驱邪镇鬼时，多用红色器物来显示法力，如杀狗、镖牛等。用红颜色作岩画也可能有取其类似含义的意思。

三、粗犷而天真的基本风格

贵州岩画形态学上的特征当属典型的原始绘画。质拙、粗犷、天真、随意是其基本风格。它的工艺审美上的特点归纳起来有以下几点。

1. 颜料绘制

贵州岩画全部是用某种画具，如手指、树枝、羽毛或简陋毛刷沾上颜料绘制出来的。绘画工具的不讲究和简陋显然是造成岩画图像粗质毛糙的原因之一。

2. 单色颜料

贵州岩画系单色绘画，颜色为朱红。从整个世界范围来看，绝大多数地区的岩画也都是单色绘画，但所选用的颜色却各不相同。一般是用红色和黑色为多见。有少数地区的岩画使用多种颜色绘制。贵州岩画之所以选用单一红色作画，其基本的根据恐怕来自于文化观念中对红色赋予特别意义所致。此外，也不排除作画者对绘画环境的协调性的本能处理。因为以灰蓝色或绿色的山体作为红色图像的背景有着非常好的色彩效果。

3. 无透视关系

贵州岩画中所有的图像不分远近都处于一个无深度感的平面之中，显然这些图像之间没有透视的关系。

4. 不知使用阴影法（technigue of shading）

一般表现为在一个图像中着色的浓淡都很一致，完全忽略物象的光线明暗层次，以致图像没有立体感和质感，完全是平面呆板的。

5. 剪影化效果

所画的物象具有高度的概括性，几乎不表现所画物体的细部，故图像类似剪影。奇妙的是这种高度简洁的画法看来并不是一种理性的把握，而是对物象从事某种视觉观察后，所得出印象的直观模仿。我把这种画法称之为"远视印象法"。贵州岩画大多数都是这种实物的远视效果；如果是在这种观念上来阅读这些画像，你会觉得它们又是比较传神的、写实的。

6. 平涂法

贵州岩画中绝大部分的图像是用平涂法绘制的。只有极少数物象才用"线"去描绘。严格地说，它还不是真正的线描，线描十分粗率，这是由于所描绘的物件如不用线条则无法画出，如田野、杆栏建筑、空心圆形等。虽然它用"线条"绘出，但是感觉上仍是平涂的味道。

7. 不侧重物象间的比例关系

岩画中的单个物象，如人、动物等，画者显然忽略了身体各部位的比例关系，因此比例失调、随意、粗率随处可见。有时为了强调某些局部特征，往往用夸张手法刻意地表现。

8. 构图的随意性

贵州岩画在构图上是很自由随意的。画图无一定的布局和区隔，所以画的区位之间没有明显界限。图像有时是重叠的。但是，有些地方的岩画，似乎巧妙地用崖壁的天然裂缝和断层以及岩块本身的形状来增强画面的效果或分隔了画面。比如关岭的"马马岩"和开阳的"画马岩"岩画中，就有利用岩层断线作为画面分界的情形。所以又显示了这些岩画制作中的拙中之巧。

9. 不同视角的透视法

贵州岩画的绘制者看来会使用弯曲透视的方法，对一些图像做一种特殊的处理。比如，同一场合中的人物或动物，既表现出从平视角度看到的情形，又表现出只有从俯视角度才能看到的情形。这些特殊视角的自由处理，反映出岩画作者的图像思维的原始性、主观性和自用性。这种观物思维方式在儿童绘画中也是经常见到的。

10. 写实意象表达

尽管这些岩画的表现手法质拙粗犷，不可能精确地再现物件的形貌，但是所绘的图像仍是模拟自现实物的特征。即使是一些不存在的事物如鬼怪、神灵等，以及一些观念性东西如数和方位等，画者还是会想象出某种具体的形象并将它们实实在在地画出来。因此使岩画具有强烈的写实意象的直观特征。

四、不得索解的文化谜思

以上十点是我从图像学的角度，对贵州岩画的图像学特征所做的观察。其实我真正感兴趣的是对贵州岩画做一种文化上的解读。关于这方面可做的诠释和推展，涉及的问题是很多的。比如说这些岩画作于什么年代，作者的族属如何，岩画是给谁看的，岩画的地点和图像意义为何等。

面对岩画，实际上它只是一些图像，我希望阅读它们，就像读懂一部书那样。但实际上要真正读懂它们几乎是不可能的。岩画作者已经不能亲自向我解释他们所绘的图像是什么意思，对这些沉默了几个世纪甚至几十个世纪的画像，我能够做些什么呢？

　　最后，我想说的是，随着我对这些岩画研究的深入，我感觉到原始初民创造图像的冲动是源于他们希望通过图像这个符号中介，使自己和自己之外的宇宙有一种深刻的联络，通过图像，使世界上其他的人和他们同在。尽管这些图像是非常简单而纯朴的，但在那个文化的结构之中，它却焕发出一种有深度感的魅力。原始初民的图像从头至尾始终笼罩在一种神圣的帷幕之中，这恐怕便是人们觉得它们神秘的原因吧。对我而言，贵州岩画是崖壁上那永远不得索解的文化谜思。

　　作为本文的题外话，我要补充一点，最近几年来，贵州一些文物工作者和岩画研究者们对贵州岩画又有了一些新的发现。事实上，贵州岩画的分布点远远不止这篇文章中提到的那几点。我们也期待着有更多新的研究发表出来。

青南高原的玉树岩画

李永宪

（四川大学）

  "青南高原"是指青海省南部昆仑山、唐古拉山两条东西向山脉之间的极高之地，它既是青藏高原的一部分，又是中国东部和西南多条大江大河的发源地（图一）。考古资料表明，从旧石器时代晚期开始，平均海拔4000米以上的青南高原就已有人类生存活动，他们是亚洲人群中最早向着高原进发的一支。史前时期的先民在这片高原创造了特色鲜明的高原文化，在接受黄河中游传来的彩陶、粟作农业等文明因子进而发展成为具有本土特色的新石器文化之后，青南高原出现了与地理环境相适应的游牧文明，考古发现的岩画、石棺/室墓葬、石祭坛等便是这类文化的遗存。

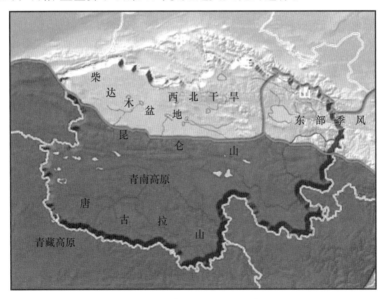

图一　青南高原区域范围示意图

  根据《中国文物地图·青海省分册》和《青海岩画》等正式出版的专业书籍和全国第三次文物普查结果显示，青海省境内的岩画大致分布在两大片区：一是以青海湖为中心的海北、海西、海南州等湖周地带，计有20余处岩画地点，多发现于海拔3500米左右的湖盆及宽谷地貌区；二是青南高原以玉树曲麻莱、称多、治多等县为代表的通天河流域区。据不完全统计，玉树通天河流域目前已发现岩画点10余处，它们均分布在海拔4000～4500米的通天河及其支流河谷。

　　玉树藏族自治州的西、南、东三面分别与新疆、西藏、四川等省区接壤，平均海拔4200米以上，是长江、黄河、澜沧江的主源区。长江上游第一段通天河呈东西向横贯玉树州，州境内流长近800千米（图二）。2012～2013年，青海省文物考古研究所联合四川大学、成都文物考古研究所等单位，在玉树州境内的通天河流域进行了专项田野考古调查并记录了10处古代岩画地点，为认识和研究青藏高原岩画提供了重要的新资料（图三）。

图二　玉树藏族自治州行政区划示意图

　　发现于曲麻莱县的昂拉岩画，地处海拔4400米的通天河左岸山前地带，在褐色的基岩节理面上刻有500多个图像，均用敲琢法刻制而成，内容包括牦牛、羊、鹰、狗、骆驼等动物和猎人、骑者等人物和塔形物等，表现了猎牧生活场面，具有青藏高原敲琢法岩画的典型特征（图四、图五）。

　　位于称多县尕朵乡以南的赛康岩画，地处海拔4100米的河谷地带，在朝向东面的崖石上刻有十余个图像，均为鹿、羊、牦牛等动物，图像采用线刻法和磨刻法制成，动物身体有横"S"形装饰纹，与西藏西北高原的"动物风格"岩画比较接近（图六）。

　　在治多县登额曲河左岸新发现的岩画有7个地点。这些岩画皆刻于河流一级阶地后缘的山体基岩节理面上，地处海拔4025～4115米，自南向北命名为毕色、普卡贡玛、冷培塔、角考、尕琼、章其达、岗龙俄玛等地点，共计有47幅画面、220个单体图像（图七）。

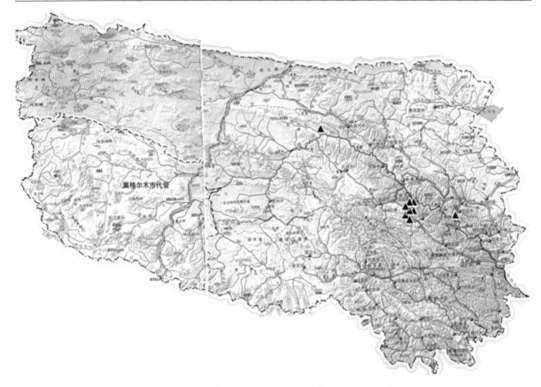

图三 玉树藏族自治州通天河流域岩画发现地示意图

图四 曲麻莱县昂拉岩画的动物与骑骆驼人物

图五　曲麻莱县昂拉岩画的动物与人物

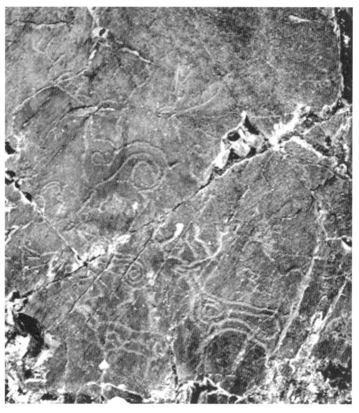

图六　称多县赛康岩画动物图像

　　玉树通天河流域发现的岩画在遗存形式上均属岩面岩画，刻有图像的岩面距地面高度在1～5米，海拔在4000～4400米。岩画的图像用敲琢、线刻、磨刻等方法制作，有"剪影式"和"线描式"两种造型。岩画的单体图像中90%为各类动物，计有牦牛、

图七　治多县登额曲河左岸岩画发现地之一

鹿、岩羊、犬、马、虎、猴、双峰驼、鹰等；少量的人物形象有骑者、猎人、舞者等，另有少量如塔形物、"卐"符号等以及日、月、帐篷等图像符号。岩画所表现的题材多与畜牧、射猎、征战、舞蹈、自然崇拜等有关，其中以治多县登额曲河岩画较为典型。

　　玉树通天河流域岩画在图像风格、图像种类、遗存形式等方面都具有青藏高原早期岩画的特征，但部分地点也存在早晚重叠，或在同一岩面多次作画的现象，或有早期岩画被近现代所刻的"六字真言"打破的情况。根据对玉树岩画造型风格与图像内容的初步观察分析，这些岩画的时代应有早有晚，应是不同时期留下的遗存。早期岩画以治多登额曲河、曲麻莱昂拉岩画为代表，其"剪影式"的造型特点和垂直敲凿的制作方法，与西藏自治区西部及北部早期岩画、海西州及海北州的野牛沟、舍布奇等地点的青海早期岩画比较一致[①]，可能属于青藏高原新石器时代之后、吐蕃王朝建立之前的高原文化发展阶段，而晚期岩画大约是吐蕃王朝（唐）及其以后佛教流行时期的遗存。

　　玉树通天河流域发现的岩画遗存，为我们关注和认识青南高原的古代文化提供了诸多信息。

　　首先，玉树州发现的岩画是本地区古代文明诸多遗存中的重要类别，它与近年来本地区考古发现的石棺墓、石室墓及部分遗址等年代相近，处于距今3000～2000年，可视为新石器时代之后青南高原本土文化的代表，并且它们与登额曲河岸发现的细石器遗址（距今8000～7000年）[②]及玉树诸多石器地点之间可能存在着某种承继关系，表明青

---

　　①　西藏自治区西部、北部早期岩画可参见李永宪、霍巍：《西藏岩画艺术》，四川人民出版社，1994年，第3～10页；野牛沟、舍布奇等地点的青海早期岩画可参见汤惠生、张文华：《青海岩画——史前艺术中二元对立轴维及其观念的研究》，科学出版社，2001年。

　　②　青海省文物考古研究所、四川大学考古学系、四川大学中国藏学研究所、成都博物院考古研究所：《青海省治多县参雄尕朔遗址的调查与发掘》，《中国文物报》2014年2月14日第8版。

南高原人类居住史或活动史可以上溯到更早的石器时代，定居或移居于此的高原先民应是现今青南高原民族的主体。

其次，青海境内此前发现的近20处岩画，主要分布在以海西、海北、海南等州的湖周地区[①]，海拔多在3500米以下（其中野牛沟地点为3900米）。而玉树州通天河流域的岩画则皆为海拔4000米以上，个别地点海拔高达4400米[②]，代表着与以青海湖湖周岩画不尽相同的地理环境；玉树岩画中的某些动物图像风格与西藏西北高海拔区早期岩画具有相同性，其标志之一就是具有中亚草原艺术特征的"动物装饰风格"（如身体装饰横"S"形纹）突出，这或可说明，整个青藏高原带有"动物装饰风格"的岩画及其制作人群，与中亚草原文化之间有过交流或受到其影响（图八）。

图八　治多县登额曲河左岸岩画中的动物（牦牛、鹰）

---

① 关于青海岩画地点的统计，主要参考汤惠生、张文华：《青海岩画——史前艺术中二元对立轴维及其观念的研究》《中国文物地图集·青海省分册》和青海省、玉树州文物部门"三普"资料。

② 除此次调查发现的7处岩画，通天河流域此前由玉树州文管所在"二普"和"三普"中曾调查发现有昂拉（4400米）、赛康（4100米）2个地点，昂拉岩画地处通天河北侧支流楚玛尔河（曲麻莱县境内）右岸，赛康岩画地处通天河北侧支流细曲河右岸（称多县境内）。

再次，玉树地区发现的岩画地点，几乎都与石器地点、石丘墓、石棺墓等其他遗存共处一地，这说明岩画并不仅仅是单一的"图像遗存"，这种岩画、墓地、石器地点、建筑遗迹共存的现象，具有某种"纪念性"的意义，即青南高原当时的游牧部落已有相对固定、相对"自治"的领地。虽然目前尚不能准确地提出这一地域性文化的命名，但可以肯定的是，青南高原在新石器时代之后，人群的流动与聚合都保持了一定的规模，其显示的狩猎畜牧经济文化的特征，与青南高原通天河（长江）、扎曲河（澜沧江）等大江大河流域的其他高原部落之间有过互动，玉树地区则是青藏高原东部早期人群重要的迁移通道和驻足之地。

"玉树"一词，是藏文转写"yul shul"的音译，有"遗迹""故地"之意。青南高原曾是藏民族早期历史上部落英雄岭·格萨尔称王之前所居"岭国"之地，据说后来统治今治多县境的"yul shul"部落第一代首领坎布那钦就是在先王宫殿的遗址处建立了自己的部落，"玉树"一词遂成为整个地区的称谓。这些传说中隐含着玉树地区早期游牧部族历史的某些信息，所以揭示玉树地区乃至整个青南高原早期历史的面貌，正是今天我们持续努力的目标和方向。

青海动物岩画初探

乔 虹

（青海省文物考古研究所）

岩画，被誉为崖石上的史书，形象生动地记录了古代人类的生产生活状况。我国岩画通常分为南北两个系统，北方地区的岩画多表现动物和人物，以内蒙古阴山、宁夏贺兰山岩画为代表，作品风格写实，技法主要是磨刻；南方岩画除描绘动物、狩猎外，还表现村落、宗教仪式等，人物形象程式化，普遍用红色涂染，以广西左江、云南沧源、江苏连云港岩画为代表。

一、青海岩画的考古学特点

青海岩画的大规模调查始于20世纪80年代。1985～1987年，由青海省考古研究所和首都师范大学联合调查，共发现岩画13处。新近结束的第三次全国文物普查共登录岩画35处，大致处于北纬33°～37°和东经93°～100°。主要分布在祁连山南麓、昆仑山及巴颜喀拉山这三大山系有水源的湖泊或河流地区，如青海湖周边的哈龙沟岩画、舍卜齐沟岩画、莫合口岩画、卡木屯岩画、切吉岩画、湖李木沟岩画等；玉树地区发现的岩画也集中分布在通天河及其支流区域。集中分布在青海湖周边及其以西部的地区，即青海省的海北、海西、海南、玉树、果洛等地区13个县境内，以海西州分布最为集中，共22处。青海岩画的内容多表现狩猎、游牧、战争、舞蹈等，包括各种动物、人物、车轮、符号等。

青海岩画的分布随地势由东向西逐渐升高。青海湖周边的岩画，海拔约3300米，向西、向南随着地势的升高，岩画分布也随之升高到3600米以上。玉树地区发现的4处岩画，海拔均超过4000米。曲麻莱县的章玛岩画，海拔达4482米，是目前青海境内海拔最高的一处岩画。

目前青海岩画均系凿刻而成，又可细分为三种：一是敲凿，用硬物在岩石上敲击出许多点窝，勾勒出图像的轮廓，呈现出"剪影"图像；二是磨刻，线条无明显的凹陷，画面平整光洁；三是线刻，似用金属凿头勾勒出形象轮廓，再掏深线条，线条断面呈"V"形，能够自如地表现细部特征。敲凿法是青海省岩画中出现最早、使用最普遍的一种技法，从青铜时代一直沿用到汉唐时期，重点刻画出动物的角、耳、尾等细部特征。

青海岩画采用凿刻法进行加工，因年代早晚，其加工技法存在差异。在野牛沟岩画中牦牛达100个，绝大部分采用通体打击法进行加工，仅有9个采用轮廓敲凿法；舍卜齐沟岩画有牦牛10个，仅有3个采用轮廓敲凿法；卢森岩画以轮廓敲凿法为主；鲁茫沟岩画以敲凿法为主，由于许多动物图像被后人加工，早期的岩画难以准确地断定加工技法；到晚期岩画的加工技法有了变化，磨刻法和线刻法取代敲凿法，成为最普遍的技法。哈龙沟岩画以轮廓磨刻法居多；湖李木岩画均为磨刻法，其中以轮廓磨刻法居多；怀头他拉岩画均为线刻法，其中以通体线刻法居多。从表现题材和艺术风格看，青海岩画属北方岩画系统。

多数学者依据岩画的内容、风格、技法及其周边的文化遗存等考古材料，结合文献和民族学资料，再运用^{14}C、地衣测年等现代科技手段进行岩画断代，取得了比较科学的结论。21世纪初，汤惠生将综合比较分析法和微腐蚀断代法相结合，将青藏高原岩画划分为四期[1]。本文将一至三期岩画划入早期，即汉代以前，汉代以后为晚期。

二、青海动物岩画的主要内涵

青海岩画的分布区处于以畜牧业为主或农牧并存的地区，内容多表现狩猎、游牧、战争等，包括动物、人物、车轮、符号几大类，动物在当时人们经济生活中扮演着重要的角色，成为岩画重要的表现对象，常见牛、鹿、马、骆驼、羊、虎、狗、狼、豹、鹰、蛇等数十种动物，始终保持着写实的艺术风格。

牦牛成为青海岩画出现年代最早、频率最高的一种动物，一直延续到唐代，见有独牛、群牛、人骑牛、射牛图、虎噬牛等。最新普查资料显示，35处岩画中仅赛康、敖木本哈达、巴里河滩、洪水川沟口等4处岩画未发现牦牛，曲麻莱昂拉和章玛岩画、都兰洪水川沟口、德令哈艾力肯达呼尔岩画可辨主要动物也是牦牛。因各地所处自然环境以及时代的差异，牦牛所占比例略有不同。例如，早期的野牛沟岩画共计239个形象，动物占207个，以牦牛最多，高达100个，约占动物图案总量的一半；舍卜齐沟岩画可辨27个形象，其中动物为24个，牦牛占10个；湖李木沟岩画约有70个图案，动物占63个，牦牛达36个；怀头他拉岩画是最具有代表性的晚期岩画，可辨形象约105个，动物有55个，其中牦牛仅9个，所占比例已明显下降，新增各类符号是其突出的特点。

因时代不同，牦牛形象也存在差异。早期牦牛头微低，牛角硕大，拱背垂腹，身体浑圆，尾尖呈圆球形。厚重肥硕的躯干与小而尖的脑袋形成鲜明对比，风格古朴，写实性极强。到晚期写实性已不及早期突出，牛角变小，背部隆起不及早期那么明显，身

---

① 汤惠生：《青海岩画》，科学出版社，2001年，第167页。本文岩画名称以第三次全国文物普查录入名为准，与该书名称可能存在差异，如书中舍布齐改为舍卜齐沟、卢山改为卢森、巴哈默力沟改为巴哈莫力沟、天棚改为鲁芒沟、蓄集改为察汗特买图、和里木改为湖李木沟。

体被拉长，尾巴变短，个别牦牛甚至将四足简化为两足。

由于各地所处自然环境以及时代的差异，牦牛所占比例略有不同。例如，哈龙沟岩画可辨形象约17个，全部为动物形象，其中牦牛有6个；湖李木岩画中有个别形象属于早期，绝大部分为晚期，约有70个，动物有63个，牦牛最多达36个，占动物图案总量的一半还多。怀头他拉岩画是晚期岩画中具有代表性的一处，可辨形象约105个，动物有55个，其中牦牛仅为9个，所占比例已明显下降，新增各类符号是其突出的特点。

除了牦牛，初步统计约有50个马的图案。已公布的野牛沟、卢森、舍卜齐沟、巴哈莫力、哈龙沟、怀头他拉及湖李木沟岩画都发现马的图案；"三普"新发现的乌兰牦牛西山、天峻梅陇、德令哈巴嘎、塔温特买图、那仁布勒格斯坦岩画均发现有马。见有独马、人骑马、马拉车、马驮物四种，其中以人骑马数量最多，占一半以上。马图案的数量在时代上并无明显的差别。从地域上看，集中分布于海西地区，以野牛沟岩画的数量最多，独马和人骑马各有6个；其次是怀头他拉岩画，4个独马和6个人骑马，两处岩画中马的数量相差无几。卢森岩画中有2个马图案，轮廓清楚，且将鬃毛也打制出来，制作精细，栩栩如生，堪称青海省岩画中最为精致的马。

骆驼也是青海岩画中常见的动物，其数量与马差不多。野牛沟、卢森、巴哈莫力、哈龙沟、怀头他拉、察汗特买图、鲁茫沟岩画均有发现，以野牛沟岩画数量最多，约20个，几乎占骆驼总数的半数。"三普"新发现格尔木野马滩、乌兰牦牛西山、德令哈塔温特买图和红土沟岩画均有骆驼形象。曲麻莱章囊和德令哈巴嘎岩画发现人骑骆驼图像，刚察哈龙和格尔木野马滩岩画发现人牵骆驼图像。

青海岩画中的骆驼都是双峰驼，也称为野骆驼。原产于亚洲中部土耳其斯坦、中国和蒙古国，至少在公元前800多年就被人驯化了。现仍有少量的野骆驼，栖居在中国塔里木盆地至柴达木盆地间。青海曾是骆驼重要的栖息地，至今在青海省乌兰、都兰、格尔木、德令哈等地还存在一定数量的柴达木双峰驼。骆驼可以为人类提供驼绒、驼肉、驼奶等，而且还是骑乘、驮运、挽曳的良好役畜，青海古代游牧民族对骆驼依赖性较高，这可能就是在青海岩画出现了数量较多骆驼形象的重要原因。

除了上述三种动物外，鹿和虎是青海岩画中比较常见的动物。《青海岩画》中收录的13处岩画除了共和切吉、刚察海西沟、乌兰蓄集、天峻鲁茫沟岩画这4处外，其余都发现有鹿的图案，20个左右。"三普"新发现天峻梅陇和道尔尔、乌兰佛岩山和牦牛西山、德令哈巴嘎萨、艾力肯达呼尔、红土沟岩画也发现有鹿的形象。关于岩画中鹿的文化隐喻，汤惠生认为"青藏高原岩画中的鹿，都可理解为萨满巫师通天的助手"[①]。在青海大多数岩画中普遍都发现了鹿的形象，究其原因一是鹿是青海高原比较常见的食

---

① 汤惠生：《青海岩画》，科学出版社，2001年，第167页。本文岩画名称以第三次全国文物普查录入名为准，与该书名称可能存在差异，如书中舍布齐改为舍卜齐沟、卢山改为卢森、巴哈默力沟改为巴哈莫力、天棚改为鲁芒沟、蓄集改为察汗特买图、和里木改为湖李木沟，第97页。

草动物，跟人们的生产生活关系密切；还有一点，也是其中最重要的原因，那就是在青海古代文化中，乃至全国、全世界范围内，鹿被人们赋予特殊的文化意义。

青海岩画虎的数量与鹿不相上下，在天峻卢森（4个）、刚察海西沟（4个）、共和湖李木（3个）、天峻鲁茫沟（9个）等4处均有虎岩画[①]。"三普"仅在曲麻莱章囊发现虎的形象。从分布地域看，集中分布在天峻、刚察两县。虎的形体较大，身体多饰涡纹，长尾。有独虎、多个虎、虎扑食和人射虎4种表现形式，以虎扑食数量最多，达13个，具有浓郁的北方草原文化特点。

鹰是草原最常见的飞禽，但在青海岩画出现并不多，野牛沟（3个）、卢森（2个）、舍卜齐沟（1个）出现单鹰图案，另在野牛沟岩画还发现一组8个的"行列式飞鹰图"。"三普"仅新增曲麻莱章囊岩画一处。这些鹰多呈展翅状，刻画简捷，采用打击法加工而成。在萨满教中，鹰被认为是萨满通达上下两界，疏通三界最重要的助手之一，其中最重要的原因就是鹰特殊的飞翔能力。在北方草原青铜文化中，鹰是岩画和青铜器中比较常见的题材。卡约文化是分布在青海境内的一支土著青铜文化，发现有4件鹰纹骨管、1件鹰纹铜牌饰及饰鹰纹的彩陶罐，是青海古代文化中发现鹰纹最多的一支[②]。虽然鹰是草原上常见的飞禽，但这种飞鹰的图案可能与北方草原文化有着密切的联系。岩画中鹰的出现，表达了当时人们特殊的精神需求。到晚期由于佛教的传入，人们精神世界发生变化，鹰的文化内涵已被削弱和淡化，因此岩画中很少发现鹰的形象。

三、青海动物岩画与周边地区岩画的相互影响

牦牛是青藏高原特有的物种，也是青藏两地最具代表性的动物岩画。目前西藏岩画约30多处，仅2处未发现牦牛图案，以牦牛为主的岩画达22处[③]，因此青藏高原是我国牦牛岩画的中心分布区。岩画中的牦牛，经常被夸张刻画，显然已被赋予特殊的文化内涵，并随着人群的迁徙向周边地区扩散。甘肃河西走廊的黑山发现牦牛岩画[④]，牛角硕大，拱背垂腹，尾尖呈圆球状，与野牛沟牦牛形象一致。再向东越过黄河到达贺兰山中卫岩画的牦牛特征明显[⑤]，但与典型的牦牛形象存在一定的区别。牛背稍拱，牛角

① 汤惠生：《青海岩画》，科学出版社，2001年，第167页。本文岩画名称以第三次全国文物普查录入名为准，与该书名称可能存在差异，如书中舍布齐改为舍卜齐沟、卢山改为卢森、巴哈默力沟改为巴哈莫力、天棚改为鲁茫沟、蓄集改为察汗特买图、和里木改为湖李木沟，第35、39、40、54、55、57、60、62、63页。

② 马兰：《青海文物精品图集》，中国文联出版社，1999年，第68、88～90页；刘宝山：《青海化隆上半主洼卡约文化墓地第二次发掘简报》，《考古》1998年第1期。

③ 张亚莎：《西藏岩画》，青海人民出版社，2006年，第63页。

④ 甘肃省博物馆：《甘肃嘉峪关黑山古代岩画》，《考古》1990年第4期。

⑤ 周兴华：《中卫岩画》，宁夏人民出版社，1991年，第269页。

粗壮，牛尾下垂呈梭形，细部特点已不如野牛沟那么突出。阿拉善左旗岩画的狩猎牦牛图，粗大的牛角向上弯曲，身体趋于细长，看不到拱背垂腹特点，尾尖呈圆圈形[①]，这是目前我国境内分布最东边的一处牦牛岩画。

与青海相邻的新疆且末、阿尔泰山发现的牦牛岩画，牛角呈"O"形，隆背翘尾，身躯健硕，其风格接近野牛沟牦牛形象。盖山林根据岩画的内容和风格，认为是羌人进入塔里木盆地所为，其年代是青铜时代至早期铁器时代[②]。

大量历史文献、考古资料和民族学资料证实，从新石器时代起，古代氏羌沿着"藏彝走廊"不断向南迁徙，形成了一条古代族群迁徙和文化交流的通道。牦牛岩画因族群的迁徙传入滇西北地区。金沙江流域的岩画主要集中分布于云南中甸、丽江、宁蒗三县境内，此外云南楚雄永仁县、四川稻城及木里县，先后发现了50多个岩画点[③]。丽江永胜岩画，用白色颜料涂绘牛的形象，表现古人猎牛的情景，牛很醒目，显得比较强健。牦牛作为青藏高原的文化因素传播到西南地区后，加工技法多采用南方的涂绘法，牦牛演变成野牛的形象，成为西南地区动物岩画的重要表现对象。现今生活在该地区的羌族、佤族、苗族、土家族等少数民族都保留着牛崇拜，溯源这种文化现象，可能与青藏高原牦牛崇拜有着密切的关联。

青海高原至今未发现虎，现存的5处虎岩画，只能说明虎作为一种文化符号，通过文化间的交流而传入青海。虎是欧亚草原常见的动物之一，是北方游牧民族，特别是匈奴人喜爱的一种动物。以虎为题材的艺术作品，出现于距今3000年左右北方地区夏家店上层文化的动物纹青铜器，盛行于战国至两汉时期，发现大量的虎纹青铜器或金器。隋唐以后，虎纹装饰逐渐减少，以器物和墓葬壁画的形式存在，写实性强。除金属器和墓葬壁画等艺术表现形式之外，在内蒙古阴山、嘉峪关黑山、宁夏贺兰山和北山的岩画中，也发现许多老虎图案，大致可分为单体虎、多体虎、虎扑食和人猎虎四种表现形式。通常岩画中的虎形体较大，处于中心位置。线条宽粗，张口露齿，以虎扑食题材最多，反映出古代人类眼中真实的自然界。青海岩画中的虎，暗示出与北方草原文化之间的关系。

用各种线条装饰动物是北方岩画的突出特点，在黑山、阴山、贺兰山岩画发现用涡纹或折线纹装饰老虎或鹿[④]。这种装饰风格对青海动物岩画产生了一定的影响。青海省的岩画中通常用涡纹、平行条纹、"X"射线、网格纹及折线纹来装饰动物，其中以

①　盖山林：《阴山岩画》，文物出版社，1986年，图1301；盖山林：《巴丹吉林沙漠岩画》，北京图书出版社，1997年，第77页。

②　盖山林：《阴山岩画》，文物出版社，1986年，第123页图122、123；刘青砚等：《阿尔泰岩画艺术》，山东美术出版社，1998年，图30。

③　李刚：《金沙江流域岩画的考察和保护初探》，《中华文化论坛》2007年第1期。

④　银川市贺兰山岩画管理处：《文明的印痕——贺兰口岩画》，上海古籍出版社，2011年，第118、121页；盖山林：《中国岩画》，广东旅游出版社，1996年，第32页图34。

各种涡纹最多。涡纹或繁或简，细分为横涡纹、竖涡纹，单层涡纹、双层涡纹、单个涡纹、多个涡纹等几种类型。卢森岩画的三个虎身前半部分饰横"S"纹、后半部分饰竖涡纹①。湖李木沟虎食牛岩画，虎身前半部分饰一个横涡纹，后半部分饰一组平行条纹，还有一处用网格纹饰满整个虎身，这种风格比较少见②。共和卡木屯岩画发现以简化的横"S"纹饰鹿，与卢森岩画简化的牦牛形象极为接近。类似的鹿在贺兰山也有发现③。"三普"新发现的称多赛康岩画多个用涡纹饰鹿，与西藏日土的任姆栋、康巴热久、拉卓章的鹿非常接近，张亚莎称其为"美丽的鹿"④。吕红亮通过对西喜马拉雅地区岩画和考古材料的研究，认为西藏岩画的这种装饰风格是欧亚草原岩画重要的组成部分，并称之为"高原亚洲类型"⑤。这些材料表明，玉树地区的岩画与西藏岩画的关系可能更加密切，同属高原岩画文化圈。

以各种线条装饰动物图案的风格，从不同方向传入青海高原后，融入本地文化因素。"三普"新发现的海晏莫合口岩画发现用涡纹装饰牦牛，身体用两个横涡纹即"S"纹进行装饰，远看就像两个圆圆的眼睛似的，非常有特点。野牛沟、卢森及湖里木用直线或弧线饰牦牛⑥。

从上述材料可以看出，青海高原动物岩画，出现时间早，延续时间长，始终为岩画中的核心内容，尤以牦牛最具高原特色，并对周边地区岩画产生了一定的影响。动物岩画的图案造型或装饰风格，明显受到欧亚草原岩画的影响，因各岩画点所处地理位置的差异性，可能分别受到来自新疆、西藏及我国北方草原等不同文化的直接或间接影响，既表现出文化交融后的相似性，又彰显了鲜明的地域性。

（原载于《青海民族研究》2013年第3期）

① 汤惠生：《青海岩画》，科学出版社，2001年，第39、40页。
② 汤惠生：《青海岩画》，科学出版社，2001年，第54、55页。
③ 盖山林：《中国岩画学》，书目文献出版社，1995年，第91页图78。
④ 张亚莎：《西藏岩画》，青海人民出版社，2006年，第76页。
⑤ 吕红亮：《西喜马拉雅岩画欧亚草原因素再检讨》，《考古》2010年第10期。
⑥ 汤惠生：《青海岩画》，科学出版社，2001年，第23页图39、34页图66、58页图187。

青海玉树古老的石刻艺术

——通天河流域古代岩画的启示

张亚莎

（中央民族大学中国岩画研究中心）

图一　曲麻莱县曲麻河乡昂拉岩画

最早知道青海玉树地区发现岩画是在2011年夏，时任玉树博物馆副馆长的尼玛江才先生打来电话，发来的几幅岩画图片内容有牦牛、鹿等动物图像和符号图像。其中牦牛岩画令人印象深刻，造型肥硕健壮，表现手法概括朴素，通体凿刻手法、刻痕色泽几乎与岩壁没有区别，种种因素很容易让人联想到青海格尔木野牛沟岩画的同类图案（图一）；另有一幅鹿岩画，俊朗空灵的造型概念，流畅舒展的线条勾勒，尤其是躯干上简洁的"S"形纹饰，不免让笔者联想到阿里日土鹿的"美丽风格"[1]。总之，无论是牦牛图案还是鹿的"美丽风格"，即使是不多的图片信息，也已能清楚反映出玉树岩画与青藏岩画系统的密切关系。

必须得承认，在看到那些熟悉的岩画图像风格的一瞬间，笔者内心不禁狂喜——玉树终于发现岩画了！玉树与岩画，抑或是岩画与玉树，无论是青藏系统相似类型岩画的发现，还是这一区域在青藏文化中特殊位置的显现，实际上一直以来都是笔者内心认定的具有某种必然性的东西，一直在等待着它们的出现，它们还真的就出现了！

2015年夏，年轻的尼玛江才已荣升玉树州博物馆馆长，他来见笔者依然是为了玉树岩画，只是此时已远非彼时，就在这三四年的时间里，青海省文物考古研究所、玉树州文物管理所与四川大学历史文化学院考古系联合调查队又在通天河流域发现更多岩画地点，江才笔记本电脑里存储的大量岩画图片让笔者内心更加踏实：玉树地区岩画遗产的文化面貌已然清晰，通天河流域在青藏高原岩画系统里的位置也因此而变得醒目起来。

---

① 张亚莎：《西藏的岩画》，青海人民出版社，2006年，第150~152页。

一、青海玉树通天河流域的岩画地点

2014年10月28日,《中国文物报》上刊登了署名文章《青海玉树通天河流域古代岩画的调查》,其中介绍自2011年以来四川大学历史文化学院考古系联合青海省文物考古研究所、玉树州文物管理所等单位对玉树通天河流域岩画的调查情况。"经过大范围调查,近年来在通天河南侧支流登额曲河西岸发现7处古代岩画地点","7处岩画皆发现于河流西岸一级阶地后缘的山体基岩节理面上,海拔高度4025～4115米,自南向北命名为毕色、普卡贡玛、冷培塔、角考、尕琼、章其达、岗龙俄玛等地点,共计有47幅画面,220个单体图像"[①]。

图二　玉树市仲达乡觉色岩画

调查者发现,这一带岩画均属崖壁岩画,岩画图像距现地面高度在1～4米,岩面多与河流流向平行,朝向东南,与地面夹角在90°～110°(图二)。

登额曲河发源于玉树县境西北,自东南向西北在治多县境内的岗察汇入通天河。岩画地点属治多县立新乡叶青村辖地,为当地牧民的夏、冬季牧场。这里的岩画图像从制作手法看,多以敲凿法制作,在相对平整的灰褐色、黑褐色及浅褐色的基岩节理面上敲琢出点状或短条形的凹痕,或构成图像的轮廓线,或形成"剪影式"的通体图形。通天河流域岩画题材内容可分为三大类:动物、人物与符号。其中动物图像数量最多,约占全部图像的90%,计有牦牛、鹿、岩羊、犬、马、虎、猴、双峰驼、鹰等;人物图像相对较少,有骑者、猎人、舞者等;另外还有一些符号图像,这些符号均是青藏高原岩画中经常出现的内容,如塔图形、"卐"符号、日月符号以及帐篷等,还有不少应该是后期刻上的佛教六字真言,它们往往叠压在动物图像之上(图三),形成一种打破关系。就目前发现岩画的人类活动题材看,多与畜牧、射猎、征战、舞蹈、自然崇拜等内容相关。

图三是玉树治多县立新乡邓额曲岩画地点的一幅画面,岩面上反复多次线刻着图案与藏文字母,还有藏区随处可见的六字真言刻文,叠压关系十分复杂。其中画面的右上部,仔细辨认会发现黑色岩壁上刻有一只展翅的大鹏鸟图像,大鹏鸟头部转向右侧,头上清晰可见呈圆形的角状,而在鸟首右侧上方,则有一个清晰的藏文字母"A"字。

① 李永宪、马春华:《青海玉树通天河流域古代岩画的调查》,《中国文物报》2014年10月28日第8版。

图三　治多县立新乡邓额曲岩画

图四　西藏当雄纳木错湖洞穴红色涂绘岩画

在拙作《西藏的岩画》里，笔者曾用很大篇幅讨论过藏文字母"A"作为一个特殊图像符号反复出现在藏北纳木错湖沿岸洞穴涂绘岩画之中，并窃以为"A"这个藏文字母与藏族古代神鸟穹（Khyung）信仰有种密切关系，从图像构造看，"A"字很像一个双翅上举、鸟首转向一侧的大鹏鸟的上半身（图四）。通常，这个"A"字在岩画中只会单独出现（并不作为六字真言之首字出现），而且是反复不断地排列出现于一些洞穴内，如图四中在塔图形的左侧便出现了至少5个书写不太规范的A字母（最多的一处甚至排列了37个A字母）。我们今天还无法解释这个字母单独且反复排列出现的原因以及它在岩画图像中的意义，但这个现象很值得注意，藏北纳木错湖沿岸洞穴岩画中的A字母常与塔图形相伴生，却没有见到过与大鹏鸟伴生的现象，然而在玉树通天河流域的凿刻类岩画中却出现A字母与大鹏鸟伴生的图像，事实上，笔者一直认为这个字母的原型很可能源自神鸟穹（Khyung）的图像符号[1]。

二、玉树通天河流域岩画图像类型分析

结合目前发现的通天河流域岩画的题材内容、制作手法、刻痕色泽、图像尺寸及图像风格等若干因素综合来看，我们不难发现这一区域的岩画至少存在着若干个类型，这应该属于岩画的历时性结构问题；与此同时，我们当然也发现，排除掉这些子类型的划分，通天河流域岩画主要在题材内容上存在统一性；而后者则证实玉树岩画与青藏高原岩画系统的一体性。关于这一点，前述的《青海玉树通天河流域古代岩画的调查》一

---

① 张亚莎：《西藏岩画中的鸟图形》，《西藏研究》2006年第2期；又见《古象雄的鸟图腾与西藏的天葬》，《中国藏学》2007年第4期。

文中也有分析："青海境内此前刊布的岩画地点计有近20处，皆分布在以青海湖为中心的海西、海北、海南等州，其海拔多在3500米以下（其中野牛沟地点为3900米）。玉树州通天河流域的岩画地点则皆地处海拔4000米以上，个别地点海拔高达4400米，代表着与以青海湖为中心的其他岩画分布区不尽相同的地理环境；而通天河流域岩画的制作方法及图像造型风格与藏西、藏北高海拔地区的早期岩画比较一致，这些特点或可促使我们将包括青南高原在内的整个青藏高原高海拔地区作为一个相对独立的地理单元，结合其他考古学文化因素与环境因素，来观察岩画遗存的性质与文化特征，进而逐步厘清青藏高原岩画的源流与时空分布特点。"[1]

从图像学的类型划分看，玉树通天河流域应该存在着两大动物岩画类型：牦牛岩画类型与鹿岩画类型；而在两大动物类型各自的系统之下，又存在着该种动物各自的历时性分式分型；也就是说，两大类动物岩画各自又都存在着一条或若干条发展延续的图像演变脉络。

岩画的图像学构成及阐释理论，显然应该有自己一套独特的解释方法，而且可以说这套阐释理论的创建还应该是迄今为止人类艺术史图像研究所遭遇的新课题。"岩画遗产"从人类文化遗产角度看属于相对较早时期（当然不同区域的岩画年代差别非常之大），总体来看，它们主要属于这一区域活动的人群的"前文字"或"无文字"时期，然而人们真正注意到它们却非常晚近，时至今日不知晓岩画的大有人在（甚至是学术界或文化界亦然），因此，岩画阐释理论与方法的建设还处于初期阶段，正因为如此，每个单位的区域性岩画便都可能为岩画学理论与方法论的建设提供参考，尤其是新鲜而客观的数据。

从大量研究成果看，岩画图像的类型划分都应该是在一种综合性考量指标下进行的，也就是说，恐怕很难以某种题材作为类型划分的标准，但对于青藏高原岩画系统而言，以动物题材作为划分主要分类的标准自有较为充分的依据，主要类型划分的依据来自于当地岩画六大要素的综合考量，这六大要素是：①题材（主题）；②制作手法；③刻痕色泽；④图像尺寸；⑤伴生图案；⑥图像风格。六要素是岩画图像辨识过程中必须要注意的"图像"自身要素，另外还需要考虑的因素，诸如图像所在位置、图像的高度、某类图像题材与岩石的关系、岩画所在环境与岩石本身的特点，等等。综合上述诸要素，我们不难发现玉树通天河流域岩画的图像实际上确实存在两大动物系统，而这两类动物系统在动物物种、制作手法、刻痕与刻痕色泽、图像大小与伴生图案以及图像风格等综合考量基础上，均有明确区别，一类是高原特有动物物种——牦牛图像；另一种便是鹿图像（图五、图六）。套用笔者在《西藏的岩画》中的图像分类研究，前者我们可简称为"牦牛风格"，后者则是"鹿风格"。如果简易地就造型风格划分，它们一

---

① 李永宪、马春华：《青海玉树通天河流域古代岩画的调查》，《中国文物报》2014年10月28日第8版。

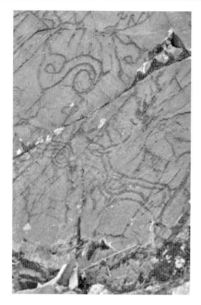

图五　称多县尕朵乡赛康岩画　　　　　图六　曲麻莱县曲麻河乡昂拉岩画

个是轮廓线条类型（鹿风格）；另一个则是通体"剪影"式类型（牦牛风格）。若按照动物物种进行描述的话，则牦牛岩画应该是青藏高原岩画系统的土著风格；而"美丽的鹿"风格则有浓郁的欧亚大草原岩画的意味。

　　"牦牛风格"的提出并不意味着这一区域所有牦牛图像的制作时期与制作人群的同一性，从当地牦牛岩画的图像的多样性看，它恰恰反映出这一区域岩画制作年代的复杂与反复，笔者同意李永宪教授的观点，他认为这一现象本身说明青南高原早期人群的流动与聚合都有着一定的规模与持续时间。以图六为例，该岩画是玉树通天河西部曲麻莱县曲麻河乡昂拉地点的岩画，画面可粗略地分为上下两个部分，分别为两幅牦牛图案。仔细分析对比这两幅画面，能够发现它们之间存在的共性与差异。共性有三：

　　（1）题材内容均以牦牛为主要动物；

　　（2）但牦牛群中也都夹杂着猫科食肉动物（可能是虎或豹）的形象；

　　（3）制作手法均为通体凿刻并形成"剪影"式图像效果。

　　也就是说，在岩画图像的若干要素中，它们在题材内容、伴生图案、制作手法及图像风格等几个要素上是有共性可寻的，而这几项又是考量岩画分类的重要因素，因此将二者定性为"牦牛风格"没有问题。这也就意味着"牦牛图"是玉树通天河流域岩画中的一个大的类型。

　　然而，在大的牦牛风格中，多样性同样显而易见。仍以图六为例，仅就视觉印象而言，上下两幅牦牛图的区别也很明显，其差异表现为以下几个方面。

　　（1）个体动物图像尺寸不同，上面那幅牦牛图中的每个体单位都要大于下面的个体图案；

（2）刻痕的色泽有明显区别，上部牦牛刻痕色泽很暗，图像几乎与岩壁色泽相同，必须认真辨认才能看清图像轮廓，但下部牦牛群的图像则相对鲜明，且图像色泽呈现黄色；

（3）两者伴生图案接近，但下面的牦牛群里出现人物形象（骑者），而上部画幅完全不见人物图像；

（4）具体到牦牛的造型两者也有区别，上部的牦牛体型肥硕呈矩形，而下部牦牛体型相对小巧，躯干略拉长一些；

（5）凿刻手法上同样也有细微差别，如上部牦牛图背部上缘轮廓线通常刻痕深而重（图一），但下部画幅中的牦牛在画法上没有这个现象。

通过比较可以看出，上下两幅牦牛图中的牦牛图像共性是本质的，但在细节上差异性更为突出。也因此我们可以推论出同样属于"牦牛风格"的岩画类型里，还可具体划分出若干种子类型，仅就笔者所看到的牦牛岩画图案，至少还可划分出四种以上的牦牛图像样式（图七）。图七也是一幅牦牛岩画，它的牦牛造型与前述的样式有明显区别，虽然同样是敲凿出麻点以构成图案的通体凿刻"剪影"式制作手法，但牦牛图案刻痕色泽、图像尺寸以及伴

图七 治多县立新乡邓额曲岩画

生图案（牦牛与鹰的伴生），尤其是动物头朝向等要素，却能见出自己的一套图像表现习惯。

同样，鹿风格岩画也是如此，仔细观察图五中左上部的鹿图形与右下角的鹿图案，同样是鹿的图像，同样是以线条轮廓画法，同样是凿刻制作手法，同样是躯干上有纹饰，但图像风格却是不同的造型理念，比较而言，右下角的鹿图形在风格上属于青藏岩画系统，但左上部的那只鹿，却带有浓郁的欧亚草原之风。

玉树通天河流域岩画为岩画的图像学解读提供了丰富而多层次的图像资料，一个小区域的岩画能够保存与提供如此丰富的图像与符号资源，颇令人兴奋。

三、玉树岩画与岩画图像学

岩画的图像学理论强调，岩画的图像资料既是一个图像表述系统，更是一个符号语言系统，它们不仅仅是早期人类思想构造能力与艺术创造性才能凸显的文化遗产（以区别于考古学一般意义上的物质文化遗产）；还主要是"无文字时代"人类精神传达、

情感表现、语言交流、视觉教育的图式代码（岩画属于早期或无文字时代人类的图像符号语言系统，在宏观的"艺术"传达的历史阶段中以"象征主义"为其艺术表达的基本特征）；当然也是今人解读早期岩画制作族群思想、情感、心理等精神世界的通道或桥梁。正因为如此，对于岩画图像代码的全面获取和整理分析乃至在此基础上的深入研读，应该是岩画研究过程中的基础与本体的部分。

某一区域岩画群图像研究的进展，很大程度上取决于在获取岩画图像资料本体以及岩画所在岩石与地域环境、人文背景环境等基础性资料的规范、细致与完整。在此基础上，岩画个体图像的分类统计，群体图像中每一个体图像因素与其他图像关系的确定，不同时间点制作图像的叠压打破关系的观察，同一画面里可能制作于不同时间的"画幅"的剥离；至于画面中不同"画幅"的分辨，以至于某一岩画群体内图像的类型划分；这一区域岩画画面内在表述结构的窥测，以及在这些细致的分析与辨认的基础上做出分类及分期的结论等，所有的研究基础都应该建筑在岩画图像群内部各种子因素彼此存在的各种关系的探寻之上。

通过对图像造型概念的梳理，刻痕深浅的辨识，刻痕色泽与崖壁颜色的比较，图像的风化或磨蚀程度，图像形成中制作技术的变化，图像的题材内容、某些个体图像在画面中的位置等多种因素的综合考察研究，不单是为了图像的类型划分及分期结论的得出，还将有助于岩画图像内在多层次语言传达内容的阐释——表层图像或可视性图像与思想符号之间的对应关系；表层组合图像与岩画制作族群神话传说、历史记叙的关联性或复杂折射关系；岩画图像与当地"圣迹"的依存或互为表里关系；岩画图像在该区域的特殊功能、目的与意义的推测与证实等，所有的研究基础实际上都取决于岩画图像编码程序，也就是说，取决于对岩画图像本身的研究。

某区域岩画核心母题的抽象、"关键词"的寻找与判定、制作族群宗教信仰或图腾禁忌类型或形式的解读、制作族群经济生计模式的探讨、该族群社会制度与意识形态模式的推测与论证、所有这些被认为是岩画图像表层背后更深层的文化的、宗教的、社会制度与社会意识形态的东西的获取，唯一能够直接得到的资料，只有岩画图像本身。岩画图像是岩画研究所能依据的第一手的也是最为基础的资料，甚至可能是唯一的资料。因此图像资料自身的整理、统计、分析、归纳、延伸、对比等，都是为了尽可能多地寻找到有用的信息，寻找搭建这一图像语言表述系统内在的词法、句法与语法关系，从而研读并解读岩画图像语言所传达的该族群的思想、情感、心理动因与精神诉求。

一个岩画区域若能提供相对丰富的图像类型、相对充足的图像数量，是支持该地区岩画研究得以深入的真正基础，从这个角度看，玉树通天河流域岩画群的发现至少已为我们提供了较为充分的图像语言资料，同时也证实玉树青海西部通天河流域应该是青藏高原上第三个岩画分布相对密集的区域。在辽阔的青藏高原上，类似这样局部岩画分布密集的区域，目前至少已发现三处，高原西部以日土为核心区、高原北部是环纳木错湖沿岸、而在高原东部则是青海通天河流域。

　　研究者已经注意到玉树通天河流域岩画图像风格与青海格尔木野牛沟岩画、海西州舍布齐岩画相当接近，笔者认为，从地理分布看，也许野牛沟岩画更应该被划入青海西部岩画群内（野牛沟岩画地点的海拔已经非常接近通天河流域岩画区，而不是青海湖周边的岩画区）。另外，玉树通天河流域岩画图像风格虽然隶属于青藏岩画系统，但就区域风格而言，它们仍然归属于青海岩画范畴；这一区域岩画群发现的真正意义在笔者看来，大抵是它填补了青海与藏北高原岩画衔接上的那个缺环，有了玉树通天河流域岩画的发现，青藏高原"羌塘"岩画那条东西长、南北狭的条状分布带便向东延伸了数百千米，"羌塘"岩画成为青藏高原古代强族迁徙与活动的重要历史见证。

　　另外，通天河流域发现的岩画地点多与细石器地点、早期石丘墓、石棺墓等其他遗存共处，据此李永宪教授认为，这说明青南高原岩画并非某种单一的"图像遗存"，而是与共处的其他遗迹共同代表着一种目前尚不明晰的地域性考古学文化。玉树通天河流域岩画制作时期的持续性证实青南高原早期人群的流动与聚合具有一定的规模与持续性，这也显示青南高原通天河（长江）、扎曲河（澜沧江）等大江大河两岸广袤的宽谷山川曾是高原早期部落集团重要的迁移通道与驻足生息之地。

西藏日土岩画的初步研究

张建林

（西北大学；陕西省考古研究院）

日土县任姆栋、鲁日朗卡、恰克桑的三处岩画，在西藏自治区境内是首次发现。这批岩画数量多、内容丰富、风格特征明显，有很高的历史、文物、艺术价值。本文试从这批岩画的内容、风格、制作方法等方面入手，对其分期、年代、制作者、反映的原始宗教观念及与北方岩画的关系，作初步探讨。

一

日土县位于西藏最西端的阿里地区，北以昆仑山为界与新疆毗邻，西与克什米尔接壤，南、东为阿里地区的噶尔县、革吉县。当地平均海拔在4600米以上，境内多山，也有不少内流河和湖泊，新藏公路南北贯穿。

三处岩画均分布在河谷附近的山岩上，周围地势平坦开阔，水草丰茂，现在是当地的良好牧场，在古代也应为游牧部落理想的放牧宿营地。岩画凿刻在一种层状灰色硅质岩上，岩石硬度较差，约7H，表面因长期日晒雨淋呈黄褐色或灰褐色。岩画多在距地表3米以内的垂直平滑岩面上，只有任姆栋29、30、31号岩面是倾斜的；少数岩画距地表七八米以上，但都可以攀缘而上。岩画前均有宽窄不等的立足点。岩画题材丰富多彩，以动物为大宗，有羊、牦牛、鹿、马、驴、骆驼、狼、狗、虎、豹、鸟、鱼等，此外还有人类狩猎、放牧、舞蹈、骑乘以及日、月、山、植物和原始本教符号等。

岩画的制作方法有四种：第一，敲凿。用硬度较高的尖状砾石敲凿岩面，形成直径0.2~0.3、深0.1~0.2厘米的麻点，或用麻点排成线条来表现所画物体的轮廓，或将麻点密布成片来表现所画物体的整体形象。我们曾在鲁日朗卡岩画附近做过模拟实验，用尖状砾石在岩面上敲凿出近似岩画效果的麻点。第二，磨刻。用尖状砾石反复磨刻，形成断面呈弧形或三角形的凹槽，构成物体轮廓，这种凹槽线条较为圆滑流畅。第三，刻画。用尖状砾石刻画出细而浅的物体轮廓，一般作为岩画制作的第一步，然后沿轮廓线敲凿或磨刻。第四，涂绘。仅见于恰克桑岩画，使用红褐色矿物颜料绘出较粗的单线，线条滞重，没有大块平涂的。另外，有一些藏文"六字真言"和佛教造像，是现代佛教徒用金属工具凿刻的，不属于岩画研究的范围。

二

三处岩画中数量最多、内容丰富、可以提供分期依据的是任姆栋岩画。任姆栋岩画从凿刻技法和造型风格可分为早、中、晚三期。不同期的岩画多凿刻在不同的岩面上，也有出现在同一岩面上的。

早期岩画数量最多，题材有牦牛、鹿、羚羊、狼、狗、虎、豹、骆驼、人、树、太阳等。人和动物造型倾向写实，简单生动，概括性强。一般人物头部为几何形轮廓线，四肢为单线。动物双角、上下颚、腿胯之间不相连，四肢不表现关节的弯曲，不画出眼睛、蹄爪等细部，虎、狼躯体有简单竖线。刻画方法有二：一是通体敲凿，这种方法早期多见，中期很少，晚期消失。二是敲凿轮廓线，这种方法虽然中、晚期仍然使用，但早期的显然更为古拙简洁（图一）。

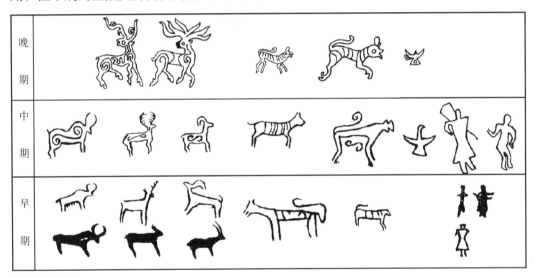

图一　日土任姆栋岩画分期

早期岩画画面布局缺乏统一安排，个体图像零乱分散，缺乏内在联系，很少表现大的场面。因年代较早而凿刻痕迹常显得模糊。

中期岩画数量少于早期，除原有题材外，增加了鱼、鹰、雁、野猪及陶罐等新内容。人像更趋写实，动态表现较好，穿袍人物四肢开始用双线勾出轮廓。动物四肢表现出关节的弯曲，但仍不表现眼睛、蹄爪等细部。牛、羊、鹿身躯上多饰横置的"S"形纹，豹、狼身上所饰竖线较为规整。刻画方法通体敲凿的很少，多为敲凿轮廓线（图一）。画面开始有布局安排，由个体图像组成一些完整的画面，出现了群鹿争雄、人物舞蹈、祭祀等较大的场面。1号岩面的祭祀场面较为典型。

晚期岩画数量最少，集中于12、13号岩面上，题材只有鹿、豹、狼、鸟等。动物的装饰性更强。鹿躯体饰繁缛的双勾线旋涡纹，鹿角、尾部亦用双线勾勒，眼睛、关节、蹄爪等细部刻画入微。有的豹躯体纹饰复杂，鸟尾饰三角纹（图一）。豹逐鹿为常见场面。

在任姆栋可以看到各期岩画的重叠刻画现象。如25号岩面中期的狗刻在早期图像上，12号岩面晚期的豹刻在中期的羚羊上，13号岩面晚期的鹿刻在中期的鹿上。这些都可以作为分期的相应依据。参照任姆栋岩画的分期，鲁日朗卡岩画多为造型简拙的早期岩画，个别画面中有身饰横"S"纹的典型中期动物，未发现晚期岩画。恰克桑1号岩面虽用颜料绘制，但从日、月、树、原始本教符号等题材来看，约相当于任姆栋中期。

日土三处岩画在题材、风格、技法上都较一致，有浓厚的地方色彩和分期特征。如早期岩画中以轮廓线表现的动物双角、双耳、腿胯间不相连。中期岩画动物身饰横置"S"纹，晚期岩画动物身饰繁缛旋涡纹，这些做法在我国其他地区岩画中也很少见。

我们认为日土岩画应是吐蕃时期以前的作品，年代下限不晚于吐蕃早期。其依据有二：第一，岩画的凿刻痕迹均较粗拙圆钝，当用石质工具加工，未见用金属工具加工的。而据文献记载和考古发现，吐蕃时期西藏的金属工具和兵器已很普及[1]。第二，岩画题材未出现佛教造像，亦无藏文刻铭。而自从吐蕃初期佛教传入西藏后，西藏出现不少佛教摩崖造像、藏文碑刻等[2]，较原始的动物、人物、本教符号不再是刻画岩石的内容。

三

关于岩画作者的族属，可资参考的材料不多。从地望看，《册府元龟》中记载的"大羊同国"和"太平国（实为"大羊同"之误）"基本是在现在的阿里地区。"太平国在于阗国南，其人辫发毡裘，畜牧为业，地多风雪，冰厚丈余，所出物产颇与吐蕃同。"[3]"大羊同国，东接吐蕃，西接小羊同，北直于阗，东西千余里，胜兵八九万。"[4]汉唐时期的于阗国在今新疆和田地区，向南越过昆仑山，就是当时太平国、大羊同国所在的西藏高原西端的阿里地区。羊同国在藏文史书多有记载[5]，现译作"象雄"，是生活在西藏高原西端的一支古老部族，唐初被吐蕃吞并，成为其属国。既然我们已经初步断定岩画的年代在吐蕃以前，那么其作者就很有可能是当时活动在这一带的"大羊同国"的游牧部族。

四

日土岩画的部分内容反映了原始宗教观念和有关活动。

在佛教传入之前，西藏盛行源于当地的原始宗教——本教。本教崇奉鬼神和自然物，根据本教经典《十万龙经》记载，"念神"是本教主要崇拜的神，包括天地间的太阳念、月念、星念、云念、虹念、风念、地念、雪念、山念、海念、崖念、木念、水念、石念等。它们主管着阴晴雨雪、风云雷电，发怒时还向人间散布瘟疫，在本教诸神中倍受崇拜。先民们每年都要多次对它们举行供养仪式，近代有些牧区还保留有宰杀牛羊对山神献祭的习俗，而且每年要放生上百头畜生（主要是牦牛）向山神作供献，任其在山上自生自灭。本教《空行智慧胜海传》中记载，本教徒在每年秋季要举行"牡鹿孤角"即将牡鹿头颅砍下作血肉供的祭祀活动。日土岩画中将很多牛、羊、鹿的形象凿刻于山崖，有可能是古代本教徒祭祀山念、崖念的反映；岩画中的日、月、植物则体现了他们对日念、月念、木念的崇拜；而任姆栋1号岩面上凿刻的一百多个羊头，很有可能是当时大批杀牲以头祭祀的写照。有的岩画大概就是先民们在举行祭祀仪式后，将这一大事郑重地凿刻在山岩上，以向神祇显示而留下的永久记录。

《十万龙经》中有关于"龙神"的记载，所谓龙神不像内地那样专指一种神兽，而是一个包括鱼、蛇、青蛙、螃蟹等动物的综合概念。本教认为龙神是人类四百二十四种病恶之源，像麻风、天花等病都被称为"龙病"。此外龙神还掌管降雨。勤于供奉龙神可以消灾免病，风调雨顺。任姆栋1号岩面上刻画的大鱼盘作圆形，腹内孕十条小鱼，四个戴面具的人在旁舞蹈，另有三条小鱼穿梭往来，这一画面很有可能是反映出人们以祈祷龙神繁衍来求其欢心冀其庇佑的意识。旁边的陶罐，应为表示装有向神祇进献的奠酒。藏文《王家本教殡葬仪轨书》中有在祭祀中奠酒的记载。

日土岩画中出现五处"卐"形和两处"卍"形符号。一般来说，前者多在佛经、佛像上出现，而后者与前者方向相反，在藏语中称为"雍仲"，是西藏本教的标志。岩画中，前者出现于早、中期，后者只在中、晚期各出现一次，也就是说，前者比本教标志出现得还早。这是否意味着在佛教传入之前，当地已有这种标志，并另具含意呢？问题留待进一步研究。

五

从我国现在发现的岩画来看，以北方为多，主要分布在内蒙古、新疆、甘肃、青海、宁夏等地。这些地方多为古代游牧民族活动的区域，岩画内容也大都是反映游牧、狩猎生活的，岩画的技法、风格有许多相似之处。西藏日土发现的岩画无论从内容、题材，还是风格、技法上，都和北方地区的岩画艺术接近，而和西南地区的岩画相去甚远。我们可以作一个大致的比较（图二）。

内蒙古狼山地区的岩画，多分布在清溪流水、花草茂盛处，岩画中以动物图像最多，动物种类有马、牛、羊、鹿、麐子、犴、狐、野驴、骆驼、狼、狗、虎、豹、龟、蛇、雁等。表现的内容有行猎、放牧、车骑、舞蹈、征战、神灵等。作画的技法有两种：一种为敲凿法，图像由凿出的麻点构成；另一种为磨刻法，即用金属工具在岩面上磨刻沟槽状表现形体轮廓。既有把形体整个加凿，形成类似减地形式的块面，也有只刻

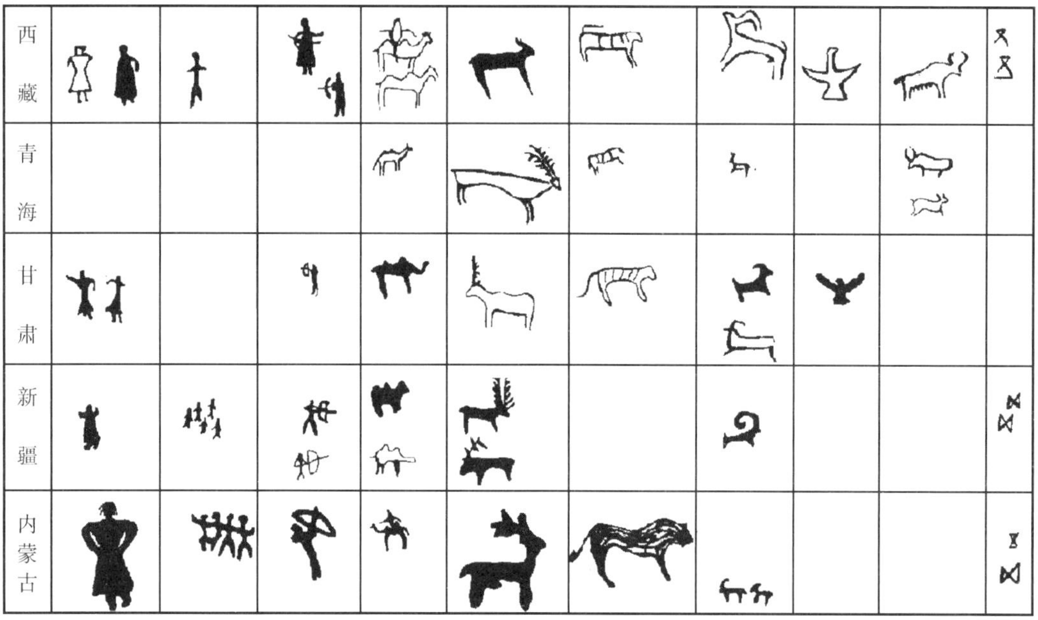

图二　西藏日土县与我国北方地区岩画比较

出形体的外轮廓，类似线刻的。岩画造型简洁古拙，粗犷有力，不讲求透视[6]。

甘肃黑山岩画点位于现在的山区牧场附近。岩画中也是动物形象最多，有马、牛、羊、虎、骆驼、狗、雁、鱼等。人物穿着长短裙，细腰，露足，头上耸有尖状饰物。岩画内容有围猎、舞蹈等。作画多用雕凿技法，一种是用平头凿或尖凿凿出轮廓线，一种是先凿出轮廓线再通体加凿，成为微浅的阴镌画面。雕凿粗糙，而形象古朴生动[7]。

新疆天山以北阿勒泰、塔城、博尔塔拉等地区发现的岩画点也都在天然牧场附近，岩画中以动物图像占多数，动物种类有牛、马、羊、鹿、狗、骆驼、熊、飞禽等。内容有行猎、放牧、舞蹈等。作画技法多为凿刻，绝大部分不用轮廓线，形体整个为阴面减地形式，极个别按轮廓线凿刻。人物、动物形体均较简练，概括性很强[8]。

青海刚察县哈龙沟、都兰县巴哈毛力沟岩画点均位于山高沟深、水草丰美的天然牧场旁边，岩画亦以动物居多，种类有羊、牛、鹿、骆驼、马、獐、狗、虎、野猪、豹、蛇等。作画技法有凿刻、磨刻两种，绝大多数以轮廓线来勾勒出形体[9]。

将以上诸例与日土岩画进行比较，我们很容易看出它们之间的许多共同点。

（1）岩画地点附近都是水草丰盛的良好牧场，自古以来就是游牧民族栖居牧放的场所。

（2）岩画内容均以动物为主，尤以当地常见的牛、羊、马、鹿、骆驼、狗、虎、狼为多。描写的题材常见放牧、行猎、祭祀、舞蹈、战争等。

（3）岩画制作方法绝大多数是采用石器或金属器凿刻、磨刻，用颜料绘制的岩画很少发现。

（4）作画技法有两种，一种是凿刻或磨刻线条，勾勒出动物、人物的形体轮廓；一种是在轮廓内普遍加凿或加磨，用块面表现形体。

（5）动物全为侧面形象，人物多为正面形象，服装以着长袍者为多。

日土岩画是西藏首次发现并调查的岩画群，我们的工作只是西藏岩画考古研究的开端。根据现有的一些线索，在阿里地区的革吉县、那曲地区的双湖一带都有岩画遗存。随着西藏考古调查工作的深入开展，我们相信将会有更多的古代岩画发现。这不但会给我国岩画艺术宝库增添新的宝贵资料，也有助于更全面地了解西藏的早期历史。

参考资料

［1］　《册府元龟·外臣部·土风三·吐蕃国》："惟以淬砺为业，罕务耕耘。"《新唐书·吐蕃传上》："其铠甲精良，衣之周身，窍两目，劲弓利刃不能甚伤。"西藏文管会文物普查队：《西藏乃东普努沟古墓群清理简报》，《文物》1985年第9期。

［2］　王尧：《吐蕃金石录》，文物出版社，1982年。西藏文管会文物普查队，《拉萨查拉路甫石窟调查简报》，《文物》1985年第9期。据西藏文管会资料，昌都察雅县发现唐代摩崖造像及汉文、古藏文刻铭，材料待整理发表。

［3］　《册府元龟·外臣部·国邑二》。

［4］　《册府元龟·外臣部·土风二》。

［5］　见藏文史书《贤者喜宴》《五部遗教》以及敦煌吐蕃文献。

［6］　盖山林：《内蒙阴山山脉狼山地区岩画》，《文物》1980年第6期。

［7］　嘉峪关市文物清理小组：《甘肃地区古代游牧民族的岩画——黑山石刻画像初步调查》，《文物》1972年第12期。

［8］　成振国、张玉忠：《新疆天山以北岩画述略》，《文物》1984年第2期。

［9］　许新国、格桑本：《青海省哈龙沟、巴哈毛力沟的岩画》，《文物》1984年第2期。

（原载于《文物》1987年第3期，第51～54页、第87页）

云 南 岩 画

一、云南岩画的人文地理分布

岩画诞生于史前。这些涂绘了混沌初开时人天交感朦胧意象的山野之作，经过以万千年记的漫长时间，直到几百年前还有人在延续。

但很少有人注意它们。

5世纪，中国北魏地理学家郦道元博览群书，加上自己的考察，撰述了一部关于河流及其流域内地理人文的书——《水经注》。在这部充满人文色彩的地理学著作中，郦道元记录了黄河、长江两大流域及湘、桂等地共20多处岩画点，以及关于它们的神话传说和民间信仰。以后，除了散见于一些方志或笔记之外，中国岩画又沉寂了一千多年。

中国岩画的再度发现、记述和研究，始于20世纪初，盛于80年代以后。岩画的发现主要集中在边疆少数民族地区的100多个县（旗）。其分布，目前学术界大致将其分为南、北两大系统或北方、西南、东南三个系统：北方系统的岩画主要分布在内蒙古、新疆、宁夏、甘肃、青海，内容以动物为主，风格较为写实，技法大都是崖刻，以内蒙古阴山岩刻画等为代表。南方系统岩画则以西南的云南沧源、麻栗坡大王崖岩画、广西花山岩画等为代表，内容以人物的活动为主，作品技法以涂绘为主。另在东南沿海地区，又有一类不同上述两种的岩画，内容以抽象的图案为主，都采用凿刻的技法，主要分布在江苏、福建、广东、台湾和香港、澳门等地[1]。

云南自1957年在怒江匹河一个崖洞里发现岩画以来，历经多次勘察或文物普查，迄今为止已发现60多处岩画。当研究者还在为过去世纪岩画的解密困惑不已时，20世纪转眼间也成了过去。历史就这样在不经意间成了真正的"历史"。在21世纪之初，或许需要对"上个世纪"的发现略做一点清理。

如果按"水经"，也就是按江河流域的脉络来梳理，这些岩画大致分布在云南五大水系流经的地域。

---

[1]　陈兆复：《中国岩画发现史》，上海人民出版社，1991年。

1. 怒江流域

福贡县：匹河岩画（约6平方米，1957年发现）；
　　　　碧罗雪山岩画（16.8平方米，1985年发现）；
　　　　高黎贡山岩画（5处，5平方米，1985年发现）。
泸水县：马鞍石岩刻（约6平方米，1989年发现）。
永德县：送吐岩画（3.75平方米，1990年发现）；
　　　　红岩岩画（7.5平方米，1990年发现）。

2. 澜沧江流域

沧源县：沧源岩画群（10处，共约120.52平方米，1965年、1978年、1981年发现），其中
　　　　帕典姆岩画（第1地点；33.04平方米，1965年发现）；
　　　　滚壤开岩画（第2地点；11.2平方米，1965年发现）；
　　　　滚壤榨岩画（第3地点；0.84平方米，1965年发现）；
　　　　壤摆岩画（第4地点；7.28平方米，1965年发现）；
　　　　壤少岩画（第5地点；19.29平方米，1965年发现）；
　　　　壤典姆岩画（第6地点；24.67平方米，1965年发现）
　　　　壤达来岩画（第7地点；约19平方米，1978年发现）；
　　　　别锡戛朴岩画（第8地点；1.2平方米，1978年发现）；
　　　　贡不卓岩画（第9地点；约3平方米，1981年发现）；
　　　　帕典姆2号岩画（第10地点；1平方米，1981年发现）。
耿马县：大芒光岩画（43.2平方米，1983年发现）。
漾濞县：漾濞岩画（21.6平方米，1994年发现）。

3. 南盘江（珠江）流域

石林县：石林岩画（两处，约10平方米，1982年发现）。
弥勒县：金子洞坡岩画（约22平方米，1985年调查）；
　　　　大崖子岩画（约4.5平方米，1986年发现）。
丘北县：狮子山岩画（两处，约2平方米，1983年发现）；
　　　　黑菁龙岩画（2.71平方米，1985年调查）；
　　　　普格岩画（7.08平方米，1992年调查）。
砚山县：大山村岩画（178平方米，1996年发现）；
　　　　卡子岩画（8.33平方米，年发现）。
宜良县：九乡石刻（80余块，1985～1996年发现）。

广南县：八宝岩画（4.3平方米，1985年调查）；

　　　　　弄卡岩画（27.3平方米，1997年发现）。

4. 红河流域

元江县：它克岩画（58.5平方米，1985年发现）；

　　　　　假莫拉岩画（4.6平方米，1990年发现）。

西畴县：狮子山洞穴岩画（约2平方米，1985年调查）。

麻栗坡县：大王崖岩画（108平方米，1983年发现）；

　　　　　　崖腊山岩画（8平方米，1986年发现）。

5. 金沙江流域

香格里拉县：扎日岩画群（11处，共计110平方米以上，1988～1999年发现）：

　　　　　　花吉孜岩画（约19平方米）；

　　　　　　廖家罗考岩画（3.32平方米）；

　　　　　　昂畏威坦岩画（6.28平方米）；

　　　　　　硝石居安肯岩画（散残）；

　　　　　　松魅丫口岩画（有岩画的洞壁长22米）；

　　　　　　敦间安玻考岩画（3.78平方米）；

　　　　　　拉考丹昂考岩画（12平方米）；

　　　　　　雷打牛堡岩画（有岩画的洞壁长12.2米）；

　　　　　　昂垛股岩画（约32平方米）；

　　　　　　腰岩岩画（散残）；

　　　　　　大干坪子岩画（散残）。

丽江市：金沙江岩画群（14处，540平方米以上，1991～2001年发现）：

　　　　　虎跳峡岩画（72.62平方米）；

　　　　　夯桑柯律柯岩画（8.05平方米）；

　　　　　夯桑哥本丁葛岩画（17.98平方米）；

　　　　　夯桑柯明柯岩画（17.62平方米）；

　　　　　夯桑柯明柯上岩画（0.8平方米）；

　　　　　补落美岩画（23.7平方米）；

　　　　　琪罗岩画（约50平方米）；

　　　　　古美柯岩画（144.05平方米）；

　　　　　达柯罗美满岩画（2.15平方米）；

　　　　　里套休拉考岩画（6.18平方米）；

　　　　　江凹衬丹柯岩画（3.3平方米）；

妥良初娄布敖空岩画（44.62平方米）；

妥良初同尺敖嘎岩画（14.63平方米）；

洪门口音彼若构肯昂岩画（137.64平方米）。

宁蒗县：喇嘛妥吾庚空岩画（约32平方米）；

艾来岩画（7.25平方米）；

郑股岩画（3.69平方米）。

以上岩画点共计58处（2004年计），有画面积约1400平方米以上，可辨图像2400多个。其中，金沙江流域岩画以动物图像为主，澜沧江等流域岩画以人物及其社会生活为主，珠江流域岩画则有不少符号化的图符。

来自北方雪域高原的怒江、澜沧江、金沙江三大水系，一进入云南，即被横断山脉的铁腕扼紧，在险峻的大峡谷中，三江并流数百里，形成世界一大奇观。从峡中奔突而出之后，怒江向西，澜沧江向南，金沙江向东，流向内地和东南亚，在万水千山中拓开一片扇形的文化走廊。在它们未顾之处，红河、珠江水系崛起，从滇中和滇东南发源，顺流南下，成为云南通向东南沿海地区的重要渠道。

云南岩画就诞生在这些黄金水道上。

几千年的时间，有多少部落、商旅、军队、朝圣者、避难者，以及有着不同文化习俗的游猎、游牧和游耕的民族，在这网一般的大通道上来来去去，生生死死，把经历的、传说的、真实的和幻化的，都写在不老的青山苍崖上。

谁也说不清这些像历史一样模糊的影像是谁画的？画什么？何时画？

有人曾用^{14}C测定和孢粉化石分析的方法，考证云南岩画制作的年代，除沧源岩画约在三千多年前之外，其余均未能确认制作年代。于是更多的只能推测，崖画所反映的图像和文化特征与该地区的某些古文化，如新石器文化、南诏文化等，有某些相似之处，而上述流域内的各民族文化，更与各岩画点有着千丝万缕的联系——有的岩画点，崖厦上画着岩画，下部即是新石器时代遗址；有的新石器时代遗址出土遗物中，残附着岩画颜料的遗留；岩画上的图像和一些民族曾有的甚至现存的生活情境十分相像；岩画点附近的居民，也把多少世代的神话和崇拜，附会在岩画上面。岩画和历史，岩画和民俗，岩画和信仰……它们之间的文化联系是不言而喻的。

云南岩画的形式，有单色涂绘、复色涂绘、崖石刻凿等；画法有单色影绘（如沧源岩画等）、复色描画（如麻栗坡大王崖岩画主体人像的面部、丽江金沙江岩画）、单色勾线（如沧源岩画中躯体未涂实的人、羽饰、太阳、房屋；它克岩画中的蛙人；怒江匹河岩画的图案；丘北狮子山洞穴岩画中的"人形鸟"等）、石面刻凿（如怒江马鞍石刻画、宜良九乡石刻）等类。另外，云南岩画还有一些形态古老的构图形式、表现手法和空间结构方式，如透视呈像、图解或幻化性时空关系等。

云南岩画描绘的对象十分多样，如人物有羽人、蛙人、绘面（或面具）人、鸟形人、有尾或尾饰的人、持矛或箭的人、牵牛的人、舞人以及戴有各种头饰和耳饰的人；

动物有牛、猴、蛇、蜥蜴、鹿、犬、熊、象、野猪、羊、鸟、鹭、蛙、鱼、獐子、岩羊、野绵羊、盘羊、麂子、山驴、豪猪、熊以及许多长毛、长尾的动物等；其他自然物有太阳、月亮、星辰、云雷、崖洞、果树等。人物生产生活用具有投枪、弓箭、石斧、长盾、棍棒、舂杵、石球、捕兽机、犁等。还有穴居、巢居、干栏式房屋、道路等图样及圆形、梯形、三角形、平等线等几何图形和云纹、双勾并头云雷纹、手印、X形符号等纹饰和其他图符。

云南岩画所表现的内容极为丰富：狩猎、驯养、采集、游戏、歌舞、居住、械斗、耕作、祭祀及仪典等，人物活动众多，场面宏大，刻画细致，形态多样，为国内岩画所少见。特别是沧源岩画，能够辨认的图像多达1000多个，且有不少是成组的人物活动场面，形象地反映了云南远古时代人群社会生活的不同方面，被学术界和艺术界称为"原始艺术的瑰宝"[①]，引起国际岩画研究者的关注。其中，最为著名的，有沧源岩画的"太阳人和羽人""村落图""出入洞穴""狩猎图""游戏（弄丸）图""圆舞图""牛献祭图""月亮与人"；元江它克岩画的"蛙人和蜥蜴人"；麻栗坡大王崖岩画的复色"面具人"影身像；耿马大芒光岩画的"巨蛇和鸟形人"；丘北狮子山洞穴岩画的"人形鸟"；西畴狮子山洞穴岩画的"鹿、狗与日、月"；宜良九乡石刻的"太阳与犁具"等。与此同时，引起广泛兴趣的，还有各民族关于岩画的神话、传说和祭祀活动，它们使隐匿在大山峭壁中的云南岩画蒙上一层神秘色彩。

二、云南岩画的感性图式

岩画是一种感性的艺术。云南岩画的感性图式主要有动物图式、人物图式和符号等。在实像上交感着幻象，在摹形中混融有写意，在简洁的图式里包容着伟大的艺术创造力和丰富的文化内涵。

1. 血色山谷中猎人的交感色相和动物图式

几乎所有的岩画都是红色。血一样，凝固为沉郁的猩红或青紫，被岁月刻蚀在岩石上。

山里的猎人告诉你，当狩猎开始之前，红色，是猎人最想看到的颜色。他们寻来红色的粉末，调和进家畜的血或类似的黏结剂，画出他们希望向山神"交换"的猎物，然后唱道："山神啊，我们用牛换牛，用猪换猪，一点也不亏待你呀！"（怒江和独龙江峡谷的猎人20年前还这样做）。为了保证猎有所获，经验老到的猎手，还会在猎物的要害部位画上梭镖或箭头（金沙江流域岩画有许多这样的例子）。当艰苦的守候和生死搏杀结束之后，红色，依然是让猎人最兴奋的颜色。他们用手指或动物皮毛蘸着尚未凝

---

① 刘达成：《原始艺术的瑰宝——沧源岩画》，《民族文化》1980年第1期。

固的鲜血，向山神如实汇报这次出猎所得。

遍布于世界各地的岩画大多表明，岩画是猎人的艺术。云南亦是如此，在沧源、漾濞等地的岩画中，出现了狩猎的各种场面，特别是叙述了狩猎的不同方法（如围捕、伏击、弩射、矛刺、叉猎、设栅等）；金沙江岩画，则几乎都与狩猎有关，那些特征明显的野兽，就是猎人所熟知的猎物。岩画画在猎物出入和容易猎获之地——丫口、洞穴、隘道、绝壁……它们成为猎人永固的形象记事簿，记录着猎人用"公平的方式"，与山神达成的交感契约；它们也是部落狩猎文化的艺术写照，野兽之血激热着猎人的野性之血，也激起了他们的创作冲动。

云南岩画中的动物图式，以写实为主，没有北方岩画那么夸张，但却有鲜明的特色，种类也相当多样，主要有牛、马、猪、狗等驯养家畜，大象、猿猴、鹿、虎豹、野牛、野猪、蟒蛇、鸟、鹭、蛙、鱼、蜥蜴等颇有南方气息的野生动物。以野生动物为主要内容的金沙江岩画发现之后，云南岩画的动物图式更加丰富，除了上述物种，还有獐子、岩羊、野绵羊、盘羊、麂子、山驴、豪猪、熊以及许多长毛、长尾的动物。金沙江岩画的动物描绘十分写实，动物特征表现具体，甚至连动物的性别、长幼、动态和情态，都描绘得清清楚楚。可以说，以表现狩猎生活为主要风格的北方岩画的艺术图式，在云南岩画里也大量出现了。有的动物岩画，形体巨大，最大的个体宽2米多，长达3.8米，是在中国岩画里不多见的鸿篇巨制，气势夺人；有的野牛图像还用红色全部涂实，要耗费的颜料或血自不必说，描绘这样的巨作，也非个体能为。那一定是一次让人兴奋的收获，一次宏伟的祭典。

绘制岩画的红色颜料，都说是用赤铁矿粉混合牛血制成的。或许如此，但或许也有用虎豹的血甚至人血来涂抹的吧！从人猎兽到人相狩，"猎人"和"战士"在本质上并没有多大差别。在云南青铜器中，铸有杀人祭祀的场面，反映了古滇人嗜血的祭俗；仅在几十年前，沧源岩画发现地的民族还盛行猎取人头祭谷的习俗。更古远的岩画时代（据考证沧源岩画约为新石器时代——孢子花粉分析和 ^{14}C 测定为三千年上下），血祭神灵以求猎获丰收，甚至互相猎取人头以取媚于猎战之神，应是十分正常的事。沧源帕典姆岩画（第1地点）和壤典姆岩画（第6地点）都出现了战争的场面，在那里，猎人已经变成"人猎"。

在南方岩画中，战争或械斗常常是传说里的岩画来源和主题之一。不过，广西花山和麻栗坡大王岩画的退敌勇士是人，沧源岩画的退敌勇士却被设想为动物：传说有一次，好几个外族联合起来打佤族，大家惊恐不安。一个智慧的老人想出好办法，把大象、豹子、野猪等凶猛动物形象画在山崖上，敌人见了大为害怕，遂不战自退。岩画上动物形象就是这样来的。

这是个连孩子都不会相信的故事，但几世纪前的成人相信。从这个传说中，我们看到童话般稚气的交感联系。"岩画上动物形象就是这样来的"，他们认真地说，一代传给一代。由于这样的心理投射，自然的图式不知不觉变成了人文的图式。

2. 浪迹天涯者摹形写意的人文图式

如果你在岩画所在地那些苍老的古道和村寨里走走，你或许还会听到一些有关岩画作者的消息。

沧源岩画附近的佤族传说，佤族和傣族的始祖原是兄弟，有一次两人比赛种松树，议定先开花者为王。树种好后，傣族利用睡觉时间偷了佤族已开花的松树。这位佤族老祖先无可奈何，只有尊其为王，自己远离家乡。他一边流浪，一边在各处山崖上绘画，用画来教导佤族群众如何狩猎、耕种、练武，以及如何跳舞，大家要信奉太阳神，不干坏事，团结起来保卫自己。这位浪迹天涯的佤族始祖没有成为王者，却成了智者和画家。他将一片片遥远的、模糊的投影，留在青山峭壁上，等待故人识。

传说和岩画一样模糊。多少年过去，我们已很难知道，很久很久以前，背负青天苍石，将自己或自己幻化的影像投射在岩壁上的人究竟是些什么样的人？他们的后代或许还留在这儿，或许早已随云飘散了。但他们毕竟留下了一种感性的艺术。透过它们，我们可以反观岩画所摹之"形"，所写之"意"。

在云南岩画中，除了金沙江流域岩画之外，基本上都是以人物图式为核心内容的。这也是南方岩画的主要特色。从岩画的人类学考察得知，岩画所在地区的民族，常常比岩画专家更会辨识岩画上的人物图式。岩画的摹形写意方式，也和他们自绘的作品极其相似（如佤族的大房子壁画、画布和浮雕）。岩画的识读者，自觉不自觉地便要从岩画的人物图式中去"辨族别异"了。

（1）野性部落的人物图式。

1）裸形。

沧源岩画由于规模较大，文化内涵极其丰富，所以在云南岩画甚至在中国岩画中，都属于最有代表性的作品。沧源岩画有可辨认图像1000多个，人物形象至少占70%以上，而形似裸体的人物竟又占其中的大部分。这些裸体人物大多没有特别表现性别，仅从体形上看似有男女之别，如宽肩倒三角形的躯干一般是男性；身体下大上小、大腹便便者似为女性。也有画出男子生殖器或女阴巨乳的，形多夸张。

麻栗坡县大王岩岩画主体人像为裸体，他（她？）两脚分开，双手下垂，手腕朝外翻。主体像下方和左上方，有几个举手半蹲的人，被画出了明显的男根。另外，文山州西畴县蚌谷岩画，也有裸体带尾人。

有关"裸人""裸国""裸川""裸形蛮"等的描述，在《战国策》《吕氏春秋》《淮南子》《风俗通佚文》《群书拾补》《述异记》《酉阳杂俎》等古代文献中，已有记载。在沧源等岩画产地，由于天气炎热，男女半裸活动于村寨山野，习以为常。远古人类"被发文身，裸以为饰"的俗尚，更不难理解了。

2）服饰。

云南岩画人物裸体者居多，但并不是没有服饰。相反，如果把岩画人物的服饰

（主要是头饰）做一归类，就会发觉，云南岩画人物服饰的种类其实是很繁复的：从服饰的部位看，至少有头饰、身饰、肢饰、腰饰等；从服饰的材料看，则有鸟羽、牛角、兽尾、兽角（齿）等。下面，我们按服饰部位并结合服饰材料，对云南岩画人物的服饰，做一概观。

A. 头饰。

在沧源岩画中，最常见的是羽毛头饰和牛角、兽牙头饰。但细细分辨，则发觉同类饰物又有不同的饰法。

a. 禽羽翎毛头饰。

单羽头饰。一般是在人头上画一根长线条，两侧排列许多横线，如同孔雀尾翎主干部位的造型。这种饰法，在今云南一些少数民族中时有出现。

双羽头饰。这类羽饰比较普遍，沧源、元江等地岩画都有。类似雄尾，通常是在头上画两根长线条，每条一侧画一些横线，增强了羽饰飞扬流动的感觉。这些头饰，有的呈倒"人（Y）"字结构，有的顺向一边。

多羽头饰。多羽者，有三根的，有四根的，也有多至七八根的。繁饰羽毛簇的习俗，在哈尼族、苗族等民族中，至今仍很流行。

b. 兽牙、角、骨、尾头饰。

用野兽或其他畜类的牙、角、骨、尾等做头饰，在云南岩画和各民族中也很常见。沧源帕典姆岩画（第1地点）2区、5区，壤摆岩画（第4地点）4区，壤达来岩画（第7地点）3区、5区、8区，别锡夏朴岩画（第8地点）及耿马大芒光岩画、元江它克岩画、麻栗坡大王岩二号点等地岩画，都有形似牛角、鹿角、兽牙、兽骨或兽尾的头饰。至今，云南彝族、瑶族、景颇族、哈尼族等民族，还喜用野猪、獐子等野兽长长的尖牙为饰，缝在童帽上，以此避邪。

兽角头饰。类似牛角或鹿角的头饰，在沧源岩画中大量出现，其形类似水牛角者多。由于水牛角形制巨大且笨重，以此为头饰者今已难见到了（据说老挝北部的卡人妇女婚后要把水牛角系在头上作饰物）。不过，如果我们将苗族妇女各类角髻摹为剪影，在大感觉上与岩画人物角饰极为相似。古苗族首领蚩尤及部下，在传说中也饰利角。

兽尾头饰。头有此类竖线头饰的岩画人物，与饰羽画法不同，有研究者推测这一般应代表头饰兽尾（如牛尾或鹿尾的形象）[1]。这类装饰，在云南晋宁石寨山、江川李家山出土铜器图案中较多，古籍中也时有记述："望苴子蛮……兜鍪上插牦牛尾，驰突如飞。其妇人亦如此。"（《蛮书》卷四）"使者衣虎皮毡裘，以虎尾插首为饰。"（《宋史·蛮夷四》）"濮人之俗用鹿尾末椎其髻。"（《百濮考》）可见兽尾头饰种类很多，长至虎尾、牦牛尾，短至鹿尾，都可为饰。今独龙、基诺等族亦有饰尾之俗，据说也是用于避鬼邪和毒蛇。

---

[1] 汪宁生：《云南沧源岩画的发现与研究》，文物出版社，1985年。

另外，云南岩画中，还有一些人物图像有着奇特形状的头饰，有的像笠，有的像髻，有的则有奇异的形状，使人无法判断它们的真实面目。

c. 耳饰。

耳饰是头饰的重要部分。云南岩画人物耳饰的类型有好几种，有圆形、方形、内弧形、外弧形、箭头形、钩形等，足见当时饰耳之风已盛。耳饰在云南各民族中皆很流行，有耳环、耳塞、耳珠、耳坠等种类，耳环大者如碗口，小者仅可套指；耳塞粗可如大指，细仅如线；金属、竹木、花草、玉石……均可用之。古代南方民族的饰耳之俗，古文献中记述颇多。

男女皆喜饰耳的习俗，古已有之，岩画上也有丰富的表现。例如，弧形耳饰或可看作耳插兽牙为饰；圆圈或圆点应代表大耳环或圆饼形耳坠；画出两根短直线者，或许代表管状耳坠或耳塞，今佤族、德昂族等，皆有以竹筒、木棒、骨管等插于耳垂的习俗[①]。

B. 身饰。

如果说，岩画人物身体的涂实与不涂实，可能具有某种程度的服饰含义的话，在人物身上画出各种图形，则更接近身穿有服或身绘（纹）有饰了。

沧源壤达来岩画（第7地点）3区有一人物图形，倒三角形身体未涂实，脖颈处画一半圆，如同贯头而穿的衣服；元江它克岩画有许多双手高举、双腿半蹲的"蛙人"形象，有的将身体绘成两个大小叠套的菱形，有的则在倒三角形身体中间绘以一根或三根直线。如果不把这些图像看作蛙，而是看作人，那么，他们身体上的菱形和呈放射状的直线，就有可能是服饰的某种表现方式。例如，西双版纳傣族妇女紧身背心上的条纹，就与此相似。

C. 腰饰。

沧源壤典姆岩画（第6地点）5区"出人洞"[②]图像左侧，有一手持弓弩做射击状的人，腰上垂下两缕饰物，类似腰饰。或者说，与岩画上许多裸体的猎人不同，他腰系兽皮或草（？）裙，腿部肌肉发达，姿态安然稳健，在人群中显得出类拔萃。另外，在同一地点1区，也有一个较模糊的人形（头部已损），下垂四根弯曲的线条，更像一件草裙或树叶裙。

D. 肢饰。

肢饰在沧源岩画中比较普遍，有饰上肢，有饰下肢，也有上下肢皆饰。所饰之物，可能是一种类似羽簇的东西，一般都饰在手臂、膝盖等关节处。与光溜溜无服饰的人物相比，他们的位置和所准备参与的活动，都较为重要和突出。

----

① 汪宁生：《云南沧源岩画的发现与研究》，文物出版社，1985年。

② "出人洞"为沧源岩画第六地点与区有岩洞图像的一种解释，这种解释参照了佤族的"司岗里"出人洞神话。

这类饰于臂弯和膝弯处的肢饰，在云南少数民族中仍有遗留，如佤族、德昂族、布朗族等民族，属于古老的百濮族群系统，好以藤圈、银箍、铜圈等套在臂弯膝弯和腰间，这些部位，一般都裸露不服，仅以此为饰，显得粗犷而富于活力。

（2）变身幻面或神灵图式。

在"衣毛茹皮""裸以为饰"的年代，人体是人们装饰的重点；在"冠服制度"确立之后，人体仍是装饰的重点。

对人体（包括头部和脸部）的瘢纹涂绘及其他化装之术，可称为变身或幻面，其俗渊源久远。主要方式至少有如下几种。

1）文身绘体。

南方少数民族过去多有"断发文身""被发文身"的记载。这种风俗尚究其源，或出于避免灾祸护身护魂[1]，或是一种认祖归宗的标记[2]。在人物造型较小较粗略的岩画中，文身几乎是很难表现的。不过，在沧源滚壤开岩画（第2地点）图像中，有一个全身布满卷毛状纹饰的人物，能否看作某种纹绘效果呢？在他旁边，还有一个在胸部饰有几个正反三角形图案的人物，其图案呈上下犬牙交错状，这是否也属一种特殊的纹饰呢？

比较明显的例子，大约应该是麻栗坡县大王岩岩画主体像的脸部了。这幅使用了黑、红、白三种颜色的岩画巨作，其两个主体像脑袋巨大，顶部有一突出物，四周涂黑，仅脸部由额头到鼻子画一条垂直黑线，没有嘴巴，其中一个形象也没有双眼。整个看，就像戴了一个假面具，或是反映了一种绘面形式。

值得注意的是，古文献中以"雕题""黥面""绣面"等为特征的少数民族，在云南为数不少；直到现在，文身、文面、绘体、涂脸等，仍是傣族、佤族、布朗族、独龙族、彝族、哈尼族、景颇族等民族习用的"变身幻面"方式，它们在宗教、节庆及日常生活之中继续发挥着传统的作用。

2）假形化装。

假形化装是原始民族举行巫术、祭祀、庆典等活动时常用的手段。按照巫术的感应规律和原始民族的心理特征，假形化装的目的一是通过"变形"而使日常的"我"变成另一种存在体；二是通过"变形"而使普通的人与神灵趋同或交感。它的意义不在于以假扮真，而在于信假为真。所谓"假形"，只是后人给出的判断；在原始民族的心目中，只要某物的某种特征与另一事物有相似之处，它们就可以发生交感乃至在性质上同一。形似可以导致质同，因此，以鸟羽相饰的人可以是鸟或鸟灵，"假形"为神鬼的人（如巫师），在那一时刻可以是神鬼的化身。

---

① 如《汉书·地理志》下："（越人）文身断发，以避蛟龙之害。"
② 如《后汉书·西南夷传》："（哀牢）种人皆刻画其身，象龙文。"这或许与哀牢人传达室为龙裔的"九隆"神话有关。

　　沧源岩画上有许多假形化装的形象，在中国岩画中颇为特殊，引起了国内外学者的关注。例如，在壤典姆岩画（第6地点）3区一组类似祭祀场面的岩画上，有许多装束奇特的人物。有的头戴羽冠，身饰鸟羽，张臂如翅，做腾飞之态；有的身如草垛，有手有脚，形象奇特，就像一个个被笼子罩住的人。

　　壤达来岩画（第7地点）有的头戴月形耳饰，身有鱼尾状下身装饰；有的匿于日形圆轮之中，持弓站立。在其他各岩画点中，也有不少装扮奇特的形象，如同神话中的人物。这类假形化装，与其他岩画人物形象差别很大，其地位和作用显然非同一般。

　　假形化装岩画中最为引人注目的形象，恐怕还是那些身饰羽毛或背披羽衣的人物（或神祇）。在沧源帕典姆岩画（第1地点）5区，滚壤榨岩画（第3地点），壤典姆岩画（第6地点）3区、4区、5区以及耿马大芒光岩画上，都可以见到这类"鸟形人"。而且，这类"鸟形人"大都形体较大，位置特殊，可能与某种宗教、神话观念有关，或者表现的是祭祀中的情景。例如，沧源岩画滚壤榨岩画（第3地点），在一装饰有鸟或有鸟栖息、代表某种建筑（或墓穴）且有两人携手并列其中的方框下侧，有一身体未涂实的"鸟形人"。他与这特殊的建筑，显然有某种联系。如果我们把这个有鸟饰的建筑视为一种祭坛或庙祠（佤族、景颇族等民族祭祀用的大房子、墓葬坟头，都喜鸟饰；云南青铜器的干栏式庙宇模型屋脊，也有鸟饰。鸟可能有通灵或送灵的作用），那么，这个"鸟形人"所扮演的，显然与通联神灵的角色有关。

　　壤典姆岩画（第6地点）3区的"鸟形人"多达数人，与另一种身为长方形，类似被草包扎的化装人形，共同包围着一头大牛（此牛的脖颈和鼻子被两人用绳拴住），如同一次神秘的祭会。那头牛和其他动物，可能是血祭的牺牲；"鸟形人"可能是享祭的神灵，或者与那两个奇怪的化装人形一样，是主祭的巫师。邻近的4区岩画图形较模糊，但与上图内容相似。上方有一件，牛下有一饰圆形头饰、手拿牛角的人；再下又有几个"鸟形人"，同样高翔于另一受缚于绳的"祭牛"之上。

　　耿马大芒光岩画最上方是一条蜿蜒如飞的巨蛇，巨蛇下也有一个"鸟形人"，正对大蛇张开鸟翼，像是对大蛇的礼拜。

　　从上述实例看，无论是祭蛇还是祭牛，或祭的是灵（神灵、鬼灵或死者之灵），"鸟形人"在其中都是重要的角色。它们似乎是某种超自然神秘力量的化身，起着通连天地人神的作用。

　　3）首尾异形。

　　有一些人物图像，其装扮的范围已大大超出了人体之外，如沧源帕典姆岩画（第1地点）2区左下角，有一双手叉腰，头肩以上有大块云雷纹装饰的人物，在他旁边有两个头饰长羽，臂有羽毛状装饰的人。在他们脚下有14个画得极简略的人物图像和一头长耳长尾动物。这些人物和动物，与有云雷纹和长羽饰的人体积大小悬殊，如同是他们的属民或祭品。滚壤开岩画（第2地点）1区的村落图下方有一长尾（竿？）大人，与他的头、手相连的是两条黑白相间的图案。在他的下方，也有一些很小的人物。

另外，帕典姆岩画（第1地点）5区左上方头有发光圆球者、壤达来岩画（第7地点）3区头如动物（或饰动物）者等，或许也可以看作"假形"的某种幻化。

汪宁生先生在分析沧源岩画时指出，壤达来岩画（第7地点）3区有一种人形，无头，顶上画直线，连接一个动物。壤达来岩画（第7地点）6区和滚壤开岩画（第2地点）1区亦有类似形象，联系广西宁明花山岩画的同类图像和古墨西哥人象形"签名"头顶的动物，认为这类图形可能表示当时人们所属的图腾，或代表某一图腾集团，而在人头上加动物形或植物形是后进民族表示图腾的常用方法①。

不唯"图腾"，某些民族将自己崇敬的动物植物"顶礼"于头，成为头饰的做法至今仍有表现。有好几个民族，都流传着这样一个类型的传说：一只狗或一只狐狸有恩于人，为了表示永志不忘，人在狗或狐狸死后，剥下它们的整皮顶在头上，由此而形成狗头帽或狐皮帽。云南大姚县三台乡彝族农历三月过服装节时，有些彝族男子将剥掉骨肉的整只锦鸡标本系在笠帽上，以此纪念传说中化为锦鸡的绣花女神。

沧源帕典姆岩画（第1地点）5区有一持盾和矛（？）的人，头上有一与头的大小接近并闪闪发光的圆形饰物。汪先生结合当地民族习俗来看，认为此物可释为"宝"，具有护身符的作用②。如果该人物果然是持盾和矛的战士，那以宝石"避刀兵水火"的说法，便顺理成章了。当然，我们也不排除头饰上的这个发光物或许与某个神话有关。

另外，云南岩画中，还有一些人物图像有着奇特形状的头饰，有的像笠，有的像髻，有的则有奇异的形状，使人无法判断它们的真实面目。

有尾的人在云南岩画人物中也十分引人注目。人物形象有尾的岩画，至少在沧源、耿马、麻栗坡、石林、西畴、弥勒等地岩画点都有发现。大致归类一下，就有如下几种。

长尾人。耿马县大芒光岩画画面右侧有三个人物形象：最上方靠近一类似太阳图形的人一手伸向太阳，一手弯曲，两腿间有一长尾；在他左下方的两面人，一个有角状头饰，另一个有双圆形头饰，亦都有长尾。按比例看，他们的长尾约为腿长的两倍。麻栗坡县大王岩岩画主体巨像下，在两头相对而立的牛中下方，也有一个双手高举，形同参拜的长尾人。这些长尾人似乎都与某种宗教祭祀或神话有关。

短尾人。麻栗坡县大王岩岩画地有两个举手半蹲的人，胯下有一短竖线，可以视为短尾，亦可看作男性生殖器。这和沧源壤典姆岩画（第6地点）、贡不卓岩画（第9地点）、贡不卓岩画（第9地点）的某些人物图像的情形相似。在西畴县蚌谷岩画、弥勒大岩子岩画和路南石林岩画上，也发现了一些裸体举尾或有尾饰的人物图像。

鱼尾人。在沧源壤达来岩画（第7地点）3区右端，有一个奇异的人形，头有巨大的双钺形头饰，双手下弯，下肢状如鱼尾。第5地点也有一个图形类此。

---

① 汪宁生：《云南沧源岩画的发现与研究》，文物出版社，1985年。

② 如《汉书·地理志》下："（越人）文身断发，以避蛟龙之害。"

还有一些很难归类的图像，它们奇异的造型，让所有见到它们的人感到迷茫：

草垛人。沧源岩画第6地点有两个身如草垛的人，有手足，无头，竖"发"；其中一人一手与果状物相连，一手与一羽人相连。这两个没头或将面目隐藏的神秘人物，是隐伏的猎手、是举行仪式的化装巫师，还是神话中以乳为眼、以脐为口怒发冲冠舞干戚的"刑天"？或是那个只有一团无窍躯干的"混沌"？

多臂人。沧源岩画第6地点有个三臂人，第7地点有个四臂人，用奇怪的姿势伸开指掌；它克岩画也有两个高举四臂并伸开指掌、大腹便便且有纹饰的"人"。他们是谁？如果是《山海经》描述的"殊方异域"那些多臂或少臂的奇异国民，是神话中人兽杂交的异类，那么，他们为什么要徘徊在寂寞的山崖？如果他们是一些民族至今仍视为邪灵，禁止出生的多指、孪生和畸形的婴儿，或是有异相异禀的禁忌之灵，那么，是谁把他们放逐在荒山野岭？

蛙人和蹼脚人。蛙人图式在珠江流域岩画中十分常见，特别是广西花山岩画上的蛙人，引起了学术界广泛的兴趣。在珠江流域上游的石林岩画、澜沧江流域的沧源岩画和红河流域的它克岩画上，都有许多类似蛙人的图像。他们的频繁出现，似乎意味着与水或河流的某种关系。石林岩画上的蹼脚人，更让人难以捉摸——它们是近水而居的百越民族向水神发出的认同信号，还是拜水的族群在青山上留下的祭祀符号？

鸟形人。邱北狮子山岩画和黑箐龙岩画中多次出现的扭动状图像，有人认为是"人形化飞鸟"。当然，在岩画点细细观看，或许也可以把它看作一种图案化的树（羽）状图像。如果我们把两种说法都暂且搁置，那么，前面已有述及的澜沧江流域岩画大量出现的羽人或鸟形人，它们与某种原始信仰或宗教的关系，倒确是无可置疑的。可以说，云南岩画中的羽人或鸟形人，是世界岩画遗产中最有意味的一种图式，它的文化价值早为学术界所认同。

总而言之，当童年的人类把自己对世界的直观感觉复制到身边的"画板"——大地和岩石上时，艺术就诞生了。摹形，是艺术发生的必然阶段。在儿童和原始民族那里，由于感知映像的表象呈现较为粗糙，模仿技巧也差，较早阶段的描绘是潦草的和只有大概基本形的：画人只有极为简略的头或躯干，配以几条线一般的手脚，如同蝌蚪人。云南岩画上的人像，与世界各地的许多洞穴壁画、岩石画、儿童绘画以及某些民族的图画文字或图画记事一样，几乎全有这类单纯化样式化的风格。同时，由于岩画大多采用的是"影绘法"，基本图像又较小，所以，只能从物象外形上进行概括和分类，省略对象细节特征的刻画，使其高度类化为一种简洁的图式。

但是，云南岩画虽然简洁却不简单，在感性的图式之中，包容着伟大的艺术创造力和丰富的文化内涵。除了摹形，云南岩画图式中最引人注目的一个特征就是幻形。前面列举的仅只是云南岩画图式中有关变身幻面、假形化装和神灵异形的部分例子。如果我们把它们扫描一遍，分类列之，一定会发现许多令人吃惊的秘密。在上面，我们可以看到原始神话和部落传说留下的痕迹，直觉到民间信仰透射的心影。种种古老的和现实的意象幻化为文化性的图式，并通过山崖物化成形。这种幻化性特征，使岩画不仅具有了历史的记述功能，具有了艺术或前艺术的审美功能，而且具有了民俗的亲和功能和宗教信仰的寄寓或心灵归附功能。这，正是岩画的永久魅力之所在。

三、云南岩画的知性时空

岩画作者在岩画上反映出他对时间和空间关系的理解。岩画的描绘是类型性的，岩画表现的空间不完全是他看到的而更多的是他知道的空间，时间也是一种连续展现的过程性时间。由于思维方式及其文化、信仰等的影响，他们的知性时空是现实时空与幻化时空合一的产物。

从前面所述的云南岩画图式中我们已经注意到，岩画的描绘不是细节性的而是类型性的。这种类型性的产生，一部分原因是不能逼真地摹写对象，一部分原因是认知主体在把握对象时，只把握住一些典型性特征，而把琐碎细节忽略。还有一部分原因是，由于在这类"艺术"中，图像的意义不在于描摹所感之"象"，而在于象征所知之"灵"，所以描绘所知道的、所想象的或幻想的，往往比描绘所看到的更占优势。当这种"描绘"是在一种特殊的心理氛围或文化场景中发生时，它所指向的空间和时间，就已经不是现实的空间和时间了。

当先民们将存在于他们眼前事物的感性表象描摹在岩石上时，他们已经完成了把真实的三维空间变成绘画平面的二维空间的艺术过程。而当他们把部落传承的记忆、经验和幻想投射到岩画上时，他们便创造了一种知性的时间和空间。

由此可见，岩画作为古代民族对感知映象的一种摹写和再现，其描摹的影像，有来自直观之所感，也有来自经验之所知。透过岩画描摹的影像，我们可以看到云南古代族群和部落感觉到的世界和他们日常观察中的物象，也可以看到他们对事物的认知及其因记忆和想象投射的"心象"。

1. 南方山林栖居者透视的世界

云南高原的河谷地带，湿润而温暖。几千年前的植被，不会像现在这样单薄。茂密的原始森林是人和鸟兽共同的家园。直到半个世纪之前，采集还是云南山林民族生活的重要内容；而居于林莽的生活方式，也是山林民族的常态。

漾濞岩画中，有一个采集的场面引人注目：在一棵果实累累的大树四周，围着十余个人，有的俯身前倾，伸手摘取果实；有的一手持棍敲打，数枚果子纷然落下（也可能是果实落下的连续过程）；树梢上有一人，独脚而立，释为攀树之人似感玄乎，把他看作环树立于树之另一端（即对面）的人，按原始绘画的透视或构图规律，比较说得过去。类似的图像，在沧源岩画里亦有出现，如壤典姆岩画（第6地点）3区，有把挂果之树扳倒的图像；同一地点的零散图形，也有类似采集的情形。

对南方山野的森森林莽中采集活动的描绘，不像面对动物那样易于反映，茂密的树枝必然要遮去描绘者的视线。因此，描绘者只能凭借经验和记忆，将他所知道的情景背摹下来。

这是知性的"描摹"而不是感性的"写生"。

岩画从潦草写实中加进了知性的成分，将视觉中不能见到但在记忆或想象中存在的物体描绘出来。经过记忆和想象的过滤"复现"出来的图像，已经不是"写实"而是某种程度上的"写意"了。比如果树繁杂的树枝和树叶被省略了，果实直接挂在树干上。这类岩画虽然仍只会描绘存在物的某些特征，而不能通过绘画完整呈现这些存在物映象的清晰图像，更不会考虑到视觉透视，但比起直接模仿，在心理发展的程度上又深了一层。例如，沧源滚壤开岩画（第2地点）的"村落图"：几条走满人和兽的道路通往村寨，中间是村寨，寨有沟墙或界限。绘画者心里知道这个界限的重要，因为这是防止野兽袭击、外族侵扰、鬼魅闯入作祟的屏障。但他不懂用绘画表现立体透视关系，不会在立着的崖壁上画出一个水平面地盘，便画了个圈代表；为了不让眼前"所见"的房子把视线后面的房子遮住，能把"所知"的房子全画在沟墙内，记忆表象便补充了视觉映象，于是，沿沟墙的房子只好在圆圈内正的正、倒的倒、斜的斜，好像是从不同的角度来画的。即使视线中没有明显的沟墙和界限，他也会将部落集体意识认同的那条分界线划得清清楚楚。

同样，一条线代表了路或山包，埋伏在路两侧的猎人就只好画成这个样子：猎人像是从空中看到的，野兽则从正侧面看到，各自都有正有倒，像一幅视角错杂的"鸟瞰"图。对复杂的场景采用多重视角、平面展开的"鸟瞰"法，在儿童绘画和一万年前石器时代的西班牙洞穴壁画里，我们能看到类似的表现方法。这是把各个透视点得到的表象，经过心智最初的加工，错杂地合成在一幅画里，并用"知道的"去补足视觉（看到的）所不及的部分。它表明处在始元状态的原始民族描绘能力的幼稚。

同时，还可看出，体现在原始绘画中的空间是二维而不是三维的。在形体的塑造和构图上，是用平面造型的方法，只有两度空间（上下—左右），没有前后或远近（景深）这一度空间。当然，在绘画者视觉里是有三维空间的，但由于技巧等方面的原因，他在绘画上做不到，只能呈现二维空间，而用想象去补充并使其在心中化为三维空间。我们看岩画，大都只有并行的排列组合或平面构成，而缺乏对透视关系的描绘。为了表现一定深度的或难于呈现在视觉范围内的事物，他便用心理表象补充视觉映象。路边隐藏的猎人、山田里的野兽、房子里的人，都体现了某种程度的"透明性"。因为房子里有人，他便把实际被房顶或墙壁遮住的人画了出来；因为人或兽有两只眼，在画正侧面的脸时，他常常把脸那边的第二只眼画了出来，至少也要将这只眼画成正面的样子。有的甚至把他所知道的地下的或胃里的东西也画了出来。非洲土著民族艺术和儿童绘画都有这个特点。至于岩画中物象的大小，实际并非透视关系，而如德国艺术史家格罗塞在研究艺术的起源时所说，是某种含有一定观念意义的强调方式①。

沧源壤达来岩画（第7地点）较往右的部位有两个引人注目的图形，即常说的"太阳人"和"羽人"，特别是置身于"光芒四射"的"太阳"中，手持弓箭和楔状物的人引起了大家的广泛兴趣。学术界一般释为"太阳人"和"羽人"，但岩画所在地的人则认为是猎手埋伏于草丛中或以草冠为伪装的图形，因为在他们的附近，是众多的动物图像②。如果我们将整个画面连接起来观摩，那狩猎的气氛还会更加强烈。在"草丛埋伏者"（即"太阳人"和"羽人"）旁边和下方，有许多和动物混杂在一起的人物，有的高举双臂奔跑，有的手持木棍助威，似为正从两个方向把动物往"草丛埋伏者"那儿驱赶。在埋伏者和驱赶者之间，果然有一行动物通过。当然，也有被激怒了反向追逐猎人的野猪，或把伏猎者紧紧围住的群兽。以此做视觉和心理的"完形"，则岩画的剥落之处，也应是猎人和兽。例如，在第7地点2区位置，有一模糊不清的图像，在崖壁前细细辨之，实与左边"太阳人"同属一类，芒纹中也有人隐藏。不过，此芒纹更像草丛而不像太阳。联系岩画"上下文"，该图像上部有人弯手拉弓，另有一人头上也有羽或草类长饰物，左侧更有一个似长着4支手臂并有手指，屈手召唤的怪人，下部则有数只野兽走过。这幅画，如把它看作与狩猎有关的生活场景或巫术行为，大致可以说得过去。

识读这幅岩画的关键，在于如何看那两个在"太阳"或"草丛"中的人物。如果我们把他们看作由于"二维"画风而将隐藏在草丛中的猎人"透视"画出的图像，那这幅岩画描绘的就是狩猎；如果我们把他们视为将信仰投射在艺术，或把心像幻化为视像，那这幅画表现的就是神话。这两种"识读"，在遥远的世纪都是有可能的。

用一幅画去表示在时间上一连串发生的事件，即用一个平面空间记述连续性时间，是儿童和原始时代的画家常有的情况。沧源帕典姆岩画（第1地点）第5区中最上面那条曲线上的动物，也许是动物群，也许是整个画幅所表述的内容的时间坐标，亦可能是某一动物行进路线的暗示，线上的每个形体代表着同一动物在时间上连续行动时的各个位置。如果可以这样理解，漾濞岩画中下落的果子和弥勒金子洞坡岩画中呈抛物状排列的圆形物，可能也有类似的意义。它们含有某种时间或过程的暗示，是将想象和记忆中的时间画出来的原始表述方法。

总之，在原始绘画中，常把感知映象和想象融合描绘在一起，把记忆中的表象和现实中的事实混在一起。而且，在原始绘画中，描绘所知道的往往比描绘所看到的更占优势。它并不像我们的艺术思维，是自觉地赋予物象以一定的主体因素，而是思维处于较低级状态时，由于不能区分渗入到客观对象中的主体因素，便不自觉地把它们溶混在一起了。这必然影响着最初的心理表象的形成，并使它在逐渐类化、符号化的时候趋向

---

① 以上部分内容是笔者在《思想战线》1982年第5期发表的《从云南少数民族的原始艺术看原始思维的特征》的一些分析，至今似还适用，录此以供参考。下面也有相似情况，谨此说明。

② 吴学明：《从佤山风物看沧源崖画》，《中央民族学院学报》1991年第2期。

互渗和象征。

2. 灵性高原的幻化时空

在苍山西坡的一堵石崖前，夕阳把最后一抹暗红的光线投射在斑驳的崖壁上。石崖上的红色影像借了黄昏的风，在荒草摇曳的阴影里颤动起来，像在舞蹈。向导有些心慌，催促快走。路上，他讲了一个关于岩画的传说：

很久以前，有人上山打柴，见石崖前有一些人在下棋、唱戏，忍不住去凑热闹，对棋手指指点点。人们烦他，就给他吃了一个桃，让他睡着了。等他醒来，那些人已经不见，身边的砍刀、绳索也都腐烂了，只有崖壁上留下些人影。直到近年，当地村民还相信崖上的影像会变幻，夜晚会出来活动，甚至听过唱戏的声音，所以天黑以后很少有人敢到岩画附近走动。不久前县里为保护岩画要打一个铁栅栏，请民工去干。晚上留守的民工搭帐篷住在岩画附近，一夜忽闻山上有人歌舞，其声喧哗，循声寻去，见一群裸女在崖下舞蹈。次日再去，只见崖壁上有些人影。这些民工怕被妖邪蛊惑，从此不敢到岩画附近逗留。由于有这类传说，岩画所在地在当地一些人心目中，成为正常人应该回避的禁地。

阿佤山的向导也有类似的经历。每当天色昏黄，他们便不愿在岩画点久待。他们认为岩画所在的"那个地方"不是常人所居的地方，它是和山寨完全不同的另外领域。在沧源等地的岩画点，当地的民族至今相信山崖是神灵来往的通道。这些红色的精灵从山崖下临人间，又从山崖逸归天界。它们时隐时现，倏忽无定，似乎在向人们暗示一个灵界空间的存在。于是，有的岩画点的崖顶，成为人们寄放死者的地方，也许是希望往来的神灵将亡魂捎带到另外的世界。

如果你有机会参加民族学考察，你会发现，同样的地方，在不同的人眼里，竟呈示着不同的空间。峡谷里一座山，你看山是山，他看山不是山，是天地的通道、鬼神的寓所。要是崖壁上还有一些不明来由的图形或石刻，那此山绝对是一座有灵性的山，或本身就是巨灵所化。

人类的时间空间观念始于对时间或空间的分割。在山地民族中，空间的分割往往是借助山崖完成的，是山崖把混沌为一的世界撑开，使之二分为有清浊、上下之别的天地，再由此分为四面八方、河流山川，分为天界地狱、人间祖域；而时间的分割则多半由日月来显示，日换星移，月运圆缺，分出四时八节、春夏秋冬，分出阴阳日夜、彼生来世。

日、月、星、云等，在云南岩画中出现不少，各有意味。沧源岩画、元江它克岩画、西畴狮子山洞穴岩画、耿马大芒光岩画、弥勒金子洞坡岩画、怒江匹河和腊斯底岩画、麻栗坡大王岩岩画、宜良九乡岩刻、高黎贡山、碧罗雪山等处岩画，都有太阳图形。

九乡岩刻在一块石面上刻出"太阳与犁及土地"，且不断重复，说明作者不仅是在强调太阳和土地的自然时空关系，更意在强调天象和农耕的人文时空关系。对自然时空的描摹折射着人们对人文时空的理解。

崇拜日月，在我国各族中都较为常见，仅云南，就有彝族、怒族、阿昌族、基诺族、傣族、景颇族、白族、纳西族、拉祜族、汉族、普米族、傈僳族等民族有明显的祭日祀月风俗。比如，鹤庆彝族、白族春分日中午以冬藏农珍如五谷瓜果等祭献春阳的"献日"赛会；怒江汉族、白族、普米族、傈僳族等族夏天端午节（又叫日中节、天中节）上三山祭祖歌舞，以象征天柱的三山托祀运行于天之正中的太阳，以助阴气逆转，阳气上升；澜沧拉祜族中秋月圆时，要将吸足日月精气的谷物放在祭坛，为月神过生日；傣族认为月亮是天神的第三个儿子变的；佤族求福免灾必祭月亮神……

人们在终年不见阳光、"鬼魁"出没的崖壁画上太阳，或在炎热的季节画出几个陨落无光的太阳，是以一种"感致巫术"的心理，以幻想的调谐去达到实际的调谐。据研究，弥勒金子洞坡岩画上的古彝文意为"天天舞"或"天天耍"，当地文物管理所拟将此崖画命名为"舞天"：之所以拟命名"舞天"，除老彝文已书写出其含义外，可能与岩画右部的九日有关。这个"九日图"位于整个岩画的最高处，可能是表现一则天地、人类起源的神话[①]。在彝族阿细支系《阿细的先基》中，有太阳晒死了阿细人，阿拉埋掉七个太阳的神话。在阿哲支系（崖画附近就居住着阿哲人）的《古歌》中，有英雄俄普浦罗用神箭射落八个太阳的传说。岩画中九个太阳，只有一个放射光芒，其余八个全是无光的圆体。射日神话是我国远古神话中最有特色的神话之一，也是在中国南方流传最为广泛的神话，哈尼族、傈僳族、独龙族、壮族、布朗族、拉祜族、苗族、瑶族、侗族、黎族、羌族、布依族、土家族、仡佬族、纳西族、珞巴族、高山族等民族，都有射日神话。

前已述及，沧源壤达来岩画（第7地点）4区右端最高处"持弓入日"的"太阳人"和他旁边的"羽人"，如果不是描绘隐藏于草丛中的猎人，那么，释为射日或祀日，是再让人激动不过的猜想了。因为祀日之俗，在离沧源岩画北部不远的潞西市景颇族山寨和南部不远的澜沧县拉祜族山寨，都是现实而不是传说。

在景颇山寨，每年农历正月十五，要举行全民最高祭典"目瑙"（总戈）祭，祭祀天神木代鬼、日月鬼、地鬼、创世英雄宁贯娃等。其中，对太阳鬼的祭祀尤为隆重。目瑙柱东面专设太阳鬼的祭台，目瑙柱上刻画有太阳鬼的乳房。传说日月鬼原是洪水泛滥后幸存的兄妹，他们结合后，有次误食了自己孩子的心肝而被推入"太阳门"，变成了日月鬼。祭典开始时，太阳鬼祭台上的祭司，身带武器，手持杵状号角，面东吹响。人们围着目瑙牌，由手拿长刀、头戴长长羽冠的领舞祭司"脑双"，带领大家模仿创世

① 尹天钰、孙津：《弥勒独家村崖画》，《红河文物》第二辑。弥勒金子洞坡岩画，在九个太阳中有八个无光，旁有古彝文17个，其中几个意为"炎热三月骑马到此"。三月而称"炎热"，似当为彝族太阳历，时在夏秋三伏期间。

始祖宁贯娃从"太阳国"学来的祭舞，回旋而蹈。

在拉祜山寨，祭日选在每年的第一天凌晨。那天天不亮，人们接来新水，待天蒙蒙亮，祭司"摩巴"便带领众人，手举粘贴在长杆上纸剪的年花、人花和谷花，吹着芦笙，敲着象脚鼓，到村寨东面的一个山丫口祭台，迎祀新年第一天的第一缕阳光。人们围着竖有长长"年杆"的祭台跳舞，让阳光从挂满各种吉祥象征物的"年杆"上徐徐降临，照在每个人的身上。然后，人们把这些被初阳照耀过的吉祥物带回村寨，供在村头的"太阳房"和村寨正中的寨桩那儿。这天要杀年猪、舂糯米粑粑，祭献祖先和神灵。

每当参加这样的祭礼，笔者就会想起岩画上的那些神秘图像。比如，换一种心态看这"圆舞图"，竟觉得很像笔者祀日的乡亲呢！

为了使太阳在天空下运行正常，施惠于人，人们在山崖上用牛血和赤铁矿粉描绘光芒永照的太阳，在神话传说中解释太阳何以被狗吃的原因，在祭仪里祈求神灵保护太阳，使人重见光明。西畴狮子山岩画有两个奇特的太阳，太阳之中有物覆盖，旁边有月牙两个，以及群犬和持弓人围绕，一般释为"昼夜狩猎图"，但笔者看更像一幅天狗吃日月图。图上的7个动物中，除两个是鹿、一为偶蹄动物外，三个最大的均有五爪和粗而拳曲的尾巴，另有一小兽紧随这类动物之后，均很像狗；但与旁立持弓小人及有角成年鹿相比，其身躯又大得可怕。很显然，如这是狗的话，已不是一般的狗，恐怕是"天狗"了。值得注意的还当是旁边的太阳。右边一个正对着"天狗"的太阳内，画有一个圆圈，圈上打了个"X"（下面一个太阳也有类似图）。结合其他地方的岩画及至今仍在云南少数民族中使用的符号看，X形符号均意为否定。在曾覆盖过太阳的圆圈打X，明显的是表示一种否定。否定什么呢？当然不是否定太阳，而是代表曾"否定"过太阳的圆形阴影（光的否定是黑暗，覆盖上太阳的黑暗又是圆形，这些事实都是可观察的）。而且，在该洞穴顶部，还绘了一个黑色的太阳纹。以此观之，这幅岩画所表现的，或许就是有关天狗吃日月的神话。而持弓的人，是否与日食祭祖中驱赶天狗的巫师有关，就不得而知了。这一切，又是幻化的时空了。

真实时空和幻化时空在古老的观念和传统的生活中，往往是合二为一的。

怒江神奇的大峡谷中，处处是险峻的山崖。在原碧江县匹河西崖怒族居佳的托别村附近临江的"依洛夫"洞穴内崖壁上，画着一些类似太阳和一些至今弄不清所画何物的红色图像。它们是绘画还是符号？谁也说不清。当地山民传说，这些画在洞穴崖壁上的图符，是怒族、独龙族的民族英雄阿洪所作，他生于第十一代祖先赤赤维时代，住过"依洛夫"山洞。怒族祭鬼时，口念咒语，要将鬼魂送到"依洛夫"洞里去。祭鬼时送鬼的去向，往往是祖先发源的故地。祖灵会安抚这些漂泊的鬼魂，保佑活着的亲人。而画于岩洞旁的太阳，似乎便是为了照亮亡魂归阴的路，用"此界"阳光照亮"彼界"空间，以"此世"温暖感应"来世"时间。与此相反，它克岩画中的"蛙人"和"蜥蜴"，则可能和南方铜鼓和青铜器上的蛙饰、蜥蜴纹一样，是祈雨或"阴地""阴水"的象征。

　　无论亡魂被天神带往哪里，或在虚拟的日光月华照射下走向何处，也无论岩画的图像象征什么，岩画或岩画所在地，似乎都暗示了某种灵性时空的存在。

　　那个存在在岩画中通过日月而昭示了、象征了。

　　在岩画里，日月是人的视像中最美丽最精彩的天体，它们照亮人可见的一切空间，显示人所知的所有时间；日月更是人的心像中最伟大最神奇的精灵，它们照亮人不可见的彼界空间，显示人未知的来世时间。

四、云南岩画的叙事原型

　　为使自己的历史不朽，古往今来，人们刻石为碑，希望那些纪实的叙事或幻化的历史，如磐石永固，世代相传。

　　在更早的时代，对于那些没有文字，也没有金属刻凿工具的人群来说，青山是记述部落历史的画廊，是连接天地的祭坛。因此，把目见的生活和口传的文化绘向青山，"留得青山在"，便成为远古人群或荒僻边地的人们述古记事的一种特殊的方式。

　　直到今天，岩画所在地的居民，还把岩画当作一部象形的"史碑"或"百科全书"来读，当作祭坛上的神灵来供奉。岩画所在之地，不是变作祭坛，就是成为禁地。

　　如果我们像鸟一样俯瞰大地，飞掠过这些山麓，或许会发觉，斑斑驳驳的岩画，大都描绘在壁立的石崖上，使整座山峰变成一座高耸的丰碑。

　　当我们在岩画分布地的峭壁和山峦中，看到那些不知出于哪一代先民之手的岩画时，不禁会想：那用生命的红色将他们看到或知道的一切绘在崖壁上的画家，没留下名字、族属，甚至尸骨都早已灰飞烟灭了。然而，他们那个时代的生活事件，他们生命和灵魂的影像，却凝在了崖壁上。千百年来，这些红色的图符受日辉月华，与山河共存。峭壁上，凝住了一个已难泯灭的时代。

　　于是，后人才有可能透过这尽管模糊但十分珍贵的画卷，去追溯人类文明的源起和发展，了解曾在"秘境"高原上生活过的古代先民的生存方式和精神世界。

1. 留在木石上的记号

　　青山，留下了无数巨幅"图碑"，也留下许多无言的谜。那些影影绰绰、象征的图符，让企图读解它的每一个人都如同身陷一片迷茫的哑谜之中。

　　我们已很难知道，很久很久以前，背负青天苍石，将自己或自己幻化的影像投射在岩壁上的人究竟是些什么样的人，他们的后代或许还留在这儿，或许早已随云飘散了。

　　人们曾花费许多精力去踏勘岩画，也曾花费许多工夫去"还原"岩画，弄清岩画所画的内容究竟是什么。然而，一个无可奈何的事实是，有关岩画的许多东西已无法"还原"了——它们是谁画的？为什么这样画？面对岩画不同时代的人说了什么？做了什么？他们为什么这样说？为什么这样做？……

在怒江流域的碧罗雪山岩画上，曾发现一些象形文字，不过是什么内容，却不见详细的介绍。如果我们回忆一下怒江匹河岩画上的那些不知其意的图案，再回忆一下怒江流域的怒族、景颇族以及云南不少民族曾经使用过的树叶信和结绳刻木记事，倒是很容易联想到它们之间的某些可比性。尽管当地怒族把它们看作绘画而不是符号，但是也可以设想，在广泛使用物象记事的年代，为避免树叶之类易损物象变形和消失，将用于指事会意的重要物象绘成图像，使其固定化、程式化，并不是没有可能。如果这些图像是亡灵回溯祖地的导引图，或是具有某种神圣的含义，那么，把约定俗成的物象符号画为图像以求永久，是很容易理解的。物象的指事会意变成图像的指事会意，这是艺术的开始，也是符号的开始。

表象高度类化的必然趋向是抽象。纳西族东巴文是原始图画文字向表意字、符号化向词汇化过渡的一种连环画式的象形文字。纳西族称这种文字为"桑究鲁究"，意为"见石画石，见木画木"，其图画都是高度类化又极富特征的表象符号。东巴图画——象形文字虽然象形程度很高，但已出现了许多抽象化的指事会意图符。将它们与岩画做一点比较，或许可以看出从物象到图像，再到符号的流变。

居住在金沙江流域岩画点一带的纳西族，流传着一些关于纳西族东巴教始祖绘制岩画、发明东巴象形文字的传说。相传很古老的时候，东巴教大祭司阿明久嘎骑着一个皮鼓顺金沙江漂流而下。他每到一处，便在江崖壁上绘写一些图画文字。这位漂流者是东巴图画文字的创始人，也是金沙江岩画的作者。据民族志口碑资料，清朝末年，丽江县宝山乡花衣地区的东巴在山上看到岩画时，就认为是祖先写在石壁上的文字。发现和考察了大量金沙江岩画的纳西族学者和力民研究员比较研究岩画和东巴图画文字后认为，东巴文源于金沙江岩画，两者在造型、象形、指事、会意和文化渊源等方面，都有很多可比之处[①]。

如果我们将比较的范围再扩大一点，还会看到许多有趣的图像。比如沧源岩画的"羽人"和"手持圆形物者"图像，与台湾高山族"土人戴羽饰盛装"和"土人两手持敌首"的图像十分相似。不知岩画上之"手持圆形物者"，除了"弄丸"，是否也有"猎头""弄头"的可能呢？佤族"大房子"画、黎族织锦上的人纹图案、摩梭人巫师"达巴"的象形文字卜书等，都有形同或神似的作品。从中可以看出同一心理水平面上的民族共同的表象类化过程。

弥勒县独家村金子洞坡岩画有很多人都想读懂它。传说，金子洞是个吉祥之地，崖洞里藏有几驮金子，谁要是找到洞口进去，那些金子就归谁。对于岩画，也附上了许多神秘色彩。因此，人们沿袭古人的说法，说这是天上的"仙人"画的，谁也不敢去动

---

① 和力民：《东巴文源于金沙江岩画》，"第二届宁夏国际岩画研讨会暨2000年国际岩画委员会年会"论文，2000年9月，宁夏。

它。人们认为，谁动了这幅岩画，会全家遭难，不得好死。有人认为，岩画所表现的，可能与远古时代某个神话有关。类似的说法，在澜沧江流域的沧源岩画和金沙江流域的一些岩画点也有流行。在沧源，有的佤族长老介绍，经书上也有关于岩画的传说记载：四百多年前，有一个"黄卡拉"长老带着小和尚到勐来看岩画。传说岩画会放出奇光异彩，那里有一扇石门，这位长老见过石门打开，并到此祭献过。还传说崖壁后藏有宝物，岩画是宝物显灵所致，如生病和丢失东西，可以请崖壁上的"仙人"帮助。有人甚至在岩画点下面的崖壁挖掘，希望找到传说中的财宝。而在出产沙金的金沙江流域，这类传说更为流行。中甸昂垛股岩画点有一个石臼，石臼上有一些石刻符号，与岩画不一样。当地村民曾传说，附近山上的岩画是丽江木氏土司（木天王）藏金子的符号，当年木天王征战藏区，带回七驮金子，藏于这高山峻岭间。为防遗忘，便写画这些符号于山洞里。一代代过去，后人不能破译这些符号，于是永远找不到木天王的金子库。丽江妥良初娄布敖空岩画点据说也是一个藏宝之处。"娄布敖空"是傈僳语，意为起龙的地方。民间传说，娄布敖空崖洞里的深洞，深不可测，是龙王居所，洞深处有龙王的金银珠宝，凡人不可得。

云南岩画里还有许多意义不明的图案、符号和手印。图案和符号不像怒江岩画那样图、符含混，更不是对具体事物的描绘，而是比较明确的以抽象方法来表述的。例如，沧源帕典姆岩画（第1地点）和滚壤开岩画（第2地点）主体人物的头部或身旁，画有云雷纹、方块形二方连续图案及菱形二方连续图案等；麻栗坡大王岩岩画主体画像头顶也有一水波云状纹饰，脚下则有云雷纹图案，它们显然是为了强调主体人物的重要地位。至于弥勒金子洞坡岩画上的无光的圆球（太阳），西畴狮子山岩画中，有X的太阳和离开水的鱼，或许也可理解为一种原始的咒禁之术。

在岩画点绘制和摹印手印，是世界岩画的一个普遍现象。有描画的手印，有以手蘸颜料直接摩印，也有用手做模影绘。手印无疑是岩画作者身份的记号，具有签名的性质。据民俗学调查，哈尼族直至近代还有在白布上印手印作为买卖房屋土地凭证的习俗。还有一种可能，受巫术心理的影响，古代人们认为自己身上的一切，如头发、指甲、衣物等，都会成为感应的媒介。因此，把自己的手印留在有灵异图像或有神秘感应的山崖上，意义一定非同寻常。

不管出于什么目的，寻宝还是辟邪，昭示还是咒禁，教导后人还是指引亡灵，从古到今许多人，其实并不把岩画当作艺术来看，而是当作密码符号或某种神秘信息来看的。从艺术心理学的角度分析，在描绘岩画和理解岩画时，人们的思维总是力求把所要表述的观念同具体的物象结合起来，领悟和把握它们的构成关系，从而在两种以上的具象符号的组合中间，产生第三种非物象本身直接具有的意义。这种靠具象符号的构成产生新义的方法，显示了一种更高的能动反应和自调能力。这显然比一般的感知和模仿进了一步，从摹形的图像升华为叙事的或象征的图符，为抽象符号及高级思维的形成和发展提供了条件。

从物象到图像，再从图像到符号，反映了人类思维从具象性到抽象性发展的历史进程。岩画于是成为绘画与符号相生的母体，成为指事、会意、表现和象征合一的载体，成为艺术、科学和信仰共同的发源地。

这是在静的影像里，默默地进行着的飞跃。

2. 青山祭坛——信仰与神话的叙事

当你面壁沉思，看到崖壁上凝固的那片遥远时代的幻影，你会追溯这些图像叙事或象征的原型；当无数强壮乌亮的背脊向这些模糊的画影伏下去，虔诚地奉上供品和祈祝时，你会感到一股摄人心魄的巨大威力渗透在沉默的岩石中……

很显然，我们"看"岩画不能离开这个特殊的"场景"——自然的、文化的和心理的场景。这不同于面对画册或展厅的"审美"，也不是"文物"的考据，而是一种数千年文化潜伏于我们集体意识中的文化震撼。它虽已沉默，却依然活着，在民族文化的口头形态——神话、传说、歌谣中，在民族文化的行为形态——巫术、祭典、仪式中，一句话，在民族的文化心理中，仍然留着它无法断裂的随时可能萌发的"根"。

越来越多的调查表明，岩画最初不是用来装饰原始民族住所的，后来也没有成为审美的画廊。岩画主要用于与人们生存息息相关的实用目的，当它采用幻想的方式来达到这一目的时，便成了祭祀的工具。随着时间的推移，青山成为祭坛，岩画本身也成了崇拜的对象。

20世纪60年代中期发现沧源岩画的时候，是带着一点神秘色彩的。传奇般的阿佤山中，有许多被当地人称为"鬼崖"的山崖。狭窄的山道突遇断崖，壁立的石崖指向苍天，无数小精灵式的影像似在这虚实有无间升向冥冥高空。

雨季，山崖上的人影猩红沉黑，使人不敢直视；旱季，当太阳西斜，日光直射崖壁时，这些神秘的影像渐渐模糊起来，像是渗入了发红的崖壁，显得缥缈无定。岩画颜料由于受阴晴、干湿、冷暖等因素的影响，色彩也不断变化，当地傣族和佤族对岩画有"一日三变，早红、午淡、晚变紫"，"三年一变，五年一换"，"龙吐红水"等说法，所以，他们把这些山崖视为"帕披"（佤语，鬼崖），将岩画看作"不卓"（佤语，仙人）显灵，平时不轻易去那儿，重要节日才去祭拜；仙人住在崖壁后面，仙人出来，人们就能在崖壁上看见他们的影像；仙人回去，崖壁上就看不见了。

岩画一般绘在石壁与土坡交接处，崖面较平、有偏厦式内倾（可避雨）或呈弧形弯曲的崖壁上。期间多有一块平地，正对画面，可容十数朝拜的人们。前有"神崖"，下有平台，正好是一天然祭坛。有的岩画下方有天然石台，蜡迹斑斑，看得出是长期当祭台燃点香烛用的；岩画旁边的崖壁上，有些凹槽或小洞，也都塞了些求祈的经折（老傣文经折）、谷物、蜡条、烟、茶、花、芭蕉和钱币等。在有的岩画点，岩画下的石头，已被虔诚的崇拜者踏跪得光滑发亮。这一祭岩画的风俗，过去曾很盛行，一直延续到现代仍有流行。据说，这些祭供在泼水节时更盛。岩画附近的树上每逢祭日，还会挂

上许多祭幡,搭竹制祭台。祭献岩画的祭品一般是鸡、猪及各式象征吉祥的食物,由头人致祭词:

> 神呀!恭请你到我们这里。
> 自从你教会了我们生存之道,
> 我们才有了人丁兴旺的好日子。
> 请你保佑我们,
> 我们要杀鸡来祭献你呀……[1]

在"神崖"壁上的一些天然小洞里,还有一些放置无序的硬币,估计是祭神崖的人投币占卜所为。民间常有这类活动,以币投祭坛,投中为吉。

在沧源县勐来岩画点背后最高的一座山"农格罗"(佤语"木鼓林"之意)里,佤族的祖先放着木鼓祭谷神。有的佤族群众对岩画所在地又敬又畏,没人结伴,甚至不敢路过那里。可见岩画的神秘力量,对当地居民的民间信仰和心理是影响至深的。

对岩画的祭祀,甚至扩大到"岩画布"。传说明良寨佤族织的一块白布上出现了岩画,他们认为是佤族的神仙画的,平时保存在头人家,到春节等主要节日,才拿出来用。直到近年,当地佤族和傣族仍有祭祀岩画的习俗[2]。

在云南沧源县、麻栗坡县、元江县等著名岩画的发现地一带,流传着一些有关岩画的神话传说。岩画与神话传说之间有没有关系?是岩画描绘了神话传说,还是神话传说附会了岩画?都很难说。况且,云南千百年来各民族你来我去,流动频繁,岩画的作者或许早已迁往他方,而保留于此的有关岩画的神话传说,恐怕又属后来民族的附会,并在多少世代的香火熏焚和人们心理的幻化中,渗入了许多"原作"所无的内容。

不过,崖壁上那些神秘的红色影像,世世代代,总让看到它们的人勾魂地想,寄托进多少神秘的玄思,至今不绝,又何尝有几人分得清此时彼时,你耶我耶?看一看那些匍匐在岩画下的人,听一听他们带着敬畏之情讲述的岩画传说,不正反映了这种古老情意的现代郁结吗?

沧源岩画所在地流传的佤族神话,将岩画的来历与人类的起源联系在了一起。

传说,人类在远古时,已经有过两次起源。第一次是在"达昭崩不热"[3]开天辟地之后。这位巨神造出美丽富饶的世界,就想世上多有一些生命,天下才有生机。他跑遍千山万水,到处搜寻,在一堵巨大的崖石下面听到了一种奇物的呼声。他循声日夜开凿,挖遍了石洞。各种各样的动物从石洞里跑了出来,"达昭崩不热"便按顺序给它

---

① 尚仲豪:《佤族民间故事集成》,云南民族出版社,1990年。

② 汪宁生:《云南沧源岩画的发现与研究》,文物出版社,1985年。

③ 达昭崩不热,佤话意为开天辟地的巨神。

们取了名字。从这石洞里出来的人叫"北高索高袜"，意思是"前世人"或"第一次人"。他们把出人洞叫作"司岗"。沧源壤典姆岩画（第6地点）的"出人洞"图像，是否与佤族"司岗里"神话万物从山洞里出来的故事有关，引起了不少研究者的兴趣。"前世人"（第一次诞生的人类）比现在的人高大得多，身高九尺，脸长九寸，一顿要吃一背箩，一口可吞一竹筒。几乎吃光了地上的动物，又吃树叶草根。后来，把树叶草根也快吃完了，人类就要绝种了。天神看这样不行，想重造人类，就发大水淹没世界。第一次人类灭绝前，杀了牛，用牛血和着红色的石粉，在高高的崖壁上留下了自己的"历史"，告诉后世人自己怎么来的，教他们怎样生活。这就是现在看到的岩画。

在洪水淹上来的时候，人们急急忙忙往山上跑，踩着了路边的一只小蛤蟆。有个孤儿发现了被踩出血的蛤蟆，很心疼它，便十分小心地把它捧起来放到路边一块方崖石下的荫凉处，对它说："你今后千万别到路边晒太阳和玩耍，免得被人踏死了。"这只小蛤蟆是天神"达昭崩不热"变的，他要找个善良的人来做新的人种。天神造了只小船，放进一条母牛和新有植物的种子，让孤儿坐上去躲避洪水。洪水淹没了大地，150天以后才退下去。

"达昭崩不热"让孤儿把种子撒到地上，冷落的大地重又树木茂盛起来。孤儿杀死了母牛（在更多的传说里是孤儿与母牛结合，产下葫芦），从牛肚子里找到一粒葫芦种子，栽下后长出一个大葫芦。孤儿用长刀砍开葫芦，从葫芦里涌出人和万物。因为葫芦是用长刀剖开的，结果切掉了人的尾巴、蛇的手脚、蟹的头颅、鸡的乳房……从此，大地上又有了生灵。人属于第二次诞生，叫"背三索"，意为"第二次人类"。佤族第一个出来，叫崖佤。

第二次人类就是现在的人类，个子矮小多了，常常打不赢毒蛇猛兽。后来，他们发现崖壁上有不少人活动的图画，便照岩画上那样，学着狩猎、建房和其他生存知识。学会一种，又去看看岩画，再学一种，才得以繁衍生存下来[①]。

从此后，每逢冬春季节，他们就要去祭献岩画，杀鸡宰猪，念育祭词，追溯自己的来源，感谢开天辟地的巨神"达昭崩不热"再次创造了人和生灵。

我们当然从不能说，岩画真如神话说的那样，是"第一代人类"——巨人族的作品。不过，人的起源，大约是古往今来人类最感兴趣的问题之一。在古人民族，特别是原始民族中，有关"人是怎么来的"这一重要命题，往往附会一些神秘因素。世界各地大量的感生神话、创世神话等，就是这种附会的产物。女始祖与虎、狗、蛇、蜂等相交而孕，食鸟蛋、触沉木、踩巨人脚印而"感生"，男人与母牛、雌兽结合繁衍后代，都是对于人类或人种起源的原始解释。把创世神话与岩画来历结合起来，在这种文化——心理背景下，是毫不奇怪的。

---

① 　基本材料主要出自我们考察岩画时佤族向导的介绍，同时参照云南民族出版社1990年出版的《佤族民间故事集成》。

文山壮族苗族自治州麻栗坡县畴阳河畔羊角老山南端的大王崖岩画，以像巨型、奇而著名。两个主体"保护神"像高达3米，用黑、红、白三色绘成。图像头部约占总长的2/5，椭圆面孔由鼻下分为两半，目白下红，浮在黑色的头（发），就像戴了一副奇特的面具。画像头顶又有一水波云状纹饰，似在强调他们的某种地位。巨像通体皆黑，白绒勾边，整个背景用铁矿颜料涂成赭红，衬出形体，使人想起北京周口店山顶洞人在尸体旁撒赤色粉末的巫术礼仪。两个人物似为裸体，两脚分开，双手下垂下，联结了巨像之下的人物、动物和图案符号等图像，如同在强调一种隐秘的联系或控制力量。据《麻栗坡地方志资料》记载：大王崖岩画的"红崖显化"，早已列入文山八景之一。当地壮族纷传主体巨型图像是壮族的祖先和民族英雄侬智高的"影身像"，他从这里化为青烟遁入天庭，留下影身。所以，每年农历七月初一，当地壮族就要到这里烧香祀拜岩画。有画的山崖，以此成为一个大型祭坛。

1986～1987年，在麻栗坡县城西北磨山小寨村附近的崖腊山南面石壁上，也发现了一些岩画。岩画绘于上凸下凹的石灰崖崖厦上，厦下楼一平台，上有台坎，被当地壮族用作祭"观音"（当地群众称岩画图像为观音）的供坛，上有两个土陶杯和一些香火。岩画就在供坛之上约1.3米处。据调查，当地壮族并非本地"土著"，但"于洪武年间随沐公征南落籍"以来，祖祖辈辈相传都见过崖腊山上的岩画。传说崖壁上的"观音"过去比现在多得多，是从崖石里显身出来的。有一年的一天夜里，一阵狂风暴雨之后，很多"观音"都被刮飞到大王崖上去了。为了使"观音"不再飞走，能长期留在磨山为两寨消灾除祸、保福祈安，两寨的不少人还常去祭供。

耿马傣族佤族自治县四排山区大芒光乡境内澜沧江支流一带的大芒光岩画，隐藏在浓雾缠绕的山林之中。这里密林蔽日，长满了带刺的箭茅草，攀上绝壁，在一个爬满青藤的宽大山洞内的石壁上，画着一些或有长尾，或有翅膀，或有寸角大耳的人像和一些牛、蛇、手印等图像。这个崖洞，当地佤族称为"大崖房"，每当瘟疫流行，人们就把牛群寄放到这里饲养，求请神像显灵保佑牛群平安。待瘟疫过后，才把牲畜赶回村寨。

绘有蛙人及奇异巨兽图像的元江它克岩画，画在山崖北面的砾石壁上，壁面参差嶙峋，因背阴而显得有些鬼气森森。所以，人们祖传这里是鬼魂出没的地方。虽然这里距村庄只有一箭之遥，却人迹罕至，成为一个哑谜之所在[1]。

云南岩画，正是由于曾经或至今仍笼罩在神秘的云雾中而引人注目。这些岩画，或绘于数十米高的断崖绝壁上，或绘于阴冷的洞穴之中；有的岩画绘于终日不见阳光的北面，有的则正对西下的夕阳或正南的烈日，任凭风吹雨淋。在岩画上，我们看到众多的动物、半人半兽的巫师或神灵、日月星辰以及一些奇物的符号的图像。从至今人们对崖壁画仍怀着的敬畏之心的种种祭祀仪礼看，这些崖壁画即使最初没有宗教含义，历经

---

① 孙敏：《云南南部崖壁画随笔》，《云南美术通讯》1986年第4期。

沧桑后也渐渐投射上了心的幻象。在此意义上，它们不再是一般的绘画，而是具有了生命和灵魂的神秘影像。这些影像不可捉摸地沉默着。从高高的绝壁上，从那或许是沟通人神、联结天地的"天梯"上俯视着芸芸众生。

看着这莽林中充满野性神秘感的绘画，我们不禁会想起如今寂寞的山野中，曾经有过惊心动魄的往事，想起人类始祖面对苍穹的喃喃祈祝与热烈希望，也想起一个困扰人类千年的古老话题——我们从哪里来？我们到哪里去？我们是谁？

五、余　　论

作为一种全球性的文化现象，云南岩画的出现和人类的认识发生、艺术起源等联系在一起，而不仅仅是没有关联的一些地方性图式。和世界岩画艺术一样，我们可以从中窥知原始人类或古代民族对世界的感知方式和表达方式，窥知他们共同的或相异的人文处境和心理原型。

作为一种绘画艺术，云南岩画具有与世界岩画艺术相似的朴质、稚拙的美学风格，同时也具有可与世界岩画媲美的丰富类型及南方岩画特异的神奇意境。云南岩画画风古朴，构思天真，从画面反映出的透视处理（如平面透视、多重视点、透明画法和幻化的时空关系等）和表现技巧（如与儿童绘画和儿童心理相似的"蝌蚪人"阶段、人物造型的影绘法和正面律等），可以看出这些岩画和世界其他原始绘画一样，有着人类思维形成初期某些共同的心理基础；同时，云南岩画以独具特色的画面构成，富于表现力的造型语汇和意义奇异的叙事原型，复现了云南古代先民物质生活和精神生活的某些情形，成为世界文化遗产的重要组成部分。

［本文原载于邓启耀主编的《云南岩画艺术》（云南出版集团公司、晨光出版社、云南人民出版社、云南美术出版社联合出版，2004）前言部分，内容顺序略有调整］

新抚岩画群初步研究

高　峰[1]　刘　旭[1]　何林珊[1]　阮齐军[1]　杨立中[2]　李伟梅[2]
汤新华[2]　谢　峰[2]　黄江华[2]　张兆伦[3]　雷　永[4]　杨舒燕[5]
李洪清[6]　刀庆东[7]

（1.云南省文物考古研究所；2.普洱市博物馆；3.普洱市文化局；4.墨江哈尼族自治县文化体育和广播电视局；5.墨江哈尼族自治县文物管理所；6.新抚镇文化站；7.墨江哈尼族自治县碧溪古镇管理所）

一、新抚岩画群的地质地貌

新抚岩画群包括4个地点，均在四甲河左岸。四甲河源于新抚、景星两镇的水箐、核桃树一带，由东往西流入把边江，长22千米，流域面积63平方千米，最后注入李仙江，在越南境内与元江汇合始称红河。新抚岩画群位于哀牢山脉中北部，属红河水系。哀牢山脉位于中国云南省中部，为云岭向南的延伸，是云贵高原和横断山脉的分界线，也是元江和阿墨江（李仙江支流）的分水岭。哀牢山脉走向为西北—东南，北起楚雄市，南抵绿春县，全长约500千米，主峰称哀牢山，海拔3166米。四甲河流域的中生代红层受近南北向的北北西至南南东向构造控制，河谷深切，是云贵高原、青藏高原、横断山系自然地理区域的结合部，是云南最重要的地理气候分界线。该区域山峦起伏，悬崖陡壁比比皆是。丹霞地貌[①]受垂直或高角度解理切割，并在差异风化、重力崩塌、流水溶蚀、风力侵蚀等综合作用下形成的有陡崖的城堡状、宝塔状、针状、柱状、棒状、方山状或峰林状的地形；色如渥丹，灿若明霞，是谓丹霞，不言而喻的激情浪漫，山的阳刚之气和水的阴柔之美，让丹霞山成为无论男女都向往的圣地。四甲河流域广布三叠纪至白垩纪浅粉红色上述沉积而成为广义（或扩展）丹霞地貌[②]。其一情形为：岩层断块影响，水平或倾斜，垂直节理，裂隙发育，巨大区域性大断裂影响构造和盆地演化。

---

① 齐德利、于蓉、张忍顺等：《中国丹霞地貌空间格局》，《地理学报》2005年第1期，第41～52页；李青果：《中山大学地理学者的丹霞地貌研究》，《中山大学学报（社会科学版）》2011年（总229期）第1期，第71～78页。

② 赵汀、赵逊、彭华等：《关于丹霞地貌概念和分类的探讨》，《地球学报》2014年第3期，第375～382页。

因此，在此构造格局和相匹配的自然营力下，河岸两边陡崖地层形成广义（或扩展）丹霞地貌的四甲河流域，具陡崖的城堡状最多。在此特殊的地理位置及神奇的地貌结构下，陡崖形成多处神龟翘首型巨岩蔽、岩棚而最适宜岩画创作和保存，使新抚神山更增添一层灵感。这种准丹霞地貌也是国内外许多岩画圣地所选的地貌类型，似乎成为超大型宗教遴选圣地的结果，这就是所谓的"人杰地灵"（图一）。

图一　新抚岩画群风景

红石岩位于新抚镇新塘社区境内，是一个方圆数平方千米的区域。域内岩群千姿百态，变化万千，但都有一个共同的色调——红色。大肚岩、犁尖岩、甑子岩、仙人洞、蝙蝠洞、石老虎嘴、鸡卦石、神站石、神鱼石、石楼梯各具特色。鸡卦石因岩石上的天然图案像鸡卦而得名。传说中，鸡卦石的卦签在不同的季节会发生不同的变化。每逢大年初二，当地的风水先生要到鸡卦石看卦，根据卦签判断一年的凶吉及运势的好坏。石楼梯是红石岩中进入河谷的一条险要通道，既陡又窄，小而浅的石阶有的似自然生成。

神站石是一个站立在悬崖边上的巨石，由上下两部分组成，下部像一个倒扣在地上的碗，上部是一个上粗下细的石柱，数米高的石柱歇落在那个碗底上，接触面很小，其间还有缝隙可以从一边看到对面。看似头重脚轻，立足未稳，然而千百年来它一直在那里凌空而立，岿然不动。神鱼石，当地群众又叫雷打石。原先本是一个完整的巨石，后遭雷击，一劈两半，显出两条鲤鱼，一边是突出的鲤鱼模样，另一边是凹陷的鲤鱼模样。其中一条已经脱落，一条还在巨石上面。

过得岩，在新抚镇白沙社区境内，有一条小河注入四甲河，叫过得河。岩因河而得名。

朝山岩，位于新抚镇平掌社区境内。四甲河把高耸的朝山岩一劈两半，河水在岩间静静地流淌。顺河而望，四甲河流经朝山岩的地方形成了"一线天"，岩的这边是宽阔的"平掌"大地，过了"南天门"，又是一片充满神秘色彩的开阔原野。

在大叽地居民小组南边面向南的陡壁上，一个威武的巨型神龟面向东南，由此龟脚底沿山腰西南行至半山绝壁，过缩雀岩（缩头乌龟）即抵达彭炳文仓房岩画地点（亦称鸡嗉岩岩画地点）。

二、新抚岩画群

该镇现今共发现4处岩画，统计至少87个可以识别的人物和动物图案。岩画群自北向南，在四甲河左岸南北对峙呈一线展布于新塘社区、平掌社区人迹罕至的悬崖之上，海拔1100～1600米。2008年以来，第三次文物普查于墨江哈尼族自治县发现3处岩画，岩画共有84个可以识别的人物和动物图案。2014年5月，又发现一处岩画，为3个可以识别的人物，被命名为神石山岩画。岩画的时代特征十分相近，在所有图案中，没有出现服饰、兵器或其他物品，稚拙、质朴、简约的艺术特征令人惊叹不已。4处岩画中，鸡卦石岩画的内容主要是古人类生殖崇拜场景，人物动态造型以及野羊的图像及数个抽象符号，多数图案生动地表现了远古人类双臂弯曲上举，手掌形态从单掌至五指张开（以前者为最），双腿弯曲下蹲或双叉站立，正在舞蹈和祭祀。而朝山庙岩画由于石壁风化后剥落严重，在目前可以辨认的图案中，只能看出绘制岩画的远古先民已经能够表现不同性别的人了。另一处彭炳文仓房岩画内容则反映了祖先崇拜和自然崇拜，最有意思的是出现了多处反映祭日内容的图案。从图案提供的信息鸡卦石最丰富，因此为本文描述重点。

（一）鸡卦石岩画

　　鸡卦石岩画（新塘社区南约4千米的红石岩，东经101°15′24.9″，北纬23°37′44.5″，海拔1600米）前方为百米悬崖，地势险要，面积约20平方米，系用白色矿物颜料采用平涂剪影手法涂绘，仅一人用勾线绘成，由37个图案组成，包括35个人物、2个动物（图二、图三）。

图二　墨江新抚鸡卦石岩画

1. 鸡卦石岩画岩厦全景正面观　2. 观测临摹　3. 航拍　4. 全画幅　5. 右侧部分中线（右视）

图三　墨江新抚鸡卦石岩画示意图

（测绘：普洱市文物管理所、墨江哈尼族自治县文物管理所）

（二）朝山庙岩画

朝山庙岩画（平掌社区四甲河居民小组草山岩子下方，东经101°06′23.4″，北纬23°34′22.5″，海拔1181米）面积约20平方米，系用红色矿物颜料涂绘，用红色矿物颜料采用平涂剪影手法涂绘而成，由于自然风化、岩壁剥落现象严重，目前隐约或相对可辨认图案有15个，人物13个、2个动物，七幅崖画的形状有的似动物、有的似欢腾的人物，有的似记事文字（图四、图五）。

图四　朝山庙岩画地点各幅岩画

图五　墨江新抚朝山庙岩画示意图

（三）彭炳文仓房岩画

彭炳文仓房岩画（平掌社区村委会冬瓜树居民小组机树岩子中上部，东经101°15′44.5″，北纬23°34′53.2″，海拔1597米）面积约为16平方米，用红色的矿物颜料采用平涂剪影手法涂绘而成，由32个图案，人物30个、动物2个（图六、图七）。

图六　彭炳文仓房岩画地点整幅和各幅岩画

图七　墨江新抚彭炳文仓房岩画示意图

（测绘：普洱市文物管理所、墨江哈尼族自治县文物管理所）

（四）神石山岩画

神石山岩画（新塘社区神石山，东经101°15′34.8″，北纬23°37′58.6″，海拔1544米）是高峰于2014年5月22日率队考察时新发现的[①]。该岩画面积约为16平方米，用红色的矿物颜料采用平涂剪影手法涂绘而成，由3个图案组成，包括人物3个，其中一个比较清晰，左右2个图案不清晰（图八）。

图八　神石山岩画
1. 笔者发现时描绘　2. 蹲踞式圆头僧侣祭天，红色矿物原料涂绘

---

① 杨舒燕：《墨江县新抚镇再发现远古岩画》，墨江政务网，2014年5月27日。

三、新抚岩画群的解读

鸡卦石岩画

新抚岩画群题材之一的鸡卦石岩画地点最具特色。红石岩的鸡卦石石崖地形十分险要。岩画绘于背靠东北面向西南约4米高的崖壁上，画面面积20余平方米（图二、图三），画体本身仅有3平方米。整个岩画画面底板以左右两块峙立近平行斜交的岩面组成，形似女阴张开状，而其上倾斜外下的岩棚，似裙摆。岩画是利用白色矿物颜料采用平涂剪影手法绘制，其上涂绘的人物为正面刻画。只有一个为特殊线绘人物配以头部呈空心方框形，人物头部绝大多数呈实心圆形，一些人物为尖锥向上形状，或可认为是梳髻。人物姿势为曲臂上举或直外上举，个别平展伸开或斜下垂姿势。一些人物的手掌看不清楚，为模糊单掌、二叉形式张开，少数人物的手掌为三叉形式张开，个别为五指撑开。人物双腿姿势可分为蹲踞状及斜叉分开状两种。可以辨识的图案有人、羊、狗等动物形状，人物形状多为拟动态的舞蹈状，动态多呈举手状，以"祈祷者"作为主要题材。风格原始古朴，生动真实地记录和反映了远古时代当地先民祭祀灵异活动的宗教习俗。几乎无装饰的正面人群，造型相近，姿势具有明显规律性。

下面对鸡卦石岩画做详细描述。

1. 左块岩面

下排：最左边的一个人物胯下刻画突出物，似为男性性器官，其折臂双举腿呈蹲踞状，手、脚趾不分。其右，一分叉腿略呈蹲踞状男性略向上近平举双手，其左手牵着其右边一个直叉分腿略呈蹲踞状外直上举双手女子的右手，似乎在向左外拉向该岩面。该女子右边紧挨一个身形稍大且肥胖似桶状女子，也是分腿略呈蹲踞状外直上举双手，手指双分。右边显示呈空白状，似有折方隔栏。隔栏内侧（右边），一仰后上跃的狗面向右，一个和该半幅其他大小相似的人物如上所述，阻挡其左方向右方跃起的狗，防止闯入其右空白区域（分娩区）。该岩面右下中部近中心岩缝不远处，即整个岩画画幅中心左边绘有一个人格化的龟状圣灵，其右上饰以密集且大小不一的白点，似为神感的右上方通灵排射的"意精"，为感应神灵者（右上）所受；正其胯下不远处，生产出一个婴儿。圣龟左侧空白区左即为挡狗女人。

上排：为15个人物，其中5个少年，其余成年。左数第八个似乎为男性，但阴茎表述模糊、太短，其正下为一女性小孩。除左数第二个少年（可能为男性）下体模糊（整体图像均模糊，其双臂折上举，腿似乎分叉站立）外均为女性分叉站立，双臂折向上举，左数第六个为少女于两个成年妇女分叉腿隔缩之后。除下述精灵外手掌单掌且与上臂连续。

次右上人物胯下有阴茎也为男性且在整个画面中最为独特，其头部呈方框形，框顶有两底部相连顶部向上分开的双羽，脖子细长和身子分离，人物上肢体以平行双曲线绘成双手直上托抓，每手以五根细爪隔空接一无清楚下肢的小人形，扑送向左前下方，以左下方散布的白点暗示，似为精液飘洒，其直叉分腿略呈蹲踞状，腿与手连续，为双线描绘。该人物占据岩画画面"女阴"形状的"阴蒂"（即左块岩面的右上角）位置。其左，一折腕双举者直叉腿的人正从其身边向左走开，应为女性。

2. 右块岩面

大致可分四至五排，有错落。

第一排（最上排）：6个。左边3个模糊，大致可分辨，仅腿分叉立，其余不清楚。右边三个较清楚，从左向右，第一个左腿显示蹲踞，右腿看不清楚，飞机人形，似乎双臂斜直上举（但也许是钙华形状而模糊）；第二个为飞机人，五笔成一人，双臂和双腿向下分开，有火箭飞天之势；第三个也是飞机人形，双腿分叉下撑，双手曲臂上直举，头似弹壳尖顶向上，但身体为倒三角状。

第二排：左边一个很特别，其顶上似乎有一小太阳，但图像模糊，其形状为圆头、倒桶状粗身、双臂曲直上举、腿粗分叉直外插，双跨分开而胯外下绘两条直线表示，似乎代表胎盘，因下一排正下方有一婴儿阔叉腿双臂平直外展躺着。婴儿右边坐一男子，巨型，占两排，稍比左下巨巫觋小点，其阴茎硕大，自跨上腰际横别，指向左，介于婴儿和产子女脚下，其头圆，身细，双曲折上举臂与身同粗，下体厚重，坐姿，两腿平直向左，指向婴儿。在其右上为一飞机形男子，一粗棒上平下尖，四肢以四笔斜上斜下上叉下叉。最为独特的是右人物，飞机形，虽然也是曲臂上举，但双手掌以三叉戟状展开，脚掌三叉鸟爪状，其胯下刻画出突出物。

第三排：最左为下排巨巫头部；其右上，显示一左分叉右蹲踞（似弓步）人形，不见手臂。再右，一圆头桶身双臂曲折直上举腿蹲踞妇女，手足不显，其头顶左上似一婴儿隐现。其右为上述诞生之婴儿。婴儿再右为其坐父。其父再右为一飞机人，尖头、尖手、尖脚、细长身，为五笔之作。其右，为一较壮实而稍高大的、上身为倒三角状、双臂直斜向上、掌心向内、细腰长腿分叉直立男子，胯间且现。其左为两人相委，男上女下同向外前，似男祖从后而入，女子半躺其怀，男子以夸张姿势横直蹲踞、双臂曲折直上举。其右，其左臂稍下，一婴儿。婴儿右，一桶状身材少女曲臂直上举，手脚模糊。

第四排：右数第一人物位于该部分的中央偏下，为第二排飞机人正下方，也是飞机人形，只是头部以实心圆替代，体型较上面的略小，其排序似乎是纵向的。整个岩画右下角，一个"且"状图形直顶其上马步蹲状人物的左胯。

第五排：最左角人物非常显著，身形修长是其余的近两倍；是巫是觋难以判断，其右胯模糊，胯下似无凸出物，巫的可能性更大，右臂曲臂上举因模糊而分不清手型，左腿蹲踞，左臂曲臂上举，左掌三分而向上；其腰图形左，近画面中心裂缝似为一三趾图案（也许是一童曲臂上举而风化了下身）；其右，一条面向右的羊；再其右，具和其一样姿势的两个成年女性，但身形比巨巫小近一半；两女性左臂外为一相同姿势的小女孩，实心圆头飞机人，头顶一圆形物，正在上排飞机人右脚下，脚姿势与其上飞机人不同，为蹲踞式，而其上者是分叉型。

很显然，鸡卦石岩画完全是围绕母性崇拜中心主题的生殖崇拜图示，为心理型图示，表示了一种宗教的对立统一。

左块岩面（如果面对我们，其自身为右），以母系氏族形式体现。其个别男性可以解释为外来者（最左人物）。其站立形式为分叉直立为主，是集体妇女的"裸祭"。然而通灵者（画面最中上者）呈现出萨满特征（顶有双羽且发狂），精心勾绘。

右块岩面（如果面对我们，其自身为左），仍然以女权为主，画面左边基本是女性大巫和小巫均以"蹲踞"式体现，以巫为统帅不言而喻；画面右边男女交杂，其间有通天飞机人（右上至下）自天而降，加入族群中。"跤乌"显示其强大力量也可称之为英雄。不同人群的交融使母系社会面临巨大威胁。

以画面自身看，"左祖右社"的格局已经形成，祭祀是按规矩的，而以自然崇拜为根基，发展出祖宗崇拜的宗法制萌芽，显示出皇天诞生和后土出现。

鸡卦石岩画所体现的是白色涂绘以母权特征为主的"龟灵圣母"交感式巫术的生殖繁衍崇拜，众多同性和异性成员"裸祭"（无胯下突出物者为女性或婴幼儿，有则为男性）的出现可能预示着普娜路亚婚姻（伙婚）制的体现，与壮族的创世之神布洛陀、母亲神姆洛甲[①]（又名麽录甲、姆六甲，民间俗称花婆、床头婆、花王神、花王圣母、女菩萨等）、布伯、雷神等的原形有着极其相似的地方，就像其时光倒流的远古版。尤其是鸡卦石岩画，充分体现出与壮族原始神话相一致的场面。姆洛甲不但是师公保护神，也是壮族的生殖女神，在民间信仰中占有重要地位，凡是与生育有关之事都由她管理。壮族民间有专门的花婆节和花婆庙，供妇女们采花求子，每年腊月末或来年二月初，妇女们便相约到野外采花或到庙中求花。这一描述，似乎是我们在上述鸡卦石岩画所总结的"龟灵圣母"交感式神图的概述。其中，应该提及，此处的壮族神话为师公（觋）主持，与鸡卦石岩画图形表现大者巨巫为女性不相吻合，体现当今壮族已完全进入父系。麽教[②]为壮族原生性宗教，"信鬼神、好淫祀"，麽教的想爱法（想爱不是相爱，是用符咒、爱药结合的法来促成男女交配），有美人符、男女相爱、桃花合、鸳鸯合、一见钟情、永断夫妻、拆婚、破婚、勾魂倾心、闷嘻嘻、法打哥尾燕、烧香拆缘、想爱法、夫妻闹等法都与生殖繁衍相关，而且，这是普娜路亚婚姻（伙婚）制下才会产

①　潘雪玲：《壮族（女米）洛甲女神"存活"至今之原因探析》，《思茅师范高等专科学校学报》2010年第2期，第49～52页。

②　时国轻：《壮族麽教初探》，《广西民族研究》2006年第1期，第83～93页。

生的道德观念。新抚岩画群中鸡卦石岩画体现的龟灵圣母实与姆洛甲同出一辙，尽管有细微差别（前者明显为母系；后者以父系为主）。湖南高庙遗址①（距今7400～6800年）白瓷祭祀盘及祭坛提示我们，自古寻找的天鼋黄帝（非轩辕黄帝）似乎可从岩画中读出其诞生过程从而寻其根。新抚岩画群人物与左江岩画人物完全不同的几乎全是"秃头"，基本无"椎髻"，亦无服饰，可以说也没什么武器。从这一点是无法判断其为何种族，只有北方阿尔泰民族有断发文身的习俗，剃光头也闻所未闻，然而这一现象也出现在甘青、内蒙古、东北大兴安岭及新疆一带岩画中，值得人们深思。新石器早期兴隆洼②—红山文化③、仰韶文化④与新抚岩画的联系似乎更为紧密，这对西南"古氏羌"族群的形成和迁徙似乎提供了些许证据。

新抚岩画群鸡卦石岩画凸显为古代社会真实的女阴崇拜而形成盛典，是"普那路亚"婚姻制度（伙婚制）下母性集权的统一宗教的明显体现，但有别于商周以后及北美的把龟崇拜放于次要位置，尤其与唐代以后也许是自然脱落形成裂缝的石钟寺第一号窟（按：此系云南省博物馆1953年编号）或第八窟（宋伯胤《剑川石窟》⑤1958年编号第

①　周行易：《论"西王母所居之昆仑山"即湖南雪峰山》，《湖南人文科技学院学报》2015年第5期；贺刚、陈利文：《高庙文化及其对外传播与影响》，《南方文物》2007年第2期，第51～60页，第92页。

②　中国社会科学院考古研究所内蒙古工作队：《内蒙古敖汉旗兴隆洼遗址发掘简报》，《考古》1985年第10期，第865～873页，图版Ⅰ～Ⅱ；孔昭宸、杜乃秋：《内蒙古敖汉旗兴隆洼遗址植物的初步报告》，《考古》1985年第10期，第873～874页；中国社会科学院考古研究所内蒙古工作队：《内蒙古敖汉旗兴隆洼聚落遗址1992年发掘简报》，《考古》1997年第1期，第1～26页，第52页，图版壹至伍；索秀芬、李少兵：《兴隆洼文化聚落形态》，《边疆考古研究》第8辑，科学出版社，2009年，第1～22页。

③　辽宁省文物考古研究所：《辽宁牛河梁红山文化"女神庙"与积石冢群发掘简报》，《文物》1986年第8期，第1～17页；孙守道、郭大顺：《牛河梁红山文化女神头像的发现与研究》，《文物》1986年第8期；辽宁省文物考古研究所：《辽宁凌源市牛河梁遗址第五地点1998—1999年度的发掘》，《文物》2001年第8期；张星德著：《红山文化研究》，中国社会科学院出版社，2005年，第1～215页。

④　Andersson J G. An Early Chinese Culture. BGSC N5, 1923: 1-68, Plate 1-17；安特生著，袁复礼译：《中华远古之文化》，《中国地质观察》，1923年，第5号。

⑤　宋伯胤：《剑川石窟》，文物出版社，1958年，第1～14页，图一至五六；杨延福：《读"记剑川石窟"后》，《文物》1958年第4期，第32～33页；陈兆福：《剑川石窟—古代白族人民杰出的艺术创造》，《中央民族学院学报》1978年第4期，第40～48页；刘长久：《云南剑川石钟山石窟内容总录》，《敦煌研究》1995年第1期，第95～110页；杨延福：《剑川石宝山考释》，云南民族出版社，2000年；北京大学考古学系、云南大学历史系、"剑川石窟考古研究课题组"：《剑川石窟——1999年考古调查简报》，《文物》2000年第7期，第71～84页；宾慧中、路秉杰：《剑川石窟中的唐、宋殿堂建筑形象研究》，《古建园林技术》2004年第3期，第42～46页；李东红：《剑川石窟与白族的信仰民俗》，《世界宗教研究》2006年第3期，第137～144页。

八号窟）上层中央一龛的"阿央白"崇拜①明显在宗教意义上的区别，因为后者是父系制度下的生殖崇拜，但根源似乎是这批人群祖先的母系–伙婚的制度沿袭结果。刘莉②指出，从集体崇拜到先祖崇拜经历了一个过程。这一过程是"皇天后土"的形成过程。因而新抚岩画群可能体现出"九隆传说"③、哀牢女始祖"沙壹"、女娲创世及"华胥-庖牺"神话时代的精神面貌，形成统一的祖先崇拜而与仰韶后期半坡情况相似；亦显示出古代"滇"族群先民在性崇拜及生殖繁衍仪式方面的特征。由黎道纲点明，"九隆"并非泰语，可能和闽南古汉语或怒语、彝语有联系。由于鸡卦石岩画所处的独特的地形地貌与神奇的岩画描绘，我们可以称其为古代地母神祠，也可称其为羲和产子图。帝俊（帝喾、帝誉）为商朝保护神，即其鼻祖，因此我们似乎可以这样推断，鸡卦石岩画表现的"龟灵圣母"酷似羲和，也许可称"东夷祖母"。

　　"普那路亚"系夏威夷语"punalua"的音译，意即"亲密的朋友"或"亲密的伙伴"。"普那路亚家庭"④由美国民族学家L.H.摩尔根命名，并把它作为群婚家庭的典型。实行外婚制的群婚家庭是母系氏族公社时期的一种婚姻家庭形式。从其起源、形成和发展过程来说，有一系列形式，其中包括19世纪以前澳大利亚人的级别制群婚家庭等。潘菁蕾⑤指出："'后'，会意字，甲骨文从女从古，古为倒'子'形，子旁作数小点乃羊水，会母生子之意。《说文后部》：'后，继君体也。象人之形，施令以告四方，故厂之。从一口。发号者，君后也'。'后'的本义是妇女产子，是'毓（育）'的本字，但从'后'的字形和解释中不难看出，'后'在原始社会，原是指有繁衍生育子孙之功，在氏族中占有'施令以告四方'的至高权力的女性统治者，到了父系氏族，男性首领暂时沿用了'后'，如我们平时所说的'皇天后土'中的'后'，与'皇'同意，应是男性统治者。"这也充分证明，中国的各种象形文字和后来的汉字的严格承袭关系，而抽象的岩画又是最早的表意字。鸡卦石岩画的解读，应该能破译"后土"的来源。接下来在同一篇文章里，潘菁蕾又指出："中国古代神话里流传着许多'圣人

　　① 李一夫（家瑞）等：《南诏大理国历史遗址及社会经济调查纪要》，《大理白族自治州历史文物调查资料》，云南人民出版社，1958年，第1～88页；连瑞枝：《女性祖先或女神——云南洱海地区的始祖传说与女神信仰》，《历史人类学学刊》2005年第2期，第25～56页；张春继（文）：《阿央白：白族母性文化的象征物》，《现代装饰理论》2014年第6期，第221～222页。

　　② 〔澳〕刘莉著，星灿译：《中国祖先崇拜的起源和种族神话》，《南方文物》2006年第3期，第123～127页（译自*Antiquity*73卷281期，1999年。）

　　③ 黎道纲：《九隆、习农乐二词不是泰语——驳哀牢泰族说的语言论据》，《东南亚》2000年第3～4期，第59～64页。

　　④ Lewis H. Morgan, Ancient Society: *Researches in the Lines of Human Progress from Savagery , through Barbarism to Civilization.* London: Macmillan and Co, 1877. 路易斯·亨利·摩尔根著，杨东莼、马雍、马巨译：《古代社会》，商务印书馆，1977年。

　　⑤ 潘菁蕾：《汉字与婚姻制度演变简论》，陕西师范大学硕士学位论文，2012年，第3～4页。

无父，感天而生'的传说，他们从另一个侧面反映了当时只知其母不知其父的群婚状态。"血亲婚姻制度中中国古代神话里流传着许多"圣人无父，感天而生"的传说，这从另一个侧面反映了当时只知其母不知其父的群婚状态向族外婚制过渡。这种族外群婚是不同集团氏族之间的同辈男女相互通婚的婚姻制度。这种婚姻制度排除了统一集团氏族之间的男女婚配，而得以区分族内或族外，作为宗族标志的就是"姓"，它既是维系血统的纽带，更是婚姻的准绳，也预示着宗法制的起源与发展。中国的姓氏产生于5000～6000年前，鸡卦石岩画可能体现"姓"起源的深意，有待我们今后深入研究。之后形成部落"酋邦"——原始国家形成应该也基于此基础。1991年冬，龙陵县大花石新石器时代遗址出土一距今约3200年（夏商时代）的人类艺术"遗作"——"石刻四瓣花"。其创作材料为一近圆且方的块石，上部略小而近圆，下部略大而近方。创作者极高妙地在石料中下部镌一弧沟将其一分为二，从而使一石之中兼得"日""月"之形；浑圆的"日轮"上刻一盛开的"四瓣花"，花瓣两两对应，四面八方布局均衡；而如钩的"新月"则不着一"墨"，纯净朴然。这一"奇葩"被保山市定为市花，也是母性崇拜产物[1]。该遗址还出土了大量陶器，陶器种类颇多，器面纹饰丰富并发现有一般被认为与文字起源有关的刻划符号，时代距今4000～3200年。古蜀之君曰望帝，谥号子巂〔归，与越嶲的"嶲"（随）不同〕，所谓"西出巂唐无故人"[2]是也。为什么叫"巂唐"，是否与唐尧有关？

"普那路亚"婚姻制度使早期人类迅速交融，从而实现文化在全球迅速传播。这一过程，可能在5000～6000年前达到顶峰，从而接下来的文明史使父系的宗法制得以主宰。其实也许一开始，以狩猎为主的民族本来就以父系为主，保持着几百万年以来的雄性家主优势，而以采集为主的人群创造了母系社会，使人类从此开始脱离动物界，从动物界最高端的狩猎王向一种新文明转化，而狩猎民族的入侵和融合才形成所谓的"普那路亚"婚姻制，这就是晚更新世以来现代人的"南北战争"，残酷的战争创造了真正现代意义的"文明"。"普那路亚"婚姻制一开始也许很早，很可能上溯到8000～10000年前或更早。高峰1997～1998年所发掘的新旧过渡时期中国云南西双版纳景洪的娜咪囡遗址（距今2万～1万年）里所出土的穿孔环纹货贝[3]既反映母性崇拜的延续，同时也反映远距离交换的频繁和重要，也许就是"普那路亚"婚姻制度在当时的体现，为后来价值

---

① 保山地区文物管理所、龙陵县文物管理所：《云南龙陵怒江流域新石器时代遗址调查》，《考古》1991年第6期，第497～505、565页；王锦麟：《云南龙陵县新石器时代遗址调查》，《考古》1992年第4期，第289～293页；云南省文物考古研究所：《云南省龙陵县大花石遗址发掘简报》，《四川文物》2011年第2期，第22～30、79页。

② 何金龙：《西出巂唐无故人——论保山汉营古城址应即巂唐城并为"南丝路之阳关"》，《边疆考古研究》第9辑，科学出版社，2010年，第188～199页。

③ 高峰：《景洪娜咪囡遗址发掘》，《探寻历史足迹保护文化遗产——纪念云南省文物考古研究所成立五十周年》，云南教育出版社，2009年，第31页。

观的转变，从人类繁殖到贸易交流而形成最早的货币奠基。根据现代人出现的最新证据，有理由推断，十多万年来①，一群以采集为主的"广谱经济"南方"族群"，由于养家糊口和生长繁衍的双重功绩，妇女地位逐渐提高而形成母系社会。这既从时间上也从地域上对我们重新认识"南方丝绸之路"打开了一扇重要的大门。云南多种群出现，万年来或许还存在古老人种②，民族志显示母系和父系均有，也许几万年前就存在于斯。"马来式亲属制"③在中国南方及东南亚有很多残留，《列子·汤问》篇谈到了"络北国"，那里是"长幼济居，不君不臣，男女杂游，不媒不聘，缘水而居，不耕不稼，土气温适，不织不衣"。所以，婚姻制度的转变，也许孕育着"文明"的开端。这种"络北国"的描述与以采集为主的非洲布须曼人（桑人的一种）社会结构非常相似。而西非也是在11000多年前就出现陶器④了。这远比8000年前西亚才出现陶器早得多。陶器文化圈，亦即"亚细亚"生产方式文化圈，由于"南北融合"形成更为复杂的社会结构，孕育着"文明"的起源。

在此，对文明发展规律是否可以提出如下假说。"文明"预示着文字的诞生，实则"宗法制"（建立在父权制基础上而奴役被征服的他族基础上的血亲奴隶制）的形成。从而在"南"和"北"人群的边缘地带碰撞、冲突、融合而形成崭新的"文明"条带，从生态学角度讲，这一条带大都出现在北回归线至北纬30°区域，这些条带反过来传播（方式有"纵波""横波"和"面波"），纯粹的替代基本不能促进文明发展，只有出现文化涵化的区域，也就是杂交区域，才是创造"文明"的区域，也就是起源区域，因为只有涵化才能传承，才能在传承中发展出会意传声又能"永久"保留的文字而非口头，许多文明就是因为断绝了传承而引来"灭顶之灾"。因此，云南具备这一交融区域条件，连续发展的中国的存在体现了这一人类文明史的事实。

岩画是人类族群的表意手法在岩石上的体现。岩画（rocky art）是指在岩穴、石崖壁面和独立岩石上的彩画（rocky paintings）、线刻（petroglyphs）、浮雕（relief）的总称。岩画中的各种图像，构成了文字发明以前，原始人类最早的"文献"之一（还有结绳记事等，美洲还残存精美的塔构树枝状结绳记事实物），然而，只有刻划书写的艺术的抽象萃取形成了文字。岩画视觉艺术展现了它所在社会的特征，同时也表现了创作者的个性、关注点、看周围世界的方式，以及与自然的存在关系。它是一种原

① Wu L, et al. The earliest unequivocally modern humans in southern China. *Nature*, 2015, 526(7575), 696-699.

② Curnoe D, et al. Human Remains from the Pleistocene-Holocene Transition of Southwest China Suggest a Complex Evolutionary History for East Asians. *PLoS ONE*, 2012, Vol.7, I3, e31918, 1-28.

③ 李根蟠、卢勋：《马来式亲属制与血缘家族》，《世界历史》1985年第3期，第12~22页。

④ Huysecom E, et al. The emergence of pottery in Africa during the 10th millennium calBC：new evidence from Ounjougou (Mali). *Antiquity*, 2009, 83(322): 905-917.

始书写，或者我们可以称之为"书写产生之前的书写"。研究岩画，我们称之美术（或艺术）考古（中国式的英文术语为art archaeology），郑岩①探究该术语的产生后得出该术语是介于美术史和考古之间的桥梁，该研究范畴是用考古手段研究古代美术作品。何为之"艺术"（art）？有一句英文解释得比较确切，即艺术是超于混沌之上的胜利［An American novelist, John Cheever（1912-1982），once said，"Art is the trimph over chaos."］。艺术就是人类个体和集体意识的结晶（Art is quintessence of human beings' individual and collective consciousness.）。美术（the fine arts）是自古代延至今天人类的一种视觉艺术（The fine arts is a kind of visual arts），它是人类思维的社会表象（Imagery）之一（It is one kind of presentation of human thinking），因此具有历史的延续性（so it has historical continuity）。

解释岩画，在于对当时人类集体意识（human beings' collective consciousness）的解读。爱马努埃尔·阿纳蒂②对以采集为主的人群和以狩猎为主的人群所体现的岩画风格用其"艺术的语法"给予解读，在此借鉴推理。综合判断，新抚岩画群在其"复合经济体"范式的初期，已经脱离了其早期以采集者为主的范式（乌龟、蜥蜴等小型动物的残留）而进入复合经济的范式（有羊等小型动物），表现出"祭神仪式"特点。岩画研究证明，采集者和狩猎者风格迥异，他们各自书写的岩画历史也完全不同，前者自己创造了"写意"而发明文字，后者沿袭前者而改造了文字，这种交替使得社会突变，社会结构的改变造就了"文明"时代，而"文明"史似乎被全球岩画展示得淋漓尽致，岩画这种表意（imagery）代码确通过逐渐解译的符号动力学不同级别的"范式"，达到逐渐揭开"真实"（相对的）历史本质（essence）的"灰箱"（图九）。

新抚岩画群无疑也是"文明"诞生这一节点转折期的代表之一，该类岩画本质上区别于以描述动物为主的那些岩画，比如金沙江岩画（狭义，早期提出的牦牛道区域岩画）。新抚岩画群与沧源岩画群（男性以倒三角绘制身体，女性则以中凸桶状）总体上风格迥异，与左江岩画群属于同一大类；同时，应该指出，新抚岩画群，其风格上与云

① 郑岩：《论"美术考古学"一词的由来》，《美术史研究》2010年第1期，第16～25页。

② Anati E. *World Rock Art: The Primordial Language*. Third English edition, Brescia, Italy. 1994；〔意大利〕爱马努埃尔·阿纳蒂：《世界岩画——原始的语言（连载）》，《岩画》第一辑，中央民族大学出版社，1995年，第5～12页。

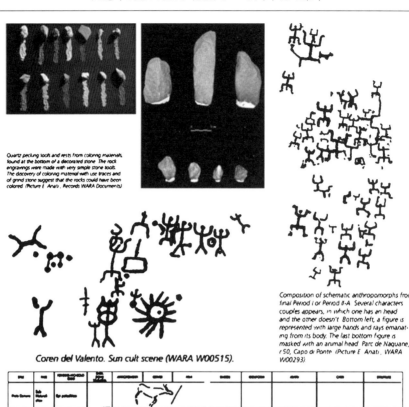

图九　梵尔卡莫尼卡（Val Camonica）新石器以后第Ⅰ、Ⅱ期岩画，六只蛇、一只萨拉夫（或毒蜥蜴）、两只蝎子

［引自Emmanuel Anati，2008，14（底部），21（左上），22（右上），23（左中）。由爱马努埃尔·阿纳蒂[①]提出的IV-A期岩画，早期青铜时代见原文图七，2：（下）左数，第三个图形，飞兽；第四个图形，巨兽；图九，引自Emmanuel Anati，1999: 31，fig2.尽管前者是红色的单色涂绘，而后者则是凿刻，但图形造型基本一致。无独有偶、人、羊、狗的描绘造型一致（见Emmanuel Anati，1999: 27-29）］

---

① 　Anati E. The Way of Life Recorded in the Rock Art of Valcamonica. In *The civilization of rocks*. Capo di Ponte: Edizioni del Centro, 2008: 13-35.

南大理漾濞苍山岩画①、云南丽江永胜东山乡岩画群②、云南楚雄永仁永兴岩画③基本一致，但更多的成分显示前者更突出"人"的刻画而后者掺杂了更多的动物刻画；与甘青及宁夏（尤其高嵩④新解"夏"字的岩画表述，图一○），以及大兴安岭该时期的某些岩画风格近似，和童恩正⑤的"半月形文化圈"相吻合，似乎构成夏朝形成之前的脉络，这也从地域上似乎勾勒出了先夏与先商的分界，详细的研究囿于篇幅有待今后深入。但由于新抚岩画群人物无任何装饰佩戴，在所有图案中也没有出现服饰、兵器或其他物品，其稚拙、质朴、简约的风格较左江岩画似乎更原始且更抽象，显示出新石器时代或更早的文化特征，成其祖型。由于该岩画群具有规律的人物和动物符号特征，以及各种线图的表意性明显，其组合也许能代表文字启蒙阶段，形成原始的图文短语，对揭开文字起源之谜具有启发作用，周边的"坡芽歌书"⑥"巴蜀符号"⑦"水书"⑧"东巴文"⑨等，均能说明周边民族都有古代符号运用而草创文字的基础，这很类似西亚首创

① 刘光曙：《云南漾濞境内的一组苍山岩画》，《云南民族学院学报（哲学社会科学版）》1997年第2期，第73~74页。

② 袁海毅：《云南省考古专家将赴丽江考察神秘壁画》，云南网2012年5月9日；袁海毅：《云南丽江发现罕见古壁画（图）》，丽江市外宣办副主任吕全图片，来源于吕全的博客新浪网，2012年5月10日；袁海毅：《云南丽江发现罕见千年古壁画（图）》，凤凰网财经网2012年5月10日；顾一航：《云南丽江发现罕见岩画——或揭示游牧民族定居生活》，中国新闻网（北京）2012年5月10日；杨毅：《金沙江流域的千年岩画》，神秘的地球网2012年5月19日；《丽江永胜东山乡再次发现古代岩画当地认识到了它的价值（图片）》，《都市时报》2012年5月24日；（记者）刘钊：《黑龙江大兴安岭岩画与云南丽江岩画的惊人巧合为我们留下千古之谜》，大兴安岭岩画的博客，2012年6月7日。

③ 吉学平、夏继芬：《金沙江流域发现新的岩画点》，《中国文物报》2006年2月10日第2版；付丽娅、李田广：《楚雄永兴岩画调查》，《楚雄师范学院学报》2013年第12期，第105~108页。

④ 高嵩：《大麦地岩画——夏朝档案》，阳光出版社，2012年，第1~171页，内首页及第5页，犬夏图文解。

⑤ 童恩正：《试论我国从东北到西南的半月形文化传播带》，《文物与考古论集》，文物出版社，1986年，第17~43页；童恩正：《试论我国从东北到西南的半月型文化传播带》，《中国西南民族考古论文集》，文物出版社，1990年，第252~278页。

⑥ 李锦芳、刘冰山、黄炳会等：《壮族"坡芽歌书"及其文字性质》，《中央民族大学学报（哲学社会科学版）》2010年第1期（总第188期），第108~115页。

⑦ 孙华：《巴蜀符号初论》，《四川文物》1984年第1期，第13~22页；孙华：《巴蜀符号初论》，《巴蜀考古论文集》，文物出版社，1987年，第89~100页；钱玉趾：《古蜀地存在过拼音文字——成都百花潭战国墓出土的铜盉盖考》，《四川文物》1988年第6期，第3~8页；刘志一：《古蜀文字是"蚕丝文字"吗——与钱玉趾先生商榷》，《四川文物》1989年第6期，第54~57页。

⑧ 邓章应：《水书造字机制探索》，《黔南民族师范学院学报》2005年第2期，第68~73页；翟宜疆：《水文象形字研究》，《兰州学刊》2009年第10期，第164~167页。

⑨ 杨启昌：《东巴教及象形文字的产生年代问题》，《云南社会科学》1994年第1期，第70~73页。

犬（犬夏）

解析：图上之犬，卷尾，头部造型漫没于石缝。此犬，代表夏朝诸帝原先的父系为犬夏。其所婚娶之熊，为中原犬夏部落南方之有熊氏，当时为母系氏族，属尧系。此熊女性，代表熊（女以）（尤熊姊），与犬夏某男合婚，生子。按，此子即（鱼玄），随母宗姓又以母名（女以）为小姓。按，此是中原夏朝历史的第一笔。

熊

子（ ）

《大麦地岩画》P.140/D.0611

图一○　从岩画中高嵩解"夏"字

（引自高嵩：《大麦地岩画：夏朝档案》，阳光出版社，2012年，第5页，犬、熊有子，图解析文；第70页，禹）

文字时期的情形①，其周边各国当时也有文字，致使其使者能执书信出使交换信息。新抚岩画群的人物表现手法不具备"滇濮"或"百僰"昆明族群（似乎掺杂更多游牧特色）的特征而更接近百越族群的特征。总体上，新抚岩画群，以蹲踞式人形和分叉式（飞机人）人形为主要特征（殷坐尸和夏立尸，解释如下），其内容形象地表现了古代原始氏族和部落既非母系又非父系的普娜路亚婚姻制度（伙婚制度）下的生殖崇拜、天体崇拜、灵魂崇拜、祖先崇拜的文化内涵。

黄亚琪②认为："'蹲踞式人形'（因此也称为'板凳'）主题岩画的数量是巨大的，不仅中国有，也遍及世界。蹲踞式人形是非常有意义的世界性的文化现象。"

张嘉馨和孙晓勇③，则揭示出北美"蹲踞式人形"岩画的内涵为萨满——与神灵的对话；大量小型"蹲踞式"动物如乌龟、蜥蜴、青蛙这些半人半兽的神（anthropomorphic）具有一定的灵性，它们与萨满教有关（shamanism），且图形中有的露出器官或骨骼显示具有超自然的力量。乌龟则是沟通人和manitous（印第安人的一种神灵）的工具。然而，从其介绍的题材看，龟已成次级神灵了。就其所介绍的材料看，人物均为圆头，多半为空心的，实心的很少。身体线条刻画也非常简练，具倒三角沧源岩画型的和飞机人五笔通体型两种。龟头也基本呈圆形。同时，他们指出，蹲踞分龟式蹲踞和人物的正常蹲踞，前者在北美印第安人有守卫领地的含义。

袁恩培和牛丽④指出，广西左江岩画早期的"蹲踞式人形"所表现出来的更多的是一种隐秘性活动，是一种小群体性的活动且有着共同的神灵信仰，而非一种有组织的公共活动，因此可归入集体崇拜范畴。

先秦古籍《山海经》保存着"十日神话"，《大荒东经》云："大荒之中，有山名曰孽摇颎羝，上有扶木，柱三百里，其叶如芥。有谷曰温源谷。汤谷上有扶木。一日方至，一日方出，皆载于乌。"乌，郭璞注："（日）中的'三足乌'，《淮南子·精神篇》云：旧中有踆乌。（袁珂：《山海经校注》《大荒东经》）东海之外，甘水之间，有羲和之国。有女子名曰羲和，方浴日于甘渊。羲和者帝俊之妻，生十日。"袁珂按："甘渊盖即汤谷也。"（《山海经校注》《大荒南经》）"有汤谷，汤谷上有扶桑，十日所浴，在黑齿北。居水中，有大木，九日居下枝，一日居上枝。"袁珂按："汤谷，或作旸谷。"引《淮南子·天文篇》："旧出于旸谷，浴于咸池。"《尚

① 拱玉书：《古代两河流域文字起源神话传说》，《世界历史》2007年第2期，第103~113页。

② 黄亚琪：《左江蹲踞式人形岩画研究》，中央民族大学博士学位论文，2012年，第1~228页；黄亚琪：《蹲踞式人形岩画与南岛语族的扩散研究》，《西南民族大学学报（人文社会科学版）》2014年第9期，第38~43页。

③ 张嘉馨、孙晓勇：《美洲地区"蹲踞式人形"岩画的分类与内涵阐释》，《内蒙古大学艺术学院学报》2014年第4期，第89~95页。

④ 袁恩培、牛丽：《广西左江"蹲踞式人形"岩画符号探析》，《芒种》2015年第13期，第123、124页。

书·尧典》："分命羲仲，宅隅夷，日旸谷。"（《山海经校注》《海外东经》） 鸡卦石岩画所描述的内涵似乎和帝俊-羲和及十日神话有着很强的联系。其中的"三足乌"在鸡卦石岩画和彭丙仓房岩画均有表现。

任桂园①曾写道："所谓'殷坐尸'，则有可能指'尸'所取坐姿乃屈膝蹲踞之状也。……'尸'，在先秦（乃至秦汉）典籍中，其主要有五：象屈膝蹲踞之人形，后用此字指称东方之人，亦特指东方之夷人；广泛地用于称谓祭祀之时代替死者受祭享之活人；大致于春秋前后，'尸'亦有神主、神象之义；祭祀之尸本神主、神象而陈之，故'尸'亦有'陈'义，陈，列也；借'尸'字为'屍'（第15页）。……汉·何休所云'夏立尸'之特点。装扮神灵之尸，取立姿而不作蹲踞之状，大有羌戎民族原始宗教文化之遗风，亦当蕴含有祭首领而不忘先祖之'立尸'规范之意（第18、19页）。……《太平御览》卷888载《蜀王本纪》曰：荆有一人名鳖灵，其尸亡去。荆人求之不得。鳖灵尸至蜀，复生。蜀王以为相。时玉山出水，若尧之洪水。望帝不能治水，使鳖灵决玉山，民得陆处。鳖灵治水去后，望帝与其妻通。帝自以德薄，不如鳖灵，委国援鳖灵而去，如尧之禅舜。鳖灵即位，号曰开明（第19页）。……鳖灵部巴人依靠强大的经济实力而牢牢地立足于川西平原之后，'蜀王以（鳖灵）为相'并委之治玉山之水，此鳖灵并非该部巴人之祖，而为该部巴人后裔中之头人或其中佼佼者也。任乃强老先生注《华阳国志·蜀志》中'开明位号曰丛帝'一语云：'上章以开明为鳖令之名（指【其相开明，决玉垒山以除水害】一语所云），此章言开明位号丛帝，均未用鳖令字，足知鳖令非其人名，开明乃其名，下文其九世孙又有开明帝，足知开明子孙称开明氏。'老先生此说极是。尤可见鳖灵乃开明氏之先祖也，而所谓'为相，决玉山，治水，而后由杜宇委国禅让即位'之'鳖灵'，当指是时已立足于川西之鳖灵部巴人后裔中的头人或其佼佼者是也（第20页）。"

《礼记·礼运》曰："麟、凤、龟、龙，谓之四灵。"②安徽潜的含山玉龟、玉签和玉版③，龟负洛书、玉龟衔符有了考古学证据④和天文学证据⑤。良渚文化和红山文

①　任桂园：《说尸——兼论"夏耕之尸"与"鳖灵之尸"》，《三峡学刊（四川三峡学院社会科学学报）》1996年第4期。

②　（宋）李昉：《太平御览》卷931，中华书局，1960年。

③　安徽省文物考古研究所编：《凌家滩玉器》，文物出版社，2000年，第1～166页；安徽省文物考古研究所：《凌家滩：田野考古发掘报告之一》，文物出版社，2006年，1～594页；张敬国：《安徽含山凌家滩新石器时代墓地发掘简报》，《文物》1989年第4期，第1～30页，图版壹（玉龟腹甲M429，背甲M4：35，长方形玉片M4：30）至贰，4500～5000年两大小相套的圆圈内圆刻一方心八角形图案；张敬国：《安徽省含山县凌家滩遗址第五次发掘的新发现》，《考古》2008年第3期，第7～17页（总第199～209页）。

④　李修松：《试论凌家滩玉龙、玉鹰、玉龟、玉版的文化内涵》，《安徽大学学报》2001年第6期，第40～45页。

⑤　陈久金、张敬国：《含山出土玉片图形试考》，《文物》1989年第4期，第14～17页。

化①，龟成其为主角之一。河南舞阳贾湖遗址以及大汶口文化的一些大型墓葬中都出土有数量较多的龟甲器，龟甲多经过修整。贾湖遗址出土的龟甲器内含有石子②。大汶口文化中除出土含石子的龟甲器外，还有含骨针和骨锥的龟甲器③。对含石子的龟甲经研究认为是"龟铃"或"龟响器"，供人们在举行某种宗教的仪式时使用④。含骨针和骨锥的龟甲可能是作为巫医行医或占卜的工具。古人认为龟具有神力，利用它来治病问医，预知生死。《礼统》中对龟有如下记载："神龟之象，上圆法天，下方法地，背上有盘法丘山，玄文交错以成列宿，五光昭若玄锦，运转应四时。长尺二寸，明吉凶，不言而信。"⑤仔细观察，龟的确有天地之象：其背甲，中间五块代表金、木、水、火、土五行。五行的两侧各有四块龟甲，共计八块，象征乾、坎、艮、震、翼、离、坤、兑八卦。再往外的一圈边裙，共计二十四块，代表一年二十四个节气。腹甲两列，每列六块，共计十二块，象征一年十二个月。这样看来，天地大数都集于龟的一身，五行八卦的根本原来也都早已被造化写于龟甲之上，它必定有着非同寻常的神力。《尔雅·翼》对所谓"天龟"的描述更是神乎其神："灵龟（即天龟）文五色，似玉似金，背阴向阳，上隆象天，下平象地，架衍象山，四趾转运应四时，文著象二十八宿，蛇头龙翅，左睛象日，右睛象月，千岁变化，下气上通，能知存亡吉凶之变。"灵龟简直就是天地万物的化身，难怪古人事无大小都要求教于龟。正因为龟有如此大的神力，所以古人崇拜它，利用其沟天通地，预知生死，占卜吉凶。其次，古人对龟的崇拜很可能源于对自身的一种生殖崇拜。史前社会早期处于母系氏族时期，生殖崇拜主要表现为对于女性生殖器官的崇拜。红山文化中发现了大量生育的女神像，小腹圆鼓，乳房硕大，臀部肥大凸起，有明显的阴部记号。进入父系氏族社会以后，男性在社会中的地位上升，生殖崇拜又转变成对男性生殖器官的崇拜，很多遗址中都发现象征男性生殖崇拜的陶祖。江苏刘林大汶口文化墓葬中发现了一具完整的男性骨架，年龄16岁左右，随葬龟甲2副，其中的一副就置于墓主的裆部，覆盖着男性的阴器，龟甲的头与墓主的头同方向。龟甲的前半部分钻有两大两小的四个圆孔，成方形排列。有学者从龟甲覆阴的状况分析，认为是把男根放入"神屋"内（龟甲的学名为"神屋"或"漏天机"），使龟甲完全套住男根，再用绳索穿入四个孔中与人体拴牢，使人根永远不离龟甲⑥。古人把人根放入龟腹是期望它能得到龟的护佑，并受到龟灵的感应，保其后代人丁兴旺，永远昌盛，与龟同寿。再次，龟的寿命很长，可以活至千岁。《淮南子》说："龟三千岁。"⑦而且龟的

① 郭大顺：《牛河梁遗址》，学苑出版社，2004年。

② 河南省文物考古研究所：《舞阳贾湖》，科学出版社，1999年。

③ 高广仁：《中国史前时代的龟灵和犬牲》，《海岱区先秦考古论集》，科学出版社，2000年。

④ 王子初：《中国音乐考古学》，福建教育出版社，2003年。

⑤ （宋）李昉：《太平御览》卷931，中华书局，1960年。

⑥ 高广仁：《大汶口文化》，文物出版社，2004年。

⑦ （汉）刘安：《淮南子》，上海古籍出版社，1989年。

生命力很顽强，可以忍受饥饿，长期不摄食，对于寿命较短的古人来说，龟的长寿又成为其崇拜的对象。黄帝族、鲧氏族及东夷族等①都以龟作为自己的图腾，就是希望自己的部落像龟一样长盛不衰地延续下去。此外，龟在我国古代还被作为雨云等自然力的化身、力量与财富的象征、权势地位的标志等。龟曾是古代先民祈求云雨以保丰产的灵物，晋人孙惠所撰《龟赋》曰："有轴衣之大夫兮，驾雨雾而翱翔，风雨为之电奋兮，五色赫以煌。"②李艳红③对此做了一些概述"《史记·龟策列传》：'能得名龟者，财物归之，家必大富至千万。'《礼记·礼器》载：'诸侯以龟为宝，以圭为瑞。家不宝龟，不藏圭，不台门，言有称也。'可见，龟的身价极高，不仅是宝物而且是门第高低贵贱的重要标志。龟寿命长，生命力顽强，抗御灾害的能力很强，令古人羡慕不已。其长相奇特，具备天、地、人之象，在世界上绝无仅有。原始先民崇拜天地及人的生殖器官，故对具有此三象的龟异常崇拜，自然也在情理之中。也正是这种对龟的崇拜形成了后来商周时期一度繁荣的龟卜文化，为后人留下了世界上最古老的文字之一——甲骨文，这也应该算是龟对人类文明的一大贡献吧"。然而，商代的龟卜，却并非如前期先商那样"龟灵崇拜"，只是把其作为一种通神达天的工具。《史记》云："'轩辕，黄龙体'，而不言轩辕为黄龙星者，何也？黄龙应为黄帝之先少典氏之象。书云伏羲氏以龙纪官，少典之君应为太昊帝伏羲氏的黄龙之官。天者，玄也。天鼋即玄鼋，玄鼋与轩辕之音同。改天鼋曰轩辕，应是黄帝当政以后之事。"因此，鸡卦石岩画的"龟灵圣母"所生产的孩子有可能是指"天鼋氏"黄帝，当为先夏先商遗民所留，因此这幅岩画创作时间可能超过距今3600年或4000年，但也不排除为其子遗而延后，这有待今后绝对年代的测定。

值得一提的是，《中国艺术报》2015年4月17日第四版报道了《在太阳神鸟腾飞的地方绽放西畴无限魅力——由中国民协等主办的中国·西畴（2015）女子太阳节成功举办》④："……'女子太阳节'是滇桂壮族聚居地区独具特色的传统节日，起源于母系氏族社会，是壮族先民敬畏、崇拜太阳的民俗传统文化现象和壮族世代传承、特色鲜明、影响较大的非物质文化遗产项目，2014年12月西畴县汤果村'女子太阳山祭祀'正式入选第四批国家级非物质文化遗产代表性项目名录。"

同版报道了《西畴壮族太阳神话是原始婚制的文化遗存》："……是在纪念太阳重新回到天上的日子里为祈求风调雨顺、人丁兴旺？——纪念与祈求日神的仪式天下有

① 孙华：《灵名义考——兼论鳖灵与蜀开明氏的关系》，《四川文物》1989年第5期，第17~24页；李学勤：《古史——考古学炎与黄二帝》，《黄帝与华夏文明》2006年第3期，第20~23页。

② （宋）李昉：《太平御览》卷931，中华书局，1960年。

③ 李艳红：《从出土文物谈我国史前龟文化》，《华夏文化》2010年第3期，第16、17页。

④ 刘未：《在太阳神鸟腾飞的地方绽放西畴无限魅力——由中国民协等主办的中国·西畴（2015）女子太阳节成功举办》，《中国艺术报》2015年4月17日第4版。

很多，但只由女性出面来进行的，还闻所未闻。妇女们裸体洗浴，仅仅是对羲和浴日的巫术性模仿？——但就目前得到的文本资料来看，羲和根本就'不在场'。乜（注：乜与芈同音，近意，是否同源？所谓女萨满或巫？）星身怀六甲，为何被推举出来担任寻找太阳的任务？——这是最奇怪的问题，一位孕妇为何如此努力去寻找躲起来的太阳？这件'事证'里最重要的是它所强调的性别元素：女性追寻太阳和祭祀太阳意味什么？这不是一则简单反映人与自然关系的神话。应该是反映人与人关系的神话：更明白地说；射日者与十日（西畴射日神话中是朗星与十二日）都是男性的象征，他们之间的追杀行动隐喻着父权婚制与普那路亚婚制间所爆发的斗争冲突。射日者朗星与寻日者乜星名字中，都有'星'字，二人应该属于同一个称之为'星'的族群，如果在内婚制时代他们可以结合，但新的婚制居于统领地位，已身怀六甲的乜星便必须为自己腹中的孩子寻找到属于对偶婚意义上的父亲。乜星寻日的情节，表达的或许是这一时代的女性与传统的普那路亚婚制的决绝。其次，全族群的女性以集体裸浴方式举行祭祀活动，应有两个动机：一是对已到来的新婚制的认同与巩固，二是对逝去的旧婚制的哀伤与纪念。前者是对父系制度的'臣服'，后者是对母系失权的'伤逝'。也正因这个原因，西畴女子太阳节的狂欢式活动得到本族群中男性的完全赞同，并认可西畴壮族先民中满16岁少女的成年资格。"①

同版点评了《再现与重建：陆海新丝路视野下的南疆西畴汤谷文化》："……再从'西畴日出汤谷'这个叙事和仪式考察，我们不用母系母权阶段这个假设，反而更能把古越人先民文化制度里男女权力平衡共建和谐社会的道理讲好，且更能对我们理解边疆民族关系提供启示：我理解叙事里的朗星乜星为一方，十二个太阳为另一方，双方互为对手他者。后来男子朗星出面跟太阳冲突得胜，却发现冲突双方原来是'谁也离不开谁'。人类这边因而又邀请女子乜星出面抚慰调节，甚至还要搭上三个姐妹帮助落败的太阳重新升天，达成新的和谐。我认为这个太阳可能是自然，也可能是民族国家，甚至是任何意义上的'外人他者'。现代社会发展史意义上的冲突斗争都是'你死我活仇必仇到底'。但壮乡汤谷人民基于文化生态学经验给我们的启示却是：'共生共活仇必和而解。'各民族都要除暴安良，也都要化干戈为玉帛。大家也都有兴灭继绝参天地之化育的意识，因而最终都要达成团结和解来维护生态平衡和持续发展。百越文化让妇女参与这等大事更有两层含意：一是壮族先民百越妇女在内政外交两个方面都能顶起半边天的特殊价值；二是男人惹起的矛盾冲突最终要由妇女安抚化解的人类普世价值。中国古人讲'君子之道造端于夫妇'也是这个意思。"②

在新抚现在的主要居民是哈尼族，周边也是以哈尼族为主体民族的区域。尽管该

---

① 李稚田：《西畴壮族太阳神话是原始婚制的文化遗存》，《中国艺术报》2015年4月17日第4版。

② 张海洋：《再现与重建：陆海新丝路视野下的南疆西畴汤谷文化》，《中国艺术报》2015年4月17日第4版。

区域是多民族混杂区域，其他民族也有很多类似传说，在此先介绍哈尼族有关母性崇拜的传说。"奥玛突"是哈尼族村寨每年农历二月举行的"社"祭，是哈尼族的重大的祭祀活动之一，即祭祀"奥玛阿波"的活动。"奥玛突"在有的村子又叫"普玛突""昂玛咪扎""昂玛奥""昂玛章""普玛迷扎"等，各个村寨举行"奥玛突"的日期也不尽一致，但主要是在阴历二月间属龙或属牛的日子或阴历十二月属龙或属虎的日子举行。相传"奥玛"是古代两位为护寨而献身的英雄及其母亲。"突"是哈尼语里祭祀的意思。哈尼族认为，"奥玛"是哈尼族村寨的最高保护神，它保佑村寨五谷丰登，人畜兴旺。祭典包括祭寨神、招寨树魂、祭水神、贺生礼、长街宴等内容。其仪式的核心是祭寨神。据常规，每十二年一大祭（届时需杀牛祭），三年一中祭，一年一小祭。每年举行"奥玛突"祭寨神活动，意在追念哈尼先辈安寨的艰辛和业绩，同时祭祀寨石、神树，是一次盛大的歌舞庆典。有釭鼓舞、独查磋（或地鼓舞）、同尼尼、棕扇舞和碗舞等[1]。"左祖右社"，"社"祭就是母性崇拜。上述几种祭祀舞蹈除碗舞外基本是男性操办，且舞步带有"禹步"特征，为父权制社会，但从碗舞情形看，可能也残存一些母系社会痕迹。

　　最值得注意的是，其秃头僧侣型飞机人物形象及表现形式都特别形似意大利梵尔卡莫尼卡（Val Camonica）第Ⅰ、Ⅱ期岩画风格，后者断代为7500~5300年[2]。这在已发现的大理漾濞苍山崖画、永胜东山乡岩画、永仁永兴岩画也有体现。中国甘青地区、宁夏地区、大兴安岭地区也存在这一类型岩画。徐江伟[3]指出："希罗多德说斯基泰人会杀死大量奴隶和妻妾来殉葬，也是匈奴的一个特征。又说中亚草原上的'阿尔吉帕·欧伊人'都是'秃顶'之人，显然是指古代阿尔泰游牧民族的剃发习俗，而不是他们天生不长头发，那个'欧伊'可能是'兀颜'的异写。"无独有偶，康家石门子岩画是最典型生殖崇拜岩，而且也置于丹霞地貌中，其"双头同体人像"也许象征着东方"伏羲—女娲"和西方犹太的"亚当"、南亚的"普路沙"及吠陀期的维拉吉（湿婆和雪山女神合体，即莲花托须弥），这些人物也是圆头，只是更具象，而鸡卦石岩画里的通灵者头上却绘有相同的双羽但头形是方的，这是否暗示着某些宗教的传播。尤其值得注意的是，三星堆出土的数十个"纵目型"青铜面具中，有几个的确是圆头无发的秃顶，其可能代表古代传说的"纵目"大神之一，其他发髻也有，说明已是后期混杂了。尚白也是北方阿尔泰民族特征之一，这可追踪至甘青和大兴安岭的一些白色涂绘岩画及

---

①　曹艳：《哈尼族"奥玛突"祭祀性舞蹈介析》，《艺海》2014年第12期，第143~145页。

②　Anati E. The Way of Life Recorded in the Rock Art of Valcamonica. *Adoranten*, 2008, 13-35.

③　徐江伟：《"血色曙光华夏文明与汉字的起源"之八——西域文明、两河流域文明与华夏文明之源》，《社会科学论坛》2012年第8期，第147页。

新石器中晚期的宗日遗址[①]出土白陶彩绘器物及饰件等，但也不排除为高庙遗址先民所影响。

"秃头僧侣"这一现象是原始宗教全球传播还是某大类群的迁徙、扩散值得深入研究。"殷坐尸"充分显示出东夷部族具有"蹲踞式人形"的神祇。而新抚岩画既有"夏立尸"又有"殷坐尸"，这一混合，如何解读，值得深思。

这些与北方、西亚和欧洲南部的联系，不得不使我们深思。是超级南方大语系人群（great austric groups）[②]向中亚、西亚、埃及、北美传播文明，还是当今几乎成定论的"西来说"已成为重新认识世界历史的焦点。而对古代"大西国（亚特兰提斯）"[③]，柏拉图在他35岁时曾言："在昔日被人称为'海格力斯擎天柱'的直布罗陀海峡的海面上，即在西班牙和摩洛哥海岸之间，横展着一块陆地，叫作亚特兰提斯。它由一个大岛和一系列小岛组成。亚特兰提斯人把首都设在陆地的东南海岸波塞多尼亚，那里有为该国缔造者建立的寺院、王宫、壮丽的建筑物。"据柏拉图查证，埃及僧侣曾记载此事件据距当时9500年，即距今12000年前的消亡与新仙女木事件相匹配，到底是安达曼大陆（当时为正在萎缩的大陆，现已全为海洋）还是克里特岛、大西洋诸岛等已成为世界历史之谜，如若有，从古气候和古海岸线演变看[④]，前者可能性更大。无论上述陈述是否事实，都给我们带来了这样一个信息，距今12000年前，海洋民族创造了一个辉煌的文明世界。日本原住民（阿依努人）和安达曼土著都具有罕见的D2基因（矮黑人基因）。我们未知的世界太大，许多谜底尚未揭晓，新的考古发现会有助解决一些疑问，作为研究者必须具备怀疑论者的潜能，这样，在证据面前，我们才能够获得更合理的解释。因此，自晚更新世后期以来，对全球现代人不同区域文化的特点及其他们各自的形成、迁徙和融合过程的认识必将给出"文明"起源的正确答案，也因此就（广义）考古学证据解决"西来说"或"东渐说"纷争的根源更具客观性而更少偏见。这一世界性同期文化扩散事件，可能是四大文明古国兴起以及世界范围内岩棚（巨石）文化

---

① 青海省文物管理处、海南州民族博物馆：《青海同德县宗日遗址发掘简报》，《考古》1998年第5期，第1～14页（总385～398页）、35页（总419页），图版壹～伍；陈洪海、格桑本、李国林：《试论宗日遗址的文化性质》，《考古》1998年第5期，第15～26页（总399～410页）。

② Reid L A. The current state of linguistic research on the relatedness of the language families of East and South-East Asia. In *Indo-Pacific prehistory: The Chiang Mai papers*, Vol. 2, ed. by Ian C. Glover and Peter Bellwood, 87-91; Bulletin of the Indo-Pacific Prehistory Association 15. Canberra: Australian National University. (1996) http://www.uta.edu/faculty/jerry/pol.pdf: Jerold A. Edmondson, 2007. The power of language over the past Tai settlement and Tai linguistics in southern China and northern Vietnam. 1-25.

③ 柏拉图（Plato，Πλάτων，约公元前427～前347年）：《克里齐》，公元前392年；〔美〕伊格内修斯·唐纳利：《亚特兰蒂斯——太古的世界》，百花洲文艺出版社，2014年。

④ Yoko Ota、John Chappell、Brad Pillans，顾兆炎翻译，韩家楙校：《第三部、分海陆对比——300,000年以来的海平面变化》，《第四纪研究》1992年第2期，第160、161页。

的出现和发展的关键，考古学证据将提供其间交流、扩散、替代、涵化的过程和机理，而其中一支"艺术考古之岩画"将提供非常有力的思维表象证据。

高峰在研究全球新石器起源问题时也碰到同样问题。似乎澳大利亚（距今35000年前）、东南亚北部和中国南部（白莲洞距今37000年前）3万多年近4万年来以来形成以"泛和平工业"①，这种新型砾石工业为新石器起源的石器制作、磨制技术的大力开发、最早陶器生产而形成一种全球崭新文化中心，在更新世末向全球扩散的工作假说②更受当今考古证据支持，而其工业是以采集为主的工具套，使之成为全球新石器工具套的祖型。而西亚的"黎凡特"工业仍以狩猎为主，这种工具套（纯粹狩猎型，以石叶、几何形细石器为主），无法过渡到实际意义上的新石器时代，因此在欧洲、西亚及南亚西部，即沿"莫氏线"（莫维斯·哈勒姆·伦纳德线）③以西不但形成旧石器早中期界限，也对形成所谓的"中石器时代"这种间断性过渡（时间大致为距今8000年）显示出其地理区域，这也是"原始的"南方种群和"进步的"北方种群的分割线，这对我们认识现代人起源、扩散有很大启发，尽管当时作者的严重种族主义倾向蒙蔽了他的一些判断而有所失判。形成这一"新石器革命"的外因大家都归结于古地理气候环境的变迁；然其内因笔者认为却是自身社会结构的巨变造成的人口迅速扩张，带来的文化迅速扩张。婚姻制度，也许成为内因关键。过去，根据西方学者思路，一直沿用1万年来为新石器开端就是西亚说的翻版，也许万年来西亚和东南欧以金石文明昌盛"铁证"不容否

① 周国兴：《中国广西柳州白莲洞石器时代洞穴遗址——对华南地区旧石器时代晚期文化向新石器时代早期文化过渡的探索》，《东南文化》1986年第2期，第8～13页。Geneste JM, et al. Earliest Evidence for Ground-Edge Axes: 35, 400 ± 410 cal BP from Jawoyn Country, Arnhem Land. *Australian Archaeology*, N71, 2010: 66-69.

② 徐文英：《中国考古学第十五次会年会论点综述》，《文物春秋》2013年第1期，第25～33页（其中，第30页左第13行至左第21行：高峰、何林珊：《中国南方的新石器化》。

③ Movius H. *Early Man and Pleistocene Stratigraphy in Southern and Eastern Asia*. Harvard University, Peabody Museum Papers 19(3). Cambridge: Peabody Museum, 1944; Movius H L. The Lower Paleolithic Cultures of southern and Eastern Asia. *Transactions of the American Philoophical Society*, NS, 1948, 33(4): 329-420；徐钦琦：《在农业文明诞生前夜的人类环境的巨大变革》，The Influence of Agriculture Origin on Formation of Chinese Civilization—Proceedings of CCAST (World Laboratory) Workshop，2001年；张仲石：《亚洲地形和海陆分布变化对东亚环境格局形成演化的作用数值模拟与地质记录对比》，中国科学院地质与地球物理研究所博士学位论文，2005年；Harvey M. Bricker. Hallam Leonard Movius JR.1907–1987—A Biographical Memoir. National Academy of Sciences, 2007, Washington, D.C.. Joycec. White. 2. Emergence of cultural diversity in mainland Southeast Asia a view from prehistory. In Enfield N J, editor, *Dynamics of human diversity*, 9-46. *Pacific Linguistics*, 2011. H. Katzen.（莫氏线的形成）Early Migration To China Report, 1-9. UB the NEWS.com, 2011: 1026.

认，然而，从更早的新石器起源和新旧过渡看，事实远非如此，东方的陶[①]、玉文明说不定是其根，西方自古称中国为"Cina"而敬畏"苍龙"不是没有根据的，如果割裂研究，势必形成"无根树"，因此应把研究纳入全球范围和人类进化史中才能摸得着"头脑"。否则，反复的人类族群迁徙，将无法弄清楚来龙去脉。

最近资料显示，4万年前的印度尼西亚苏拉威西岩画[②]已显示出抽象及以人为主题的表现；距今28000年的大洋洲西部[③]性交岩画的发现，预示着以人为本的以采集为主狩猎为辅的氏族、部落可能从距今4万~3万年以来就在宗教仪式和社群结构上区别于以狩猎为主的民族。

由此我们是否可以提出如下假说：云南中部南北线交融区域，也就是滇中高原区域，从滇中南新抚岩画至漾濞苍山岩画，再至永胜东乡—永仁永兴岩画，在新石器中晚期，在纵向的滇中高原区域形成红河—澜沧江—金沙江在该区域的一个独特文化带，这一交融文化带也预示着孕育后期"石寨山"型青铜文明的崛起以及和古蜀的关系。后两类岩画图式表意的动物更多些，尽管手法基本一致，似乎更体现出"百僰"昆明族群特征。该文化带与先夏人群集团相联系，对骆（或洛）夏及西瓯的起源是否可以提供相关的美术考古资料。

目前来看，新抚岩画群的创造者是属于百越族群、百僚族群还是百僰族群，由于各族群在滇中区域混杂的种类和次数太多，而上古时代"同源异流"和"同流异源"普遍存在于这些迁徙、融合的族群中，许多疑团尚未解开，因此还有待于今后深入研究。然而，半坡文化（距今6800~6300年）的合葬制体现出普娜路亚婚姻制（伙婚）特征，其彩陶陶器纹饰多出现鹿、爬行的鼋（亦称蛙或龟）和伫立的鸟，与新抚岩画群整体风格有近似之处，似乎指示出其年代可能对等，预示着古氏羌系的早期进入和融合。其实，仰韶的融合特征可从其器物看出，仰韶文化所体现的图腾就是一种综合图腾[④]。新

①　邓聪：《越南冯原遗址与香港大湾遗址玉器对比试释》，《南中国及邻近地区古文化研究》，香港中文大学出版社，1994年，第215~218页；杨虎、刘国祥、邓聪编：《玉器起源探索——兴隆洼文化玉器研究及图录（中英对照）》，中国考古艺术研究中心，2007年，第1~233页，彩色图版181幅，第234~352页；Mary E. Prendergast, Jiarong Yuan, Ofer Bar-Yosef. Resource intensification in the Late Upper Paleolithic: a view from southern China. *Journal of Archaeological Science*, 2009, 36: 1027-1037; Wu X H, et al. Early Pottery at 20,000 Years Ago in Xianrendong Cave, China. *Science*, 2012, 336: I6089, 1696-1699；吴小红等：《湖南道县玉蟾岩遗址早期陶器及其地层堆积的碳十四年代研究》，《南方文物》2012年第3期，第6~15页；陈明远、金岷彬：《关于"陶器时代"的论证（之二）陶器时代的分期》，《社会科学论坛》2012年第3期，第24~40页。

②　Aubert M, et al. Pleistocene cave art from Sulawesi, Indonesia. *Nature,* 2014, 514, 223-227.

③　〔澳〕保罗·塔森著，李迪译，罗易扉校：《祖先的世界——澳大利亚土著岩洞与岩画世界》，《内蒙古大学艺术学院学报》2012年第3期，第90~93页。

④　王燕均：《仰韶文化四大动物图腾及其族属研究》，《学术界》1992年第4期，第42~49页。

抚岩画群一系列证据都指向"壮傣族群"（估计5000年前，从狩猎转向农业）形成前其先祖的天地观，该岩画群的发现和研究对云南探讨旧石器时代向新石器时代过渡及全球新石器起源提供了很好的素材。尽管"那文化"圈与"印纹陶"圈一致，但"百越"乃是后期的名称。由于新抚岩画群宗教形式具有先夏和先商的某些成分，对中国古代"华夏"起源及其全球文化扩张有着重要意义。亚太地区岩画由简约而带来的抽象性则预示着该区域是全球符号演化和发展以及文字起源的中心区域，岩画考古可作为很好的支持证据之一。大数据的利用、各种考古艺术品符号编码系统的综合研究，必将揭开文字起源之谜。

云南因为特殊的高原湖盆地质地理特征，峡谷河湖沉积是明显幕式的，大波那（大勃朗）2000多年的墓地竟有三层黏土覆盖（也就是出现三次洪积事件）从而掩盖了许多古代的人类最适宜的生态龛——"息壤"，更何况新石器时代早中期文化类型只是零星发现，在这样的地质地理环境下就不难理解了。陕西龙岗新石器遗址[①]层下近来挖掘出百万年前的旧石器遗址[②]，这类考古发现不胜枚举，因此，现有发现的重新认识和新发现的突破都会促进疑问的解决。然而，在非洲，岩画可以从3万年前一直延续到近代，风格也没有太大改变。欧洲，岩画风格一两万年不改变也是有的。在云南这种岩画风格的改变，包含了不同人群的不同文化，还有就是同一人群不同时代的风格改变。沧源岩画，与当地佤族习俗、风格没有太大差别，为绝大多数学者认定为"百濮"族群系而与南亚东部相联系，然而其与新疆康家石门子岩画风格相似又能说明什么呢？新疆据报道已发现1万年前的洞穴岩画[③]，而且风格与新抚岩画群的有些方面也很接近，因此有理由判断中国云南的岩画断代和分类可能得重新厘定。

以全球（广义）考古新证据来解释岩画，无论年代还是艺术风格，用这样的新视角，将会更科学地解译。欧洲由于不断地科学校正岩画年代，使其最早的直布罗陀岩画达约4万年[④]，由此稳固了"欧洲中心论"。然而，近期在印度尼西亚的苏拉威西岛发现的岩画也与这个年代相当[⑤]。由此说明，现代人在东南亚、东亚的出现与岩画同步于欧亚大陆西侧，尤其是沿海。而沿河（由西向东六大江河：独龙江（伊洛瓦底江上游支流）、怒江（萨尔温江）、澜沧江（湄公河）、红河、珠江和长江）溯源的云南则充

① 陕西省考古研究所：《龙岗寺——新石器时代遗址发掘报告》，文物出版社，1990年，第1~230页，图一~图一二八。

② 余忠平：《南郑龙岗寺文化遗址简介》，《汉中师院学报（哲学社会科学版）》1994年第2期，第80页。

③ 《新疆哈巴河现万年前洞穴岩画图案似飞机》，中国新闻网，2015年06月19日；刘是何：《探秘哈巴河多尕特岩画》，《新疆画报》2012年第11期，第62~63页。

④ Joaquín Rodríguez-Vidal, et al. A rock engraving made by Neanderthals in Gibraltar. *PNAS*, 2014, Sept 16, 111(37): 13301-13306.

⑤ Aubert M, et al. Pleistocene cave art from Sulawesi, Indonesia. *Nature*, 2014: 514, 223-227.

分体现出远古现代人迁徙的关键区域，各大河谷形成古代以至现代人迁徙的"高速公路"[①]。最近，保罗·塔森等[②]以《大东南亚早期遗存岩画的全球含义》为题，在英国*Antiquity*杂志发表。在其摘要中阐述了："东南亚岩画和欧洲及澳洲的对比的确研究得少而又少，而其通常被认为是晚期才起源的。然而，来自于大陆和岛屿东南亚新的断代证据证明了最早的图案（手模和自然状态下的动物）是晚更新世且和欧洲的一样古老。欧洲、非洲及东南亚最早涂绘图案的相似性建议他们是同根行为的产物，但在（岩棚）内容上的区别指示出可能他们没有在深的洞穴中经验的灵感。"[③]所谓内容上的区别，就是图式上的差别，显示出以采集为主的和以狩猎为主的两类不同人群。这一超级南方族群的工具套为泛"和平工业"，揭示出以采集为主的植物利用为多的人群。因此有理由认为，云南岩画可能还存在更新世晚期的近4万年前或者更早（以及由于现代人在湖南出现已早至8万～12万年前）的可能性。

这次新抚岩画群的初步研究及相关地点的端倪性揭露，预示着新石器早中期的全球文化交流存在及中晚期对文明起源的重要性，对《山海经》的全球起源提供了些许依据。在此，笔者对叶舒宪等提出的"政治地理学"的《山海经》解释表示由衷地赞赏，这一系列的研究成果也是迄今为止和考古及古文献证据结合最好的《山海经》解译。刘弘[④]指出："考古资料证明，在东亚大陆存在着一个巨大的呈'X'形的文化传播带，这个文化传播带由东西相背的两条半月形弧线组成。欧亚族群在东亚大陆'X'文化传播带的活动与迁徙，与中华文化在这条传播带上相遇、碰撞、影响、融合。"

云南地处"X"形带西南咽喉，云南作为连接中国南北和东南亚的世界级古代及至今文化交流的重要通道，其岩画凸显出狩猎、采集以及二者交融（也许这就是文明的开端）特征而必将为世界瞩目，其对藏彝六大族群的起源和迁徙、对百越集团的发祥、对百濮族群的活动以及对新石器及文明起源的贡献可想而知。

致谢：本文是笔者承担云南省文物考古研究所重点项目子课题"云南在新—旧石器时代过渡阶段的研究"的一个分项，以及普洱市文物管理所和墨江哈尼族自治县文物管理所"全国第三次文物普查"的初步结论。在完成过程中感谢云南省文物考古研究所的资金、设备、人员及行政指导的支持，感谢普洱市文化局、普洱市文物管理所、墨江

---

① Ofer Bar-Yosef. From Hunting and Gathering to Early Farming. The Speech of *International Symposium on the Qihe Cave Site, Zhangping, Fujian*, Afternoon, 2015.

② Paul S C. Taçon, Noel Hidalgo Tan, Sue O'Connor, Ji Xueping, Li Gang, Darren Curnoe, David Bulbeck, Budianto Hakim, Iwan Sumantri, Heng Than, Im Sokrithy, Stephen Chia, Khuon Khun-Neay and Soeung Kong. The global implications of the early surviving rock art of greater Southeast Asia. *Antiquity*, 2014, 88: 1050-1064.

③ 叶舒宪：《〈山海经〉神话政治地理观》，《民族艺术》1999年第3期，第60～75页。

④ 刘弘：《三星堆与南方丝绸之路的逻辑联系》，《光明日报》2015年12月26日。

哈尼族自治县文化体育和广播电视旅游局、墨江哈尼族自治县文物管理所、新抚镇政府、新抚镇文化站的大力支持。在此特别感谢当时参与"三普"新抚岩画群调查的墨江哈尼族自治县文化体育和广播电视局局长张林群副局长刀忠强、新抚乡党委书记彭富学亲临考察和对考察队的大力支持；感谢新抚镇文化站胡娅参与岩画地点的新调查和新发现。感谢北京大学考古文博院教授李水城对文章的精心修改和诚心的意见及其他一些学者的帮助、忠告和建议。

金沙江流域夯桑柯岩画的考察与研究*

和力民

（丽江市东巴文化研究院）

一、夯桑柯岩画的发现

金沙江流域古岩画的发现，始于20世纪80年代末。1988年年底至1989年，首先在金沙江流域的云南省中甸县境发现了古岩画。1991年7月30日，笔者在云南省丽江县境虎跳峡发现了古岩画。由于中甸县境岩画点所处的地理位置险要，只有少许人去过，而虎跳峡岩画则因风雨和崖壁渗出的石灰浆的长期侵蚀、冲刷及人为破坏，其图像极不清晰。因此，一些人对金沙江流域存在古岩画的问题，抱有怀疑的态度。

1992年8月底，我们获悉丽江县宝山乡高寒行政村金沙江畔的夯桑柯地区有图画遗迹的消息，云南省社会科学院东巴文化研究所派笔者等五人组成的考察组，驱车前往实地考察，证实了夯桑柯地区明柯崖壁上的图画确实是古岩画。

同年10月1日，笔者在宝山乡本灿丁自然村得知，不久前，两村民在夯桑柯挖中草药苦良姜时，为追逐一只松鼠而到夯桑柯律柯的一个山洞里，发现有图画。我们请本灿丁村猎人和向红带路前往考察，证实了夯桑柯律柯图画确属古岩画。

考察律柯古岩画的当日，我们从夯桑柯律柯往夯桑柯明柯的途中，在一个叫本丁葛的山洞里，意外发现了一个古岩画点。是日，我们到夯桑柯明柯岩画点做了第二次考察。这样，在夯桑柯这个地方，共发现了三个岩画点。

1996年，在金沙江流域的云南省中甸、丽江、宁蒗县境先后发现了30多个岩画点（笔者亲自考察的就有21个点）[1]。其中，由于夯桑柯岩画地处偏僻险要的地方，又位于干燥、通风的崖洞内，很少有自然和人力的破坏，岩画图像较清晰完整。岩画所反映

＊ 本文原发表于《云南民族学院学报》1996年第4期。该期封2以《金沙江流域夯桑柯岩画》为题登7张岩画照片。该期封3以《金沙江流域夯桑柯岩画》（摹本）为题，登载相关岩画摹本。本文2010年3月收入民族出版社出版的《和力民纳西学论集》，因排版关系，省去照片，只留摹本。这次用2010年版文稿和摹本。

① 这是1996年的统计数字。实际上，现今发现的金沙江岩画点已超过50个点。

的内容较明朗典型，所以它在金沙江流域的岩画研究中具有重要的价值和意义。故特把夯桑柯岩画的考察研究报告整理于下。

二、夯桑柯岩画的考察

夯桑柯岩画位于丽江古城大研镇以北100多千米的丽江县（今属玉龙纳西族自治县）宝山乡高寒行政村界的金沙江边。其南即江上游是宝山乡柱古行政村和大具乡虎跳峡段，北即江下游是宝山乡高寒行政村界的林道柯村和达柯村，再下与奉科乡相接。江对面是中甸县（今香格里拉县）三坝乡东坝行政村界。夯桑柯东面依山，背靠陡峭高峻的山崖。夯桑柯，纳西族语意是淘金沙的地方，因古人曾在此淘金沙而得名（图一）。

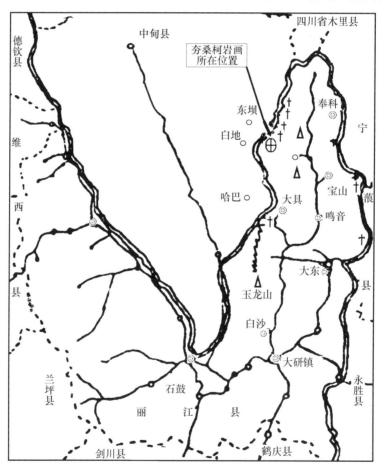

图一　丽江县境内金沙江岩画示意图
"⊕"是夯桑柯岩画所在位置，"十"是岩画分布点

夯桑柯依从南往北的金沙江流方向，分为三段。上段叫夯桑柯勾柯（勾柯即上段），中段叫夯桑柯律柯（律柯即中段），下段叫夯桑柯明柯（明柯即下段）。每段间

均有陡峭险要的山崖相隔，自然形成三个部分。每段均有方圆1千米左右的成片斜坡，其间生长着栎、青枫、箭竹等植物，还生长着苦良姜、小檗碱、天冬、半夏等药材。险峻的山崖间和临江坡地竹林间，有獐子、麂子、鹿、岩羊、野猪、猴子、狐狸、兔子、豪猪、野鸡等野生动物。在古代，这里必是野生动物繁衍发展的好场所。

夯桑柯附近的本灿丁、欣洛、林道柯、达柯等村庄，现主要居住着纳西族，也有少许在清末和民国时到江对面中甸县界挖银矿后流落于此的汉族。他们居住在江边台阶地和山间谷地，现主要从事农业生产，种植水稻、小麦、玉米、高粱、洋芋及豆类农作物，还种植橘子、黄果、花椒、麻等经济林木，饲养狗、牛、马、山羊、骡、猪、鸡等家畜。其中，山羊、牛、猪等多为野牧。许多纳西族家庭都有喜养猎狗、购置猎枪和供养猎神的传统。当地纳西族自古以来信仰本民族的传统宗教东巴教，过去每村均有东巴祭司和相当数量的东巴经典古籍。村社、道路、池塘等地均有东巴教祭祀活动遗址和遗迹。这里的纳西族至今还保留着淘金的传统，金沙江边还能看到明清时挖金的金洞遗迹。

目前，夯桑柯上段还没有发现岩画。笔者在夯桑柯中段和下段发现了三个岩画点[①]。对此，笔者做了基本的考察和研究。

（一）夯桑柯律柯岩画

夯桑柯律柯岩画位于夯桑柯中段的东西走向坐南朝北的崖断面上。此崖断面，从东到西排列着六个崖洞，相近两个洞互通为一组，共三个组。岩画就遗存在左面（东面）一组崖洞里。这组崖洞，分小洞和大洞，小洞在左，大洞在右，两洞在里面通连。两洞洞口均朝东北方向的金沙江。

小洞洞口宽7.2、高2.1、洞深6.4米。洞内崖壁被火烟熏黑，是过去曾有人在此烧火生活居住的原因。岩画分布在距洞口4.5米的洞内崖壁和低卧突出在外的零星石块上，较分散。作过画的石面上，还有斑斑的朱红色笔迹，但无法辨清具体图像。据分布石块，可把岩画分为5个小区（图二）。组合各区岩画画面长1.7、高1.3米，面积2.21平方米。洞深处为沙石崖，无岩画。

大洞洞口宽3.5、高5.2、洞深13.1米，洞内宽9米。洞顶洞壁多为沙石崖，无岩画。洞里面离洞口10米处，左右各有一卧地岩石，岩画就画在这两块崖石上。左面岩石较大，突出，坐落在地面上，有两个侧面显露在外，岩画画面就分布在这两个侧面上，可分为两组，即从左到右为第1区和第2区。右边岩石为突出嵌石，面积不大，但因岩石平

---

① 此文发表之后，2001年11月4日，笔者率台湾的《纳西印象》摄制组赴夯桑柯明柯拍摄金沙江岩画时，在夯桑柯明柯岩画点的东面百米左右的一个山洞里又发现了一个岩画点，依据当地的地名，我们把它称为夯桑柯明柯爽治岩画。若加上这个点，夯桑柯至今已发现了四个岩画点。

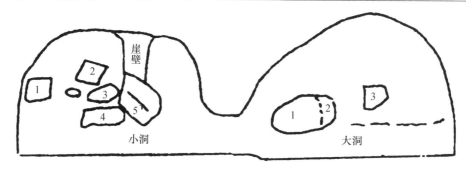

图二　夯桑柯律柯岩画分区图

面较白，又无自然和人为的损伤，朱红色颜料画成的野牛图十分醒目，可依次排为第3区。左右两石间是相距3.4米的空道，可通往里面，延伸3.5米，又成一高台。左右岩石至洞口的10米处为两平台，可供数十人站立（图二）。

图三　夯桑柯律柯大洞第1区岩画摹本

大洞第1区，宽2.3、高1.2米，面积为2.76平方米。画面只能辨清动物部分轮廓（图三）。中间朝右的这只动物，从头部看，两只长耳间的乳角刚长出，应是公岩羊。朝左的动物，两耳直立，无角，应是母岩羊之类的动物。左右断续笔画图像，均是动物的前躯或后躯。这组岩画实际上是左右重叠交错的动物图，现在只能看到部分轮廓的笔画遗迹。

大洞岩画第2区，在第1区岩画右边，为同一石的另一个侧面。岩画画面长1.9、高1.5米，面积为2.85平方米。图像亦为朱红色颜料画成。但现在辨不清具体图像，只有几条较粗的线条和一个动物角。从线条判断，应是一个大型动物图。或许是大型野牛图。

大洞岩画第3区，在右边一块独立的嵌石上。石面长高各1米，画面宽0.5、高0.45米，面积为0.225平方米。图像是一头公野牛的侧面图。因是用朱红色颜料画在较浅色的石面上，故图像较清晰。野牛的头盖凸出，表现出公野牛的特征。野牛后躯上画着一个空心正三角形，可能是表现或象征箭镞。野牛身上画着一些如弓箭什物的东西，但图像不清，难以辨认。从这些什物上拉出一条线，往前伸到野牛头的上方，不知是什么意思（图四）。

图四　夯桑柯律柯岩画第3区摹本

夯桑柯律柯岩画的总面积为8.05平方米。岩画中相当部分的画面都模糊不清，只留下朱色斑点遗迹。从现在还可看出的图像判断，此岩画点主要画的是野生动物图。岩画的主人或许就是住在这崖洞里或住在附近其他崖洞里。

（二）夯桑柯本丁葛岩画

从夯桑柯律柯岩画点往东北方向行700米左右，便到了夯桑柯本丁葛岩画所在的崖洞处。这里位于夯桑柯中段和下段之间，再往北攀过陡峭的山崖，便是夯桑柯明柯了。此崖洞坐东朝西。洞口正对着横过的金沙江和江对岸的吴丽局山。崖洞临金沙江有800米左右的距离。

崖洞洞口全敞开，宽14.2、高7.2米。从洞口往里4米深处为平坦地面。崖洞分外洞和里洞。从洞口至里6.8米处为外洞，崖壁上有岩画遗存。外洞右边深处为内洞，内洞口宽6.5、深12、高2.7米，内洞里无岩画遗迹。

岩画分布在外洞左内壁的嵌石和坠石上，崖壁均朝西（洞口），岩画画面最高处离地面4米，最低处接近地面。成画崖壁总长7.3、平均高3米。崖洞为砂石崖组成，岩画分布在嵌在崖壁和坠在地面的砂石断面上。岩画图像依分布情况，从左到右可分为6个区（图五）。

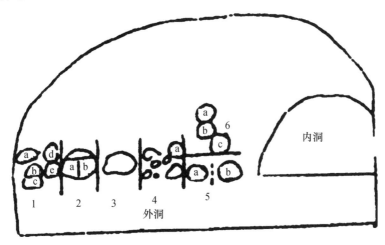

图五　夯桑柯本丁葛岩画分区图

第1区，有5个画面，a. 无法辨认。b. 有线条，但难以辨出是何动物。c. 似一全身涂朱色动物。d. 画一只在奔跑的动物（獐子?）于宽0.24米×高0.25米的岩石上（图六，1区d）。e. 石面较白，色较显，但具体图像难以认出。

第2区，岩画在一个岩石断面上，分a、b两块。a. 画一头中箭的母野牛（图六，2区a）。b. 画一头全身涂朱色的动物，似母黑麂子（图六，2区b）。此外，还有一些不清楚的图像。

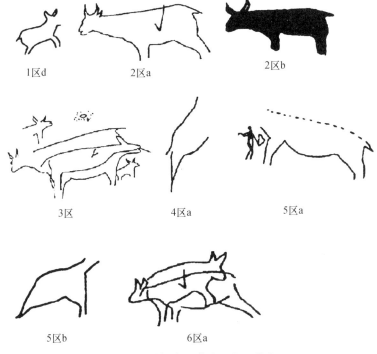

1区d　　　　　2区a　　　　　　2区b

3区　　　　　　4区a　　　　　　5区a

5区b　　　　　　6区a

图六　夯桑柯本丁葛岩画各区摹本

　　第3区，仅一组画面（图六，3区）。上方的一头母黑麂子朝右，正望着一块飞来的石头。石头旁的密点可能表示石头很多的意思。正中画各朝左右的两只动物（野猪、母麂子？）重叠在一起。朝右的是野猪，朝左的可能是母麂子。在野猪身上画一支箭，可能表示动物中箭的意思。在野猪头下，画一只小型长角动物，角有横纹，似是羚羊。

　　第4区，七八块石头上都有朱色斑点，说明曾作过画，但只有a石上还可辨出是一只动物的后躯，其他石头上的图像都模糊不清。

　　第5区，画在一坠地岩石的左侧（a面）和右侧面（b面）上。a面许多地方不清楚，唯可清楚地看出一人持弓站在一大型动物身前，人物全身涂朱色，左手持弓，右手张开，似持一箭状，膝盖稍弯曲，似是做持弓摸出箭状（图六，5区a）。b面可辨出的是一只缺头动物伸颈张腿奔跑状（图六，5区b）。

　　第6区，画在三个岩石面上。其中b、c二石面上有朱红色斑点，但图像已模糊不清，只有最上面的a石上画着各朝左右的两獐子重叠在一起的图像，在中间处的两獐子身上画一支从上往下的箭，似是表示一箭射双兽的意思。

　　夯桑柯本丁葛岩画点总面积为17.98平方米。此岩画点的许多地方都因自然受损（如雨水和岩浆水侵蚀等），图像被损而无法辨清具体内容。从现在可辨清的这些内容看，这里有野生动物野牛、野猪、獐子、羚羊等，有持弓箭的猎人，有弓箭、石块等工具。岩画均用朱色颜料绘成。外洞口深4米的平地处，可站几十人。里洞，可供古人住宿。

（三）夯桑柯明柯岩画

从夯桑柯本丁葛岩画点翻过陡峭的山梁往北行约1千米，便到达夯桑柯明柯岩画所在的崖洞。崖洞坐落在一个不很高的山崖处，坐东北朝西南，洞口朝南来北去的金沙江和江对面的山崖。洞口距金沙江约半里许[①]。崖洞上方是一个小崖堡，崖洞的南面是一大片较低凹的坡地。坡地之东面是山崖峭壁。在古代，这里定是野兽群聚的地方。崖洞洞口宽12.5、高10米，洞口到洞内地面为细沙，从里到外呈倾斜坡。洞内分外洞和里洞。外洞为宽敞高大的崖洞，深10、高8～10米。岩画遗存在外洞的西壁和北壁上，东壁无岩画。里洞在北壁低处，分左右两小洞。左右两洞内不相通连。左洞宽4、高1.7、深6米。右洞宽6、高1.9、深6米。里洞地下均为细沙。里洞石壁无岩画。

夯桑柯明柯岩画，从左到右可分为6个区。其中，第1区至第4区在西壁上。第5区和第6区在北壁上（图七）。

第1区在西壁洞口处，宽1.06、高0.68米，面积为0.7208平方米。现在可辨的是九个动物和人物图（图八）。动物为野牦牛等，均朝右。右面画一个似人物的图，脚画得很长，双手展开，头部有头饰，很像纳西族东巴文"东巴祭司"👤的图像中的头像。左右长角的野牦牛后面有一个似箭头或弓箭的符号。其左是一个不知为何物的立身动物。在图右下，像是一个人提着一只兽的图像。其他图像已模糊。

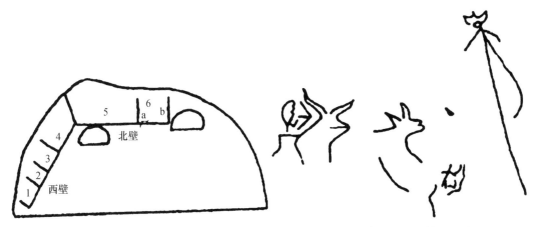

图七　夯桑柯明柯岩画分布示意图　　　　图八　夯桑柯明柯岩画第1区局部图

第2区，宽1.17、高1.4米，面积为1.638平方米。现可辨的动物有十余个。图九所示，是其中最明显最典型的一幅。这幅图中，上部三只野生动物都朝右，最左边的动物是獐子，无角；中间的动物是山骡；右上是一男一女骑着一只身躯很大的动物，也是山

[①]　根据2001年11月4日，笔者率台湾的《纳西印象》摄制组赴夯桑柯明柯拍摄金沙江岩画时的测试，夯桑柯明柯岩画点处的海拔为1600米。

骡。男子手持似弓的一物，双脚叉开，骑在前面；女子坐在男子后面，长长的头发被风吹动飘扬在脑后，十分生动逼真。山骡身上还有长长的毛。朝左的动物共5只，最前那只是母獐子，两只耳朵画得很长，表现出其特征。獐子的身躯上画着一个实心正三角形，三角形上似插着两根什么东西。在三角形符号下面，画着一个人双手持草饲养伸颈的母獐子。母獐子脖子下有许多小红点点，獐子前脚处还画有一只刺猬，全身都是硬刺。食草的母獐子后面还重叠着另外一只动物，身躯涂朱色，头颈部分被遮住而未表现出来，但后躯画得很清楚。在这只动物后面又画了一小只母獐子。只显出头颈和前肢部分。

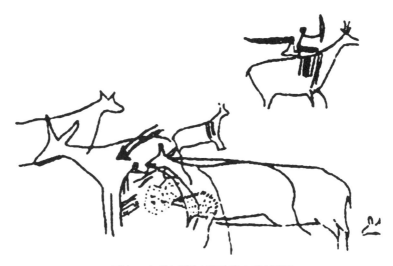

图九　夯桑柯明柯岩画第2区局部图

第3区，宽2、高1.7米，面积为3.4平方米。图像较清晰，形象较鲜明。可辨的动物图像约30个。画面大体可分为上下两部分，中间有一条粗横线。线上面画有群兽活动图（图一〇），有岩羊、鹿、盘羊、獐子、麂子等。这些野生动物，有的在行走，有的则止步凝视，有少数动物还表现了身上的毛。线下面凹凸不平的石头上，依石壁凹面画有正在奋力前奔的动物（獐子？），身后一只动物（盘羊？）在奔跑中还回头张望，后面有一只宽耳獐子也伸颈前来（图一一）。此外，还有举臂高喊的人物图（图一二，3区c），一只手还拿着一根绳子。还有全身涂色的奔跑中的盘羊（图一三，3区d）。另外，还有一个长着长尾巴的动物（图一四，3区e），特征为斑纹、鬃毛，或许是斑马？

第4区，宽1.7、高1.5米。面积2.35平方米。画面有朱红色斑点，说明原来画过岩画。但因岩浆和钟乳石覆盖，现在基本上看不清具体图像了。钟乳石最厚处有5毫米左右。

第5区在北壁上，即在左面里洞洞口之上的崖壁上。宽3、高3米，面积9平方米。画面上画有一头巨大的野牛，身长2.3、高1.6米。在这头大野牛的身上和外面。画有21个野生动物，但图像不甚明显。

图一〇　夯桑柯明柯岩画第3区局部图

图一一　夯桑柯明柯岩画第3区局部图3区b

图一二　夯桑柯明柯岩画第3区局部图3区c

图一三　夯桑柯明柯岩画第3区局部图3区d

图一四　夯桑柯明柯岩画第3区局部图3区e

图一五　夯桑柯明柯岩画第6区局部图6区a

第6区，长1.6、高1.6米，面积2.56平方米。主要分布着几个图像：一个是猴子图，画一只正在行走的猴子（图一五，6区a），长0.1、高0.8米。另是一只全身涂绘朱红色颜料的獐子图，位于右边里洞洞口，獐子长0.42、高0.3米。还有一只身子未涂色的獐子图，绘在里洞口的一块石头断面上，长0.19、高0.13米。第6区图像的动物仅三只，分布在三个位置上，面积是0.1517平方米。

夯桑柯明柯岩画，是夯桑柯岩画中图像较清晰、反映的场面较大、反映的内容较丰富、艺术形象生动逼真的一个岩画点。现能辨出的70多个岩画图像，内容涉及野生动物、人物、工具、道路、几何图像等方面。当然其他两个岩画点也各有其特色。

三、夯桑柯岩画的特点

通过初步考察和研究，笔者认为，夯桑柯岩画的特点可归纳为如下几个方面。

（1）从地理环境的特征看，夯桑柯及其三个岩画点位于从南往北流去的金沙江东畔的河谷地带。这里，金沙江被挟持在两边高峻陡峭的山崖之间。这三个岩画点距金沙江的距离都不足1千米。有岩画遗存的崖洞，依山势坐落，洞口基本上朝着奔流的金沙江。

（2）从生态环境的条件看，夯桑柯及其三个岩画点都位于离金沙江较近、属亚热带气候、适宜于野生动物生存和繁衍的地带。岩画，是古人的杰作，是古人生活的历史足迹。而古人是依据其生活的条件和需要来选定其生活场所的。夯桑柯岩画制作者选定在这里作为生活场所，首先是因为这里属亚热带气候，年平均气温约18℃，适应于无更多御寒设备的古人生活。其次是因为金沙江流域虽有一些沟壑流水，但多是夏季雨水流过，这一带的年降雨量小，蒸发量大于降雨量，山间泉水不多。在夯桑柯以上的东面高山上，无可饮用的泉水，形成"眼望金沙江，没有煨茶水"的情况，水源十分紧缺。岩画点距金沙江很近，说明岩画制作者避高山干渴而就江边饮用水，滔滔的金沙江水长流不息，是古人取之不尽的主要水源。岩画主人是以金沙江水为饮用水的。再次是因为这一带草木丰盛、气候温和，适应众多野生动物繁衍。古人生存的第一个条件就是食物，食物的获取决定着古人的生存。夯桑柯岩画所在地有獐子、麂子、岩羊、野猪、野牛、猴子、刺猬等。这些都是有食用价值或食用价值高的野生动物。在生产力水平较低的时代里，岩画主人在此生活，可避高山猛兽而就较易猎获的有食用价值或食用价值高的野生动物。最后是夯桑柯岩画均在崖洞里，岩画附近都有可供古人住宿的地方。这说明岩画制作者不仅是把岩画作为其文化活动的场所，亦把岩画点作为其生活居住的安全场所。岩画制作者根据生存需要，选定并生活在金沙江边，反映了其朴素的原始生态观念。

（3）从具体图像看，夯桑柯岩画表现得最多的是野生动物活动图像。从现在辨别得出来的图像看，野生动物的种类有野牛、野猪、鹿、獐子、麂子、岩羊、盘羊、山骡、猴子、刺猬、羚羊等。其中，有些动物现已绝迹了，如野牛、盘羊等；有些动物现在还生活在这里，如野猪、岩羊、麂子等；有些地方还描绘出某些动物生活分布的位置，如在夯桑柯明柯岩画的北面岩壁上单独画一只猴子，就是表明在崖洞北面（方）生活着猴子；如今在崖洞北面的花衣沟边陡峭山崖上，还生活着相当一部分猴子。又如在一些岩画画面上画有一些线条，在线条上下画着一些野生动物行走图，线条似乎是表现这些野生动物活动的线路等，这些线路在当时应是特指某一具体路线的。而且，这些野生动物主要是作为狩猎对象被绘上去的。

（4）从整体画面看，夯桑柯岩画反映了岩画制作者的生产生活场景。按类分，夯桑柯岩画图像有人物、野生动物、工具及象征符号等四种。其中，人物图像有三种表现，一种是张弓持箭的形象（图六，5区a）；一种是双手持草饲养獐子的形象（图九）；一种是骑着山骡奔驰的形象（图九）。野生动物图中，有中箭逃跑的，有食草的，有驮人奔跑的，还有死后尸体倒立着的。工具有石块、箭、刀等。这些都是古人生活的艺术再现，如一人持弓抽箭站在一只大野兽前，表现的是古人用弓箭狩猎的情景；动物身上画着的箭和身旁的石块，说明动物被箭射中或被石击中；空心或实心三角形象征箭镞，这些无疑反映的是古人狩猎的生活场景。又如一人持草饲养獐子，而两只獐子正在宁静地站着吃人喂给的青草，这表现的是古人诱兽饲兽的生活场景。又如，一男一女骑着一只身躯很大的山骡，男子手中举着一把似弓的东西，这表现的是古人幻想驯兽狩猎的思想意识。所以，岩画是古人生活的再现和艺术反映，通过岩画，我们可以了解到古人当时的社会生活。

（5）从岩画的内容和场地看。岩画是岩画制作者宗教活动的重要场所。在众多的岩画图像中，我们发现，野牛是特别值得重视的。在三个岩画点的画面上，均可找到野牛的图像。不仅如此，野牛往往是画在岩画的重要的中心位置，而且，把野牛画得醒目、大型，其他野生动物都画在大野牛的身上或旁边。大野牛似乎是大主题、大框架，似乎其他一切都融于其中。何以如此？从岩画反映的狩猎文化内容和古代原始宗教信仰理论推测，大型野牛应该是被岩画制作者作为图腾绘制上去的，岩画制作者当时以图腾信仰为其宗教思想。此外，在夯桑柯明柯岩画第1区中，有一个头上像是戴着五幅冠的人物形象，图像画得很简单，人物四肢和身躯几笔完成。这是一个什么角色的人物呢？从头部看，很像是一个祭司的形象。这一人物或许是作为岩画主人的祖先绘制上去的。在这个人物旁边，画着一个人提着一只前后脚垂下、身躯直立的兽。这可能是狩猎的收获，在这里是作为祭祀物绘上去的。夯桑柯三个岩画点的岩画面前，都有能容几十人站立的平台空地，古人当时可能就是站在这些平台上，面对岩画上的图腾和祖先祭献、祈祷，"惊天地、动鬼神"，举行团体宗教祭祀活动。

（6）从岩画位置和反映题材看，岩画制作者的作画动机是为生存和发展而斗争。夯桑柯岩画反映的题材始终离不开狩猎和与狩猎相关的文化。狩猎文化是夯桑柯岩画的基本题材，岩画制作者为了生存和繁衍，就必须获得所需的猎物为食，狩猎就是他们当时的主要生产方式。所以，他们在崖壁上绘制了许多野生动物及其狩猎活动场景，一则是他们狩猎生活的记录，二则是祈愿如此获得猎物，三则是获得猎物后又感谢神灵保佑，用猎物祭献神灵。为了能长期不断地获得更多的猎物，他们还祈愿作为狩猎对象的野生动物不断繁衍发展。所以岩画中表现了使野生动物不断繁殖的图，如在野生动物身边画有许多密点，则是这个意思。另外，狩猎难以保证古人生活的稳定，获猎时可饱食，但有时获不到猎物则免不了要饥饿，所以岩画主人还想诱兽以饲养，以供狩不到猎物时宰杀。正是出于为生存和发展而斗争的作画动机，夯桑柯岩画的三个岩画点，古人都选定在野兽出没的必经之道处。给笔者做向导的欣洛村猎人和建红说：狩猎的人只要静候在这几个岩画点附近，必获猎物。他自己也在这几个岩画点附近猎获过獐子、岩羊等野兽。所以，从以上几个方面看，岩画制作者的作画动机是十分明确的。这也是研究金沙江岩画必须注意的一个重要问题。

（7）从原始艺术的角度看，夯桑柯岩画表现了岩画制作者较强的艺术创造力，展现了岩画主人的艺术审美意识。

模拟，或曰摹绘，它是一切艺术的始源和开端。夯桑柯岩画图像的基础也是模拟，其中以摹绘动物为最。岩画制作者以现实社会生活为基础，根据平时狩猎生活中对动物的细心观察和视觉感受，栩栩如生地描绘出各种动物的形态、特征，如撒蹄奔跑中的岩羊、伸颈食草的獐子、崖间行走的猴子、逃跑中回首凝望的动物，等等。目前能辨认的百来个野生动物形象，各有各的神态和姿势，绝无格式化的感觉。这些摹写，不是生活的纪实，而是生活的艺术再现。

白描，即纯用线条勾勒，不加彩色渲染。夯桑柯岩画中的人物、动物等图像，基本上是用白描手法几笔勾勒而成的。其中，一些动物的轮廓都不是全描出来的，如图一一中回首张望的盘羊，两角间和嘴都空而不描，使盘羊的形象更为生动，神态更加鲜明。又夯桑柯明柯1区的人物，突出头部而手脚则几笔几个线条就完成，简明而具神韵。再如，动物身上的箭，一个带勾就完成。许多动物都是简明线条勾勒而成，只有少数动物人物及几何图才整体涂色。这种白描手法，形成金沙江岩画区别于其他地区岩画的重要特征。

细节描写，即对人物或动物的某一方面加以细腻的描绘，使人物或动物的个性特征有突出的表现，如长长飘动在脑后的头发显示女性的特征，全身是刺表明了刺猬的特征，山骡身上长长的鬃毛表明它与其他动物的重要区别，盘羊和岩羊后腿间的肚脐处小点表示乳头和雌性，野牛头盖骨及颈后突起表示其雄性，反之则为雌性。在岩画图像辨别中，细节描写起到了无比重要的作用，如翘嘴的是野猪，山骡和岩羊的重要区别就是长长的鬃毛，獐子和其他动物的重要区别是宽耳和细长的颈，母麂子则没有长颈和角，双角成弧形且左右伸展的是盘羊，双角弯曲成曲线的是野牦牛等。岩画制作者以细节描写表达其所绘动物的具体特征，我们也可掌握这些特征来辨别岩画中的动物种类。

夸张，即对动物和人物的大小比例关系，作有意的夸大或缩小。岩画艺术是岩画主人对其生产生活的体验和心理表述，所以，岩画主人在制作岩画时是有意表达其对事物追求的心境和心灵的审美感受，如夯桑柯明柯5区的大型野牛图，它在岩画制作者们的心目中，显然是占有相当重要的地位的，所以绘得很大，许多其他动物都绘在这大型野牛的身上或身外。又如夯桑柯本丁葛5区的持弓射兽图，持弓箭的人站在一大型的动物前，动物比人大好几倍，显然是夸大了动物身躯。夯桑柯明柯第3区，男女两人骑一头身躯很大的山骡，该区中双手持草饲养獐子的人也画得很小，这种夸张显然不是无意行为，而是岩画主人的艺术匠心所作的巧妙手法。

象征，即用相应的符号表示某一实体物质和具体概念、意识的艺术手法。在夯桑柯岩画中，符号图像就是象征艺术的产物。与以上其他艺术手法相比，象征，或曰符号图像象征，是岩画主人的最新创造和最高艺术表现手法，如夯桑柯岩画中的三角形，基本上是表示箭镞的，带钩的直线亦表示箭。多点表示多，石子边的多点象征许多石子，动物身旁的多点象征动物繁衍增多等。

（8）从作画用具用料上看，夯桑柯岩画已经有意识地选用颜料和画笔，且依就崖壁画布情况安排岩画内容。岩画的制作是有意识的，即有其具体功利目的的创作活动。目前，在夯桑柯还没有发现石刻岩画，夯桑柯的三个岩画点全是用朱色矿物颜料作画，是用画笔蘸颜料在崖壁上勾勒成图的，多数岩画图像仅是线勾，但有少数图像还全身涂色。从图像线条看，作画人使用的画笔应是一种软笔，或许是一种用动物毛制作而成的毛笔，而且，作画人选择使用大小粗细不同的画笔，有大笔（粗笔），也有小笔（细笔），画大型野牛图，则用粗笔绘制，所描线条粗达5厘米左右，而小型动物图则用很细的笔描出。画布一般无特殊选定，但根据崖壁情况安排图像，有时即使在凹凸不平的崖壁处，亦仍作画，有的动物就画在石壁凹处。事实上，三个岩画点都很少有平整的崖壁。这说明岩画主人不是有意选择岩壁作画，反过来证明岩画制作者作画，不是单纯为了艺术，而是为了生活，艺术金沙江流域夯桑柯岩画的考察与研究从属于生活。

夯桑柯岩画中，还有许多问题有待于我们进一步研究，如不知名的动物、被钟乳石及火烟覆盖了的岩画内容，又如象征符号、颜料配制、画笔制作、岩画年代、岩画制作者的族属，等等。这些都是目前还未解决的问题。这将有待于众多学者努力探索，去破译这些古老的绘画语言，去探索这些岩画中的奥秘。

从另一种视角对怒江岩画的解读

贺桂芝

（怒江州文物管理所）

"岩画"这个名词对人们来讲已不是陌生的东西了。它的历史、艺术、科学价值已得到人们的认可，并在考古学、历史学、民族学、艺术史学等方面得到了充分的重视。怒江的岩画虽说不上很丰富，但在怒江流域有零星的分布，部分岩画点至今保存相对完好，如福贡县境内的吴符岩画和腊斯底岩画，对其进行系统的研究，仍具有很强的历史意义和现实意义。事实上，从1957年在怒江境内发现有岩画的存在和分布后，就有许多专家学者从不同的视野、不同的角度，对怒江境内的岩画进行了研究，试图对怒江境内岩画的起源、族属、所用原料、表达的意义等方面进行研究和阐释，并进而研究怒江先民的生产生活、社会发展史、民族信仰、民族心理形成和特点，也确实取得了一些成果，在岩画的形成年代、制作材料、族属、表达的意思等方面取得了相对一致的意见，但是以往专家学者的研究，是站在更广阔的背景下进行的比较研究，研究结论虽有相对一致的地方，但考察怒江岩画的数量、分布环境、岩画的线条，结合怒江世居民族的史实记载、生活环境、生活状态、社会发展状态等方面的综合因素，将研究的眼光还原到岩画形成的年代，这应该也不失为一种解读岩画的方式。

就我们的视觉而言，世界范围内，岩画的很多图像并不难辨识，正如笔者在早期著作里所强调的那样：在我们阅读这部著作时，或者是阅读任何一本关于史前岩画艺术的著作时，都应当记住这一点："那就是史前原始艺术家们的思维方式是完全不确定的。……我们会相当自信，以为我们可以从岩画里辨认出人的形象和不同种类的艺术形象，以及更有甚者，正如下面将要看到的那样，只识别那些成套的系列的内容，如装备和车辆等。这是需要进一步研究的。以当代人的眼睛，在一些岩画地点辨认出岩画里的活动内容实际上是很容易的。例如舞蹈、狩猎，或者性行为。然而即使是这样，那些图像真正要表现得更可能是某种仪式过程或者是一种象征性含义，另外，这样的画面还可能有其他多种解释，这个解释系统是开放的。"正是基于这样一种认识，笔者想把自己置身于当时的历史背景下，仅站在岩画所属民族的较狭窄的视野中对怒江岩画做一些自己的探讨。

一、怒江岩画概述

怒江岩画最早发现于1957年，当年中央民族社会调查组到怒江进行民族识别调查，在福贡县（原碧江县）匹河区托平村的路上发现洞穴岩壁上有用红色颜料绘画的图像，调查组的同志认为这一岩画具有一定的历史、科学价值，对岩画进行了认真考查。1980年中央民族调查研究所的木玉璋同志根据资料线索又对吴符岩画进行了考证。2008年云南省考古研究所刘建辉同志对吴符岩画、腊斯底岩画又进行了进一步的考证……，确认为匹河路的色德路边岩壁上也有岩画，腊斯底村南侧山箐岩壁上有岩画，友多罗门阿山岩辟上有岩画，后来发现在泸水县境内凤凰山麂子洞、古登南部江边岩壁、称戛的江边岩壁上都有岩画。称戛洞穴岩画在1960年前修瓦贡公路时炸飞了，由于洞穴处于江边，炸后石块飞入江中现已无法考证。古登岩画也在修筑瓦贡公路时被炸坏，后又由于农田基本建设取石修沟、修田，保存的岩壁也被全部炸毁。现保存较为完整的只有吴符岩画和腊斯底岩画（图一）。

图一　腊斯底岩画调查（2008年）

吴符岩画：位于福贡县匹河街南部约1千米处，过溜索到怒江西面岩壁至马鞍形山梁溶洞（图二），溶洞位于山间小道旁，洞穴距江面约500米，洞穴朝阳背风，为石灰岩自然岩洞。洞穴中有厚厚一层冲积土，洞穴内高约1.8、深5、宽3米，洞穴内能坐10多个人，来往行人或当地群众农忙时都能到洞中休息或生火做饭。洞穴岩壁长12米多，高3米多，岩画就绘于洞穴外壁上和洞穴顶部。共计15个图像。其中外壁上人12个图像清晰可辨，有一个图像掉落大半，洞顶部的两个图像由于长年烟熏火烤已经模糊难辨，

图二　吴符岩画位置图

图像呈红色，分析为赤铁矿粉与动物脂肪混合调制而成，清晰可辨的12个图像分别用粗略的线条勾画出图案的轮廓，模仿了太阳、月亮、山川洞穴、鸟兽、鱼虫等自然物质。

　　腊斯底岩画：位于福贡县匹河乡东部碧罗雪山中的腊斯底村南侧山箐石灰岩壁上（图三、图四），岩壁依山朝阳，由五块岩壁组成一道长堤，由于近几十年来森林砍伐严重，岩壁全部暴露，雨季出现水土流失，岩壁也随泥石流逐渐消失。特别是1979年严重的泥石流之后，山箐河沟被流石堵积，岩画也受到冲刷，部分绘有图像岩壁流失，造成了腊斯底岩画的严重损失。目前岩壁上还保存有150多个图像，其中抽象符号有90多个，动物与人物组合的图像7个，人与其他事物的图像5个，日、月、星、辰图像有30多个，植物、动物、器具图像有10多个。 腊斯底岩画主要分布于第一、二、三道岩壁

图三　腊斯底村

图四　腊斯底岩画远景

上，在第一、二道岩壁上绘的是圆圈图像，大圆、小圆还有圆连着圆的图像，圆在腊斯底岩中多次出现，好像是随意而画，仔细推敲有一定的表示和记事原则。

二、怒江岩画的族属

怒江的名称因怒族居仟而得名。这一点，到目前，怒江境内各民族仍然予以认同。

怒族是居住在怒江的古老民族。由于生活的地域不同，其自称也不尽相同，生活在原碧江县的怒族自称"怒苏"、生活在福贡县的怒族自称"阿怒"、生活在贡山县的怒族自称"阿龙"、而生活在兰坪县的怒族则自称"若柔"。由于怒族先民没有文字，在汉文史籍中的记载又很少，只能根据怒族现存的神话传说、宗教祷告语以及仅有的一些史料来找寻怒族的族源。经过民族学家们的研究，在许多古典文献中，称"怒苏"人为"怒人""怒子""弩人"。"据怒苏老人追忆，怒苏在怒江生活的年代已经十分久远，至少已有64代，进入怒江前也应有20代了。若一代人以25年计算，64代便是1600年，进怒江之前也有了500多年的历史。"傈僳族最早生活在四川、云南交界的金沙江流域一带，后逐步迁到滇西怒江地区定居下来，傈僳族渊源于南迁的古氐羌人，与彝族同属一个族源。其族名称最早见于唐代著述，唐代史籍称"栗粟两姓蛮"或"栗蛮"及"施蛮""顺蛮"，均属"乌蛮"，分布在今川、滇雅碧江、金沙江、澜沧江两岸等广阔地带；元明时多受丽江诸地纳西族封建领主等的统治。16世纪中叶，因不堪纳西族木氏土司的奴役和战争的威胁，大批傈僳族在头人括木必帕的率领下，向滇西北怒江等地区迁徙。19世纪末20世纪初，云南军政参议院长李根源先生，曾徒步进入怒江，进行边界巡察，但是到了现福贡匹河后，便因为没有道路，十分难行，而没有进一步深入。通过这一点可以看出，当时的怒江匹河以内地域是十分封闭的，生活在这里的民族是相对单一的，除了怒族和16世纪迁徙过来的傈僳以外，并无其他的民族杂居，现在也基本维持这样的民族格局。而根据怒江岩画的形成时间，很显然，怒江岩画的形成时间远早于傈僳族迁入怒江的时间，同时，怒江岩画中有一些图像解释与怒族的口碑故事相吻合或相似，怒族对岩画也有一些神秘的传说，他们认为是神仙画的。"一个地区为该地区大多烦乱岩画含义的解读，所能提供的最为可靠与结实的线索是他们的神话传说。"从这一角度说，无论吴符岩画还是腊斯底岩画，当属怒族先民创造无疑。至于古登、称戛江边的岩画，因已被炸毁，从其表现的内容、风格、用料上已无从考究其族属，但从怒族的族源和历史发展沿革看，怒族原本就是怒江最早的先民，也是一个比较封闭、弱小的民族，在其他民族迁徙进入怒江的过程中，被强势民族驱赶、分割，融合是完全可能的，也是有历史依据和文字记载的，那么，古登、称戛江边的岩画的族属仍属于怒族先民，在理论上是完全站得住脚的。

三、怒江岩画的绘制年代

根据专家的解读，吴符岩画绘制所用的材料是赤铁矿粉和动物脂肪的混合物，腊斯底岩画所用的材料是木炭粉和动物脂肪的混合物，据此判断怒江岩画形成的年代大致在新石器晚期至今三四千年，并认为腊斯底岩画晚于吴符岩画。应该说这样的判断源于欧洲、国内如金沙江、沧源等地岩画的比较中，因所用颜料相同或相似得出的结论，笔者对此也不敢妄议。但是，从怒族历史的研究来看，怒族由于其特别险恶、封闭的生存环境，生产力十分低下，社会形态的发展进步往往落后于其他民族若干年。这一点，可在新中国成立时，怒族尚处于原始社会解体、封建社会萌芽时期的事实得到印证。一方面，大部分怒族地区直接跳过了奴隶社会这一人类社会发展的历史阶段，并从封建领主阶段直接过渡到社会主义社会阶段，这与其狭窄、险恶、封闭的生活环境，新中国成立初期还在刀耕火种、木杵点种并保留有大量的新石器时代生产生活工具中看出端倪。怒江流域的考古发掘并不多，在2014年对泸水县上江乡石岭岗文化遗址发掘后，认为这是怒江流域较完整的人类早期文化遗址，是新石器时代到青铜时代的文化遗址，通过 ^{14}C 鉴定，具体年代在距今2700～2200年。显然，按常识，中国的新石器时代应是在距今10000年左右，而怒江在发展较早较好的上江乡石岭岗的人类文化遗址的新石器时代是在距今2700年以内，比通常定义的新石器时代的历史要晚几千年，因此，吴符岩画和腊斯底岩画的时间应比这一时间更晚一些，这一点是可以肯定的。"据怒苏老人追忆，怒苏在怒江生活的年代已经十分久远，至少已有64代，进入怒江前也应有20代了。若一代人以25年计算，64代便是1600年"，以此推断，那么，怒江岩画的绘制年代当在距今2000～1600年，如果笼统确定为新石器时代，那也应当是怒江的新石器时代，而不会比其他发达民族或社会形态发展较完整的民族更早。

四、怒江岩画解读

在既往的怒江岩画研究中，很多专家学者往往都从岩画的作者、岩画的绘制年代、岩画所用的颜料、岩画所表现的象形或表意的内容方面解读，并将其置于国内外的岩画比较中，将怒江岩画的起源置于通常的社会形态发展的进程中进行解读，于是，得出的基本结论是：怒江岩画绘制于新石器晚期，是部落酋长、氏族首领或家族中有一定知识的长者或巫师所绘制，表现的是部落的迁徙历史、农业知识、狩猎场面、祭祀活动等内容。其中，内含有一定的农耕文化、宗教文化、民族历法等知识。"大量的考古资料证明，新石器时期人类已经开始使用历法知识，组织生产或安排农时，夏历就是根据新石器原始历法而制定创造出来的。怒江各民族也有自己的自然历法，他们的原始自然历法与夏历相似。怒江境内的少数民族的自然历法是一年以十二个月计算，一月以三十天计算，按生产劳动和自然的变化划分十二月，如过年月、开荒月、播种月、荞子开花月、收获月、煮酒月等。在腊斯底岩画中与圆组合的图案很多（如图五），如第三道岩壁上第一部分岩画中有28个图案，其中圆就有22个图像，抽象符号和几何图形只有6个，因此我们可以看出圆作为一种记事的符号。在腊斯底岩画中占有重要的位置，岩画中还有许多的抽象符号，这些符号具有图画的轮廓，但不是画，与图形图像有很大区别，相似于我国古老的象形文字，用几何线条就画出一个相似事物的符号。有的如人行走、人跳舞、挂弩、狩猎等。抽象符号只有个别单独插在动物、人物图像中，是5～6个组合排列在一起，表示一定的意思，具有记事叙述性质。从符号的排列组合上分析，它是在记录某一件事或描写某一种场面，如狩猎、祭祀、民族的迁徙、原始氏族中发生的重大事情等。抽象符号在腊斯底岩画中有50多个，抽象符号与组合图像构成了岩画全部内容。""（吴符）岩画就绘于洞穴外壁上和洞穴顶部。共计15个图像。其中外壁上12人图像清晰可辨，有一个图像掉落大半，洞顶部的两个图像由于长年烟熏火烤已经模糊难辨，图像呈红色，分析为赤铁矿粉与动物脂肪混合调制而成，清晰可辨的12个图像分别用粗略的线条勾画出图案的轮廓，模仿了太阳、月亮、山川洞穴、鸟兽、鱼虫等自然物质，吴符岩画所描绘的图像都是人类在生产、活动观察和经常接触到的事物……吴符

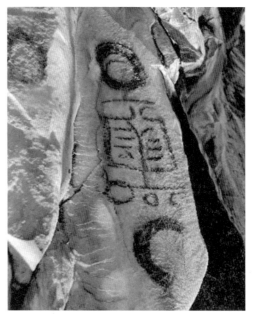

图五 腊斯底岩画组合图案

岩画中所描绘的太阳、月亮、山川，说明人类开始掌握了一定的天文和地理知识。图像也许是用来记录节气的变化或者是用来祭祀之用。图像是单一事物的图像，要了解其内涵只能据图猜意，动物图像也可能表示狩猎对象或许是崇拜图腾。"显然，这样的比较研究，具有通用性，也具有一定的普适性，得出的结论也就具有相似性。遗憾的是，怒族没有文字记载的历史，其他民族的史籍、典籍中记载怒族历史的都比较少，作为口耳承传的民间神话传说也极少，而且因口传者讲述时有意无意掺入的个人主观意识，对神话传说的改造很大，不同的人讲述的同一内容的神话，其语气、意识倾向、感情色彩都有很大的区别，所以神话传说也只能作为参考，但不能是唯一的参考。

"在岩画的阐释过程中，在最基础的层面，便会遭遇到一种悖论：对这些图像的阐释，究竟是该以其图像本身的含义来解释，还是假设在某些情景里它们是属于象征的或仪式性的标志？抑或是在更多时候，它们更倾向于是一种现实与象征的综合？斯堪的纳维亚洲岩画告诉我们，岩画似乎从来不去表现那些上学生活中的琐事，没有房子、没有陶罐，没有绵羊、山羊或者家牛；没有鱼，也见不到植物。为什么从这些岩画里，我们完全没有办法获得青铜时代人们日常生活方面的任何信息？这里从来不表现日常生活，既没有工具，也没有动物，以及日常生活中的其他器物。"

"正如我们所见，制作岩画的动机是多种多样的。一些图像只是一些物体、动物或者情景的简单描述……岩画图像制作背后的目的，通常会更复杂，包括数据、故事编码以及信息的传播等，不过，岩画也是神话的，神话似乎是最为丰富的并且是最具多样性的岩画图像的资源，尤其是口头传说或者人类学田野记录，能够帮助我们阐释岩画。"基于这样的认识，笔者试图从另外一种视角对怒江岩画做些解读。

五、另一种视觉解读怒江岩画

说是另一种视觉，实际上也并没有完全脱离比较研究的手段，只是尽量将视角确定在怒族的具体历史发展的层面，将视点定位得狭窄一些，除了比较以外，更多的是从岩画本身可能表达的意义做研究。

（1）怒江岩画的族属，应属于怒族，前文已有论述，这里不复赘述。

（2）怒江岩画应绘制于距今2000～1600年的怒族新石器时代，而不是笼统的人类社会普遍发展的距今10000年左右的新石器时代。这一点也在前文中做了详细论述。

（3）吴符岩画的色泽至今仍呈赭红色，腊斯底岩画至今仍呈墨黑色，色泽都没有褪淡或暗淡，所用颜料肯定有金属或炭化成分在里边，赤铁矿粉和碳粉与动物脂肪混合的说法是可信的。

（4）从两处岩画的构图风格、线条粗细程度、形象化的图画居多，组合的抽象化的图像较少，图案数量不是很多，多数图案居于人的身高可及的高度或有适当的垫脚工具即可及的绘制高度，从岩画所处的自然环境看，可得出这样一些认识：一是每个地方的岩画的作者当为同一个人,这从岩画风格、所有图画颜料色泽的一致性、图案线条的一致性可以看出来。至于作者是部落酋长、氏族首领、部落或氏族中有威望、有知识的长者,抑或是巫师,笔者更倾向于是家族中有知识有威望的长者或巫师。二是岩画所分布的地方,应当是怒族先民或者说是岩画作者的家庭(家族)生产生活的地方。第一,怒族也和其他民族一样有穴居、洞居的历史阶段,岩画分布的地方符合穴居、洞居的环境要素。第二,在当时的自然生产生活条件下,作者创造这些图画,意在告知族人或后人他的一些意识和理念,绝不会刻意选择人们到不了的地方去绘制,而是刻意选择人们能够方便看到,经常能够看到的地方,才能发挥其教育、传播、警示的作用。第三,如果说岩画表达的是祭祀的内容或是祭词(祭辞)一类的话,那么,毫无疑问,岩画的周围应当是当时的群众开展祭祀活动的聚集场所。

(5)岩画所表达的意义解读。

"而且,避免笼统的解释是至关重要的,这种解释将会窒息创造性与多样性,而创造性与多样性正是之前艺术的关键所在。"

如果我们把对岩画所要表达意义的理解的视觉定位在家族(或家庭)中有智慧的长者或巫师为作者的背景下来理解,而不是定位在整个民族的发展繁衍,或者如其他岩画图案数量多、构图复杂、抽象图画占比大、与当地的民间神话传说吻合度高的地方相比较,那么,我们就可以推导出这样一些结论来。

一是,岩画的作者就是家庭(家族)中有智慧的长者,他有丰富的人生阅历,有丰富的生产生活的经验积累,有对自然的看法和理解,他希望把这些知识和经验传授给家人、族人、后人,避免后人走弯路、歧路、误入歧途,那么这些岩画其实就相当于家书、家训甚至是遗嘱。其内容无非是如何持家、如何生产、如何生活,如何躲避自然灾害,家族的渊源、灵魂的去向等,这样,岩画中的抽象图形和重复率较高的表意图形的意思的理解就可简单很多,都应该是大家能够理解和接受的大众化的意思。而抽象图形、组合图形的解读也方便得多。

二是,岩画的作者就是巫师,那么,岩画其实就是祭词,相当于刻于甲骨、金属鼎器上的铭文,甲骨文和金属鼎文也是一种祭词、卜辞,目的是告诫族人、后人应当敬畏哪一些、敬奉哪一些、顺从哪一些、生产生活中应当避讳哪一些、人的生死观念及灵魂归处等巫师对社会、自然、历法的认识,更多的应当表现的是怒族先民的原始图腾、原始崇拜、原始宗教的内容。若此,借用现代仍存在于怒族民间的一些祭祀活动,从他们的祭词中找到解读岩画内容的钥匙。

三是,岩画的作者是怒族先民中仓颉式的智者,他创作岩画的目的并非要传达什么特别的意思,而是为了创造一种通用的交流工具即文字,这样,其抽象图案和组合图案的意义理解应服从和服务于文字创造的需要,并不能望文生义,这一点如果能够成立,那么,显然怒江岩画与甲骨文、金鼎文有异曲同工之妙。但很显然,这样的推理过于牵强,毕竟除了岩画,怒族甚至怒江的其他民族都无任何有过文字的记录或可以证明有文字的佐证。

参 考 书 目

保罗·巴赫：《神话与意义》，未出版。

刘达成：《怒族文化大观》，云南民族出版社，1999年，第2、3页。

罗世保：《怒江岩画研究》，未出版。

《胡根与宾特森》，2000年，第129页。

陈树珍：《金沙江流域渣日岩画调查报告》，《云南文物》2010年第2期。

陈兆复：《中国岩画发现史》，上海人民出版社，1991年。

木基元：《云南沧源崖画及其研究概述 》，《四川文物》1993年第6期。

云南沧源洞穴崖画的首次发现

吉学平[1]　金庆华[2]　邱开卫[2]　马　娟[2]　谢红梅[3]
胡德全[3]　田进峰[4]

（1.云南省文物考古研究所；2.临沧市文物管理所；3.沧源县文物管理所；4.甘肃省天水市麦积区文化广播影视局）

一、沧源崖画群的发现

沧源佤族自治县位于云南西南边境，西面和西南面与缅甸掸邦接壤，国境线长148千米，县城距永和口岸中缅边界167号界桩公路里程为14千米。沧源崖画群分布于沧源县东北的勐省镇、勐来乡、糯良乡、勐角乡境内，东西长约25、南北宽约15千米，东经98°52′～99°42′，北纬23°05′～23°30′范围内，澜沧江支流小黑江、南碧河、永安河、档帕河、勐董河流域两岸的岩厦和洞穴中，海拔1000～1800米。

1965年云南省历史研究所调查组到沧源调查佤族的社会历史时，首次发现崖画群[1]，此后的野外调查又多次发现[2, 3]。迄今为止，沧源崖画群共发现崖画点17处，图形面积540余平方米，图像1200多个。沧源崖画群是华南地区最大的崖画地点群之一（图一）。

第1～6号地点是云南省历史研究所调查组汪宁生（笔名林声）等1965年1月17日至2月15日首次发现的；第7、8号点是1978年汪宁生、云南省民族研究所王敬骝、云南省博物馆徐康宁等发现的[2]；第9～15号点是沧源县文化馆李学宏、文化局周天相等分别于1982年、1991年、1992年、1994年、2000年调查时发现的；第16号点是吉学平、马娟、邱开卫、胡德全等2008年调查时发现的；第17号点是马娟、邱开卫等2011年5月调查时发现的。其中的第1～10号点已由云南民族大学汪宁生教授进行过详细的描述和发表[3]。

第11～12地点于1991年10月1～2日发现，第11地点位于勐来乡丁来村公所东北约1千米的"贡帮热"山崖上，海拔1520米，画面面积为12平方米，崖前平台面积为14平方米。第12地点位于勐来乡丁来村永东办事处以东约1.5千米的下岩石崖上，海拔1500米，画面面积约40平方米，崖前平台面积为60平方米。

第13地点于1992年发现，位于勐来乡丁来村公所落水洞办事处对面的塘安山崖

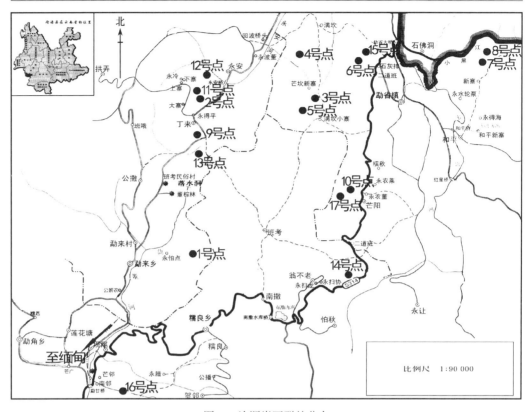

图一　沧源崖画群的分布

上，海拔1400米，画面面积约为18平方米，崖下平台面积为300平方米。

　　第14地点于1994年发现，位于糯良乡翁不老村公所以东2千米的"贡更不让"山崖上，海拔1450米，画面面积为12平方米，崖下平台面积为30平方米。

　　第15地点于2000年6月29日发现，位于勐省镇和平办事处西北3千米的大白岩半山腰的"岩羊铺"山崖，海拔1480米，画面面积为3.5平方米，崖下平台面积约4平方米。

　　第16地点于2008年9月24日发现，位于勐角乡勐甘村立新溶洞洞内两支洞交叉处西支洞东西两壁，崖画分布位置距离洞口约40米，洞口海拔1306米，画面面积62平方米（图二）[4]。2011年6月10日，为完成国家文物局中缅边境考古调查项目，吉学平带队到该洞进行详细测绘和描述。

　　第17地点于2011年5月发现，位于勐省镇芒阳村西北的农缅山上，海拔约1765米，画面面积约0.5平方米，崖下十分陡峭，与地面距离20多米。

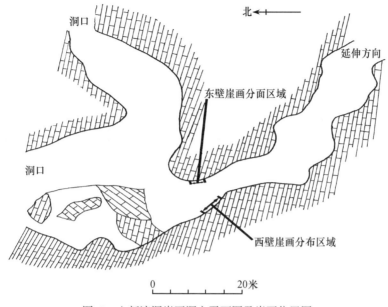

图二　立新溶洞崖画洞穴平面图及崖画位置图

二、立新溶洞洞穴崖画的描述与测绘

立新溶洞位于澜沧江的三级支流小干河南岸，距离立新村约500米，距离沧源县城约6千米。溶洞洞口分布着大片国家一级保护植物董棕林。溶洞主洞口海拔距干河水面约15米，干河部分水从立新溶洞的东支洞流入，并从东侧流回干河。溶洞洞口高约11、宽30米，洞最深处可达300余米，但在深约40米处分为东西两支洞。崖画位于西支洞洞口的东西两壁，面积约62平方米，共有图形113个，表现动物、人形、植物、房屋、符号以及自然景观等（图三、图四）。

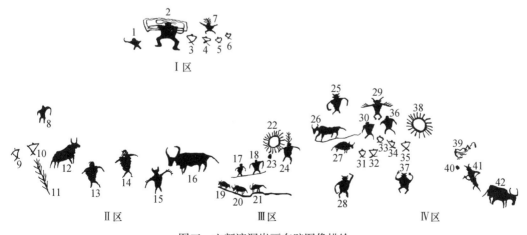

图三　立新溶洞崖画东壁图像描绘

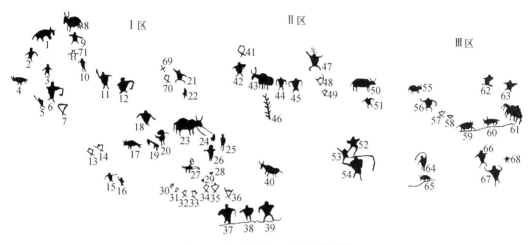

图四 立新溶洞崖画西壁图像描绘

立新溶洞崖画是临沧地区洞穴崖画的首次发现，也是沧源崖画分布最南端的一个点，该地点图形较多、内容丰富，部分图形类型为首次出现。

立新溶洞崖画东壁根据画面的意境可分Ⅰ~Ⅳ区，Ⅰ区面积为0.97平方米，Ⅱ区面积为1.49平方米，Ⅲ区面积为1.26平方米，Ⅳ区面积为4.53平方米。

东壁第Ⅰ区自北向南有7个图像：图像1为右手持鞭向东行进的人；图像2为上身有云纹环绕的"王者"大型图像，呈半蹲状；图像3~6为"文"字形人，排列成大圆弧形；图像7为头饰羽毛、面朝南、呈舞蹈状的实心人。第Ⅱ区共有9个图像：图像8为面朝西、呈舞蹈状的实心人；图像9、10为"文"字形人；图像11为针叶状树枝；图像12为面朝东翘首张望的实心瘤牛；图像13为面朝北穿兽皮戴头饰的实心人；图像14为戴兽头饰，穿兽皮侧立向北望的实心人；图像15为戴牛头饰、手饰羽毛正立头朝西的实心人；图像16为头朝北，做觅食状的实心水牛。第Ⅲ区共有8个图像：图像17、18为向南行进的实心人，行走路线长67厘米；图像19~21为向北行进的实心瘤牛，行走路线长137厘米；图像22为空心发光的太阳；图像23为圆点符号；图像24为向南行走头饰羽毛的实心人。第Ⅳ区共有图像18个：图像25为头饰多角兽头的实心人；图像26为向北行走的实心水牛；图像27为向南行走的实心瘤牛；图像28为头饰多角兽头舞蹈状的实心人；图像29为头饰两角兽头，手饰羽毛的半蹲伸展上肢的实心人；图像30、36为站立的实心人；图像31~35为列队状的"文"字形人；图像37为头戴多角兽头的实心人；图像38为空心发光的太阳；图像39为山水画；图像40为圆点符号；图像41为头饰多角兽头双手叉腰向北行走的实心人；图像42为向南缓慢行走的实心水牛。东壁图像尺寸见表一。

表一　立新溶洞崖画东壁图像测量

图像编号	尺寸（高×宽）/厘米	图像编号	尺寸（高×宽）/厘米	图像编号	尺寸（高×宽）/厘米	图像编号	尺寸（高×宽）/厘米
1	23×23	12	28×32	23	7×6	34	12×11
2	65×54	13	28×24	24	50×33	35	14×13
3	17×16	14	30×27	25	34×34	36	29×22
4	17×15	15	30×30	26	39×50	37	27×22
5	11×10	16	34×57	27	18×35	38	41×43
6	9×11	17	22×20	28	33×22	39	33×23
7	31×28	18	21×22	29	39×40	40	5×5
8	21×20	19	16×25	30	28×17	41	35×37
9	12×13	20	12×27	31	13×10	42	22×47
10	14×15	21	16×30	32	13×10		
11	42×11	22	34×34	33	11×10		

立新溶洞崖画西壁图形较为分散，根据由岩层断裂形成的自然间隔分为Ⅰ～Ⅲ区。Ⅰ区面积为16.5平方米，Ⅱ区面积为5.8平方米，Ⅲ区面积为4.1平方米。

西壁第Ⅰ区共有图像43个：图像1为向北慢走的实心牛；图像2为向南行走的实心牛；图像3为站立状的实心人；图像4为向北行走向西眺望的实心兽；图像5为向北行走高举右手的实心人；图像6为站立面向西甩左手的实心人；图像7为无头的"文"字形人；图像8为向北快速奔跑的瘤牛；图像9为站立面向西的实心人；图像10为向北行走的实心女人；图像11为面向西站立高举左手的实心人；图像12为面向西站立甩右手的实心人；图像13、14为"文"字形人；图像15为向北行走舞蹈状的实心人；图像16为向南行走高举左手的实心人；图像17为头向西南伸懒腰状的水牛；图像18为面向西站立状的实心人；图像19为面向南的长颈兽；图像20为向东张望的两足站立的鸟；图像21为半蹲运动状的实心人；图像22为两足站立向西眺望的鸟；图像23为头和颈各系一绳向北行走的瘤牛；图像24为两足站立向西眺望的鸟；图像25为上肢收紧向东眺望的人；图像26为面向西站立的实心人；图像27为向北行走骑象的人，主要表现人的面部呈自信、愉悦的表情，身体未描绘；图像28、29为心形符号；图像30～36为排列呈曲线形的"文"字形人；图像37～39为面向西排列做防御状的实心人，脚下路线长为70厘米；图像40为向南奔跑的水牛；图像69为"×"形符号；图像70为"文"字形的人；图像71为戴兽角伸展上肢半蹲状的空心人。第Ⅱ区共有图像16个：图像41为"文"字形人；图像42为面朝西站立的实心人；图像43为面朝南的实心瘤牛（无尾）；图像44、45为面朝西站立做弓腰状的实心人；图像46为羽毛状的树枝；图像47为头饰羽毛半蹲状面朝西的实心人；图像48、49为"文"字形人；图像50为面朝北站立的水牛；图像51为面朝西南的运动状的实心人；图像52~54为面朝西做杂耍状的实心人；图像64为右手持鞭的实心人；图像65为向南行走在道路上的实心水牛，路线长58厘米。第Ⅲ区共有图像12个，图像55为向北奔跑的实心瘤牛；图像56为面朝西做舞蹈状的实心人；图像57、58为"文"字形人；图像59为奔跑在通向干栏式房屋路上的实心水牛；图像60为从房屋跑出的实心水牛；图像61为道路尽头的干栏式建筑，道路长103厘米；图像62为跨步向南的实心人；图像63为站立伸展上肢面向西的实心人；图像66~68为面向西做舞蹈状的实心人。西壁图像测量见表二。

表二 立新溶洞崖画西壁图像测量

图像编号	尺寸（高×宽）/厘米	图像编号	尺寸（高×宽）/厘米	图像编号	尺寸（高×宽）/厘米	图像编号	尺寸（高×宽）/厘米
1	23×49	19	30×16	37	28×21	55	20×25
2	24×32	20	27×30	38	35×23	56	27×24
3	25×23	21	28×31	39	29×27	57	22×14
4	22×34	22	18×10	40	27×47	58	10×12
5	32×25	23	34×49	41	22×20	59	22×31
6	42×37	24	13×10	42	24×24	60	19×35
7	31×25	25	28×10	43	35×46	61	32×41
8	32×41	26	23×18	44	25×20	62	24×27
9	27×35	27	26×32	45	26×26	63	20×24
10	34×20	28	6×5	46	40×22	64	38×26
11	30×30	29	4×5	47	41×39	65	16×27
12	30×23	30	8×2	48	18×13	66	24×22
13	19×15	31	10×9	49	13×12	67	30×26
14	17×16	32	12×11	50	32×35	68	6×7
15	37×29	33	14×12	51	23×33	69	10×9
16	21×16	34	16×12	52	32×28	70	13×11
17	21×35	35	16×14	53	22×21	71	34×38
18	31×42	36	21×19	54	33×42		

三、立新溶洞洞穴崖画的特点

立新溶洞洞穴崖画面积为沧源崖画群中面积第二大的地点，也是该崖画群中洞穴崖画的首次发现。画的总体风格与崖画群的其他点类似，反映自然崇拜、图腾崇拜、巫术礼仪等祭祀内容，东壁的太阳与人和圆点符号是对太阳和月亮的崇拜，树枝和头饰羽枝是对植物的崇拜，头戴牛头或者兽头是对动物的崇拜，双手饰羽毛是对鸟类的崇拜。反映的主题东壁比较明显，有Ⅰ区的巫术（图像1~7）、Ⅲ区的牧归（图像19~21）、舞蹈（图像17、18），西壁也有Ⅰ区的舞蹈（图像37~39）、Ⅱ区的杂要（图像52~54）、放牧（图像64~64）、Ⅲ区的驯养（图像59~61）等。东西两壁零散的单个图像占多数，画法为平涂法，构图以平面剪影式，动物多以侧面描绘，但姿态丰富生动，或站立，或行走，或奔跑，或觅食；人物多为侧面，分实心和空心"文"字形两种，面向多个方向，多不绘五官。整个画面也有以前尚未出现的特点，如首次出现骑巨兽的人面形象（图三，14）以及三维动物头饰像（图四，27），第二次出现的自然景观画（图三，39）、施展巫术的人（图三，2）、太阳与人（图三，38），但与首次出现地点的画法不同。

四、关于沧源崖画年代的争论

　　汪宁生最早报道根据崖画所反映的内容推断沧源崖画年代"上可到汉，下可到明，它的主要部分，应该是汉唐之际"[5]。1981年云南省博物馆对沧源崖画第三地点覆盖画面的钟乳石进行取样，经中国科学院古脊椎动物与古人类研究所测得^{14}C年代数据为内层距今3030年±70年，外层为2300年±70年，崖画早于钟乳石的年代。1984年，史普南等对崖画第5地点画面提取的216颗硅藻和孢粉分析，其组合年代相当于全新世，距今3500~2500年[6]。1981年9月云南省博物馆崖画调查组对丁来2号点平台进行发掘，出土刮削器、尖状器、砍砸器等打制石器以及石斧、石锄、石环等磨制石器，此外还有陶罐、陶钵等陶器残片。1984年云南省博物馆工作队对7、8号点进行发掘，出土磨制石器、陶片等遗存以及排水沟、居住面等遗迹。1982年第二次全国文物普查以来，在崖画分布区共发现7处新石器时代遗址。此后，学界大多认为沧源崖画群的时代为新石器时代。

　　上述绝对年代结果引起了较大的争议。钟乳石中提取碳含量测定来代表崖画的年代，似乎很难有说服力，若能提取被钟乳石覆盖的颜料中的碳，用现代加速^{14}C（AMS）技术来测定，将可能测得更准确的年代数据；硅藻和孢粉组合分析只能得出相对的年代结果，很难得出精确的年代推断，原研究者得出距今3500~2500年的"精确"结果很难让人信服；至于崖画地点下面平台大多有新石器遗址或遗物发现，不能据此认为就是新石器时代的人的作品，只能说明这些地点自新石器时代以来就有人类活动，崖画是新石器时代以来的人类的作品，至于具体到哪个时期，应根据具体图像内容分析，或重新做更有说服力的绝对年代测定。

　　2011年6月，笔者调查沧源崖画第11号点时，发现身着类似汉氏衣冠的人物图像和类似二龙嬉戏图像（图五），显示时代可能为较晚的历史时期。因此，笔者认为沧源崖画群年代的上限为新石器时代中晚期，下限可达较晚的历史时期，上述17个点的年代或许从早到晚时代有所不同。

图五　沧源崖画第11号点发现的身着类似汉氏衣冠图像和类似龙形的图像

参 考 资 料

［1］　云南省历史研究所调查组：《云南沧源崖画》，《文物》1966年第1期，第7～16页。

［2］　林声：《沧源崖画调查续记》，《文物》1983年第2期，第41～45页。

［3］　汪宁生：《云南沧源崖画的发现与研究》，文物出版社，1985年，第1～133页。

［4］　吉学平、马娟、邱开卫：《云南沧源首次发现洞穴崖画》，《中国文物报》2009年2月27日第2版。

［5］　Wang N S. An Introduction to Rock Paintings in Yunnan Province (People's Republic of China). *Rock Art Research Volume1*, Number2. 1984:75-90.

［6］　吴学明：《沧源崖画的发现记录与研究成果概况》，《临沧文化》1994年第1期，第52～58页。

（原载于张亚莎：《岩画学论丛》第1辑，中央民族大学出版社，2014年，略微修改）

云南沧源崖画

汪宁生

沧源位于云南西南边境，北与耿马为邻，东与双江、澜沧相接，西、南两面与缅甸之掸邦接壤。全境多山，是著名的阿佤山区的一部分。佤族是这里的主要居民，约占全境人口的9/10，此外有少数的傣族、拉祜族和汉族。

1965年年初，云南省历史研究所调查组到沧源调查佤族的社会历史，在人迹罕至的高山上发现了古代崖画。

崖画共发现6处。调查工作从1965年1月20日至2月18日，历时近一个月。最早一处崖画是在曼帕附近发现的，当时我们正在该寨调查访问，听说附近山崖上画有人、牛等，形象奇异，且若隐若现，当地人民感到惊骇，迷信地认为是"仙人"显现，过去曾有人祭祀。我们遂前往观看，看到在一片断崖上画着许多红色的人物和动物图形，画风古朴而生动，乃知是一处古老的崖画。此后，我们一方面进行调查和记录工作，一方面随时向当地佤族人民进行破除迷信的宣传，向他们说明画是先民所遗留的，各种奇异姿态之人物，是表现当时狩猎、舞蹈等活动，其或隐或现乃与阳光的照射有关。这样，大家便逐渐消除了对崖画的恐怖，有人帮助我们制造竹梯攀登险峰，有人则踊跃提供其他地区有关崖画的线索并为我们引路。在佤族人民的积极帮助下，我们又在丁来、曼坎等村寨附近找到了5处崖画（图一）。

现在第一阶段调查工作已告结束，全部材料正在整理中。考虑到崖画在云南地区尚属首次发现，且其内容相当丰富，对研究少数民族的历史和艺术提供了新颖的资料，故先将调查结果摘要发表，以供各方面参考。

一

岩画分布在高山垂直的崖壁上（图二、图三），崖前一般有一块较平坦的地面，可作为人们绘画时的立足之地。有画的崖壁一般比较平整光滑，但也有凹凸不平的，似乎当时人们对绘画地点未做精细的选择。

岩画均呈红色。我们曾拣取小片有画崖石送请有关部门做化学分析，证明颜料主要成分是铁，初步估计其时是以赤铁矿（hematite）为颜料的。这种矿石可从当地取

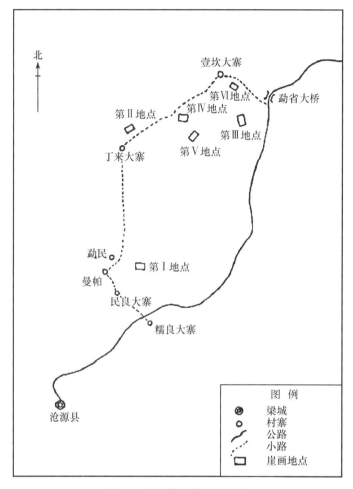

图一　沧源崖画分布示意图

图二　岩画位置图中景

图三　岩画位置图近景

得，在崖画第Ⅴ地点就有赤铁矿的蕴藏①。关于绘画工具，目前还不能最后确定。根据初步观察，大部分画可能是用手指蘸着颜料绘的。用手指绘画是原始绘画中常用的方法，北美印第安人的崖画，据研究就是用手指绘的，云南西盟佤族在房壁上的绘画也常用手指而无特制画具。至于某些较大的图形，也可能使用毛刷、羽毛或其他工具绘成，但还没有找到直接的证据。

沧源崖画具有特殊的风格。人的身体部分照例画成简单的三角形，面部不画出五官，唯四肢部分的画法变化较多，通过双臂和双足种种不同的姿态，可以看出此人是行走还是站立，或是正在进行各种舞蹈或表演。画一个动物，也不细绘其身部和面部，但通过角、尾、耳各种特征仍可辨出一部分动物的种属。总之，画的方法很简单，可以想象画一个图形可能只需要几秒钟。还有一种更特殊的表现手法，是将某些图形倒着绘或侧着绘，房屋可以画成房顶向下房柱朝天，动物也可画成四肢向上。其中有些也可能寓有特殊的含意，还有待进一步研究。

沧源崖画与其他地区崖画比较起来相当密集。常常在面积不到1～2平方米的画面上，散布着几十个图形。单个图形很小，以人像为例，大者身高不到30～40厘米，小者身高有在5厘米以下者。

崖画毁坏甚多，保存下来的亦多残缺，模糊难辨。损坏崖画的原因不外下列几种：①山顶雨水常年冲刷，将画冲淡或模糊。②崖石因长时期风化而剥蚀，画亦随之脱落。③石灰岩渗出白色灰浆将崖壁之画污损。

本文只选择一些较为集中且较清晰的画面着重介绍，对于那些零星分散或模糊不清的图形概予从略。在整幅画面之中遇有模糊不清、笔画难于确定之处亦略去或仅做简单的文字叙述。

崖画地点的编号是根据发现先后安排的，首先发现的地点称第Ⅰ地点，余类推。

（一）第Ⅰ地点

当地人民称"帕典姆"（傣语，意为画崖）。位于曼帕寨东北及民良大寨之北，从曼帕前往约2小时路程。崖画范围原长达30米左右，现因山顶雨水常年冲刷，大部分画已毁坏。兹按照现存情况自左至右划分为六个区，分别叙述于下。

第一区：位于最左端，范围约为0.9米×1.4米，其下端紧接地面。崖壁呈一片红色，画甚模糊，可辨者有象、持弩人。

第二区：距第一区之右约2.2米，范围约为2.4米×1.6米，其下端紧接一块突起的岩石。崖壁光滑且向内凹入，这样避免了山顶雨水道接冲刷，故画的保存情况较好。

---

① 我们在第Ⅴ地点崖面一个可能经过人工挖掘的小洞中曾采集几块红色岩石标本，经昆明工学院地质系欧大澄同志鉴定是赤铁矿，附志于此以示谢意。

最高处为一人，双手反卷至头。其下有两排人，每排三人，足下各有一横线，似表示地面或道路，此六人均做一臂高扬向右行路之状。左面一排三人之下有一人，体较大，双臂高举。此人左下方有一些杂乱线条，色甚淡，有的似人形，或系绘人像而未成者。线条之下有一巨人，头部绘成横带状，或系表示某种头饰（？），双手叉腰而立；其头上及身后有两个卷云纹，色较淡，下者为巨人身部所掩覆，不知是特意绘此作为巨人之背景？抑系前后两次所绘？巨人足下及两侧有14人，身部均未涂色，二人双臂高举，一人双臂下垂，余者臂未绘出，仅具人形而已；其中有两人亦为巨人之足部所掩盖。巨人及此14人之右有两人，身较大，均做双臂高举向天状，头有羽毛状饰物（？）。右面一排三人之右侧有二人并立。其下又有四人。四人之下有一图形，为四菱纹及一卷涡纹组成，不知表示何物？此物位于上述头饰长羽毛者之上。

上述图画之右又有一密集之人群，共17人。其中一人一手持盾另一人手持短棒（投枪？），一人一手持牛角另一人手持短棒形器，一人持弩。另有四人分两组，一人肩上叠立一人，下者双手反卷护定上者之足，颇似今杂技表演中叠罗汉之状。余者均徒手而立，其中有二人头手残脱。此17人之右又有一人，双手反卷向上，头上有叉状物，不知表示何种饰物（图四）。

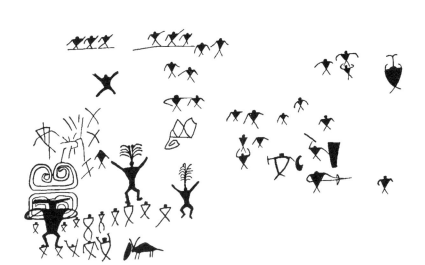

图四　"帕典姆"第二区岩画线描图

此区之画较为复杂，其意义尚难知晓。

第三区：距第二区之右约1.6米，范围约为3.2米×2.5米，其下端紧接岩石。

最上端可以看出有一表现狩猎的场面，有一表示地面之线条，已残断，其左端还有一弧形线条，似表示小山。其上有兽群做向左行进状，现只见五兽，其中之一正行于小山之上。兽的形象不甚明确，均作长尾，不知究为何兽（虎约？）。小山上下各有一人，上者倒绘，下者侧绘，均持弩向兽。右端又有一人持弩，对兽欲射。此三人应为猎者（图五）。

图五　"帕典姆"第三区岩画线描图

在狩猎图之下，大量的画均已模糊难辨，可看出有几个人一手持牛角另一手持短棒形器，不知与狩猎场面有无关系？

第四区：距第三区之右约1.2米，原似与第三区相连，后因雨水冲刷而分隔成两块。范围约为2米×2.2米，下端距地面约1米。

此区之画亦模糊，只见各种姿态之人像：有双臂高举向天者，有双臂平伸者，有双手支腰而立者，有一臂高扬做向右行路之状者，有持弩者。另有象等动物夹杂其周。这部分画中或亦包括狩猎场面在内。

第五区：距第四区之右约2米，范围约为3米×3.5米，下端距地面约1米。此区之画甚密集，内容亦至为复杂。

左起宽约1米范围内由于已遭雨水冲刷，画色淡且模糊，有人持盾者，有鸟，有牛，还有人持弩而身后随一犬若追猎野兽者。

往右宽约2米的范围内，其上端有零星人像，持盾或作类似舞蹈姿态，亦多模糊残缺。

画最集中且清晰者是右边的中间部分。这部分以庞大的猴群作为开始，在一弯曲线条（似表示山地）上群猴齐做向左爬行状，现存较清晰者尚有15只（左右还有多猴，均模糊）。猴之行于半地或正上坡者尾皆下垂，而正下坡者尾皆上翘，据当地善于打猎的佤族人民告诉我们，猴群行路之实际情况正是如此。猴群之下有牛五只，一牛上骑一人，做双臂张开状；一牛颈下系绳由一人牵之，此人身部未涂色；一牛颈下系绳由一人牵之，而牛后又有一人做赶打之状；另有两牛，做相对欲斗状，右牛腹下侧绘一人以弩射之。五牛之中间有一人，头有牛角状饰物，臂上遍画短线，似表示身着树叶或羽毛之衣（以下暂称"羽衣"），双足已残脱。五牛之下有一横线，上有六人，左起第一人身较大，第二、三人共持一球状物（？），第四人做倒立状，第五人身小，立于第六人之腋下，六人之右有一方框，中有一点不知何意。横线下倒绘两象，足向上与横线相连，长鼻前伸。象下有五人，有二人持弩，其中之一持弩对象欲射。再下有三人并立，均持弩向右。其下又有一横线，已残断，前有三兽（左右原似有兽，被水冲去），后有两人，均做向左行进状，此两人似追赶野兽者，兽之种属不明。横线下又倒绘一兽，不明其究为何兽，四足向上与横线相连，旁有两人，左者持弩对兽欲射。上述图画似含有表现狩猎之意，然全部意义当甚为复杂，目前尚难了解。

上述图画之右侧则有一组更为复杂之场面。上端一人，位于两牵牛者之右，头顶长杆状物（上有短线条，又可能表示头饰羽毛，以下暂称"长杆"），旁有一鸟（人？）。其左下有两人叠立，上者双臂平伸，下者双手反卷护定其足。再往左下有一人，耳做双圈状（可能表示耳环饰），身披羽衣，双手叉腰而立，头上顶一杆，杆顶更立一人，其情形颇似现代杂技表演中的"顶杆"节目。其左有一人，做同样姿态，唯头顶之杆已残脱不明。两组顶杆者之左又有二人叠立。两组顶杆者之右有两人，各持一球状物而舞，颇似现代杂技表演中"舞流星"之状，右一人所持球状物已残失其一。两舞球者之左下有二人；腹甚大，与一般人体作三角形者相异，一手反卷，做舞蹈状。其右有一人，耳做双弯状。人下又有二牛。这一群人似在集中表演某种技艺，有一些姿态与今之杂技类似（图六）。

图六　"帕典姆"第五区右侧岩画线描图

上述比较集中的画面之下，有人一手持牛角，另一手持楔形短棒者，也有人叠立者，均已不甚明显。

第六区：距第五区之后约5米，范围约为1.8米×3.2米，下端距地面约1.2米。现存之画已不多，上端有人牵牛图形，下端有人做一手持牛角一手持楔形器或高举一臂殴打某种野兽之状。

（二）第Ⅱ地点

该地名"滚壤开"（佤语，意为盛产某种植物之山崖）。位于丁来大寨通往曼坎之路旁，从丁来前往约20分钟可达。有画范围原长达25米左右，大部分已毁坏，现存之画集中在中间一段，范围约为6米×4.4米，下端距地面2～2.5米。

现存之画亦因石灰岩渗出之灰浆下流而破坏。其中最引人注目的是一组表示村落之图画。有一椭圆形线条表示村落界限，其右端已被灰浆污染。其内有房屋，现存较为清晰者尚有13座，房屋均作"干栏"式，房顶作三角形或圆形。有两座房屋位于村落之中，其余则分布四周，分布于村落上端者均倒绘，房柱向上与村界之线相连。凡在村落左边之房屋，顶部均未涂色，仅具轮廓，凡在村落右边房屋顶部均涂色，此不知系出于偶然抑系表示某种特殊之意义？村落之内见四人，中间房屋之上一人倒绘，头部模糊；中间左边房屋之左侧一人手持工具；中间右边房屋之右侧一人亦持工具，柄上似有横木（？）；中间左边房屋之下一人，手持工具之下端已失去。

村落之两边各有线条以表示道路，左边两条道路与村落相连，右边四条道路虽因灰浆遮住，但仍可看出有些原亦通往村落。左边第一条道路上现存九人。左起第一人持弩向后；第二至第六人，均肩荷一棍棒状兵器，第五人有部分残脱；第七人、八人肩荷一斧裁状兵器；第九人徒手。第一条道路之下有五人。第二条道路上现存九人，均做向村落方向行进状。左起第一人似做拉一动物状，动物之前端已晓；第二人头部不明；第三、四人前有一猪，第四人手持短棍做赶打状，其前原还有画，已残脱不明；第五人、六人之前有一动物（焉？），第六人手持短棍做赶打状；第七人手持短棍（鞭？），赶打其前一猪；第八、九人徒手，头残缺。

右边第一条道路上存四人，做向村落方向行进状。左起一动物身残，第一人持棍在后赶打，其后原似有一人已模糊；第二至第四人均徒手，第二人已残脱。第一条道路下见三人。第二条道路上现存六人亦做向村落方向行进状，左起第一人后有一牛（？），第二人后亦有一牛（？），均略有残缺，第三人在后赶打之，第四至第六人徒手。第三条道路上现存四人（中简似缺一至二人）。第四条道路上现存四人，左起第二人身部全残。

村落之外上面还有一"干栏"式房屋，似表示该村寨之仓房或看守农作物之田房，旁有一人。又有一表示道路之线条，似原与右边几条道路相连，上存五人，左起第一至第四人一臂高扬，做向左行进状。

上述这组村落图画似乎非单纯表现村落布局之情况，而另有其意义。我们初步推测，它是表现一次战争凯旋的场面，各条道路上行走之人群或持兵器或赶家畜，乃系出征归来之战士，各种家畜乃战争中虏获物（图七）。

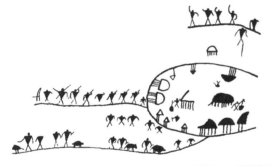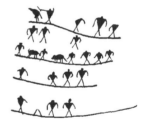

图七　"滚壤开"岩画线描图

在村落图之下尚有复杂之画。有头顶杆者，有杆上骑一人者，有手挽手而立者，有侧绘之象，还有方格形组成之图案及一些草率粗糙之线条，均不知何意，更不知与村落图有无关系。

在全图之最右端，还有一组图画，被灰浆隔断。现存人两排，每排见四人，均做扬臂向村落方向行进状，与村落相隔太远，亦不知两者有无关系？

（三）第III地点

当地人民称"滚壤榨"（佤语，意义不详）。位于曼坎大寨之南约1小时路程。崖画主要集中在一块平滑的崖壁上，范围约为0.7米×1.2米，下端距地面3.2米。大部分画保存较好，唯下面有些图形被崖壁长出的钟乳石所掩盖。

最上端有四人，一人将手高举头顶，三人垂手而立。四人之下一人，一手反卷，一手叉腰。此人足下有一鸟。鸟之右有一方框形图，上有一鸟（？），中有二人，左者足部置于一个三角形中，不知何意。鸟之下有一人，双臂撑开。人下有两鸟，相对而立。两鸟之右一人，似身披羽衣状。两鸟之下有一人，双臂撑开，再下有一人，手举一盘状物（？），其右下一人反掌紧接其足，不知是否可解释弄盘者立于此人手掌之上？此两人之右两人，一人双臂撑开，一人将一手反卷至头。此两人之下又有两人，亦做臂撑开及一手反卷状。一手反卷者之下原似有一人，亦做同样姿态，其身部为钟乳石所掩。其右有两圆圈，中有一直线贯穿之，下部亦为钟乳石所掩，不知究为何物（图八、图九）。

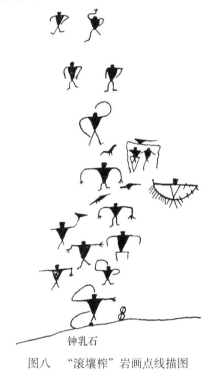

图八 "滚壤榨"岩画点线描图

图九 "滚壤榨"岩画

（四）第Ⅳ地点

当地人称"滚不搭"（佤语，意义不详）。位于曼坎大寨之西南约1小时路程。崖画分布范围原长达9米左右，现均毁坏，较清晰者集中在两块地区，兹分别介绍于下。

第一区：位于崖之左端，范围约为1.2米×1.4米，下端距地面约2米。

最高处一人，双臂平伸。其下两人相对，中有一长方图形，不知表示何物。两人之手各接其一端。其右有两人叠立，上者双臂平伸，下者双手反卷护定其足。上述五人之下有一弯曲线条，已残断，上有猴群做向右爬行状，可见者只有六猴。猴群之下有一图形，似表示三人叠立，一人双臂平伸骑（？）于另一人之颈，其头上又立一小人。

此三人之右有一房屋，作"干栏"式，房顶两端向外突出，其上各有一鸟。房屋左侧有两人，各持一杵，面对一臼做春捣之状。房屋之下有一弯曲线条，上有一人持棍，面对一兽，兽身已残脱，不知何意。人兽之右亦有一长方图形；与上端所见略同，其右端已残脱。其下有一三角形，中有一人，亦不详何意。三角形下有两人并立，左者头顶长杆，双臂平伸，手端各有星形光芒，或表示其手中所持为闪闪发光之物；右者双臂平伸，足下踩一物，如今小孩嬉戏中踩高跷之状。两人之下又有一"干栏"式房屋，房顶亦有两鸟，其左侧亦有两人做春捣之状。其左有一兽，头部已残脱（图一〇）。

图一〇 "滚不搭"第一区岩画线描图

第二区：距第一区之右约1.7米，范围约为1.4米×1.5米，下端距地面约2米。

此区之画不多。可辨者有树、手印（？）、牛、两人叠立等。

（五）第Ⅴ地点

当地人称为"壤少"（佤语，意义不详）。位于曼坎大寨之南约1小时半路程。崖壁凹凸不平，由于内含赤铁矿，呈红色。范围约为15米×2米，下端距地面约2.5米。在此范围内画的分布甚不集中，且画本身很草率粗糙，风格与他处略有不同，有些图形似随便涂抹者。

最多之图形为一些孤立的人像，或未绘头，或未绘足，或身体未涂色。其次为一些野兽形象，一般是身部绘成横线，另以数直线表示兽足，甚难辨识。此外，还有一些特殊的图形，其中值得特别介貌的是树上的房屋和手印。

树上房屋位于中部。房屋系"干栏"式，绘法与第Ⅳ地点所见房屋略同（图一一），唯房柱不是建立于平地，而是设置在一棵树向外支出的树枝上，另有一长柱从旁支撑之。在此房屋周围有五人，其中一人持盾，一人头顶长杆。此五人不知与房屋有何关系？（图一二）

手印位于右端，是一个左手之印。应系以左手捺于崖壁而以右手浇注颜料（也可能用口喷颜料）而印成的，故是阴印。手印周围有少数孤立的图形，有人、兽等，甚模糊，也看不出与手印有何联系。

图一一　"壤少"岩画中部　　　　　　图一二　"壤少"岩画中部线描图

（六）第Ⅵ地点

当地人称"壤典姆"（"壤"为佤语，"典姆"为佤族借自傣语，意为画崖）。位于曼坎大寨通往勐省之路旁，从曼坎前往约1小时可达。画集中在一块断崖上，范围约为7.2米×3.6米，下端距地面约2.5米。

左部剥蚀太甚，画多残脱模糊，可辨者有人牵牛、人披羽衣、人持弩等。

右部宽约1米范围中画较密集且清晰。最上端有人群，凡十八人。在一横线上现存较清晰者有二人；有七人一手持盾另一手持短棒或锤状兵器；有二人头前有一球旋转，人皆做一手高扬、一手承接状，似表示某种弄丸之表演；其余的人或垂手而立，或手臂高举。这一组画似表现一种舞蹈或表演。人群之下有人牵一牛。人牵牛者之下有一横线，上现存两兽，其种属不明。再下又有一密集之人群，共十八人。有两人做双臂高举状（其中一人体未涂色）；有三人侧绘，不知何意；有一人持弩，余者或垂手而立，或双臂平伸。这部分画亦似表现某种舞蹈之状（图一三、图一四）。

二

以上对沧源崖画内容做了简单的描述，现在就目前已知材料再对崖画的意义、年代、族属等问题试做初步推测。

沧源崖画内容是很复杂的。有些图形之间有一定的联系，构成一组图画，表现人们从事某种活动的情景。有些图形之间则看不出有任何联系，只见一些人物或动物形象

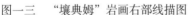

图一三　　"壤典姆"岩画右部线描图　　　　　图一四　　"壤典姆"岩画右部

孤立地存在着。在一块画面上常常看到各种不同的图画和图形相互交错，形成错综复杂
的局面。有些地方根据笔画重叠及颜色深浅的情况，还可看出非一次所绘成。总之，每
一片崖画要表现的主题不止一个，而且其中有些画面的意义由于年代久远、习俗变迁，
不可能全部得到合理的解释。

　　根据意义比较明显的画面来看，沧源崖画经常表现的是狩猎的场面，此外则有舞
蹈和战争凯旋的场面。为什么当时人们要把这些活动画在山崖上？其目的何在？我们不
认为这是单纯的描绘或记述这些活动，而应另有深意。第一种可能是当时的某一部落、
村寨或家族，为了夸示炫耀自己而绘，如绘狩猎、战争图画可显示己方的勇敢，绘舞蹈
人群亦可表示本部落（村寨、家族）成员之众多和繁荣。西盟地区佤族房屋的壁画一般
就具有这样的意思，他们在墙上画上许多牛头，表示房屋主人家畜之繁殖，画上许多麂
子头表示主人善于狩猎；画上一排排的人像则表示主人亲戚朋友多、宾客多，常来跳舞
作乐。第二种可能是与宗教活动有关，是当时宗教仪式的一部分。在狩猎之前绘一幅狩
猎图画，就认为在狩猎活动中即获得很多野兽；在战争之前绘一个战争胜利场面，就
认为在即将到来的战争中可具正虏获很多战利品。这在原始宗教中是最常用的一种巫
术，即所谓"模拟巫术"（gmitativemagie）。根据有些画面前后重叠比较杂乱的情况
来看，沧源崖画属于第二种可能的成分较大。

　　在第Ⅴ地点崖画中发现了一个手印，这是值得注意的现象。自法国、西班牙旧石器时代洞穴壁画直至澳洲①和北美当地民族的崖画中都有手印，而在我国这还是第一次发现，过去新疆罗布淖尔附近山崖也发现过手印，但是浅雕而非绘画。关于手印的意义，有着种种解释和推测，有说表示一种手势语言的，有说象征自己在狩猎中可以获得野兽的，有说是在战争以后用敌人的血印表示己方胜利的。沧源崖画这一个手印的意义为何，由于材料太少，目前还不易确定。

沧源崖画中较为特殊的是一些类似表演、杂技的图形，有两人或三人叠立者，有似舞流星者，有似头顶长杆而杆上立一人者，有做向上抛丸之状者，这些在其他地区崖画中还从未见过。它应该是反映当地一种特殊的技艺和风俗。现代沧源地区各族人民已完全不知杂技为何物，但根据记载，在古代附近地区却有过类似杂技的流行。至于在崖画中的这些表演场面，可能也具有宗教意义，即是当时一种娱神的活动。

关于沧源崖画的年代问题，目前还不易解决。由于崖画本身没有提供出关于年代的确凿证据，附近地区又没有发现过类似的材料可资比较，广西地区虽曾发现崖画，但两者风格、内容均有不同，且广西崖画本身年代问题亦是众说纷纭，迄无定论②。根据我们向崖画附近村寨居民了解，崖画绝不是近代所绘。当地居民的一致说法是崖画不是他们画的，也不知是何人画的，很早即已存在。民良大寨一位94岁的老人告诉我们，在他年幼时即看见此画（指第Ⅰ地点），而且那时即未听说过是何时画的。再从崖画所反映的生产水平和生活习俗来看，还停留在相当原始的阶段，如拴牛只系牛颈而不知穿鼻（一般可以认为这是不会使用牛耕的反映），有些房屋建造在树上等，这些和现代沧源地区社会发展水平相较，存在相当大的距离。崖画中表现的一些舞蹈和表演的场面，不仅在沧源地区各民族人民现实生活中不复存在，而且已从他们记忆中完全消失，即使在他们最古老的诗歌或故事中，也寻捡不出关于头饰牛角、身披羽衣、手持盾牌舞蹈的情节和顶杆、舞球或叠立等技艺的描述。按某一种习俗的改变绝非一朝一夕之事，故崖画反映的时代只能认为属于遥远的过去。又沧源地区大约自明代中叶传入了小乘佛教，自此以后广大佤族居住的山区也逐渐接受了佛教一些教义而放弃原有的原始宗教，在生活习俗和文化艺术上存在程度不同的佛教影响。而在崖画中却还找不到任何佛教的因素。综合以上诸端，我们初步估计，崖画至少已有四五百年的历史。至于究竟可以早到何时，则有待将来进一步研究。将来如能利用一些自然科学的帮助，如对画的颜料和崖面上长成的钟乳石多做一些分析工作，弄清楚它们可能经历的年代，则将有助于崖画年代问题的顺利解决。

崖画是沧源地区古代居民的作品，它们和今天沧源地区哪一民族有关系呢？根据今天民族分布情况来看，佤族是崖画分布地区的主要居民，同时也是传说中沧源地区最古老的居民。今日沧源的坝区虽然还居住着傣族，但普遍认为他们来此较晚，是明代才

---

① 〔日〕鸟居龙藏，张资平译：《化石人类学》第十三章第二节，万有文库本，第606、607页。

② 参见广西少数民族社会历史调查组编：《花山崖壁画资料集》，广西民族出版社，1963年。

从耿马迁来的。又根据崖画所反映的一些生活习俗来看，虽然在沧源地区佤族之中已完全消逝，而在另一些发展较为缓慢的地区佤族之中还能找到痕迹。例如，崖画第Ⅳ地点中有两座房屋，屋顶各有两鸟，这样的房屋在今天西盟地区佤族中还有保留。过去那里的富裕阶层（珠米），为了夸示炫耀自己的富裕和抬高自己的身份，其房屋特意建造得与众不同。房屋面积较大，四壁安装木板而不用竹编，墙壁内外绘有红色或白色的画，内容有人、牛、牛头、麂子头等。这种房屋俗称"大房子"（尼阿厅）。就在这种"大房子"顶部两端，各安置一个略具轮廓的木鸟饰，以作为标志（图一五）。又房屋的壁画比较简单粗糙，和沧源崖画自有不同；然细审其风格和画法，似乎和沧源崖画也有一定程度的相似（图一六、图一七）。由上所述，我们认为沧源崖画可能和佤族先民有较多关系。

图一五　有鸟饰的屋顶

图一六　沧源岩画与佤族岩画对比

图一七　沧源岩画与佤族岩画对比

（原载于《文物》1966年第2期）

云南宜良九乡张口洞旧石器遗址发现的凹穴岩画

吴　沄[1]　吉学平[2]　赵东明[3]

（1.云南大学人文学院考古学与文物评估中心；2.云南省文物考古研究所；3.云南省宜良县文物管理所）

一、凹穴岩画概述

凹穴岩画是人类制作于岩石表面上的坑状杯形图案（cupules、cup marks、cup-stones），除南极洲以外的各大洲都有发现。凹穴岩画的制作传统自旧石器时代早期以来就一直被人类延续至今，在大洋洲、非洲的一些土著居民营地中，制作凹穴的传统至今存在。凹穴岩画大多是用坚硬的石头在各种岩石或卵石上磨制或敲凿而成的半球形或圆锥形凹坑，其大小一般在2～20厘米，深浅一般在2～6厘米[1]，与岩石上的颜料涂绘相比留存时间更为长久，因此，很多凹穴岩画年代久远，对研究早期人类原始精神世界及日常生活内容具有重要意义。

国外发现的凹穴岩画多集中在印度、欧洲和澳大利亚等地，时代最早者可上溯到旧石器时代早期。这个时期的凹穴岩画或以单一的形式出现，或与线形沟槽（linear grooves）一起出现。被确认时代最早的凹穴岩画是印度中部莫德雅·普莱达士被称为"会堂"的洞穴遗址（Auditorium Cave，Madhya Pradesh），这个洞穴遗址发掘出土属于阿舍利文化的石制品，年代为距今290ka，该遗址内的498个凹穴图案被确定为旧石器时代早期的作品[2]；在日本及朝鲜半岛，凹穴岩画被称为"杯状穴"。日本凹穴岩画的绝对年代为公元前2800～前2300年。朝鲜半岛共有12处凹穴岩画，年代相对较晚，约为公元前1000年。法国弗莱西亚洞穴的尼安德特6号墓葬中发现欧洲最早的凹穴岩画，时代在40～70ka，被解释为具有生殖崇拜含义；在澳大利亚，凹穴岩画主要分布在北

---

①　汤惠生：《凹穴岩画的分期与断代——中国史前艺术研究之一》，《考古与文物》2004年第6期，第31页。

②　Kumar G. *"Aunique cupule site in the Ajmer District" Rajasthan*. Purakala, 1998, 9: 61-64.

部领地（Northern Territory）的Arnhem到Pilbara地区之间①，岩画专家贝德纳利克教授（R.G.Bednarik）推测距今60ka前，亚洲第一批现代人到达澳大利亚，同时带来了凹穴这一独特的岩画形式；美洲的凹穴岩画年代要晚得多，其风格特点是凹穴不再以单独的形式出现，更多的是与线形沟槽、同心圆、波折线、窝纹、鸟足纹（或称trident的线条）等图案一起出现②；英伦三岛的凹穴岩画分布相对密集，且往往与悬石阵联系在一起，这里的凹穴岩画也伴有圆圈纹、同心圆、缺口同心圆、涡纹、各种线条及沟槽等图案；在非洲，很多石块和硬板上有大量人工碾磨的凹洞，但时代却很难确定。只有津巴布韦Chifubwa河岩厦岩画中的凹穴图案被确定为距今6.3ka前的作品③。

　　凹穴岩画在我国境内也有广泛发现，据统计，目前我国东北地区的辽宁北部，内蒙古乌兰察布、乌兰布、赤峰夏家店、敖汉旗城子山，中原地区的河南省，西北地区的青海天梭卢山、西藏、新疆托克逊县库普加依，南方地区的福建华安县高安及漳浦县大荟山、广东、香港、澳门、广西靖西县岩北山、江苏连云港锦屏山将军崖及台湾万山等地都发现凹穴和沟槽岩画。将军崖的凹穴岩画有的以沟槽连接，或伴有圆圈图案、同心圆和缺口同心圆。福建也是凹穴岩画分布较多的省份。漳浦县的大荟山与金门岛隔海相望，这里凿刻的两处共6幅岩画中，除马蹄形、同心圆和蛇形沟槽外，也有凹穴，这些凹穴均以研磨法创作，当属早期岩画类型。华安县高安镇浮山的一个山丘上共发现27个凹穴岩画，其中的11个凹穴由沟槽相连，状似星宿，被称为"星宿图"。此外，广东珠海的宝镜湾和葫芦湾两处凹穴岩画点、台湾的孤巴察峨和莎娜奇勒娥两处凹穴岩画点等都是沿海凹穴岩画的杰出代表。澳门岩画以"小凹穴"为主。西南如云贵地区的岩画虽以彩绘为主，但也存在凿刻岩画与凹穴岩画传统，有的学者将其称为"多坑石"。在北方草原岩画系统中，内蒙古乌兰察布的凹穴岩画或单独出现，或与几何符号、人像、人面像、动物形象一起出现。我国发现岩画最多的新疆维吾尔自治区也有一处凹穴岩画。阴山岩画中同样有凹穴岩画，且其中以凹穴、同心圆和字符组成的"鬼脸"人面像等图案与将军崖岩画一致④。

　　①　Pual S C, Taçon, Richard Fullagar, Ouzman S, Mulvaney K. "*Cupule engravings from Jinmium-Granilpi (Northern Australia) and beyond: exploration of a widespead and enigmatic class of rock markings*". Antiquity Dec, 1997:71, 274: 942.

　　②　汤惠生：《寻找中国最早的美术——旧石器时代岩画的确认与重估》，《美术》2004年第9期，第108、109页。

　　③　Clark J D. "The Chifubwa Stream rock shelter, Solwezi, northern Rhodesia". *South African Archaeological Bulletin*, 1958, 13(49): 21-4.

　　④　唐红丽：《凹穴岩画在世界范围内存在相似性》，《中国社会科学报》2012年5月7日第A05版。

二、张口洞旧石器遗址

　　宜良九乡张口洞遗址，是昆明市博物馆胡绍锦1989年7月发现的。张口洞地处南盘江重要支流麦田河峡谷及陷谷地带东侧叠虹桥山坡面上，海拔1803米（图一）。洞体发育在震旦系灯影组白云岩内，洞口横宽，面南偏西27°。洞穴沿巨大岩层层面呈坎状倾斜，洞内空间被钟乳石、石笋隔成7个地下厅，其中，第Ⅲ厅最大，洞深36、横宽45米，洞顶高3.9~5米。洞内堆积物厚达3.5米，上部地层有扰乱。1990年9~11月，昆明市博物馆对该洞进行了大面积试掘，布2米×2米探方11个，面积51平方米，并对洞口的扰乱土进行了筛洗。此次发掘共获得晚期智人牙化石40余枚，哺乳动物的化石近2000件，石制品1800多件，已测定胡绍锦先生文章（1995年）[①]第6层凹穴岩画出土层位（本文第4层）常规^{14}C法年代为9965年±110年（图二）。

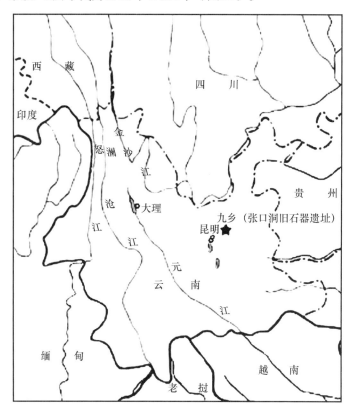

图一　宜良九乡张口洞旧石器遗址地理位置图

---

　　①　胡绍锦：《宜良九乡张口洞发现的旧石器》，《人类学学报》1995年第1期，第22页。

1. 厚层钙板层，含少量化石，底部呈纯净致密结晶状，厚36厘米

2. 深灰色砂质黏土角砾层，含大量石制品、人牙及化石，厚26厘米

3. 钙板层，厚3厘米

4. 深灰色砂质黏土角砾层，含大量石制品（凹穴岩画KUP.2和KUP.19）及炭屑，厚25厘米，¹⁴C测定结果为9965年±110年

5. 钙板层，厚3厘米

6. 黄褐色角砾层，含少量石制品及鬣狗、中国犀等脊椎动物化石，厚30厘米

7. 钙板层，厚3厘米
8. 黄褐色砂质角砾层，厚15厘米
9. 钙板层，厚1厘米

10. 黄褐色砂质黏土层，含少量石制品及东方剑齿象等脊椎动物化石，厚46厘米

11. 钙板层，厚12厘米

12. 褐黄色砂质灰岩角砾层，含少量化石，厚35厘米

13. 钙板层，厚10厘米

14. 下伏基岩

0   20米

基岩　　钙板　　砂质黏土层　　砂黑黏土角砾层　　哺乳动物化石　　凹穴岩画

图二　张口洞旧石器遗址第二洞厅综合地层柱状图

三、张口洞发现的凹穴

在文化遗址内，共发现凹穴岩画5件，均为质地坚硬的白云岩或火成岩砾石，发现于原报告胡绍锦第6层地层（本文的第4层）中，发现初期称为多坑石。在砾石的一面或两面有坑形凹穴。其中，有单凹穴石制品1件，双凹穴石制品（上、下砾石面的凹坑相对）1件，三凹穴石制品1件，多凹穴石制品2件。两件多凹穴石制品中，标本KUP.19①系板状玄武岩扁平砾石加工而成，有裂痕，长345、宽165、厚62.5毫米②，一面分布凹穴27个，最大穴径42、最小穴径29.4、深6～11毫米，另一面尚保存18个凹穴，其中9个

① 现存昆明市博物馆。

② 胡绍锦：《宜良九乡张口洞发现的旧石器》，《人类学学报》1995年第1期，第26页。

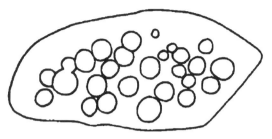

图三　凹穴岩画标本KUP.19
（引自胡绍锦1995年制图）

较为完整，最大穴径31、最小穴径17、深3～8毫米（图三）。KUP.2[①]与KUP.19大体相同，形态较方，其一面有凹穴17个，另一面2个。凹穴岩画有明确的埋藏地层和丰富的共存旧石器及哺乳动物化石，尤其是标本KUP.2与KUP.19是由石灰华盖板下火塘位置掘出，由于两块多坑凹穴岩画遍体包裹炭屑灰烬，因而能够获得年代数据。

四、讨　论

　　凹穴岩画出现在人类历史的每一个发展阶段，巨大的时间和空间跨度使不同地区和年代的凹穴岩画，具有不同的物质或精神意义。印度、欧洲、澳大利亚等地的凹穴岩画经过直接断代的较多，最早的时代根据出土石制品的判断可到旧石器时代早期。从世界范围看，更新世晚期以后到全新世，凹穴一般不再以单独的形式出现，而更多地与其他图案同时出现，即凹穴岩画与其他凿刻岩画（petroglyphs）相伴出现。这样的凹穴岩画是具有精神和艺术价值的，可以根据凿刻岩画的内容和民族学调查对其年代、用途及意义进行大致猜测；如果凹穴岩画单独出现且出露于地表，则不太利于直接断代，只能尝试根据它在野外的腐蚀和风化程度、土壤覆盖、地衣盖或解剖地质的土地裂缝进行比较研究[②]，这是因为任何刻画的耐风蚀程度，均与它的创作时间成正比；如果可以在石灰岩溶洞的地层中发掘出凹穴岩画，在封闭性的保护环境中，则可利用其所在层位的炭屑及出土石器特征进行断代研究，一般在地层中出现的凹穴岩画年代较早，其年代多为旧石器时代，岩画专家贝德纳利克教授（R.G.Bednarik）认为它们至少已达1万年之久。这样的推断是基本符合张口洞地层的年代测定结果的。

　　在一些早期旧石器遗址中会发现凹穴岩画，但多数发现于旧石器时代中晚期和全新世时期的遗址中，在全新世时期凹穴岩画成为全球性的文化传统[③]。同时，非洲的凹穴岩画也为现代研究者提供了鲜活的民族学证据：1996年，加拿大考古学家尼古拉斯·戴维（Nicholas David）在尼日利亚曼德拉山脉的苏库人社区综合运用民族考古学和田野考古学方法来理解这种人工制品，他收集当前正在进行的和不久前使用的石质工具进行碾磨或相关活动的所有信息，综合统计之后，对其可能用途进行了分类，绝大多数石槽是用来碾磨谷物，或加工石质工具的。直到现在，当地妇女们身上都装备一个标准的用碎石建造的一种、两种或三种凹穴石磨，表面上有不同的琢痕以进行精粗不同的

①　现存宜良九乡张口洞遗址博物馆。

②　Gansser A. *Cup-stones, prehistoric cult object.* Memorie Lincee Scienze Fisiche E. Naturali, 1990, 1:52.

③　Robert G. Bednarik "Cupules". *Rock Art Research*, 2008, 25-1:62.

碾磨①。这可能是凹穴的一种比较原始和实用的功能。

对于张口洞发现的凹穴岩画标本KUP.19和标本KUP.2，其所有凹穴排列紧密，且上下两面分别有多个凹穴，已远远超越了生产工具这一原始使用功能的范畴，而更多的可能是与原始人类的精神世界有关。由于人类早期社会文化存在一致性，我们或许也可以从其他文化遗存中发现的类似物品推测出张口洞凹穴岩画的一些意义：比如生殖崇拜、陪葬传统、计数方式或是用于某种原始宗教的祭祀活动。无论是出于何种目的，当时的人们创造了凹穴岩画，且这一传统在世界范围内广泛存在，鉴于世界上的凹穴岩画在时间、内容、主题和风格上存在相似性，在3～5ka，以凹穴为主体的岩画出现并很快传播到世界各地。凹穴岩画研究学者马宝光认为：世界凹穴岩画所表现出的一致性，与人类的迁徙有很大关系。分析研究凹穴岩画的分布范围及特点，有助于更加清晰地认识人类的发展和在世界范围内的迁徙路线②。

张口洞文化层中出土大量石制品，包括石核、石片、砍砸器、各种刮削器、石锤、石砧等，其中部分石制品如KUP.10、KUP.157、KUP.158、KUP.259等或多或少带有莫斯特文化的元素（图四），结合该遗址出土带有世界范围广泛分布的凹穴岩画研究，或许能对东亚地区现代人迁移及其文化交流提供重要证据。

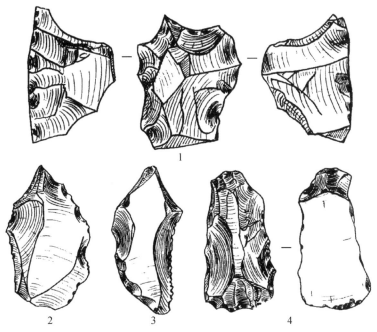

图四　张口洞遗址出土的带有莫斯特文化元素的石制品

1. KUP.10　2. KUP.157　3. KUP.158　4. KUP.259

（引自胡绍锦1995年制图）

① 〔加〕尼古拉斯·戴维、卡罗·克拉莫，郭立新、姚崇新等译：《民族考古学实践》，岳麓书社，2009年，第151～153页。

② 唐红丽：《凹穴岩画在世界范围内存在相似性》，《中国社会科学报》2012年5月7日第A05版。

致谢：野外考察及本文的完成得到了多方面的支持，澳大利亚研究委员会发现基金项目"东南亚晚更新世人群扩散及相关气候环境的变迁"课题（DP0877603）提供了经费支持；昆明市博物馆研究员胡绍锦先生提供了标本观察及测量数据；宜良县文化局杨峰书记安排野外考察，九乡风景区管理局的现场协助，笔者在此一并致谢！

金沙江岩画洛吉岩画点调查记录及初步研究[*]

吴 沄

（云南大学人文学院考古学与文物评估中心）

引 言

自1988年中甸县三坝乡东坝行政村的扎日村岩画首次被发现，经过当地文化考古工作者艰苦的调查，直到2012年，已发现的金沙江岩画点的数量已达78处。由于发现时间较晚，岩画点分布不集中、地势险要，几十年来对金沙江岩画的调查研究一直处于简单的记录描述上。自2008年中澳考古学家开始对金沙江岩画进行调查研究，极大地推进了该地区的岩画研究，专家利用铀系同位素断代法和^{14}C断代法对岩画颜料进行断代，并开始将金沙江岩画与世界其他地区风格类似的岩画进行比较研究，确定了金沙江岩画的重要地位。此次中澳联合调查是继2008年后又一次对金沙江岩画点运用考古学方法系统地实地记录与研究，考察队成员由来自澳大利亚格里菲斯大学的国际著名岩画专家 Paul S.C. Taçon教授、迪庆藏族自治州文物管理所所长李刚、迪庆藏族自治州博物馆副馆长陈树珍，以及洛吉乡木胜土村当地村民向导杨学森、两名洛吉文化站的干事——马国伟、李海燕和笔者组成。

本次调查的三个岩画点均位于云南省迪庆藏族自治州香格里拉县东部的洛吉乡，介于北纬27°38′~28°06′，东经99°55′~100°19′。洛吉乡整体地势西北高，东南低，与四川木里交界的金沙江出境处吉函为全县海拔最低点，海拔1503米，最高点为尼汝境内的能那布山，海拔4495米，气候垂直分带明显，南部河谷区平均气温13~15℃，而北部高寒山区年平均气温5.5℃，境内有尼汝河、洛吉河两条大河流，都属于金沙江支流。洛吉乡杂居着汉、藏、纳西、傈僳、彝5种民族（图一）。

---

* 基金项目：澳大利亚研究委员会发现基金项目"东南亚晚更新世人群扩散及相关气候环境的变迁"课题（DP0877603）. Australia Research Council（ARC）Discovery Grant *"The Late Pleistocene Peopling of East Asia and Associated Climate-Environment History"*（DP0877603）.

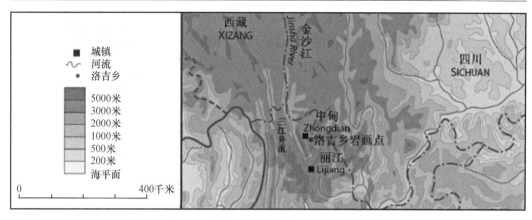

图一 云南省地形图及洛吉乡岩画点位置

一、调查记录

（一）岩布洛岩画点

位于洛吉河口的岩布洛岩画点，地理坐标东经100°15′04.6″，北纬27°47′34.8″，海拔1954米。岩洞视野十分开阔，可看到对面山顶，山岩下是洛吉河及大量碎石堆积的河岸。岩画点所对的山坡为一片毛竹林，数千年前，先民应是用竹筒取水并到岩洞里调和颜料绘制岩画。

岩布洛岩画点分上下两个岩厦，左下方的岩厦，岩画分布在距离地面1米的岩石上，岩厦面积约为14.82平方米，岩画从左到右的分布顺序依次是：

（1）紫红色鹿头轮廓（85厘米宽×55厘米高）（图二）；

图二 紫红色鹿头轮廓

（2）红色野山羊，两只野山羊轮廓重合，应是公山羊叠压于母山羊之上交配的画面，而且绘出了山羊的侧面及背面形态（41厘米宽×52厘米高）；

（3）橘红色貘或者猪形的动物轮廓，身体已经不在，只有头部（84厘米宽×58厘米高）（由于在这个区域貘灭绝于8000年前，所以如果岩画所绘的是貘，那么岩画的作画年代应早于8000年）（图三）；

图三　橘红色貘或者猪形动物头部轮廓

（4）深紫红色野驴头轮廓（45厘米宽×43厘米高）；

（5）红色岩羊轮廓（47厘米宽×33厘米高）；

（6）红色岩羊轮廓（42厘米宽×40厘米高）；

（7）在岩羊图像上叠压有很长的深紫色的线条，但还未能确定图像内容（80厘米长）。

上方的岩厦右侧岩面上绘有岩画，岩面较为平整，其中，以一只橘红色的熊形动物形象最为醒目，岩画从左到右分布的顺序依次是：

（1）实心深紫红色山羊（19厘米宽×20厘米高）；

（2）橘红色山羊头轮廓（12厘米宽×10厘米高）；

（3）橘红色熊形轮廓（70厘米宽×44厘米高），这个图形分两次完成，橘红色叠压于红色轮廓之上（图四）；

图四　实心深紫红色山羊；橘红色山羊头轮廓；橘红色熊形轮廓

（4）红色小鹿头形轮廓（19厘米宽×22厘米高）；

（5）紫红色大鹿形轮廓，周围有其他鹿形轮廓叠压，已经比较模糊；

（6）紫红色牛头形轮廓。

（二）花岩岩画点

洛吉乡木圣土村的花岩，地理坐标东经100°16′0.7″，北纬N27°46′41.6″，海拔2697米。由于这里岩石颜色斑驳，岩面凹凸不平，所以被当地人称为花岩。这个岩画点的图形较小，分布分散且岩厦较宽。

花岩岩画从左到右的分布顺序依次是：

（1）深紫红色的太阳轮廓形状（4厘米宽×4厘米高）；

（2）暗紫红色实心山羊（17厘米宽×13厘米高）；

（3）深红色岩羊轮廓（4厘米宽×7厘米高）；

（4）黑色的猪形轮廓，已不清晰，周围还有红色覆盖（50厘米宽×36厘米高）；

（5）紫红色山羊头轮廓（19厘米宽×23厘米高）；

（6）紫色鹿头轮廓（29厘米宽×17厘米高）；

（7）暗紫红色猪形轮廓（37厘米宽×42厘米高）（图五）；

（8）深紫色鹿形轮廓，旁边有两个深紫色小点（30厘米宽×26厘米高）。

图五　暗紫红色猪形轮廓

在高于岩厦约有5米的上部岩壁洞中，绘有一只巨大的朱红色野猪，到现在当地村民依然可以猎到野猪，据说野猪的形态也正像岩画上描绘的那样：红色的毛整齐地分布于全身，一根矛或箭镞一样的东西插在背上，野猪依然在奔跑中。很明显，这是一只被狩猎的野猪，它也是这次洛吉调查中看到的最大的动物形象：1.5米宽×0.97米高；一个深紫色的山羊头（12厘米宽×12厘米高）在野猪的上方。

（三）腰岩岩画点

中甸县洛吉乡木圣土村附近这个岩画点的名字有异议，一说是腰岩，1997年10月19～30日，由鲍江、和品正调查时发现定名，由于这个岩洞的形状像是人或动物的腰部；一说是妖岩，当地居民介绍这个岩洞正好在仙人洞背面，岩画时隐时现，虽然总是有动物出没，但是从没有人能在这里打到猎物，他们相信这里居住着妖魔，所以把这个岩洞叫作妖岩。地理坐标东经100°15′16.5″，北纬27°48′36.7″，海拔2559米。

岩画绘于砂岩岩面上，由于当天下雨使岩面潮湿，考察时可以看到更加清晰的岩画图像，岩面凹凸，将岩画分为几组图像，岩画从右到左分布的顺序依次是：

第一组：具有多重叠压关系的鹿和牛的形象，其叠压关系依次是：

（1）第一层，深紫色的鹿形轮廓和深紫色的鹿头轮廓；

（2）第二层，分布于画面上的总数有350～450个的深紫色小点，它们似乎是根据某种规律排列的；

（3）第三层，用双轮廓勾勒的黑色鹿头轮廓；

（4）第四层，黄色的牛形轮廓。

整个图形面积为（2.9×1.45）平方米（图六）。

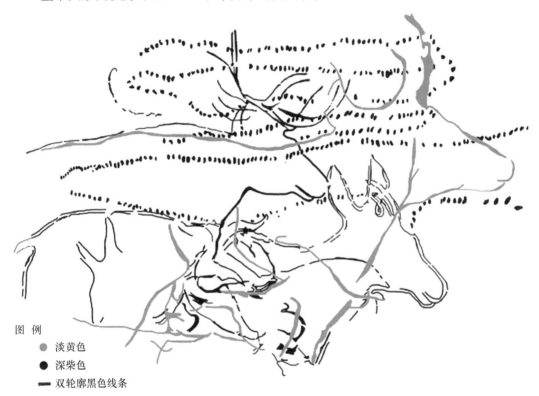

图例

● 淡黄色

● 深柴色

━ 双轮廓黑色线条

图六　具有多重叠压关系的鹿和牛的形象

第二组：红色鹿形轮廓和黄色鹿头形象，还有深紫红色的轮廓叠压其上，雨后更显清晰。整个图形面积为（1.6×1.8）平方米。

第三组：一个牛头形象，紫色轮廓覆盖在红色轮廓上（45厘米宽×44厘米高）。

第四组：红色山羊头和深紫色轮廓，只测量到画面的宽度为1.5米。

第五组：红色小鹿形象的轮廓（32厘米宽×20厘米高）（图七）。

腰岩岩洞宽18.5、岩洞深7米，岩画面积为（4.8×3.5）平方米。

腰岩岩画点最重要的发现是第三组图像的牛头形象，因为在牛头上有一个天然小

图七　红色小鹿形象的轮廓

洞正好在牛眼睛的位置，而且牛的身体是整块突起的岩壁，头部正是画在一块突起的酷似牛头的岩壁上，岩画的创作者利用了这块岩石把"高浮雕"的艺术形式和绘画完美地结合起来，牛身体健壮，头部扬起，似在呼吸，又似在鸣叫。岩石本身的特质使这张特殊的"画布"对远古的先民们拥有其他平面所不能起到的作用和意义，岩画与天然地形结合表达的意义往往比较特别，国外有例子证明：古代民族把人形绘在有天然凹洞的岩壁上，凹洞的位置正好与生殖器重合，具有生殖崇拜的寓意，在中国也有些民族认为岩洞里有另一个世界或者自己的祖先就来自于岩洞。

二、结论与讨论

通过三天的野外工作，整理和记录了岩布洛、腰岩和花岩三个岩画点的详细信息。通过这次考察，对金沙江岩画有了一些新认识。

1. 地理及人文环境复杂

金沙江岩画点地处青藏高原东南缘的川滇藏交界处，金沙江、澜沧江、怒江在沙鲁里山、云岭、高黎贡山等山脉之间形成了蔚为壮观的"三江并流"。而这个区域自古以来就是各民族人群迁移交流的重要通道，今天滇西北的金沙江流域居住着汉族、藏族、纳西族、傈僳族、普米族、彝族等民族。在同一个民族中分出不同支系，甚至每个村信奉的图腾也各不相同。各个民族在这里既保留了一些原始祖先留下的传说和宗教支系，又在一起交流融合，和谐相处，形成了鲜明的地方民族文化特色。

2. 特殊的写实主义风格

我国岩画分布地区极广，目前已经发现有岩画分布的地方包括了西藏、新疆、内蒙古、宁夏、甘肃、青海、黑龙江、四川、云南、贵州、江苏、福建、广西、广东、香港、澳门等地。各个地区的岩画风格都具有自己的地方特色，但大多岩画的表现风格都较为抽象，象征意义浓厚。

相比较之，金沙江岩画多用描绘方式以写实主义的风格表现野牛、鹿、岩羊、山羊、野猪、麂、獐、猴、野马、野驴、熊、虎等动物图像，刻画准确，用笔熟练，形态生动。部分图像显示出用不同颜色勾勒的痕迹，互相叠压，可以据此推测作画年代的不同，岩画的创作者是选择了一个特定的地点作画，并且长期以来不同时代的创作者多次造访相同的岩画点：这也许同动物崇拜有关，先民们在岩画点举行某种仪式活动时，重复描绘岩画，或在以前的动物图像上叠压画上新的动物；又或是用朱红色抹去原先的岩画，再画上新的图像。

虽然大部分金沙江岩画是描绘写实主义动物形象的，但是其中的一些创作者却只绘出了动物的部分肢体：有时只有一个头、有时是一条腿或半个身体，所绘动物栩栩如生，所以这些动物并不是动物牺牲，而是活灵活现的生命形态。

3. 对其与其他地区岩画关系问题的探讨

目前为止，在中国范围内还没有找到与金沙江岩画风格相类似的岩画。在世界其他地方有绘画风格与之相似的岩画点——主要发现于欧洲的法国和西班牙旧石器时代马格达林时期岩画，代表地点是法国的拉斯科岩画点和尼奥岩画点（图八），它们同样也

图八　着剑之犁牛

图片来源于《旧石器时代之艺术》，发现于法国尼奥岩画点

（步日耶教授所仿原稿）

出现写实主义的动物岩画形象，在欧洲，单彩画起源于奥瑞聂文化期的初期，最古老的单彩画仅有一种颜色，并仅将动物的一部分画出。例如，法国杜德纳（Dordogne）地方Font-de-Gaume的洞内下部地层中所发现的单彩画，有的只将马或熊的头部画出，脊背上画有一笔，其他部分则皆没有。又如画一个鹿，只有一个角和两条腿，其他部分则皆未画出。据法国步日耶教授的研究，这种古画，当列于奥瑞聂文化期的起始，或较最古的雕刻艺术甚至更早。

在泰国、印度等东南亚国家也有类似的写实主义岩画，我们或许可以从金沙江岩画中找到晚更新世至全新世以来人群迁徙的线索，猜测出两种可能：第一种可能是早在数千年乃至万年前，人们就以某种特殊的方式，跨越千山万水进行交流。第二种可能是人类文明发展到某一阶段，我们的部分祖先虽然没有交流，但共同选择了写实主义的岩画艺术形式，出现了趋同的效果。

4. 首次发现二维与三维的艺术形式同时用于同一图像的表达

在对腰岩的考察中，我们发现先民在表现对动物的崇拜时，不仅选择平面描绘，同时找到了与其外形酷似的岩石作为画布，并只用颜料勾勒出野牛的头部，突出了对野牛特征的描述。裴文中先生在《旧石器时代之艺术》中认为：旧石器时代的艺术家，观察对象的力量尚较薄弱，所以对于特别的部分和能代表对象的部分，特别加以形容和描写。在金沙江岩画中尤其在腰岩岩画点的发现中，这个原因也许是解释先民描绘出动物部分肢体的一种可能的解释。不过，最简单的物质表现形式也来源于先民的精神崇拜世界。也许正是有了这个当地人称之为妖岩的岩洞，有了这个天然形成的牛形岩石，先民们才选择了创造岩画，无论这头牛是先民崇拜的偶像还是他们祖先的图腾，又或是猎物，岩画的创作者已经完全将自己的作品融入了大自然的创作之中，仅仅数笔的牛头轮廓与天然岩石结合，流畅准确生动地展示出一只活生生的动物。在远古先民的世界中，自然的力量是巨大而又神奇的，敬畏自然、崇拜自然也许也正是这些写实主义岩画创作的精神原因。

陈兆复先生在《古代岩画》中认为，金沙江岩画里的野生动物与宗教活动有关，其中野牛崖壁画特别值得重视，在多个岩画点都可以找到野牛的形象，而且是被画在岩画的中心位置，野牛画得很大。大野牛可能是用作图腾崇拜而被绘制的，或许这种对猎物野牛的崇拜和鄂温克族猎熊仪式的意义相同。云南本土学者和力民先生也在《金沙江流域夯桑柯岩画的考察与研究》中认为，从岩画反映的狩猎文化内容和古代原始宗教信仰理论推测，大型野牛应该是被岩画制作者们作为图腾绘制上去的，岩画制作者当时以图腾信仰为其宗教思想。这次腰岩的发现是陈先生和和先生观点的又一次佐证。

5. 金沙江岩画的断代

2008年中澳联合考察时，确定了金沙江岩画白云湾岩画点岩画的绝对年代，通过对岩画点的岩石表面进行标本取样，用铀系同位素断代法和^{14}C断代法的科学方法进行测定，这也是首次利用铀系断代的方法在中国测定岩画年代，断代结果：其年代早于中国现存的其他地区的岩画，绝对年代距今5738～4694年，金沙江地区这种写实主义风格的岩画至少创作于3400年以前，并提出金沙江岩画可能早到晚更新世到早全新世之间。

金沙江岩画的断代结果和其他特征分析显示，金沙江岩画的创作应该没有受到目前已发现的中国其他地区岩画创作风格的影响，北方草原地区发现的一万年至三千年前的凿刻岩画风格也与金沙江岩画风格不相符。但其是否是独立起源或是受到国外其他地方岩画创作风格的影响还需要进一步调查。

综上所述，由于其特殊的地理位置、民族历史背景以及独具特色的创作方法，作为中国岩画长廊中一员的金沙江岩画，是不同于中国其他地区岩画类型的一个独特的岩画群，在中国岩画研究乃至世界岩画研究中将起到举足轻重的作用，金沙江岩画的调查研究已得到有关方面的重视，工作还将继续下去。

致谢：在野外调查和室内整理过程中得到了多方面的支持。吉学平研究员提供了这次珍贵的野外实习机会并进行了指导；澳大利亚的岩画专家Paul S.C. Taçon教授和迪庆藏族自治州文物管理所的李钢所长在野外工作期间的指导及照顾；迪庆藏族自治州博物馆副馆长陈树珍女士、洛吉乡文化站的干事马国伟和李海燕以及当地向导们的野外协作，笔者在此一并表示诚挚的谢意！

参 考 书 目

和力民：《金沙江岩画发现的历程》，《历史源流与民族文化——"三江并流地区考古暨民族关系研究学术研讨会"论文集》，云南大学出版社，2011年，第112～122页。

裴文中：《旧石器时代之艺术》，商务印书馆，1935年。

陈兆复：《古代岩画》，文物出版社，2002年，第119页。

和力民：《金沙江流域夯桑柯岩画的考察与研究》，《云南民族学院学报（哲学社会科学版）》1996年第4期，第26～32页。

Paul S C Taçon, Maxime Aubert, Li Gang, et al. Uranium-series age estimates for rock art in southwest China. *Journal of Archaeological Science*, 2012: 39.

邓启耀：《云南岩画的叙事原型——云南岩画研究系列之三》，《民族艺术》2002年第1期，第
　　　124～135页。

索南坚赞，刘立千译注：《西藏王统记》，西藏人民出版社，1985年，第74～85页。

（原载于《云南地理环境研究》2012年第4期）

中原系统岩画篇

略谈中原岩画的年代与性质

陈爱兰　秦文生

（河南省文物局）

　　中原岩画，是指近些年在中原地区河南省境内新发现的岩画。中原岩画最初发现于20世纪80年代、地跨郑州、许昌两市的具茨山上，当时被称为具茨山岩画。2008年开始成为国人关注的焦点，也成为岩画学界讨论的热点。2009年后，在河南省南阳、平顶山、驻马店等地的山区又相继发现了形态与具茨山岩画一致的岩画，故岩画学界统称为中原岩画。中原岩画的发现，填补了长期以来"中原无岩画"的空白，为中原地区增加了新的文化类型，极大地丰富了中原古老文化的内涵。我们曾组织了河南省第三次全国文物普查中的具茨山岩画专项调查，在此也谈几点粗浅的认识，供各位专家批评指正。

一、中原岩画的研究难点

　　中原岩画研究的难点主要有两点：一是年代难定。目前有专家认为中原岩画历史久远，凹穴类岩画的年代可能要出现在10000年以前。也有专家认为中原岩画形成于距今4000年前甚至更早，而这一期间，炎黄子孙的祖先黄帝曾在具茨山一带活动过，具茨山岩画和处于中华文明起源时期的黄帝时代有重大关系。还有专家认为具茨山岩画是元朝蒙古人入主中原时的遗留，甚至还有人认为是近现代人的作品。二是性质难以解读。中原岩画具象的内容很少，绝大多数具有意象特征，这既是中原岩画与我国其他地方岩画的最大差别，也是最大的特点与难点。

二、中原岩画的年代

　　确定岩画的年代是个世界性的难题。尽管岩画学者采用了多种断代方法，如放射性碳素和孢子粉化验断代；以画面上出现的动物种属的兴灭来推测年代；与古文献或出土文物对照来推测岩画年代；以分析岩画内容、艺术风格、制作手段等来推测年代；利用民俗、民族学材料来推测岩画年代；最新又采用了交叉断代法和微腐蚀分析法，虽然这是中国为数不多且较为可信的岩石艺术测年方法，但目前还处于探索阶段，其结论尚未得到岩画学界的普遍认可。

在此情况下，笔者认为中原岩画的年代一是久远，二是有早有晚，不是同一个时代的产物。其理由如下。

首先，从全世界范围内来看，岩画出现于文字之前，这是普遍规律。中原岩画不大可能违背世界的普遍规律，因此也应是文字之前的产物。在绝对年代无法确定的情况下，其相对年代大致可以确定，即早于文字产生的年代。其次，从中国范围内来看，古代中国即指中原，这里是中国文明的发祥地，古老文化非常发达，一致公认的文字最早出现在中原地区，岩画最早出现在中原地区是极有可能的，也是顺理成章的，其年代不应晚于边疆地区。再次，从出土的彩陶纹饰看，中原仰韶文化庙底沟类型与甘肃马家窑文化的彩陶纹饰中有许多圆点纹，与中原岩画中的凹穴极为相似（图一~图三）；岩画中的网格与圆洞和庙底沟彩陶中的网格与圆点纹也相类似（图四、图五）；中原岩画中的梅花状环凹穴与马家窑文化彩陶纹饰中的梅花状圆点纹如出一辙（图六、图七）。仰韶文化庙底沟类型距今6000~5000年，甘肃马家窑文化距今5000~4000年，中原岩画的年代应与仰韶文化庙底沟类型和甘肃马家窑文化的年代大体相当。据此，我们认为中原

图一　中原岩画中常见的凹穴

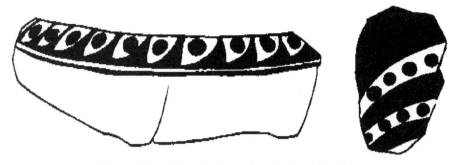

图二　中原仰韶文化庙底沟类型彩陶纹饰中的圆点纹

图三　甘肃马家窑文化彩陶纹饰中的圆点纹

图四　岩画中的网格与圆洞

图五　庙底沟彩陶中的网格与圆点纹

图六　中原岩画中的梅花状环凹穴

图七　马家窑文化彩陶纹饰中的梅花状圆点纹

岩画的年代是久远的。

　　我们说中原岩画的年代久远，但同时认为中原岩画经历了一个漫长的时期，其年代有早有晚，不完全是同一个时代的产物。因为原始社会时期的人口较少，且离不开水源。人们不可能长期在山上居住，只能是到山上举行重要活动时所刻画。加上当时工具原始落后，一次刻画的数量应该有限。从中原岩画的风格、风化的程度看，也不是短期内或同一时代所为。因此，中原岩画应当是有一个出现、发展、衰落、消亡的过程，其中既有原始社会的，也有历史时期的；既有早期的，也有晚期的。一概而论或简单笼统地说中原岩画为某一个时期所为是不符合实际的。

　　目前在无法确定中原岩画确切年代的情况下，我们也只能是推测，尽管依据谈不上充分、科学，但有比较才有鉴别，应该说这两点认识是有道理的，也是基本符合中原岩画的实际情况的。

三、中原岩画的性质

　　中原岩画具象的内容太少，抽象的、多种形状的凹穴占其大宗，这是中原岩画难以解读的重要原因。目前国内学界对中原凹穴岩画的解读大致有四种意见：生殖崇拜、祭天活动的遗存、抽象文字、星象示意。其中，生殖崇拜是最被广泛认可的解读。大小不一的凹穴被认为是女性的生殖器，凹穴的数量多，意味着女人的多产。据调查，至今在美国加利福尼亚州的印第安人那里，女人生小孩前，仍要在山上祈祷并随之创作凹穴岩画。这为凹穴岩画系"生殖崇拜"提供了直接证据。

　　笔者认为生殖崇拜说是有道理的。其一，生殖崇拜是世界上普遍流行的一种风俗，中国古代亦是如此。人们最初对生育现象是茫然无知的，后来虽逐步认识到人类的繁育过程是"父施"然后才"母生"，但对怀孕而产子的真正原因缺乏科学的认识，因而产生了生殖崇拜观念。其二，生殖崇拜的题材在岩画中占有相当大的比重，因为人类自身的繁衍是远古时期宗教礼仪活动的主要内容，所以岩画中夸张男根、女阴和交媾的画面，都是先民们对生殖崇拜的生动记录。新石器时代的孕妇裸体像、陶塑"祖"也是例证。其三，用一种抽象的符号来表达某种意思，或用写实的图形与符号配合来表达某种意思，这是岩画中常见的方式。中原岩画就有这样的例子：在一块巨石上，有3个小人、1个网格及6个凹穴。其中，岩石东北部两个小人双腿分立，中间有一个菱形穴，有人认为这是女阴或者代表女人所生的孩子。在岩石西北部的小人，则具有明显的男性生殖特征（图八~图一〇）。从这幅岩画的表现形式上来看，既有抽象符号——凹穴，也有生殖崇拜的写实图形。从以上三个方面来看，可以说中原岩画的主题或核心内容是生殖崇拜。

我们说生殖崇拜是中原岩画的核心内容，但绝不是中原岩画的全部内容。中原岩画还有一些暂不易准确命名的岩刻符号，或与天文有关，或与河流水利有关，或与数字文字有关。尽管目前还无法解读，但无疑是古人举行祭祀活动的遗留或记事符号。我们还认为，不能完全排除有后期人们的仿刻或随意刻画。

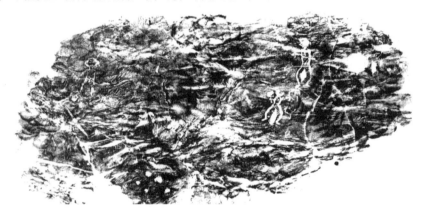

图八　生殖崇拜岩刻拓片

图九　女性生殖崇拜

图一〇　男性生殖崇拜的图片与拓片

　　总之，中原岩画的年代是复杂的，内容是博大精深的，有许多谜需要多学科联合深入研究才能破解。"疑义相与析"，我们不是岩画专家，只是作为文物工作者提出自己的一些粗浅看法。最后衷心希望更多的岩画专家关心中原岩画，为中华文明起源研究开辟新的路径做出新的贡献！

参 考 书 目

陈兆复：《古代岩画》，文物出版社，2002年。

郑为：《中国彩陶艺术》，上海人民出版社，1985年。

刘五一：《具茨山岩画》，中州古籍出版社，2010年。

刘五一：《具茨山与中华文明》，光明日报出版社，2014年。

走出中原的具茨山岩画

樊温泉

（河南省文物考古研究院）

一、具茨山岩画

1. 具茨山的地理位置

具茨山位于河南省中部，属中岳嵩山的余脉，呈西北东南走向，西起登封市，经新密市和新郑、禹州两市交界处，东至新郑、长葛两市交界处，总长50余千米，海拔600～800米（主峰风后岭海拔793米）。

具茨山的地形地貌独特，区域范围内沟、山、岭、背、台地错落分布，沟壑纵横，峪顶相间，相对高差在300～500米。其地质历史悠久，山体由下元古界的千枚岩、片岩、石英岩构成，局部地层为寒武系、奥陶系灰岩。山势陡峻，一般坡度大于35°，局部地段近于直立。山上古老的云母石英片岩在长期地质活动作用下构造变形，发生褶皱与断裂，受重力影响塌落在山上。由于这些散落的岩石质地细腻、态性较软，加之石面平坦，不易风化，适于刻画且容易保存，这种得天独厚的自然条件，就为具茨山先民表达意愿的原始创作提供了丰厚的物质条件。

2. 具茨山岩画的初始发现与调查经过

早在2004年，就有河南省内的多家媒体报道了禹州青年摄影爱好者刘俊杰在具茨山发现神秘"天书"的新闻，而且首次提出了"具茨山岩画"的概念。

2008年，新郑黄帝故里文化研究会与北京大学、中国科学院、河南省文物考古研究所（河南省文物考古研究院的前身）等单位联合，共同组成具茨山岩画调查课题组，对具茨山岩画进行了初步调查。

2009年7月，新郑市黄帝故里文化研究会又与中央民族大学岩画研究中心，中央民族大学民族学与社会学学院博物馆学专业，河南省文物考古研究所，新郑市文物局、国土局、林业局等11个单位联合组成调查队，举行了为期半个月的重点勘察。这次勘察的主要内容就是对已经掌握的岩画进行科学的测绘定位和基本材料的收集整理。勘察的手段完全依据田野考古的调查方法并参照第三次全国文物普查的相关要求。由于这次大规模的调查活动是以田野考古为主导，多学科参与，各调查组成员全力合作，因而获得了有关具茨山岩画的十分翔实的第一手资料。

2009年10月，河南省文物局正式启动了第三次全国文物普查专题调查工作，河南省文物考古研究所承担了其中具茨山岩刻岩画的调查。河南省文物考古研究所多次抽调专业人员，对参加这次调查的禹州、新郑、长葛、新密四市文物部门的工作人员进行了岩画调查前的短期培训。

由于有新郑市几次岩画调查的成功经验和基础，这次调查就走了捷径。在汲取精华的同时，在一些细节方面做了改进和完善，使其更加趋于实用和科学。具体地讲，这次的调查主要是按照"三普"的有关要求，依据田野考古调查的一般方法进行的。工作的主要内容包括岩画石探查、GPS及全站仪定位测量、现场绘图和摄影等，在此基础上填写了详细的各种表格，另外对重要的岩画还进行了临摹和拓片。

3. 具茨山岩画的调查收获（以"三普"调查发现为主）

经过半年多的现场勘查和调查人员的辛勤工作，一共发现了1800多处岩画点、5处古城墙、29处石房基分布点（含保存完好的石构房子等共有400余座房基）、9处巨石、2眼古井、1处石棺墓、2个旗杆石、1个日晷石。目前发现的具茨山岩刻岩画主要分布在新密、禹州、新郑、长葛四市交界处的山脊及向阳山坡的岩石上。

禹州境内的岩刻岩画点分布在无梁乡的龙门、高垌、大木场、申家、观土、李沟、王家、北辛庄及浅井乡的大鸿寨等村落，共发现了1620处。

新郑境内的岩刻岩画主要分布在辛店镇的双咀、太白岭、小尖山、雁窝滩、大风口、大宗祠、大天嘴、旋落岭、博士生态林等地，共发现了175处。

新密境内的岩刻岩画则分布在其南部苟堂乡范堂沟行政村里沟村的石牛山上。相对而言，这里的岩画分布比较集中，一共发现了17处。

长葛境内的岩刻岩画分布在属于具茨山末端的陉山上，共发现7处，均在后河镇。

4. 具茨山岩画的特点

具茨山岩画主要分布在视野较为开阔的山腰或山脊裸露的岩石上。岩画所在的岩石一般为较大且平整的砂质岩石。这些岩石多位于南坡或东坡，而且岩画面多是朝上或朝南。

具茨山岩画数量众多、类型多样，综合各家之说，大致可分为具象和抽象两大类，尤以抽象类居多，且显居绝对优势地位。抽象类的岩画又可细分为圆穴、方穴、网格、线条和不规则形等几种。其中圆穴类最多，据初步统计，约占全部总数的90%以上，其次为网格类、方穴类和线条类，不规则形最少。

圆穴可再分为单圆穴、双圆穴和多圆穴，以多圆穴最为常见。多圆穴中又以双排各6圆穴组成12圆穴的图案最普遍，也有3排各6圆穴组成18圆穴的，还有6排各6圆穴组成36圆穴的等。但这些图案也不是一成不变的，比如在双排12圆穴的上下或左右部位，有时还发现一到两个单圆穴，它们的出现，肯定和这种固定的双排圆穴图案有紧密的联系。另外还有环圆穴的图案，也就是在一大圆穴的周围环绕一周小圆穴，圆穴的数量一般在7～12个。这种环圆穴的图案就是我们一般所说的梅花状圆穴图案。此外还有一定数量的散状圆穴图案，其实就是若干圆穴呈散乱分布的状态，圆穴数量不等，组合方式不一，毫无规律可循。在上述这些图案中，大多数圆穴是互不相连的，只有极少数圆穴相连，所谓相连就是在这些圆穴中间刻有线条状沟槽。从目前的发现观察，有沟槽相连的圆穴应该都具有特殊的内涵，绝非随意而为，并且特别值得深究。

网格状的图案实际是由线条有规律的组成，大致也可分为两个类型：一种是小方格组成的方形图案；另一种是米字格组成的方形图案。其中网格数量多为2×2、3×3、4×4、5×5、6×6等几种。

方穴的主要种类有正方形和长方形两种。方穴的图案不多，往往只在较大的岩石上有一到两个分布，但无规律可循。方穴一般较深且大小不一，它们常常和其他类型组成复合图案。

线条比较简单，但也有长短、曲直之分。长者可达70厘米左右，短的也有40厘米。个别条纹还与一些短的弧线相连。其实这些线条和所谓的沟槽是很难区分的。细的阴线刻就是线条，刻槽较深的粗线条就是沟槽。它们也往往与圆穴、方穴等一道组成更为复杂的岩画内容。在双咀东的一块岩画石上有一幅典型的沟槽和圆穴完美组合的图案。岩画内容为7条曲形凹槽组成，每个凹槽的顶部都有一个圆穴。这幅岩画被水利专家考证为水系图。

具象类的岩画在具茨山仅发现一处。它位于小尖山的东南山坡上，在一块倾斜的5平方米的云母石英片岩上刻画着人物等图案。这幅岩画由3个小人、1幅网格和6个圆穴组成。岩石的北部有两个小人，均为站立状且两腿分开，中间刻划一菱形穴且特意夸大。多数专家都认可和女性有关，只不过有人认为是突出的女性生殖器，有人认为是代表女性所生的孩子。在这块岩石的西北部刻画了一个男性小人，其裆部的男性生殖器异常突出。这幅岩画被认为是典型的生殖崇拜图案。

除上述抽象和具象的图案以外，还有一定比例的刻划符号。这些刻划符号也常常和圆穴、方穴、沟槽等组合在一起，构成另具新意的画面。在小尖山山腰的一块较为平坦的岩石上有一幅刻划的符号，其形状与山东大汶口遗址出土陶器上的刻划符号十分相似。

5. 具茨山岩画的研究状况

对具茨山岩画内涵的解说有许多种，如生殖崇拜说、祭祀说、星象说、兵阵说、河流说等，虽然都有一定的道理但都有明显缺陷。对具茨山岩画的年代判定就更是众说纷纭，有旧石器时代说、新石器时代说、春秋战国说、近代说和现代说等，我们知道，岩画的断代，特别是凹穴岩画的断代，一直是困扰学界多年的难题，在国外也不例外。所以目前对具茨山岩画的认识还处在初级阶段，分歧和争议是在所难免的，但毫无疑问，这是一个非常重要的文化现象，它不仅填补了以往中原地区岩画考古发现的空白，而且还为本地区古代文化的研究提供了新的课题。

这次配合"三普"的专题调查只是忠实地记录了这些岩画石的分布范围、确切位置、岩画石和岩画的具体数量、岩画的制作方法、保存现状以及可能的相关遗存现象等，并将岩画纳入统一的编号体系以便于下一步的科学研究。

我们目前的初步认识是这样的：

（1）这种凹穴状，特别是圆穴状的图案是构成以上所有发现地岩画的母体，这是一个十分有趣的现象，从某种意义上讲，以这种图案为母体的群体应视为一个文化圈。

（2）从现有的发现和我们对具茨山周边地区所做的古文化遗址的调查情况来分析，岩画的时代上限应不会超过一万年。

（3）具茨山岩画的制作方法应该有以下几种：第一种是直接研磨成穴，这种方法制作的凹穴数量最多；第二种是先凿刻后研磨加工成穴；第三种是直接凿刻成穴，不经研磨加工；以上三种主要指的是凹穴岩画的制作；第四种制作方法是刻划线条和凿刻沟槽，这种方法主要是针对网格、线条沟槽及人物、符号之类。

（4）从岩画自身的制作技法和内涵以及存在打破现象等情况来观察，岩画的刻划具有一定的规律性并且有早晚之分，其中不排除有些岩画的制作时代相当晚。

6. 具茨山岩画下一步研究的重点

（1）在下一步的勘察和研究过程中，要加强与周边地区，特别是现已发现岩画的地区的合作，要从一个大的地理范围和相关的历史背景中去探讨发现。

（2）要充分发挥考古学科的优势，结合本地区已经发现的古文化遗址，特别是具茨山周边地区有关遗址清理的遗迹和出土的遗物，从类型学的角度去对比分析岩画的形成时代和制作方法，或许会另辟蹊径。另外要进一步对老山坪的石房基进行重点的试掘，搞清房基的时代和生活的主人以及活动的痕迹也会对岩画研究有很大的帮助。

（3）要加强多学科的合作研究，争取用先进的科学技术手段，通过环境、土壤、植被、石质风化程度、微腐蚀、微痕分析等全方位、多方面的综合研究来进一步做好岩画的断代工作。

（4）在研究的同时，一定要采取得力措施，切实做好岩画的保护工作，以防不法之徒的破坏和盗窃。在调查清楚、保护得当、研究有果、宣传到位的基础之上，可适时、适度地加以开发和利用。

二、河南境内发现的其他岩画

从目前的情况看，我省方城县西、北、东三面浅山及丘陵地区都发现有岩画。我们的楚长城科考队也在驻马店的驿城区、泌阳县、遂平县，南阳的南召县、淅川县、镇平县，平顶山的宝丰县、鲁山县、舞钢市、叶县等地的山中也相继发现了岩画。另外在我省北部鹤壁市的淇县、新乡市的辉县等地也有零星的岩画发现。最近又在南阳市的鸭河工区发现了大规模的岩画分布。

南阳市的方城县和鸭河工区是具茨山之外发现岩画分布最为集中、体量较为巨大、种类非常丰富的地方。方城岩画虽然发现的时间晚，但通过后来调查知道，方城岩画的分布范围甚至比具茨山岩画还要广（涉及13个乡镇发现2000多处岩画），而且种类也较齐全，特别是发现了巨石岩画和大量的巨石遗迹。南阳鸭河工区内的丘陵、山冈处，尤其是岩石裸露的地方，大都有岩画或巨石遗迹。

通过对比，我们认为，这些地区的岩画内容和具茨山的岩画基本相同，都是以凹穴岩画为主，应该属于一个大的岩画体系。当然差异也是存在的，比如具茨山岩画中的凹穴一般较小，形体规范，而方城岩画中的凹穴大小不一，大的将近50厘米，这在具茨山岩画中是绝对不见的；具茨山岩画中的棋盘状和米字纹以及沟槽等内容的岩画在方城岩画中很少发现，但方城岩画中的巨石岩画则鲜见于具茨山岩画中。这些差异的存在是很正常的，正反映了那个时期不同地区之间的地方特色。

三、关于中原岩画

新郑具茨山岩画发现和被认知后，在河南各地陆续又发现了多处与具茨山岩画形态相似、风格相近的岩画，这一点我们在上文已经提到过，其实这些岩画就是我们所说的凹穴岩画。这些以抽象形式出现的凹穴岩画就构成了特征鲜明的中原岩画。

由于这种凹穴岩画最早是在新郑的具茨山发现的，而且一经发现就被人冠以"具茨山岩画"的美称，虽然看似不经意的命名，但实际上却暗合了考古学上对考古学文化命名的惯例，即以最先发现的具有鲜明考古学文化特征的典型遗址所在地的小地点而命名，如众所周知的以新郑市裴李岗村命名的裴李岗文化，以渑池县仰韶村命名的仰韶文化，以山东历城县龙山镇命名的龙山文化，以偃师县二里头村命名的二里头文化等，这种命名方法一来是为了纪念一种新的考古学文化的诞生而让后人予以缅怀，二来以自然的小地点命名不易经常变动造成错乱而具有科学性，因而被学界广为接受。这种命名方法其实在岩画界也早被采纳，如著名的阴山岩画、贺兰山岩画、将军崖岩画、花山岩画等。

另外一点，正如刘五一先生在《中原岩画》一书中所说的，"是因为具茨山在中华文明史中的特殊地位所决定的"。我们知道，以具茨山为核心的嵩山地区是中华文明的发源地，这一带是我们探索远古文化的重要地区。李学勤先生对具茨山岩画的评价更是精辟，他认为，"具茨山岩画是一个具有划时代意义的重要发现，它关系到对中国远古文明的萌芽、起源的认识和探索，也关系到中原地区在中国文明起源方面所起到的作用，它将改变我们对中国文字起源等问题的认识，和黄帝文化一起带来中华文明的发展"。

正是这样，我们认为以"具茨山岩画"作为中原岩画的代表，把中原其他地区目前发现的以圆形凹穴岩画为母体的岩画纳入具茨山岩画的体系，是合情合理的。

四、让"天书"从神秘中走出

以具茨山岩画为代表的中原岩画从发现到现在，一直都以"天书"的神秘面孔出现在世人面前，从而无法不让人产生无尽的遐想，以致有人猜想是天外来客的杰作。这固然和我们目前的研究状况有很大的关系，但是有一点是不可置疑的现实，那就是在岩画界和考古界都长期存在的问题，我们的研究太保守太封闭了，除了我们自己知道在做什么，社会大众甚至新闻媒体都一无所知，所以只能凭空猜测，主观臆断。

现在国家文物局已经注意到了考古发掘的狭隘和封闭给社会造成的错觉和盲区，所以大力提倡公共考古，除了每年的十大考古新发现让全社会都投票评选外，各省的很多考古工地也都对公众开放，让普通百姓都知道考古是什么，为什么要考古，考古工作的现实意义如何，从而提高社会大众对古代文明的认知程度，增强人们的文物保护意识，让更多的人自发地去保护我们的文化遗产，积极地去宣传我们的悠久历史和灿烂文化。只有这样，才能让我们的后人"看得见山，望得见水，记得住乡愁"。

实际上岩画是我们的祖先留给后人的永不磨灭的印记，反映了他们那个时代的生产生活、社会形态、思想意识、宗教信仰等，陈兆复先生说得好，"逝者无言，唯石能语"，所以我们一定要解读好岩画这部"天书"，让更多的人知道我们的先人在做什么，想什么，他们留给了我们什么。

让"天书"从神秘中走出来，走出深山，走向现实，走到普通百姓中来，让他们知道这不是"天书"，这是我们的祖先遗留给我们的宝贵财富，我们要引以为荣，我们不仅要自觉地保护好它，还要让更多的人知道，我们的岩画在这里，我们的祖先在这里，我们的根在这里，我们一定会通过岩画聆听先人的述说……

五、走向世界的具茨山岩画

具茨山岩画是以抽象的凹穴体为重要组成部分的，这种类型的岩画不仅在中原地区存在，在我国的其他地区也有发现，在世界的很多地方也都普遍存在。凹穴岩画的年代最早可以追溯到旧石器时代早期，但其年代下限不详，所以这种抽象的凹穴岩画的断代在世界上也是一大难题。

新郑市在具茨山岩画断代方面做得比较好，2014年他们通过汤惠生教授请来了澳大利亚岩画联合会主席贝德纳里克先生以及印度岩画联合会主席库玛先生，对具茨山岩画做了微腐蚀断代研究。其主要手段是首先通过对具茨山山区岩画点和摩崖石刻进行认真细致的观察、比对，之后发现多个岩画点和摩崖题记可以满足断代研究的需要，这样就为具茨山岩画创作年代提供了一个科学的数据。目前初步的断代结果已经出来，采样的数据中发现有多个年代的岩画，这种合作研究现在仍在进行中。

具茨山岩画不仅是中原的、中国的，也是世界的，它的岩画特征决定了一定要在世界范围内对它的年代、性质、创作方法等进行综合研究，要加强多学科的合作，采用先进的科学技术手段，吸引国内外的有关专家，借鉴成功的经验，争取早日搞清楚中原岩画的奥秘。

中国岩画研究和保护已经走过100年的路程了，今后的路程还远，让具茨山岩画走向世界，让中国岩画走向世界，让世界更多地了解中国文化！

南阳发现的碾盘状岩画是玉璧的雏形

岩画是指在岩石上的刻线或画的图画，是石刻绘画的艺术，是先民对自然和社会认知的记录符号，它广泛分布于世界各地。岩画在我国大概可分为两类：一是以边疆地区为主的具象岩画，它主要分布于西北、西南及环渤海地区，其艺术表现形式多为人、动物等具象图案，制作方法是以颜料涂绘为主；二是以具茨山、桐柏山余脉和伏牛山山首为主的中原地区的凹穴岩画，具茨山包括新郑市、新密市和禹州市；伏牛山山首和桐柏山余脉主要分布在以南阳市鸭河工区、方城县为中心的周边地区，表现形式为凹穴状圆点构成图案，反映内容抽象复杂，制作方法多为磨制和线刻。

南阳、具茨山两地相距近200千米，发现的岩画特征相似，内容大同小异、如出一辙，说明两地先民文化背景相同，甚至是同一族群所为。所发现岩画内容丰富，规模之大、范围之广、雕刻之精，在中外已发现的岩画中实属罕见。在生产力低下的中国早期社会，制作这些岩画，显然不是短时间内和一般力量所能为。特别是在巨石之上，先进行修整打磨，然后进行雕刻，反映了先民在制作岩画时，不惜资财，用心良苦的一面，同时也说明岩画在先民心中的神圣地位。

南阳岩画在制作上因石就势，直接在岩石上研磨、刻划、雕凿，从外形上划分，可分为线条型、凹穴型、沟槽型、圆雕型等形状；从艺术表现形式上划分，可分为具象岩画和抽象岩画。具象岩画内容占比例很小，包括生殖崇拜、禽兽、脚印等。大量存在的是抽象岩画，主要为圆形凹穴、方形凹穴、沟槽、网格、米格、圆碾盘等。另外，在部分乡镇发现有史前巨石支石遗存。凹穴岩画直径通常在3～50厘米，深度0.5～45厘米，以组成图案排列为主；也有少部分大的凹穴，直径在45厘米左右，为圆形圜底，研磨而成。凹穴岩画既有规则排列的，也有不规则排列的，12穴以下的凹穴组成图案较少，12穴以上的较多，构成了南阳岩画的基本面貌。

南阳岩画和世界上其他地方发现的岩画一样，都是人类文明初期的历史画卷和刻划在岩石上的鲜活"史书"。从此种意义上来讲，南阳岩画既是远古文明的历史记忆，又是中原地区的文化之根。生活在这里的先民，用最原始、最质朴的艺术语言，通过岩石这种载体来表达心声，交流思想，记述事件，诉求愿望，以祈求平安吉祥。由于工作的缘故，笔者多次参与岩画调查，对中原地区，特别是南阳周边地区的岩画比较了解。现就南阳岩画中多见的玉璧形大碾盘岩画做一些初步探讨和研究，以探析碾盘状岩画的深刻内涵及其与玉璧之间的渊源关系，并求教于关心、关注、热爱岩画研究的专家学者。

南阳发现的典型玉璧形大碾盘岩画基本情况如下。

（1）方城县古庄店乡一里坡石碾盘状岩画。该岩画位于古庄店乡韩岗行政村一里坡自然村吐雾山下，岩画直径3.5米，中孔直径30厘米，岩石上有大小凹穴、沟槽（图一）。

图一　方城县古庄店乡一里坡石碾盘状岩画

（2）方城县清河乡观音台石碾盘状岩画。该岩画位于清河乡杨庄行政村观音台自然村古河道边，岩画直径2.2米，中孔直径17厘米，上布凹穴（图二）。

图二　方城县清河乡观音台石碾盘状岩画

（3）方城县清河乡后崔庄石碾盘状岩画。该岩画位于清河乡豁口行政村后崔庄自然村古河道边，岩画直径1.3米，中孔直径17厘米，上布凹穴（图三）。

图三　方城县清河乡后崔庄石碾盘状岩画

（4）南阳市鸭河工区皇路店镇杨寨村柳树沟石碾盘状岩画。岩画直径2.6米，中孔直径30厘米，上分布凹穴形岩画，风化严重（图四）。

图四　鸭河工区皇路店镇杨寨村柳树沟石碾盘状岩画

（5）南阳市鸭河工区皇路店镇杨寨村柳树沟石碾盘状岩画。岩画直径2.7米，无中孔，分部大量凹穴形岩画及灯笼形沟槽，其中最大的一组岩画为22穴（图五）。

图五　鸭河工区皇路店镇杨寨村柳树沟石碾盘状岩画

璧，古代的一种器物名。《说文》中是这样解释"璧"字的："瑞玉，圆器也。"《尔雅·释器》中指出："肉倍好谓之璧，好倍肉谓之瑗，肉好若一谓之环。"邢禹疏："肉，边也，好，孔也，边大倍于孔者名璧。"这里把璧的形制讲得十分清楚，"肉"是指周围的边，"好"是指当中的孔，边为孔径的两倍以上便是璧。

实际上早期的璧，特别是像南阳市发现的这些石碾盘岩画，在当时的生产力条件下，每制作一件都是非常艰难的。首先要选石，选择的石头大都在地势平坦、视野开阔、便于研磨、利于聚集的地方。其次是对巨石进行圆形状加工，在直径2~3米的大石头上进行打磨，根据需要把石头做成圆形状。再次是要在大石头的圆心部位研磨一个直径20厘米左右的凹穴，再在圆身上制作一些直径3~4厘米的小凹穴。在生产力低下的时代，要制作成这样的碾盘状岩画，创作者不知要经过何种的艰辛劳作，也不知其内心要充满多么丰沛的精神动力和强烈的创作冲动。

南京师范大学教授、岩画专家汤惠生先生多次实地考察方城岩画后认为：方城石碾盘（玉璧状）岩画为我们揭示了凹穴岩画的功能，就是要通天地。中央民族大学教授、中国岩画研究中心名誉主任陈兆复先生在考察了方城岩画后说：方城岩画基本上都跟祭祀有关，把中国文明的阶段更具体化了。河南省石刻专业委员会主任、河南省文物考古研究所研究员蔡全法先生说：这是在一种宗教思想支配下去做的一些岩画，像那种玉璧凹穴，实际上就是人们有愿望去祈求上天那些神灵。另外，方城还邀请了中国岩画研究中心主任张亚莎教授，宁夏岩画研究中心乔华主任，岩画学博士、教授杨超等一批在国内外有影响的岩画专家、文博研究员到方城考察研究，他们得出的结论都是惊人的一致，那就是方城的石碾盘岩画与祭祀、宗教通天有关。

方城和鸭河工区石碾盘岩画和玉璧的相同之处在于：

（1）从材质上看，都是以石头为载体，进行加工打磨制作方法一致。

（2）从形状上看，都是圆形、空心。

（3）从作用上看，都是以祭祀为主，且主要表现的是通天、礼天功能。

（4）从事物发展规律上看，石碾盘岩画与早期玉璧有时间上的交叉，但石碾盘岩画更粗犷、更原始，比原始玉璧更早、更朴实，明显带有事物发展的传承性。

中原地区的岩画，主要内容为抽象岩画，尽管还无法准确地确定其历史年代，但就目前的研究成果而言，其古老性是毋庸置疑的，普遍认为应在迄今8000～3000年，中国科学院地质与地球物理研究所周昆叔对中原岩画进行过科技手段的检测，数据显示，中原岩画距今最少有4000年历史，而此阶段正是新旧石器的交替阶段。此时，磨制石器的出现，陶器的发明，原始农业、养畜和手工业的兴起，极大地丰富了生产资料，提高了生产力，人类社会由此迎来了一个崭新的时期，开始定居生活，有了族群和一定的活动区域，人们在生产和劳动中关系更加需要密切配合，思想交流更加频繁，出现了原始信仰、语言和原始艺术、原始音乐、原始绘画、原始雕塑、原始文字、原始宗教、原始礼仪。作为传递信息、交流感情、记事祭祀的岩画也应运而生了，但是由于质地的不同，有些艺术已经随着历史和岁月的烟云而湮灭，而岩画则因为刻在质地坚实的石头上而被保存了下来，流传至今。

对于玉璧的源起，目前还没有较为统一的说法，但从事物发展继承的规律看，南阳方城及岩画工区玉璧形石碾盘岩画或为早期的玉璧源头找到了可信的实物证据。玉璧状岩画，就其作用上来说，主要是用于祭祀的，祭祀的对象就是神灵，祭祀活动总要在某些地点举行，但早期的祭祀没有固定的场所，随时随地均可祭献。随着祭祀规范化，逐步出现了固定的场所。最初的祭祀场所是比较简单的，如祭天，或在高山上，或在平地，或在河边。后来为了表示对神灵的虔诚，便修建了神庙或祭坛。古人认为，最重要的祭祀，其祭祀场所反而最质朴，往往不用封土作坛，早期只把一块平地扫除干净即可祭祀，古人称之为"墠"。《礼记·礼器》称："至敬不坛，扫地而祭。"《礼记·祭法》说："除地为墠。"方城的大碾盘状岩画有在丘陵下，有在水边，有在平地，也证明了这一点。

邹衡先生在《试论夏文化》中，认为犹如周礼继承商礼和商礼继承夏礼一样，夏礼可能是继承虞礼而来的，正式提出了虞礼的概念。总之，在夏礼前已有了更早的礼的初级形态，应当是无疑的。玉璧是中国玉文化中重要的礼器之一，早期的玉璧充满神秘感，主要被作为礼器和用作葬玉。后来随着玉文化内涵的不断丰富和发展，玉璧逐渐冲破了神秘色彩，向世俗化发展，进而演变为佩玉、礼仪馈赠品和陈设装饰品。玉璧的历史非常悠久，可以追溯到新石器时代，距今已有6000～4000年的历史。新石器时期的玉璧形制无定式，多光素无纹，少数有谷纹、蒲文等装饰，显示了简约质朴的特点，表现出原始状态的朴拙美。《周礼·春宫·大宗伯》载："以玉作六器，以礼天地四方。以苍璧礼天，以黄琮礼地，以青圭礼东方，以赤璋礼南方，以白虎礼西方，以玄黄礼北方。"玉璧作为承载文化、思想、精神、情感和身份的载体，不仅是厚葬制度的器物，还被统治阶级用于祭祀和礼仪，在中国古代社会意识形态中具有举足轻重的地位。

综合以上分析和论述，笔者认为，南阳碾盘状岩画理应就是玉璧的雏形。

参 考 书 目

郭璞：《尔雅》，中华书局，1985年，第49页。

《礼记·礼器》，上海古籍出版社，1987年，第134页。

《礼记·祭法》，上海古籍出版社，1987年，第254页。

邹衡：《试论夏文化》，《夏商周考古学论文集》，科学出版社，2001年，第154页。

具茨山岩画：神话时代的古人印记

汤惠生[1]　刘五一[2]

（1.河北师范大学历史学院国际岩画断代中心；2.河南省郑州市供销社、具茨山岩画中心）

引　言

中国岩画的分布传统上认为都在边疆少数民族地区，即北方草原以表现游牧生活为主的动物岩画，西南地区以表现农业和村寨生活为主的彩绘岩画，东南沿海地区的人面像岩画。而21世纪初继在河南省具茨山的发现表明，该地区存在着规模大、分布广、种类多的古代岩画。目前已发现的具茨山岩画，由圆形、方形、条形以及网格等岩刻画符号组成。这些以凹穴岩画为主的具茨山岩画，与巨石、祭坛、古建筑遗址等组成规模宏大的古文化遗址群。继具茨山岩画大量发现之后，又在河南省的方城、叶县、泌阳、淇县、镇平、淅川、南召、舞钢等地相继也发现了同类的刻凿岩画，其分布之广泛、体量之巨大、形式之多样，从整个世界的范围来看，也是首屈一指的。这不仅是整个世界岩画界的一个惊喜，同时也是中国考古的惊喜，更是早期中国历史的惊喜。中原地区岩画的发现，首先打破了学术界对岩画分布的传统认识；其次以凹穴为主的中原岩画类型超出了我们传统上基于对具象岩画的认识范畴，特别是媒体以"天书"为题的宣传和报道，使中原岩画蒙上了一层神秘的色彩；最后，地处中原腹心地域的具茨山，素与传说时代的炎黄二帝有着时空两方面的密切联系，人们很容易将中原岩画与中华民族的起源和早期历史联系在一起。

所谓凹穴是指古代人类刻凿在崖壁和石头表面的一种图案，英语称 "cupules"（凹穴）或 "cup-and-ring marks"（杯-环印）。其造型特征为圆形锅底或直筒状坑穴，直径一般在3～20厘米，深度在0.4～10厘米。这种凹穴图案或单独，或成组出现，也往往与沟槽线条、方格棋盘状、涡形、圆圈等图案共同出现，从而组成一种符号象征系统。不过这种凹穴图案，并不仅仅是由于具茨山岩画的发现而蓦然闯入中国岩画学者的视野，实际上从21世纪初以来，凹穴岩画便一直是国际岩画研究的一个热点；此前在中国的福建、台湾、广东、辽宁以及江苏等地也发现过数量众多的凹穴岩画。许多学者对此已经达成共识，认为凹穴岩画不仅是文字出现之前的符号象征系统，同时也是最早的艺术形态。法国、印度等地的凹穴岩画甚至被认为可以早到旧石器阿舍利文化时代。

一、具茨山凹穴岩画组合形式及特征

近年来，在具茨山地区发现记录到的数量巨大的以凹穴为主的岩画，就目前的调查资料显示，具茨山地区已经发现岩画点不少于3000余处。具茨山的岩画以圆形凹穴为基础的抽象构图为主，间以方形凹穴和各种沟槽，主要的形象包括梅花状圆形凹穴、双排状圆形凹穴、棋盘状网格和混合图形等，这些单个的符号有其自身的含义，而组合起来则表达更为复杂的意义。此外，还发现了一些类似字符的岩画和少量具有生殖符号的人物形象，以及多处石棚、石圈和支石，由此构成了数量众多、形态多样、内涵丰富的具茨山岩画体系。凹穴在岩画界被认为是一种象征性符号，它通常有确切的含义，但是比一般的象征符号更为抽象，并且在无法捉摸的层面上起作用，在下意识的状态里作为某些原型符号起作用。在有意识的情况下，我们对这些原型符号不能做出准确的界定，但是在心灵深处却能产生某种共鸣或反应。以凹穴为主要元素构成的岩画，在具茨山岩画中占的比例最大，可以将其分为单凹穴、双凹穴、双排凹穴、梅花状环凹穴、散状凹穴等类型。

（一）单　凹　穴

单独凿刻在独立岩石上的圆形凹穴，大者深度可达十几厘米，浅者2~3厘米（图一）。

图一　单凹穴

（二）双　凹　穴

在一块岩石上，由两个圆形凹穴组成，深度一般为2～3厘米（图二）。

图二　双凹穴

（三）双排凹穴

图三　双排凹穴

具茨山岩画中，双排凹穴有很多，并且以双排12个的居多，但它们并不是一成不变的，每一组双排凹穴与旁边一个、两个凹穴结合，又构成了各不相同的图形。凹穴的数目有明显的规律，这些重复性的符号可能具有固定的含义，代表着一定的文化内涵（图三）。

（四）梅花状环凹穴

梅花状环凹穴在具茨山东端的一个名为旋落岭的山上，分布最为集中。在这个山脊上约200平方米的范围内，刻有近150幅梅花状环凹穴。它们一般是以凹穴为基础，以中间一个较大凹穴为中心，周边5～11个凹穴共同构成梅花形状，间或也出现有中央凹穴与周边凹穴以沟槽相连的类型（图四）。

图四　梅花状环凹穴

（五）散状凹穴

散状凹穴为圆形凹穴的不规律的表现形式，数量不等，组合方式不一，深度一般为2～3厘米（图五）。

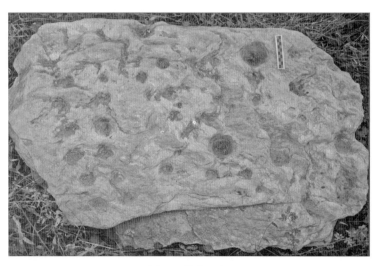

图五　散状凹穴

（六）方形凹穴类

方形凹穴有正方形、长方形两种，一块岩石上一般为一至两个，大小不一（图六）。

图六　方形凹穴

（七）沟　　槽

在具茨山岩画中，大部分沟槽是与凹穴、方形凹穴等元素相组合，共同构成类型复杂、内涵丰富的一幅幅画面，仅有几幅岩画是由沟槽组合成的。图50在面积约（2.5×1.65）平方米呈近长方形的大型独立岩石上凿刻的一岩画，主要是由凹穴、沟槽等连接构成的复杂图形。此外，在岩石的西部侧立面上也有两个凹穴，从外形来看，类似于河道布局（图七）。

图七　沟槽

（八）字　符

在具茨山岩画中，字符形岩画也占有一定比例，并且这类岩画常常与圆形凹穴、方形凹穴等组合在一起，构成内涵更为丰富的画面（图八）。

 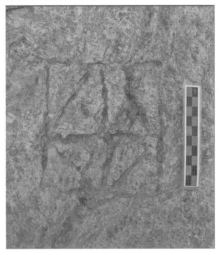

图八　字符

（九）人　物

这类岩画在具茨山上仅发现一处，这幅岩画由3个人、1个网格和6个凹穴组成。岩石北部有两个小人，每个小人的双腿分立，中间有一个菱形穴，剖面呈V字形，推测为女阴或代表女人所生的孩子。其中一个小人的东面是三个符号，中国古文字专家冯时认为是"入棚子"，表示女人生孩子的意思。一个为平行四边形，深2厘米。在岩石西北部是一个男性小人（图九）。

图九　人物

（右图为人物特写）

（十）组　合　型

在数量众多的具茨山岩画中，除了一些形状相似、有规律的凹穴排列外，还有一些由凹穴、沟槽和方形凹穴等组合而成的形状复杂的岩画，它们或似星座，或若地图、军事布阵图（图一○）。

图一○　组合型

（十一）支石、叠摞石、岩棚、石圈

在具茨山地区，我们还发现许多大型的不规则巨石，上面勒以凹穴岩画。这种勒有岩画的巨石体积庞大，或位于山顶山脊，或孤立突兀地呈现在平地上。这种巨石尽管有岩画这样的人为痕迹，但其形成应该是自然力所致，即冰川、风蚀雨浸以及温差崩落等自然因素所致。叠摞石也是巨石遗迹中的一种常见类型，最著名的是英国康维尔的伯德明湿地（Bodmin Moor）有一处被称作"扭形奶酪"（Cheese wring）的石堆[①]。具茨山亦发现一处明确的叠摞石遗迹，只是已倒塌。叠摞石是由一系列大石片叠摞而成，最底部的一片巨石还位于原处，我们可以清晰地看到其底部人工所为的支石，即便是在已经倒塌的大石片之间，也可见到垫在其间的支石。值得注意的是所有的支石石质与叠摞的大石片石质不同，这种支石是我们判定石摞、石棚以及独石等巨石遗迹的基本要素之一，在新郑、禹州、方城、泌阳、叶县、淇县等地发现大量的此类巨石岩画，鉴于此类巨石本身所具有的景观考古学意义，所以在此我们将其专门列为一个岩画的门类。这类巨石岩画是一种活的文化化石，其上的凹穴岩画体现着古代人的礼仪和观念，同时巨石本身还承载着包括现代人在内的文化认同。

---

① 　Earthwords J M. *Bodmin Moor: 400 million years in the making*. Caradon & North Cornwall District Councils, 2003.

最后还需提及的是与凹穴岩画常常出现在同一画面上的方格或棋盘形、十字纹等几何图案（图六），同样值得我们注意。凹穴岩画中大多为接敲凿法（direct percussion techniques）制成，少数为金属工具刻凿而成[①]；方格棋盘形图案几乎全部为金属工具刻凿而成（图七）。这意味着岩画并非一次性完成，而且其间间隔时间还很长。根据制作技法与风格、风化腐蚀程度、叠压打破、组合与布局结构、地区分布等，实际上中原地区具茨山岩画可以进行分期研究，后面我们将论及。

二、中原地区具茨山岩画的分期与交叉断代

1. 分期

我们曾经一度认为早期的凹穴岩画是由研磨法（或磨刻法）制成[②]，然而最新的实验考古学表明，使用研磨法是不可能制作出任何凹穴岩画的，只有使用敲凿才有可能[③]。中原凹穴岩画中那种方形凹穴证明这种实验考古学的观点是正确的，因为研磨法是无法制作方形凹穴的，只有敲凿法才有可能。

具茨山凹穴岩画中大多为直接敲凿法制成，少数为金属工具刻凿而成。方格棋盘形图案几乎全部为金属工具刻凿而成。此外，还可以根据地区，中原地区岩画也呈现出不同的特点，比如，具茨山岩画中方格棋盘形图案分布得较为集中，而方城等地的岩画中则基本上是圆形凹穴图案，几乎不见方格棋盘形图案。显然，中原岩画是可以分期的。我们现在以具茨山的一幅岩画为例，来区分一下不同图案的相互关系。这幅画面上刻凿着不同图案：圆形凹穴、方形深凹穴和方格棋盘形图案，我们可以根据相互间打破、叠压关系以及风蚀程度等，来辨识出他们之间的相对年代关系。画面中间的是两排分布不是很规范的凹穴，这些凹穴是用直接敲凿法制作而成，其风蚀程度最甚，有些凹穴被方格图案所打破；画面上部有两排分布规范的圆形凹穴，根据腐蚀程度和依然可以观察到的锋锐边缘来看，应为金属工具刻凿而成；围绕着这两种圆形凹穴的外围，分布有方格棋盘形和方形深凹穴图案，这两种图案均为金属工具刻凿而成。特别是方形深凹穴，直接敲凿法无法制作，只能使用刻凿方法制作。在这幅岩面上，我们根据打破关系可以确定位于中心部位的用直接敲凿法制作的圆形凹穴图案时代最早；而且从构图的情况来看，直接敲凿法制作的圆形凹穴也往往位于岩面的中心部位。无论是圆形或方形深

---

① 直接敲凿法是用石质工具在石面上直接敲击，击打痕迹多为点状；金属工具刻凿法则为使用锤子击打錾或凿，在岩面上留下长条或线形刻槽。

② 汤惠生：《凹穴岩画的分期与断代》，《考古与文物》2004年第6期，第31页。

③ Bednarik R G. The technology of cupule making. In R. Querejazu Lewis and R. G. Bednarik (eds), *Mysterious cup marks: proceedings of the First International Cupule Conference*. BAR International Series 2073, Archaeopress, Oxford, 2010: 53-58.

凹穴，或方格棋盘形图案，凡是用金属刻凿的图案，则时代较晚。用金属刻凿的图案中，孰早孰晚，尚难确定：有些画面上方格棋盘形图案打破凹穴图案；而在有些岩面上则情况相反。

如是，我们则可基本上确定直接敲凿法制作的圆形凹穴属于早期，而且早期作品全部都是圆形或浅方形凹穴图案；金属刻凿的圆形和深方形凹穴以及方格棋盘形图案属晚期作品。换言之，从图案上来看，圆形凹穴自始至终一直流行；晚期除圆形凹穴外，方形深凹穴和方格棋盘形图案开始流行。从制作技法上来看，早期流行直接敲凿法，晚期流行金属刻凿法①。

从上面的介绍中我们可以看到，方城等地的岩画基本上都是早期的圆形凹穴和较浅的方形凹穴，几乎不见方格棋盘形图案，亦即不见晚期岩画；以方格棋盘形图案和方形深凹穴为代表的晚期图案主要分布于以具茨山为中心的地区。此外我们还注意到所谓以玉璧式构图为特征的圆形凹穴岩画，特别是被称为"梅花状"构图的圆形凹穴，几乎全部出自直接敲凿法，也就是说均属早期作品，同时也是方城岩画的特征。

将具茨山岩画分为两期只能是一个初步和起码的时间分类，由于中原地区岩画目前除具茨山外尚未进行系统的专业调查，所以对于更为细致和准确的分期恐怕尚难进行，更进一步的分期工作有待于田野工作的充分进展和全部完成。

2. 交叉断代

交叉断代（cross dating）是英国考古学家皮特里在整理埃及古代墓葬时使用的一种年代的确定方法②，在我国称作"横联法"③。交叉断代用通俗的话来说，就是用已知年代的遗存来类比未知年代的遗存，从而确定其时代。在我国现代考古学研究中，交叉断代一直作为类型学最基本的方法论之一而被奉为圭臬。

鉴于有效断代手段的缺乏，岩画（尤其是岩刻画）作为一门分支学科的科学性往往受到质疑④。同样，中原地区凹穴岩画的时代由于缺乏有效的直接断代手段而无法得以确认，从而也影响到对岩画作为一种文化现象的清晰定位与正确认识。所以对于中原地区凹穴岩画研究来讲，首要问题是断代。在缺乏有效的直接断代手段的情况下，我们只能借助传统的交叉断代方法来分析一下中原凹穴岩画的时代。根据目前的材料，我国可以确定这种凹穴图案时代的考古学材料有如下几则。

---

①　对于那些时代更晚的如人物、文字符号等只是偶尔个别出现图形，我们认为不属于中原岩画系统，所以在此不加讨论。

②　Petrie W M. Sequences in Pre-Historic Remains. *J. Anthropological Institute of Great Britain and Ireland*, 1899, 29: 295-301.

③　张忠培：《地层学与类型学的若干问题》，《文物》1983年第5期，第9页。

④　汤惠生：《岩画的断代技术与手段》，《南京师范大学学报》2002年第6期，第165页。

（1）辽东半岛海城市析木城石棚，在南壁支石的上端，有两排共33个规整的凹穴，最小的直径4、深2厘米。有些凹穴彼此相连；西壁内侧亦有同样类型的凹穴[1]。辽东半岛石棚墓的时代经 ^{14}C测定在距今3300年前左右的商末周初[2]，有的学者建议用"双房文化"来命名以这类石棚墓为代表的考古学文化[3]。不过辽东石棚墓属于青铜时代早中期的产物，其石棚上的凹穴由金属工具制作，无论制作、排列以及构图均非常规整。

（2）内蒙古赤峰敖汉旗2000年发现城子山和鸭鸡山两处属夏家店下层文化（距今4000～3500年）的祭祀遗址[4]。祭祀遗址上发现有独立巨石，用巨石构成的石围、石墙、石祭坛等。"整个祭坛由较大的自然石块围砌而成，中心立置一块长方形或三角形石块，石块的一面正中或偏下有一个圆窝。"例如，其中一个祭坛的东北侧紧邻有磨光痕迹的大型自然石块，共有三块，中间一块最大，长3.5、宽2米。石块表面全部磨光，其上有凹穴图案。石板上的凹穴构图看上去类似方城凹穴岩画中呈玉璧状组合，即中间一个尺寸较大的凹穴，周边分布尺寸较小的凹穴。此外还发现一种被称为"圆窝石器"的特殊石制品，这种石器数量较多，器体大小不一，外形多不规整，体侧留有明显的打制痕，底面平整或略凸，正面多平整，有的经过琢制，中部位制作一个凹穴。

（3）2005～2006年，内蒙古文物考古研究所在三座店石城遗址揭露了一处保存完整的夏家店下层文化山城遗址。该石城清理出石砌圆形建筑基址65座、窖坑49座，以及人面像和凹穴岩画。第一幅为双漩涡纹，局部压在夏家店下层文化建筑的石墙之下；第二幅为双漩涡纹和折线条组成的人面像，刻在通道中央的一块基岩上；第三幅是一块由密集圆窝组成的图案岩画。由于这批岩画系发掘出土，依据他们在遗址中的埋藏层位，可以确认这些岩画的作画时间至少应与夏家店下层文化同时或更早。

（4）江苏连云港将军崖岩画遗址也发现许多凹穴图案，分三种情况：与A地点人面像共处的凹穴、巨石（倒塌的石棚建筑）上的凹穴以及附近基岩岩面上的凹穴图案。2005年南京师范大学文博系与连云港文管会共同对将军崖遗址的凹穴岩画进行了微腐蚀年代观测，这三种不同凹穴出现的腐蚀程度与已知年代后期岩刻如摩崖题刻的腐蚀程度之间进行比较，便可获得一个较为准确的年代数据。这是目前国际范围内有效适用于岩刻画的测年方法之一。

连云港孔望山汉代摩崖的已知年代是我们比较将军崖史前岩画的基准参数，孔望

① 陈明达：《海城县的巨石建筑》，《文物参考资料》1953年第10期，第76页。

② 许明纲、许玉林：《辽宁新金县双房石盖石棺墓》，《考古》1983年第4期，第293页；王洪峰：《棚墓葬研究》，《青果集——吉林大学考古专业成立二十周年考古论文集》，知识出版社，1993年，第245～255页。

③ 王巍：《双房遗存研究》，《庆祝张忠培先生七十岁论文集》，科学出版社，2004年；赵宾福：《中国东北地区夏至战国时期的考古学文化研究》，吉林大学博士学位论文，2005年，第113页。

④ 国家文物局主编：《2000年中国重要考古发现》，文物出版社，2001年，第14～19页。

山与将军崖之间的直线距离为8千米左右，气候环境从古至今都是一样的，两者的石质也一样，都是元古界的混合花岗岩。如是，我们根据孔望山佛教造像蚀亏与年代之间的比率关系，便可推算出将军崖史前岩画蚀亏与年代之间的比率关系。图一五便是这几个遗址点蚀亏与年代之间的比率关系曲线图，通过这个图表，我们得知将军崖史前人面像岩画的时代在距今4500~4300年，石棚凹穴在距今6000年左右，而将军崖基岩凹穴的时代则远在距今11000左右①（图一一）。

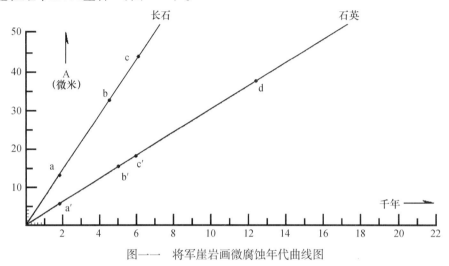

图一一　将军崖岩画微腐蚀年代曲线图

a、a′.孔望山汉代摩崖；b、b′.将军崖史前人面像岩画；c、c′.石棚凹穴岩画；d.基岩凹穴岩画

上面列举了四条材料可以归纳成四种数据，我们来分析一下。时代最晚的是辽东半岛海城市析木城石棚，这类石棚的最早年代经[14]C测定在距今3300年前左右的商末周初，我们可以将其视作凹穴岩画时代的下限；第2、3以及4条中与人面像关联的凹穴材料时代相当，在距今4500~3500年，这可以看作是与人面像有共存关系的凹穴岩画的年代；第三种数据是距今6500~6000年，来自将军崖石棚凹穴；最后一种数据最古老，距今11000年前左右，来自将军崖基岩凹穴。

中原石棚（以大鸿寨、吐雾山等地点为代表）、将军崖石棚和辽东半岛石棚之间明显存在着从简单随意和不规范到规范定型和进步这样一个发展过程，就类型学的角度来分析，这个过程所呈现的应该是一个时间上的差别。也就是说中原带凹穴的石棚从形制上来看应该远远早于将军崖石棚的年代，即至少是距今6000年之前的文化产品。

以具茨山为代表的中原凹穴岩画，就以制作技术来看，亦可分成早晚两期，早期以研磨方式制作，晚期用金属工具打凿而成。晚期可以与双方文化石棚凹穴相对应，大约在距今3000年；而早期则可以与将军崖、大鸿寨等石棚凹穴相对应，也就是中原早期

①　汤惠生、梅亚文：《将军崖史前岩画遗址的断代及相关问题的讨论》，《东南文化》2008年第2期，第11页。

凹穴岩画的时代至少在距今6000年以前。虽然我们不能确定中原早期凹穴岩画也可以早到旧石器时代，但与将军崖基岩凹穴相比，也存在着类型学上的相同之处，其上限也有可能早到旧石器时代。由于没有确凿的考古学依据，我们只能把中原早期凹穴岩画的时代粗略地限定在距今11000~6000年。虽然这种交叉断代仍然不能准确反映中原凹穴岩画——也包括我国其他地区凹穴岩画——的绝对年代，但至少我们可以了解凹穴岩画的古老性，以及其大致的延续时间（表一）。

表一 中原地区凹穴岩画与其他地区已知年代凹穴岩画的比较

分期	已知年代岩画点	中原地区			内容与特征	考古时代	年代
IV	双房文化（石棚）	↑	↑	↑ 方格棋盘	金属工具制作的形制规整的凹穴	青铜时代	距今3300年
III	将军崖A地点 赤峰夏家店下层文化			↓ ?	与人面像共存的凹穴	新石器末 青铜时代初	距今4000~3500年
II	将军崖石棚、大伊山	石棚	凹穴		与石棚相关的凹穴	新石器	距今6500~6000年
I	将军崖基岩	↓ ?	↓ ?		磨刻在墓岩上的凹穴	旧石器	距今11000年

岩画的间接断代方法，除了传统的综合比较断代和交叉断代外，学者们力图使用现代的考古学理论和方法论来进行更为有效的时代确定。近年来王建新先生在研究北方草原岩画时提出一种"三位一体"的岩画时代确定方法，即把同处于一个区域内的墓葬、遗址和岩画视为"一体"来考虑，从而为北方草原岩画时代的确定带来了新的前景，因为对于遗址和墓葬来说，有很多技术手段可以断代。不过此说也遭到怀疑：如何确定"三位"是"一体"的？假说都是不能从技术路线去解决的，只能通过足够多的实践和实例来验证，这似乎不是一个马上就可以解决的问题。而事实上将"三位一体"的说法套用聚落和景观考古学的理论，问题就简便多了，因为聚落和景观考古学的理论体系和模式足够支撑这个假说。如同生物群落（biocoenosis）一样，人类文化聚落（settlement）或景观（landscape，包括墓葬）之间同样存在相互依存、制约和共同发展的关系，同样与其环境共同构成一个生态系统，景观考古学上称其为结构性情景（structural context）。凹穴岩画与石棺葬（包括石棚墓、支石墓，甚至是土墩墓）在我国的东南沿海地区都有着共存关系的结构性情景；同样，凹穴岩画和巨石以及巨石遗迹也有着共存关系。这种有着共存关系的结构性情景，从聚落考古学和景观考古学角度加以研究，无疑会为岩画时代的确认提供一个新的途径。

三、结　　语

　　探秘和揭秘是我们人性的一部分。中原岩画发现之后，人们便急着想知道这些抽象符号后面隐藏着古人什么样的秘密。于是凹穴图案便成为学者们一时关注和热烈讨论的对象，或早期文字，或周易八卦，或祭祀天地，或生殖崇拜，或与神话时代黄帝相关等，见仁见智，各有所执。不仅在我国是这样，其实在国际上关于凹穴岩画的解释同样也没有一致的看法。关于凹穴岩画的文化象征与功能因地或因族群而异，澳大利亚著名的岩画学者贝德纳里克最近将国际上关于凹穴岩画的主要解释分成11类69种，举凡人们所能想到的，几近悉数囊括。

　　就中原地区而言，如果其制作时代可以确认为史前，那么关于凹穴岩画的解释就应当与汉民族早期历史与文化紧密联系起来，因为时空两方面的重合便足以排除任何巧合的因素。毫无疑问，中原地区凹穴岩画的发现不仅为探索中原史前文化提供了新的考古学资料，同时也为探索整个华夏文明，特别是探索中华民族精神文明体系的起源、形成以及发展，提供了坚实的物质材料。

　　那么中原地区凹穴岩画后面又隐藏着关于华夏民族什么样的惊天秘密呢？祖先们在最抢眼和最醒目的山野地表上创作出体量如此巨大符号系统，我们这些后代子孙们不但无法释读，而且竟然一无所知——我国如此发达的历代史书方志等各种文献中的记载居然也一律阙如！这从某个方面也可以说明具茨山岩画的古老性，已经超出文字记录的时代。

　　已故著名考古学家俞伟超先生对我国文明的特征曾简洁地用"古今一体"来总结，亦即中国文明的最大特征不仅源远流长，且绵延不绝，没有缺环。然而我们现在却读不懂这些凹穴岩画，为什么？说明我们几千年文明的源和流之间曾经发生过断裂。这种断裂何时发生？何以发生？如何发生？文明的探源只能顺流而上，这并非修辞，而是理论与方法。如果说中原地区凹穴岩画有可能是中华精神文明的源头，那么证实的方法也只能逆"流"而上，寻找断口，缀合源流。换句话说，中原地区凹穴岩画的解释，只能在中华古代文明和思想的语境中进行，这不仅是中国自身岩画理论建设的需要，更是中国文明探源的需要，同时也正是具茨山岩画发现的重大意义之所在。

　　中原自古以来就是主导整个中华文明发展的核心地域，是中国历史上绝大部分时间的政治、经济和文化中心所在地。这里是中华民族的摇篮，也是中华文明的摇篮。这里发现的具茨山岩画，对中华文明起源的研究有着特别的意义。早日弄清具茨山岩画的奥秘，也必将带动对中华文明起源之谜的探讨。

（原载于《具茨山与中华文明》，光明日报出版社，2014年）

东南沿海系统岩画篇

仙字潭岩刻今古探秘

林艺谋

（福建省华安县博物馆）

　　华安境内的古石刻众多，是北溪文物的重要组成部分，属史前石刻的主要有县保草仔山蛇形石刻、石门坑涡纹石刻、石井小谷石刻、蕉林群蛇石刻、三洋星象图石刻、官畲石刻、生囤仑石刻、上埔指向石刻等；属明清石刻的有龙潭摩崖石刻、花山石刻等。在这些石刻中华安仙字潭摩崖石刻是福建省最古老的石刻，它位于福建省华安县沙建镇境内的九龙江北溪支流汰溪中游北岸。北岸临潭崖壁上，散布着几组古怪苍老、似字又有别于传统观念上的文字、似画又过于抽象变形的文化符号。最大的长74、宽35厘米，小者长15、宽9厘米，累计50余个，面积约220平方米。2004年10月18日，市图书馆馆长张大伟、县博物馆馆长林艺谋等同志又在原石刻的227米处的临溪东岸岩壁上发现两个五组10图的岩画约10平方米。故摩崖石刻除"营头至九龙山南安县界"一刻为汉字外，其他符号"人莫能识"，流传着"天书""仙字"的说法，仙字潭亦由此得名（图一）。

图一　仙字潭北岸全景

华安仙字潭摩崖石刻是我国东南沿海上古（殷商时期）人民活动的石刻遗迹，是我国最古老的石刻之一。石刻的文物价值十分突出，它为研究我国大陆早期居民向台湾迁徙提供了非常有力的佐证。素有"江南一绝""千古之谜"之美誉，1963年12月，仙字潭摩崖石刻被公布为福建省首批省级文物保护单位。2013年5月，被国务院公布为第七批全国重点文物保护单位。2015年7月13日，中国岩画现代保护与研究100周年纪念活动在北京举行，中国岩画学会命名并公布了中国岩画遗存地首批认证单位名单，仙字潭入列其中。

一、历史与区位

梁朝梁武帝天监年间析晋安郡置南安郡，大同六年置龙溪县，属南安郡。唐垂拱二年析龙溪南境置漳州，唐开元二十九年割龙溪县属漳州，今之华安古为龙溪县之二十三、二十四、二十五都，仙字潭位于二十四都。《北溪纪胜》中有一段话："古称桃源洞，秦汉有一古道贯穿盆地南北，为安溪、长泰、南靖、龙岩交通之要道。"

华安仙字潭摩崖石刻，地处沙建镇汰内盆地东南一隅，即漳州市以北30千米处的苦田自然村附近九龙江支流的汰溪下游，此处河道弯曲回旋，水流湍急，峰峦起伏，以峭壁折而向东，积水成潭，此地清溪蜿蜒，江阴临水的悬崖峭壁屏立，上面刻着多组风格相近、技法类似的纹样。这些纹样古怪苍老，似字又有别于传统观念上的汉字，似画又过于抽象变形，加上年代久远，风吹日曝，苔披藤挂，部分纹样漫漶不清，故后人竟无人辨识。清光绪《漳州府志》说：深潭"石壁凿字成蝌蚪大篆一十九字，字势甚古人莫能识，郡守因名其地为石铭里。"（图二；图七）

图二　仙字潭石刻

二、发现与探秘

1. 宣室志首先记载，韩愈首先破译

据北宋的《太平广记》载唐张读著的《宣室志》记载：唐代大文豪韩愈是历史上最早试图对仙字潭岩刻进行述释者，唐元和二年（810年），"有客于泉者，能传其字，持至东洛"，请韩愈辨认，韩愈"见识之"，释读其文曰"诏示黑水鲤鱼，天公卑杀牛人壬癸神书急急"的18字，是为"天公责蛟螭"说。明何乔远《闽书》卷二十九《方域》、清乾隆《福建通志》和清光绪《漳州府志》卷四十八《记遗》也有类似的记载，李协也曾提出"漳泉二州，分地太平，永安龙溪，山高气清，千年不惑，万古作程"的24字"地界说"。毋庸置疑，古文献记载对于仙字潭岩刻的研究具有重要的甚至是必不可少的作用，但对其真正的研究一千多年来都无法突破（图三）。

图三　仙字潭石刻

2. 陈天定称汰内为兰雷所居，为后人提供岩刻为畲人所作提供依据

明末陈天定的《北溪纪胜》中说："入自龙潭……稍上为汰口滩，汰水西汇大江，以小舟入，古称桃源洞，蓝蕾所居，今号汰内。"这就是说汰内在明代为畲民村（畲民有蓝、雷、盘诸姓），今天还有蓝、雷居住。既为蛮族所居，其时有相当之文化，则刻石溪上，亦意中事（图四）。

3. 黄仲琴实地考察，开科学研究之先河

岭南大学教授黄仲琴先生有筚路蓝缕之功，1915年8月，他不避风险，披荆斩棘，深入实地调查，并在1935年又将其调查情况和研究论文《汰溪古文》在《岭南学报》卷四二期发表，开仙字潭研究的先河。他认为汰溪摩崖石刻"疑即古代蓝蕾民族所用，为爨字，或苗文之一种"（图五）。

图四　仙字潭石刻

图五　仙字潭石刻

4. 林钊、曾凡实地调查与拓片，为进一步科学研究提供依据、基础

福建省文管会林钊、曾凡先生有承先启后之劳。他们于1957年8月进行考古调查及摹拓并将调查报告在《文物参考资料》1958年第11期上发表。之后，弘礼先生在《文物》1960年第6期上发表《福建古代闽族的摩崖文字》一文，拓展了仙字潭岩刻的研究思路。1961年12月，省人民委员会刻立"仙字潭摩崖"省级重点文物保护碑，定为"少数民族遗存的图像文字"，碑阴还说明"仙字潭摩崖刻石五处，均为图像文字，字体近似殷周青铜器铭文，是古民居民活动记事的遗迹"。2013年5月，由国务院公布的第七批"国保"单位碑文"华安仙字潭摩崖石刻是新石器至商周时代古闽越人民的重要遗迹。石刻集中凿刻在汰溪北岸的崖壁上，1957年调查发现6处13组50多个文化符号，其中一处为汉字题刻；2004年又在原有石刻上游发现2处5组10个文化符号。石刻似字但又有别于传统观念上的文字，似画但又过于抽象变形，内容现仍无法确认，有待进一步考证（图三）。它是我国东南沿海史前石刻最重要的代表作"。另有汉字界题一处，对研究本省历史有重要参考价值。1982年《福建文博》第2期发表了刘蕙孙《福建华安汰溪图象文字初研》解读其中一组为十个半字："昱（明日），戝夷俘越，□吴王昱，吴战越，战番、□番。"1984年《福建文博》第1期林蔚文《福建华安仙字潭摩崖石刻试考》，可通读为：（部落）二师（征）伐（敌）酋（首）俘伏（敌）酋（首），即在部落征伐越某一部落（氏族）的一次战斗记功石刻（图六）。

图六　仙字潭石刻
（唯一汉字）

5. 盖山林、陈兆复第一次提出画说

一千多年来，一直只有"文字说"一家之言，直到1986年年初，盖山林独树一帜，论作岩画，发表《福建华安仙字潭石刻新解》，陈兆复发表《岩画的召唤》等，才对"文字说"提出挑战，明确提出岩刻是"岩画"，并对画面进行了"新解"，还打破传统认识，于是争议大起，颇为学术界所重。许多专家就性质问题纷纷发表自己的看法。

6. 漳州会议是千年研究的总结

福建省考古博物馆学会和漳州市文化局1988年7月在漳州召开的以仙字潭岩刻为重点的"漳州地区摩崖石刻学术讨论会",标志着一个百花齐放、百家争鸣的大好局面。专家们注重实地调查,广征文献资料,从考古学、民族学、人类学、文字学、语言学、美术史等多角度,多方面进行考证、研究,就仙字潭岩刻的性质、内容、年代、族属、刻制方法等问题进行探索,各抒己见,发表了许多极有见地的新见解。收到与会论文30篇20多万字,结集后于1990年由中央民族学院出版了《福建华安仙字潭摩崖石刻研究》文集,在一定程度上代表了仙字潭摩崖石刻研究的最新成果和水平。

三、意义与成果

(一)意　　义

1. 仙字潭摩崖石刻是我国东南沿海先人一处极重要的文化遗存

对研究考古、历史、民族、文化、艺术、宗教、迁移有重要意义。从地形看,汰内盆地,三面环山,一面临九龙江,汰内盆地地处亚热带,属典型的南亚热带季风气候,可以想象在四五千年以前,气候炎热潮湿、雨量充沛、原始阔叶林密布,汰溪古代水量旺盛,可通舟楫。仙字潭岩刻峰为石蚵山(今名石高尖),上有蚵壳,可见这一带地域有近海、丛林,又有平衍的冲积,正是古越人渔猎耕种的好场所。但是林中多虎狼、蝮蛇、瘟神肆虐,"瘴疠"流行,加上生产力水平低下,度日艰辛,汰内先民的生命安全受到极其严重的威胁。仙字潭之下地势平稳,水流缓慢,两岸可耕地达数千亩。之上则是吞噬万物的可怕深渊,对下游来说,仙字潭是扼汰溪下游千亩粮仓之咽喉,又是兵家必争之地。选择这样一个十分险恶的盆地凿刻图像文字,显然有先人的用意。仙字潭先民在这一地区出行采集、渔猎和繁衍生息,他们是仙字潭石刻的创造者。许多类似"儿童画"的古拙、粗犷、原始、奇特的符号,真实地再现了举行祖宗崇拜、生殖崇拜、祈求翘盼、巫术活动的炽热场面,具有东南人种特有的原始文化性质,是新石器中晚期珍贵的文化遗存。几组古怪苍老的符号凿刻在石崖上,线条洗练,极为活灵活现,似画又过于抽象变形,似字又别于传统观念上的文字。历史学家考据,它至少有一千年的历史。它想说明什么呢?看它,有的如王者坐地,有的如武士争斗,有的似舞女翩跹,男者孔武有力,女者婀娜多姿,有的却是人面兽身,匿身藏形,更有的像剑,像戟,又像刀。读它,除了"营头至九龙山南安县界"一刻为汉字外,其他符号神秘安详的隐藏"天书"实难索解。

2. 仙字潭的有关历史史料与所刻的面积

（1）《太平广记》一书中《宣室志》所载的一则"神话"传说，可予人以启迪。关于漳、泉地界情况《漳州府志》"石铭里"，亦称"分界碑"，俗称"雷打石"，这里只提到径和界碑，没有提到"仙字"。《闽中金石志》中都有称之为"漳、泉分界鲁篆"。《闽书》对漳、泉二州的界域纠纷则有更为详细的叙述。《北溪记胜》记有"古桃源洞、蓝蕾所居也"。《汰溪古文》是第一次以科学的态度和方法对汰溪摩崖石刻进行研究。

（2）仙字潭摩崖石刻共有6处13组50多个符号，其中一处为汉字："营头至九龙山南安县界。"自西向东，约高6、宽30余米，大约200平方米。第一组，高0.76、宽0.24米；第二组，高1.06、宽0.5米；第三组，高0.14、宽0.14米；第四组，高0.16、宽0.18米；第五组，高0.3、宽0.22米；第六组，高0.34、宽0.31米；第七组，高0.5、宽0.6米；第八组，高0.57、宽0.33米；第九组，高1、宽0.38米；第十组，高0.26、宽0.28米；第十一组，高0.34、宽0.31米；第十二组，高0.4、宽1.17米；第十三组，高1.3、宽1.62米。这些或画或字的意义，千百年来难以索解。

（3）在距已知石刻的西南部227米处的两块大石头上又惊现了这些似兽面形、山羊形、人面形、人体形的石刻图像的岩画，此前未见任何文献记载。这一发现使尚未完全破解的"千古之谜"又增添了新内容。大的约58、小的约8厘米。它们的相关数据分别为：第一刻石：长6.6、高1.9米，面积12.54平方米。1号兽面形：长23、宽25厘米；2号人面形：长30、高20厘米；3号山羊形：长19、高20厘米；4号兽面形：长10、高16厘米。第二刻石：长6.35、高1.7米，面积10.8平方米。1号人体形：高58.5，宽45厘米；2号人体形：高51、宽30厘米；3号人体形：高55、宽30厘米；4号星象形（共24颗、点距离14.5厘米）高42、宽34厘米；5号人体形：高33、宽20厘米和6号人体形高40、宽25厘米；7号几何形：高8、宽33厘米。这些石刻仅高出水面50～100厘米，因几千年的风吹日晒，苔生岩刹，已漫漶不清，不易辨认。我们初步断定，这些石刻应是距今4000～3000年的原住民的"作品"，以具象的图形记录当时原住民与野兽、水怪斗争的场面，应属于岩画。与1000多年前就被记载于史籍的那些石刻相比，新发现的这些石刻表义成分更足，这些岩画以不同形象画面表达了各自内涵（图七；图八）。

3. 研究重视调查，开创讨论新风

仙字潭岩刻研究方法的进步主要表现在注重实地调查。专家们跳出经院式学术研究的窠臼，引用文献资料又不因袭文献资料，尊重前人成果又不迷信前人成果，更注重实地调查，以取得第一手的实物资料。有的专家不仅注意对仙字潭岩刻本身的调查，同时还注意与之关系密切的地下文物和毗邻地区及九龙江流域岩刻地点的调查，还有的注意到其他省区乃至国外的岩刻资料，让"它山之石可以攻玉"做证，证据充分，根底

图七　仙字潭新发现的石刻图像及拓片

图八　仙字潭新发现的石刻图像

稳，视野广，文章丰满，宏论连篇，使研究工作取得长足的进展。

（1）仙字潭岩面错立，上承坡腰陡壁，下临汰溪急流，面朝西南阳晒，长年累月的雨蚀风侵而严重风化，岩石皲裂脱落，形成多角形岩壁。岩刻6处除一处朝向南方之外，几乎所有符号都朝西南方，而东岩壁则一个符号也没有。不难想象其座向无疑是汰内原始氏族是从闽南沿海一带迁徙而来的，所以他们能够牢牢记住祖宗或自己走过道路的方向。

（2）在仙字潭3千米处的北山边的大型旧石器出现证明了一万年前汰溪两岸的人类活动十分活跃。1986年文物普查中，在仙字潭南岸龟形山上，面积约1500平方米范围内采集到砺石、石斧、陶片，因而断定为商周时期确有闽南土著在这里长期生活生产着。

（3）仙字潭岩刻人物间还有重叠现象，这也许包含有诸多的用意，一是表示物象的前后位置，二是包含着原始宗教的意义，这种现象绝不是仙字潭岩刻图像中独有，在不少中外岩画中都有发现。其中采用正面律，它们具有浓烈的投影感，在原始人心目中，影子和灵魂是分不开的，它们都有一种神圣的象征意义。

　　近年来，国内学术界围绕着华安仙字潭的考古发现，就该此石刻的性质、时代、族属诸问题展开了热烈的讨论，主要看法有：①古代少数民族（蓝、雷民族——畲族先民）文字，为爨字或苗文之一种。②汉族入闽以前本地少数民族的遗迹——原始图像文字。③远古时代七闽的图像文字。④春秋时期，吴部落的记功刻石。⑤商周时代越族象形表意文字。⑥新石器时代石刻岩画。目前为止还没一种权威说法。

（二）成　　果

1. 种属

　　专家们所见略同，观点主要集中在越族（及其衍生"越部落""福建越族"）、"畲族"（及其衍生的畲人、"蓝蕾族"）、"吴族"等三大族属上，以认"越、畲"者居多。

2. 内容

　　仙字潭摩崖石刻内容，许多专家们倾向于认为这些石刻表现了某种功利目的，有"图腾（或族徽）说""舞蹈说""事件说""宴饮说""征战说""纪功说""媚神、娱神说""祭祀说""地界说"和"生殖崇拜说"等多种解释，有的还做了具体解释，媚神、娱神方面，具体为祈求丰收、平安，祭祀水神，消弭怯患，舞蹈方面有舞人形动作、舞人排列的寓美等。

　　（1）岩画所反映的内容与原始宗教活动，如祭祀、巫术有关，六组岩画题材是由舞者、人面形、兽面形和山羊形组成的。是经过作者艺术夸张浓缩，符号化了的原始图画。说得更明白些，仙字潭岩刻是一些人像形、人面形、兽画像和拟人化了的种种神灵偶像。舞者是仙字潭石刻的文字图像，乃是原始社会所流行的一种舞蹈形式。它的符号具有很多"画"的因素。岩刻以舞人与人画像为主，舞姿多为两臂平举，双腿蹉踯，带有尾饰；男女全裸体，表现女性则突出了乳房和腹部，气氛热烈，风格粗犷。在这些女人像中溶化了一种神秘的欲望和思想，即与女性的性交、怀孕、生育、繁衍紧密联系的巫术观念，也表明当时汰溪闽越人仍保留着对母系社会生殖器崇拜的朦胧记忆。

　　（2）在人物造型上，特别在舞蹈姿态上，他们也与别处岩画表现出极为相近的动作。双臂曲肘上举（或下垂）、双腿叉开呈骑马状，众多的人物近乎千篇一律的动作，或密或疏地散播在即高低不平、凹凹凸凸、显出无数阴阳块面的石面上。仙字潭岩刻的人体造型较为丰实，手之上下，足之起落，大概是描绘了整个宗教活动中的舞蹈动作，正是古代娱神以舞的写照。

（3）人面像其中有两个刻得龇牙咧嘴，五官清楚，完全不同于舞蹈人那样简化，这两个人面像，有说是表现部落战争中的猎首之举；有说是描写部落首领及其妻子的形象；有说可能与舞蹈有关，因为在原始舞蹈中，舞者大都戴着面具。

3. 断代

现在对其下限在唐代以前已无多大异议，因为唐代已有文献记录可证，上限比较复杂，"新石器时代""原始社会后期"有之，"青铜时代""铁器时代""金属时代""唐以前""古文字出现以前"亦有文，具体一点的有"殷周""商周""商至西周""商至春秋""秦汉"等说，更具体的还有"相当于中原西周时期的浮滨类型文化时期""吴太伯、寿梦·阖闾之间""魏晋南北朝至王审知主闽"等。仔细分析以上各种观点，可以看出多数专家意见同意把其相对年代定在相当于中原地区的商周时期较为准确。

4. 是字是画的性质

仙字潭摩崖石刻的性质问题，就是指这些岩刻是"字"还是"画"两大观点，以及介乎二者之间的"图画文字"。围绕着是"字"是"画"这个性质问题。一千多年来，一直只有"文字说"一家之言，直到1986年年初，盖山林的《福建华安仙字潭石刻新解》的发表，才打破传统认识，于是就性质问题展开了辩论。

华安仙字潭石刻到底是原始象形文字还是岩画，在讨论这一问题之前，首先需要弄清原始象形文字与原始岩画的基本界限。……根据国内外有关岩画及图画文字的部分资料，我们区分这二者的主要原则应是：其是否仅仅是一些零乱松散、富有图画内涵、只反映或表示当时社会的某些共同的文化特征如风俗习惯、宗教意念等大范畴内的事物；或是一些互相之间有所联系、结构较紧，不单纯是表示某一共同文化内涵（这其中往往可以包含反复出现的各种人物、动物图像等），而可能通过图像反映或表达某些具体的历史事实或内涵的象形写实记录。如属前者，则为岩画，如属后者，则应考虑其属于象形或图画文字的范畴。

（1）"文字说"学者根据岩刻的纹样结构与甲骨、金文比较，文字产生的前提、条件和要素等方面，认为这些岩刻属于文字的雏形，基本具备文字的功能，在此基础上，进而认为这些字的属性主要有"古篆""大篆""爨文"或"苗文""吴文字""吴籀""象形文字""图像文字""图画文字"等。持文字说的观点除唐、宋、明清的"雷篆"等道家说之外，现代的代表人物有黄仲琴、林钊、曾凡、刘蕙孙、石钟健、林蔚文、曹锦炎、万里云、陈存洗等先生。

（2）"图画说"学者根据对岩刻纹样的结构、内涵、历史、地理因素的分析，与字画的本质区别，以及与广西、江苏、台湾、云南、新疆、内蒙古及世界各地有关岩画遗存的对比研究，认为是图画无疑是"经过作者艺术夸张浓缩，符号化了的原始图画"，持此说者代表有陈兆复、盖山林、蒋振明、蒋炳钊、陈龙、王振镛、黄超云、曾五岳、林焘、黄元德、王建平等先生。

总之，仙字潭岩刻是画不是字，也非所谓的图像文字之类，以字的章法衡量之，则杂乱无章，以画的章法衡量之，则错落有致。综观仙字潭岩刻图像：第一，认为是图画，是属岩画范畴；第二，其内容是古人现实生活与理想生活综合性的表露，他们都是以舞蹈的原始先民常用的表现形式来完成的。我们知道古代巫舞往往是分不开的，就像后来的礼乐不可分割一样。"当然，岩画也起图画文字作用，甚至有些是图画文字，但是图画文字并不等于岩画。""峭壁岩刻仙字潭，闽越先民舞蹁跹；岩画悠悠数千载，敬祭水神娱神仙。"这首盖山林的诗是对仙字潭先民生产、生活情况的生动写照。

综上所述，华安仙字潭摩崖石刻的图形更加抽象化，更加线条化，又有高度的变形，与早期的汉字风格有些相似，长期以来被认为是某一古代少数民族的象形文字。他们把画当成文字或文字的先祖，并视若神物。所以，我们有理由认为，我国最古老的文字与岩画是同出一源的，有的字形相似，有的字形完全相同，或许可以说，岩画就是象形文字之父。在这个意义上说，我们认为古人"文字起源图画""书画同源"之说，对我们理解华安岩刻"字乎？画乎？"的问题是有所帮助的。

5. 用什么工具、何时刻

（1）清嘉庆十五年蔡永蒹编著的《西山杂志》载《闽中记》述："……武陵太守吴公谨访之道士蔡明浚云古丹篆释义皇使盘瓠掌闽为七族，石刻古文，是畲文、兰太武与龙门三种古文，称之曰楔字，乃如飞云浮云焉，成舞女盘旋，武士挥刀，羽毛怪状矣。""洪崖先生亦此时人焉，摩崖石刻乃商周之时畲人留伯所镌，其次露有汉文乃汉明帝时楚王大夫沙世坚摹古畲字篆刻。"《西山杂志》中还引出《安仁诗钞》云："傣人古国傣溪滨，吴越春秋火帝人，镌石古文东汉刻，千年万载纪荆榛。"以及《桑莲诗集》《紫云诗集》《仁和诗集》《青阳诗集》等诗集也有类似内容记载，此为学者自辨。

（2）华安仙字潭的"仙字"不是写（绘）的，而是镌刻的坚硬的石头上，因而反映出一定的生产力水平。根据调查资料，仙字潭石刻"深刻达五六厘米"，当时的人们是用什么工具刻划的。有的赞同使用金属工具的观点。就实地考察，它的凿刻技术与唐代即十个楷书（即第二刻）明显不同。后者笔画很细，凿得又深，非金属工具不行；前者笔画较粗，而且大都是呈圆状，又有磨的痕迹，它的年代明显比第二刻年代更早。

（3）仙字潭岩刻没有出生、武器的图像，尤其是人物的佩带物都不见青铜制品，如刀、剑或者其他金属图像的形象，青铜制品在青铜时代是新生产力的标志，是一种荣誉的事情，或作为身价和社会地位的象征物。仙字潭古石刻镌刻在坚硬的石头上，深刻达五六厘米。据分析，从仙字潭石刻的制作方法上看，也非金属制作，而是用坚硬的石器磨刻，其上限未尝不可提到新石器时代。又可以佐证当时还没有进入青铜器时代，对照具有金属器具凿痕的武夷山悬棺时间在距今3000年，推定为更早。

目前，"字""画"之争"干戈"不息，不仅谁也没能说服谁，相反，分歧还有扩大之势。学术之争，由分歧趋向一致固然是理想的结果，但由一种观点引发不同观点的交锋也未必不是好事，也许这正是仙字潭岩刻研究以它特有的方式取得进展的一个表现。

仙字潭摩崖石刻是先人给我们留下的宝贵遗产，如何防止大自然的侵蚀和人为的破坏，是当今应该做的第一件大事，恳望当地政府制定出有效的保护方法，进一步开展文物法规的宣传、教育活动，促使要求广大群众，特别是青少年朋友们，热爱它、珍惜它，使之成为文物的维护者，不要成为千古罪人，以致给后人留下难以原谅的遗憾。

2016年2月23日修改

参 考 书 目

（唐）张读：《宣室志》。

《太平广记》。

宋淳熙五年（1178年）的《漳郡志》。

（明）何乔远：《闽书》卷之二十九《方域》。

（明）陈天定：《北溪纪胜》。

清乾隆《长泰县志》：《杂志·丛谈》。

清乾隆《福建通志》卷六十二《古迹》。

蔡永蒹：《西山杂志·仙字潭》，清嘉庆十八年（1813年）。

清光绪《漳州府志》卷四十八《记遗》。

（清）冯登府：《闽中金石志》。

黄仲琴：《汰溪古文》，《岭南大学学报》1935年第2期。

1957年，林钊、曾凡深入实地进行考察、摹拓并于1958年的《文物参考资料》11期上发表《华安汰内仙字潭摩崖的调查》。

弘礼：《福建古代闽族的摩崖文字》，《文物》1960年第6期。

刘蕙孙：《福建华安汰溪图象文字初研》，《福建文博》1982年第2期。

林蔚文：《福建华安摩崖石刻及其与越的关系初探》，《福建文博》1984年第2期。

林蔚：《先秦的石刻文字——仙字潭原始图象文字》，《光明日报》1985年3月24日。

盖山林：《福建华安仙字潭石刻新解》，《美术史论》1988年第3期和《考古》1988年第4期。

陈兆复：《岩画的召唤》，《光明日报》1987年11月21日。

林焘：《福建华安县仙字潭石刻》《盖山林考察仙字潭等地古石刻》，《文物报》1987年5月29日。

黄超云：《仙字潭摩崖石刻散考》，《华安文史资料》第10期专刊，1988年。

浅谈连云港岩画的保护、研究及发展思路

高　伟

（连云港市重点文物保护研究所）

岩画作为一种石刻文化，在人类社会早期发展进程中，有着重要的历史地位。人类祖先以石器作为工具，用粗犷、古朴、自然的载体——石刻，来描绘、记录他们的生产方式和生活内容，是人类社会的早期文化现象，也是人类先民留给后人的珍贵文化遗产。笔者想就连云港岩画的保护与研究，谈谈连云港的岩画发展思路。

一、连云港岩画

（一）将军崖岩画的发现与研究

1979年冬，连云港市文物部门首次发现将军崖岩画。

1980年6月，中国历史博物馆史树青先生应邀来连云港市考察时，首次认定这是一次重要发现，并且指出将军崖岩画至少是汉代以前的一处重要文物遗迹。

1981年4月，国家文物局古文献研究室首次举办了"将军崖岩画鉴定座谈会"。会议专家认为将军崖岩画不仅是我国目前发现的最早的一处岩画，还是我国迄今发现的最古老的新石器时代岩画。岩画内容有人面头像、农作物、鸟面图案、星象及其他符号等。岩画线条宽而浅，粗率劲直，风格原始，工艺古朴。

将军崖岩画是中国东南沿海地区首次发现的、唯一反映原始农业、古天文崇拜内容的岩画，是东夷先民从事祭祀活动的场所。

之后，北京大学俞伟超先生等众多专家相继来连云港市考察将军崖岩画，对其意义又有了进一步的认识：这处岩画遗址应该是我国东夷部落以石为社的祭祀遗迹。

著名考古学家苏秉琦先生称其为我国最早的"东方天书"。

2007年，李伯谦先生在考察将军崖岩画后，在座谈会上指出将军崖岩画的时代："大概距今8000年前后"[①]。

---

① 李伯谦：《连云港文化遗迹考察的观感与联想》，2007年连云港市哲学社会科学联合会主办，连云港市社科系列丛书《东夷文化研究》，第2页。

2014年7月，连云港召开将军崖岩画国际研讨会，国内外岩画专家汇聚一堂，对连云港岩画做深一步的研究。会后，国际岩画联合会主席贝纳克里、印度岩画协会主席库马尔、南京师范大学汤惠生教授等人对连云港岩画实地考察，并用微腐蚀断代法对岩画进行科学测试，得出连云港岩画的年代为距今8000年左右。

（二）石穴岩画的发现与研究

连云港的岩画除了将军崖岩画之外，还有大量的石穴岩画。2004年，连云港文物工作者曾对全市石穴岩画展开调查，对石穴岩画有了一个初步了解。石穴岩画主要分布情况如下：共发现石穴岩画40余处，分布在南至灌云县大伊山，北至东海县山左口，东至连云区海边，西至海州区锦屏山地区。

石穴岩画制作特点和分布环境大致分如下几种：

（1）石穴岩画的制作特点。石刻岩画一般可分为磨刻、敲刻和划刻三种。一般来说，磨刻时代较早。可以推测，新石器时代，在落后的生产条件下，在没有金属工具的出现情况下，原始先民制作岩画一般采用的是原始磨刻手法：只用石斧、石锛等石器，就可以在岩石上磨刻出图像。由于工具的特别，新石器时代的岩画也就具有一定的时代特征：一般磨制图案的线条断截面呈撇口状的"U"字型或圆底的"V"字型。当金属工具出现后，出现了凿刻和雕刻两种手法，其图案线条的特点为断截面底部呈尖状或平底状的"V"字型或呈"槽口状"。这些石穴岩画的制作工艺都属于磨制，石穴内壁光滑，其断截面也具有磨刻的特征。

（2）石穴岩画呈现集中分布的特点。通过对全市40余处石穴岩画的调查发现，石穴岩画的分布主要分布在四个大区域：一是以灌云县大伊山石棺墓遗址为中心；二是以海州马耳峰山为中心的四周的山坡上；三是以南云台山藤花落遗址为中心的四周山体上；四是以东海马陵山上的丘陵为中心。

（3）石穴岩画与周边文化遗址关系。经过对这40余处石穴岩画的调查，发现它们有一个相似的共性，即石穴岩画是与新石器时代的遗址分不开的，也就是说它们是与新石器时代的遗址是相连的，也是原始先民遗留下来的遗迹。举例说明：在灌云县大伊山石棺墓遗址周围，是一处6500年前先民进行生活、生产的地方；在马耳峰山周边的石穴岩画都有新石器时代遗址的存在：将军崖岩画的北面有著名的桃花涧旧石器时代遗址，在将军崖岩画的南面的山坡下有新发现的新石器时代遗址；二涧石穴岩画就分布在二涧新石器时代遗址中间；刘志洲山的几处石穴岩画的北面是二涧新石器时代遗址，西面有酒店新石器时代遗址；白鸽涧石穴岩画的周边有白鸽涧新石器时代遗址、土船顶新石器时代遗址；蜘蛛山、石棚山石穴岩画西面距白鸽涧新石器时代遗址、土船顶新石器时代遗址不远，东面距九龙口、尾矿坝新石器时代遗址很近；马陵山石穴岩画，是在东南沿海著名的大贤庄细石器时代遗址的边缘……

这种石穴岩画和新石器时代遗址共存的特点，意味着多处聚落曾经同时存在，近距离共存的聚落之间或许存在特殊的社会关系；不同的聚落选择相近的地理位置，建立自己的星云崇拜的祭祀场所。从石穴岩画的规模来看，这些石穴岩画也是分等级的，这与遗址的大小或祭祀活动有一定的关系。

（4）石穴岩画的周边地理环境及排列特点。通过对这40处的石穴岩画的调查，我们发现它在地理环境上有以下共同的特点：

①调查的石穴岩画都在新石器时代遗址周边的山坡平坦的岩石上，与遗址有着密切的联系，是遗址的组成部分。

②在石穴岩画的周边都有天然的石硼、古洞或人工砌成的"老古洞"。

③石穴岩画的磨刻手法一致，都是由大小不同的石窝组成。石窝总体的排列方式不同，但是有一个排列的方式是一致的。在每处石穴岩画中间都有梅花状的组合——中间一大、四周排列数量不等的小石窝，一般是6～12个不等。

④在石穴岩画中发现了石穴中掺杂有形状不同的方格子、米格子，以及圆圈和格子混合在一起的图案。其中，包括将军崖石穴岩画、东磊太阳石岩画、钓鱼台石穴岩画、刘志洲山石穴岩画等。

二、连云港岩画的保护与管理

说到岩画的保护与管理，自然会涉及岩画的破坏与损毁。岩画的破坏包括自然和人为两个因素：前者由于长期的风吹日晒、雨水冲刷等自然现象对其产生机械磨损，而人为因素的破坏力远胜过自然。所以说，岩画保护是立体的、全方位的。下面笔者就具体介绍一下连云港市对岩画的全方位保护措施。

（一）将军崖岩画保护与管理

1982年3月，将军崖岩画被公布为江苏省第三批文物保护单位；1988年1月，被公布为第三批全国重点文物保护单位。

1997年，将军崖岩画保护研究所成立，为全额事业单位，编制两人；2006年，撤销将军崖岩画保护研究所，成立连云港市重点文物保护研究所。1980年至今，将军崖岩画由聘请的专职文保员24小时看护。

（二）石穴岩画的保护与管理

2010年，全市40余处石穴岩画合在一起，被连云港市政府公布为连云港第四批市级文物保护单位，同时竖立文物保护碑，不定期进行每年两、三次文物安全巡视。

（三）利用社会力量保护岩画

全市共有各级文保单位、文物保护点700余处，分布遍及整个云台山。由于文保单位数量众多，而专业保护管理人员较少，保护力量严重不足，对文物点的安全巡视和保护带来很多不利的因素。如何利用社会力量加强地面不可移动文物的保护？在这种大环境背景下，连云港市文物部门萌生了开展文物保护志愿者活动的想法。开展文物保护志愿者活动是目前充分利用社会力量加强文物保护的唯一途径。

做法一：发展文物保护志愿者。广泛发动群众参与，扩大社会影响，让社会公众了解文物保护的重要性。面向社会进行公开招募，并将文物保护的意义、参与的方式、招募条件等进行公示宣传，选定时间、地点集合，组织了一次文物保护志愿者户外爬山及文保单位安全巡视的试运行活动。当天，有130多人参与活动，并领取了文物保护志愿者手册。大家携手徒步翻越了锦屏山，取得了良好的宣传效果和影响。

整个过程中，对志愿者的选择至关重要，要始终贯彻文物保护为先的前提。挑选的时候坚持以下原则：首先要人品端正，热爱本土的历史文化，文物爱好者优先选择；其次要户外运动经验（"驴友"）；最后要身体健康。经从年龄、职业、个人素养等方面综合筛选，其中35人为连云港市首批文物保护志愿者。其中人员构成有教师、工人、公务员等；年龄阶层涵盖老、中、青，最大的年逾花甲，最小的仅20余岁。最后对首批志愿者进行登记、填写志愿者证书，并建立完整的志愿者档案。

根据工作需要，需加强志愿者专业知识和技能培训。由于志愿者有着不同的职业背景、不同的年龄构成、不同的文化素质，而志愿者同时还承担着文物保护法的宣传、对文物保护单位进行安全巡视的义务，所以要加强对志愿者的专业培训。培训内容包括文物的基本鉴定方法、文物保护的重要意义、文物保护单位安全巡视的方式，以及发现问题及时反馈等方面。通过培训学习，可以提升文物志愿者的兴趣，增强工作责任感。

通过志愿者活动可以加强文物保护工作。文物保护志愿者队伍是一个松散的群众组织，为使这支队伍运作起来，要经常不定期举行活动。

具体活动：

（1）定期举办志愿者文物专业技能培训或讲座，意在提高文物保护志愿者的自身素质；

（2）不定期组织志愿者进行大规模的文保单位安全巡视活动；

（3）通过培训，挑选部分志愿者参与文物调查工作；

（4）年底举办文物志愿者文物摄影大奖赛和十佳志愿者评选等活动。

做法二：建立文物保护网站。

经过一段时间的试运作，2011年7月17日，市重点文物保护研究所、苍梧晚报壹周刊、户外运动俱乐部三家联合的"连云港市文物保护志愿者"队伍举行授旗及文物保护网站开通仪式，正式宣告了连云港文物保护志愿者队伍成立。仪式涵盖志愿者代表发言、志愿者授旗、颁发志愿者证、连云港市文物保护研究网站正式开通等。

连云港市文物保护研究网站的正式开通，可以为志愿者提供一个相互交流的平台。网站内开辟"志愿者天地"专栏，在网站精品论坛内，设有"文保活动""文物新发现"等讨论专区。文物保护志愿者每次参与文保单位义务安全巡视活动，会在论坛专区发帖公布该次文保单位的安全情况。这样能够时刻了解和掌握文物保护单位的安全状况以及志愿者的活动情况。

做法三：成立文物保护研究学会。

2012年7月，成立了连云港市文物保护研究学会。学会的宗旨是：坚持以马列主义、毛泽东思想、邓小平理论、"三个代表"重要思想和党的基本路线为指导，落实科学发展观，遵守宪法、法律、法规和国家政策，遵守社会道德风尚，贯彻"百花齐放，百家争鸣"方针，坚持民主办会原则，充分发扬学术民主，开展学术上的自由讨论；加强我市文物保护研究，组织学术交流，推动科学研究，提高研究人员的业务水平，充分发挥学会在学科发展中的组织、协调和导向作用；为了更好地保护好文物、提高研究水平，使本地的文物保护研究更上一层楼。

学会的成员构成有两部分：一部分为从事文博专业的研究人员，如文保所、博物馆、大专院校等单位的工作人员；另一部分为喜欢本地历史文化研究的、具有一定研究能力的社会人士。我们通过网络及其他渠道发布消息，主要针对热心文物事业的社会人士，采取报名、审核等程序收录为本学会会员。

以上三种具体做法，志愿者、网站、学会三者合为一体，相互补充。志愿者作为义务的文物安全巡视员，加强了文物保护力量；网站给志愿者提供一个交流的平台；学会是学术阵地，结合网站一起为本地文物保护研究搭建一个学习中心。这样三者相辅相成，为促进文物保护、文物研究有序发展起到一定的推动作用。

（四）保护初见成效

从志愿者队伍的筹备、运作以及网站的开通到现在，文物保护志愿者队伍为我市文物安全、保护方面做出了较大的贡献，并初见成效。

成效一：提高了不可移动文物的安全系。文物保护志愿者队伍与文物管理人员的安全巡视相互配合，则可构成巡视网。志愿者在安全巡视过程中发现任何有危及文物安全的情况，能在第一时间把信息反馈给文物保护机构，使之得到及时的处理。并对文物主体上的杂草及周边环境卫生进行清理，使文物得到有效的保护。

成效二：提高了文物保护意识。目前全社会文物保护的意识还比较淡薄，有意、无意破坏文物的现象依然存在。通过文物保护志愿者，将加大文物保护知识的普及，对提高全社会的文物保护意识具有重要意义。

成效三：促进了文物保护工作的稳步发展。通过志愿者的一系列活动，可以发现重点文物保护研究所在保护工作中的不足之处，便于今后在工作中进行调整、改进；通过志愿者的一系列活动，提高了文物保护工作整体的工作效率。文物保护机构有责任和义务指导志愿者开展活动，要为其提供必需的服务，并对其进行考核评价。这既是对文物工作者业务能力的考量，也是对文物工作者组织协调能力的锻炼。通过开展志愿者的活动，提高了文物管理部门的文物保护的能力和水平。

（五）各级政府对将军崖岩画的保护措施

1. 岩画载体保护

（1）1984年，在将军崖岩画周边用钢筋和水泥制作了长达100余米的防护栏。2003年，更换改用铸铁护栏长达200余米，用实木修建游览栈道和观看平台长100余米，搭建管理活动板房两间。2012年，筹集资金100万，用方钢管和石柱更换保护栏长达300余米，用户外地板更换游览栈道和观看平台长达300余米，建造仿古建筑四间，作为将军崖岩画管理用房。

（2）1986年6月，受江苏省人民政府委托，连云港市人民政府主持召开了由全国文物、矿山、地质等方面的著名专家参加"将军崖岩画保护论证会"。会议遵循《文物保护法》和胡乔木同志关于保护与生产要两全其美的批示，经过充分而热烈的讨论，将军崖岩画就地保护方案终于得到妥善解决，采取保护措施——岩石锚索加固。

（3）1989年，随着岩画表面裂隙加剧发展，经中国文物研究所专家黄克忠推荐，遂委托中国地质大学对其进行地质勘查，并提出《连云港市将军崖古岩画区环境地质病害及防治对策研究报告》；根据勘测资料，遂又委托总参南京工程兵学院、中国文物研究所和连云港建筑设计院分别进行将军崖岩画锚索加固及保护棚设计。

（4）1993年4月，征得省文化厅和国家文物局批准，于同年10月22日开始实施将军崖岩画锚索加固工程，至1996年10月30日结束。

将军崖岩石整体，采用直径12.7毫米高强钢绞线，每孔7根。锚固孔直径120毫米，共38个锚固孔，总长1035米，锚固孔最长36米，最短17米，锚索6.9吨。锚索孔的方位，基本与主裂隙平均方向为正交，各孔大致平行。锚固孔间距，一般控制在1.5～3米范围内。设计锚索张拉强度为80吨，实际锚索的张拉强度为103吨。

通过大预应锚索在将军崖岩画的保护应用，表明岩画所在的危岩得到了明显的稳定。经过几年的观测，岩体比较稳定，加固效果理想，这也为以后此类石质文物的加固保护找到了一条新的途径。

2. 岩画本体的保护

2002年，委托中国文物研究所对将军崖岩画和孔望山摩崖造像进行岩石防风化保护工程设计。中国文物研究所技术人员先后对这两处国保单位进行了多次勘察，综合这两处石质文物的特性与共性，在资料分析与化学实验的基础上，制定了《连云港市将军崖岩画、孔望山摩崖造像石刻防风化保护工程设计方案》。该方案于2003年4月通过国家文物局专家组论证予以立项，2004年国家文物局正式下文批复。该工程于2005年9月14日开始施工，于2005年10月底竣工。

工程竣工后，经过现场防水试验和强度检测，结果表明保护处理后的岩体防水效果良好，且加固后的岩体强度明显增加，保护处理后的岩体，基本保持了岩体的原貌，达到了画面清晰、岩体强度增加及防风化的目的。

3. 岩画的利用

将军崖岩画从1988年正式向观众开放，迄今已接待中外游客达数百万人次，收到了较好的社会与经济效益。

1982年，经江苏省文物局批复，做了一套将军崖岩画拓片给北京天文馆收藏并展出。1993年国家文物局"关于复制古代天文文物的批复"，由地质矿产部第一综合物探大队对将军崖岩画（B）组按1∶3比例制作模型，代表我国原始天文学的最高成就相继赴比利时和韩国等国展出。

三、岩画的保护、利用发展思路

文物的保护，是一项长期而艰巨的任务。像岩画等不能移动的文物，常年暴露在大自然中，会受到不同程度的侵害。为了更好地保护好岩画，今后发展的思路与具体做法如下。

1. 建立岩画观测站

连云港将军崖岩画山体下面是一个老磷矿，山体基本是空的，整个山体都出现了大量的裂隙。为了更好地保护文物，利用现有的岩画管理用房，建立长期的文物观测站，定期对岩画做观测，时刻检测岩画裂隙的变化。

2. 做好山体裂隙加固保护方案

邀请江苏省地矿局地质专家，对岩画山体进行科学的勘测、调研，对岩画的载体（山体）做裂隙加固保护方案。此方案已经报国家局审批。

3. 岩画主体做防风化保护

2005年，曾对岩画表面进行了防风化处理。现十余年过后，其表面的防风化功能已经不明显，亟需对岩画表面做保护处理。我们邀请了南京博物院文物保护科学技术研究所专家对岩画进行防风化测试，并做好防风化保护方案，等待国家文物局审批。

4. 发掘岩画内涵，弘扬传统文化

历史的发展是一个传承和发扬的过程，这就要求我们深入发掘岩画的内涵，让更多的人了解我们先民的智慧及其创造的历史。所以在发掘和弘扬历史文化过程中，我们要寻找城市历史发展的根源，编写乡土教材，进入中小学生课堂，让孩子们了解自己家乡风土人情，热爱家乡。培养一批热心家乡历史文化的人才队伍。在这个过程中，文物的研究是一个重要切入点。

文物作为历史文化的载体，是研究历史的第一手史料。在无文字记载的历史发展阶段中，没有文物资料，就没有历史研究可言。这些现存的大量文物资料，还在被利用、借鉴和继承，成为发展繁荣现代科技、文化、艺术不可缺少的条件。保护好文物对于建设具有中国特色的社会主义学术、科技、文化有重要意义。

文物是先民留给我们的珍贵的文化遗产。经过历史长河变迁，随着时间的推移，能够留传于世的文物会越来越少。文物的不可再生性决定了文物一旦受到损坏，就永远不能复原。

总之，文物是具有历史、艺术和科学价值的历史遗存，是中华民族文明的一个象征。加强保护历史文化，给后人留下宝贵的文化财富，可以促进精神文明建设，促进当地经济发展。

珠海连湾山葫芦石岩画

梁振兴

（广东省文物考古研究院；珠海市博物馆）

　　珠海继1989年在高栏岛发现宝镜湾岩画之后，又于1992年在连湾山发现葫芦石岩画，为1处3组图形。连湾山位于珠海市平沙农场（现为平沙镇）南部，山高120多米，东西走向，长约6千米，与南水镇政府所在地相隔一条浪白滘水道。岩画凿刻在连湾山西北山坡一块约50平方米的花岗岩上。因岩石上凿刻着像葫芦样子的图形，故此，当地人叫它"葫芦石"（图一）。

图一　珠海市连湾山葫芦石的地理环境
（梁振兴摄）

　　当年，平沙农场计划编写《平沙农场发展史》，农场党委办公室主任徐陵和农场地方志办公室主任梁卓庆两人到基层调研，据北水分场职工梁贵显向他们反映，在连湾山葫芦石上有清代大海盗张保仔藏宝所刻下的符号。于是，他们邀请珠海市博物馆副馆长梁振兴到平沙农场进行考古调查。8月6日，梁振兴、徐陵、梁卓庆在知情者梁贵显的引导下，来到连湾山"葫芦石"实地考察，他们发现这是一处摩崖石刻岩画（图二）。

图二　连湾山葫芦石上的岩刻
（梁振兴摄）

　　连湾山，在1965年尚未农业围垦之前属海岛之地。连湾山及其周边都有沙丘和滩涂，一道溪水从山谷流入古海地，在溪水西南边有一片沙滩，约1万平方米，因基建用砂挖沙，沙滩被挖成大水塘。在溪水北边高出古海面约25米的大岩石上，呈现3组岩刻：

　　第1组刻有倒挂葫芦状的图形，长0.9、宽0.65米，图形线条比较清晰（图三）。

图三　第1组岩刻，倒挂葫芦形图案
（梁振兴摄）

第2组刻有弯曲线状的图形，长1.6、宽0.75米，因自然风化侵蚀而隐约不清。

第3组刻有连环形螺旋纹的图形，长1.2、宽0.8米，图形风化比较严重（图四）。

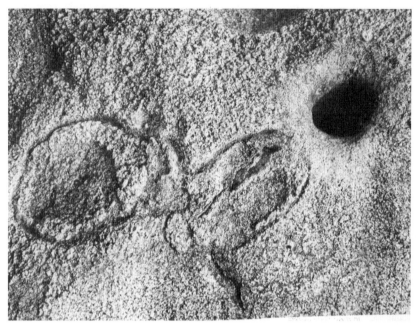

图四　第3组岩刻，连环形螺旋纹图案
（梁振兴摄）

这些岩刻图形简单抽象，线条粗犷古拙，每组图形均凿有一洞为记号。因年深日久，岩刻受自然力的侵蚀和风化，破损程度极为严重。

随即，徐陵、梁卓庆带梁振兴等人来到沙滩、水塘和山边进行田野调查。在沙滩与山脚的断面可见红烧土及绳纹夹砂陶、曲折纹泥质陶碎片，可见这是古代先民生产生活所留下的痕迹。为了解这片土地历史概况，他们在平沙农场开展考古调研，先后发现了连湾山大佬勾青铜时代遗址、大虎山水井口新石器时代晚期遗址和宋元时期遗址。

经过实地调研考察，大家认为连湾山葫芦石上的岩刻应是古代先民凿刻的一种表意图形，图形古拙，工艺粗糙，正处在图形符号向古文字演变的阶段；岩刻周边地理环境都有古代先民活动的痕迹，且与南水镇高栏岛宝镜湾岩画相距只有10多千米、所处的地理环境相似，应属于青铜时代的岩画，距今约在4000年。至于连湾山岩画与清代乾隆嘉庆年间大海盗张保仔的藏宝的符号，没有直接的关系；民间传说是张保仔藏宝的符号，这只是一种喜好逗乐的闲谈而已。

为了鉴定连湾山葫芦石岩画，平沙农场管委会陆续请来广东省文物考古研究所（现广东省文物考古研究院）副所长邱立诚和文博馆员崔勇、中科院广州地理研究所研究员李平日、中科院南海研究所研究员钟晋梁等专家到现场考察和鉴定，均得到岩画（或岩刻）的确认。1992年11月7日，平沙农场管委会请来了联合国教科文组织国际岩画委员会执行委员、中央民族大学教授陈兆复到实地考察和鉴定。陈兆复教授在平沙、南水等地进行调查考察，他将葫芦石岩画与高栏岛宝镜湾岩画、与香港东龙岛等地岩画一一比较和对照，肯定了诸位专家的鉴定意见。他认为，葫芦石岩画是古代先民在出海之前祭海所创作的印记岩画，是先民们向海洋进军开辟海洋事业的历史见证（图五）。

图五　1992年11月10日，陈兆复（左2）、崔勇（左1）、唐振雄（左3，珠海市博物馆馆长）、
梁卓庆（左4）、梁振兴（左5）、钟晋梁（左6）、莫强（左7，平沙农场文化站长）
在考察连湾山葫芦石岩画之后留影
（徐陵摄）

附记：
此文曾在珠海市政协文史委编辑的《珠海文史》2015年第二十四辑（内部刊物）中发表。此稿是在原稿基础上作过个别文字的修改。

2022年10月18日

珠海宝镜湾岩画的海洋文化特征

门晓琴

（珠海市博物馆）

珠海，因海而生，向海而兴，为百岛之市。这里有147个海岛，700多千米的海岸线，位于广东省珠江口的西南部，东与香港隔海相望，南与澳门相连，西邻新会、台山市，北与中山市接壤。特殊的自然地理优势和区域优势，积淀出不同于中原地区的农耕文化，更不同于草原地区的游牧文化的海洋文化面貌。

珠海最早正式的行政区划就是因临海这一自然环境，南宋绍兴二十二年（1152年），割南海、番禺、东莞、新会四县濒海之地设立香山县，范围包括今天的珠海、中山及香港、澳门的广大地区。

距今6000多年前，珠海这块土地上就已经有人类活动。他们在这里劳动、生息、繁衍。距今4000年前后，珠海曾有发达的渔业经济。汉唐以后，珠海是海上丝绸之路的重要通道。明清以后，珠海、澳门成为中西文化的交汇点。

海洋文化是珠海历史文化的总特点。据香山乡贤郑道实《香山诗略·跋》的记载与描述，香山"有波涛汹涌之观，擅土地饶沃之美，民情笃厚，赋性冒险……无门户主奴之见，有特立独行之风"，生动反映了珠海的海洋文化特点。

海洋用丰富的资源哺育着珠海、用飓风恶浪历练着珠海。先民们在认识海洋、依靠海洋、利用海洋的过程中创造着自己的生活，形成了开放进取、兼容并包、勤劳笃实，敢于冒险的海洋文化特质。

在不同的时期，从不同的角度看海洋文化又有不同的表现形式。早期，海洋文化以渔业文化为特点；唐宋以后，表现为香山文化；从引领潮流的特点看，近现代以来，海洋文化表现为买办文化、华侨文化、商业文化、留学文化、特区文化等特点。

今天，我们把视野转向1989年发现的珠海宝镜湾岩画，来了解探索它的文化特征。

一、发现岩画的地理位置与概况

宝镜湾岩画位于珠海市西南约50千米的南水镇高栏岛西南部宝镜湾、海拔157米的风猛鹰山西南坡。高栏岛是南海北部万山群岛中的高栏列岛主岛，面积约35平方千米。

宝镜湾背靠观音山和风猛鹰山，面临茫茫南海。这里海水清澈，沙粒细小，岩石耸立，是珠海先民曾生活过的场所。目前是珠海港区（高栏港区）。从海湾的沙滩到山坡、山麓、山腰，约20000平方米的范围内分布有5处7幅岩画。附近有新石器时期的人类活动遗迹、遗物。根据发现者当时的命名，其中"宝镜石""天才石""大坪石""藏宝洞"4处6幅[①]发现于1989年，"太阳石"1处1幅发现于1998年。"宝镜石"和"天才石"现已不存。它们均阴刻于平整的大石面上，现存的3处5幅分布如下。

1. "藏宝洞"岩画

藏宝洞位于宝镜湾半山腰，高出海面约65米，是一块巨大的花岗岩石崩裂后形成的一个大裂隙，有三块巨石压在裂隙的顶部，形成一个不完全闭合的洞穴，中部通天，北部有一洞口可进入。洞长8、宽1.5～2.6、高约5.5米。巨石的崩裂面相当平整，东壁倾斜略呈俯面，西壁倾斜略呈迎面，两壁都有凿刻的岩画。

（1）藏宝洞东壁岩画。位于藏宝洞的东壁，是宝镜湾岩画中面积最大、内容亦最为丰富的一幅，画面宽5、高2.9米。此外，在画面之下，还有后代人所刻的"金一万""莫劳心"等汉字。

（2）藏宝洞西壁岩画。位于藏宝洞的西壁，与东壁岩画相对，画面宽4.5、残高1.5米。画面风化侵蚀严重，上半部分严重风化剥蚀而漫漶不清，下半部分线条斑驳可见，其手法与东壁岩画相同，应属同一时期作品。

（3）藏宝洞洞口岩画。东壁大幅岩画的左边靠近洞口部分，凿刻一"船形"图案，两侧斜出卷曲线条勾画之形象，一说以为"犬"形。画面宽1.7、高约0.7米。东壁靠近洞口的下方另有一组图案，由线条和点组成，风化剥蚀严重，无法辨识。

2. "大坪石"岩画

位于风猛鹰山半腰，藏宝洞顶部之南边。岩石平斜向阳东西长5、南北宽3.3～4.3米。凿刻画面为一条大船，较形象。船前有一群人和少量动物。线条粗细不均。画面高约1米多，面宽约3米多，船高35、长150厘米。此幅岩画风化严重，线条模糊。

3. "太阳石"岩画

位于风猛鹰山顶的一组三叠石最上面的岩石中部，凿刻一个近圆形的图案，直径为45～64厘米，刻痕深1.5、宽3.85厘米，远观似太阳。

---

① 徐恒彬、梁振兴：《高栏岛宝镜湾石刻岩画与古遗址的发现和研究》，广东人民出版社，1991年。

二、岩画的图案与特点

这里重点分析"藏宝洞"岩画和"大坪石"岩画。它们均以阴文线条凿刻于较为平整的大石面上。

特别是宝镜湾藏宝洞东、西壁岩画，有以大船为中心的密集神秘图案，波浪及跳跃的人物造型线条，线条的宽度多为3～4厘米，最窄的地方也有1厘米，凿刻深度也多为1厘米。整幅画以船形为中心，周围是舞蹈人形、波浪纹等凿刻繁复迂回的线条，图案密集而复杂，繁缛、凝重，半形象半抽象地表现了船、人、动物等组成的生动图案，反映了岩画族属的人们的社会生活状况。

画中船，这对研究南方沿海这一时期的生产、生活面貌、宗教信仰等具有重要实物意义。

珠海市博物馆原副馆长李世源先生对藏宝洞东、西壁岩画判读研究认为，记录了一次巨大的氏族部落会议，并做出迁徙远航的全过程。东壁岩画表现载王之舟、图腾族徽、祭祀人牲、群船云集四大组合。各氏族部落的图腾物以及用人牲、男觋女巫的活动状态，他们围绕着"载王之舟"做出迁徙决定，群船聚集整装待发，男女渔民为这一历史性决定而欢舞雀跃。西壁岩画表现的则是群船在载王之舟率领下浩浩荡荡向前进发，进行历史性的南迁壮举。因此，东西两壁岩画是一幅连环画式的杰作，是一幅向故乡作悲壮告别的历史画卷。一群夸张变形的向着线条简洁的渔船蜂拥而上的人流，身躯大幅度前倾，下肢大幅跨越，线条明晰、流畅。联想在大海中捞食的艰险，也许这是远古先民为了记述他们捕捞的丰收[①]。

当然，对具体含意可以见仁见智，但船出现在岩画中的显著位置，所蕴含与大海的关联是显而易见的。由此，可以联想到一支船队在波浪起伏的大海上航行，舟船幅辏，帆樯鳞集的壮观情景。靠山吃山，靠海吃海，简单扼要的俗语道出的正是因地制宜的生存规律。这些岩画为广东所仅见，具有重要的历史、艺术和科学价值。

宝镜湾岩画是目前广东地区面积最大、内容最丰富的早期岩画。与中国北方、西南地区岩画风格迥异，有鲜明的特点，是南海之滨居民创造的灿烂历史文化的载体，反映了其社会生活形态和艺术工艺水平。

三、宝镜湾岩画与宝镜湾遗址的关联

宝镜湾岩画发现的过程中，在岩画所在的山坡和沙丘上陆续发现了一些石网坠、陶片，还有石锛。岩画发现以后，引起了学者和社会各方人士的重视，珠海市博物馆、

---

① 李世源：《珠海宝镜湾岩画判读》，文物出版社，2002年。

广东省文物管理委员会等单位派人去勘察和调查，并进行过小规模的发掘。1997年珠海市博物馆进行小面积试掘。1998年1月及1998年11月至1999年1月，珠海市博物馆先后与南京大学历史系、广东省考古所联合对宝镜湾遗址进行了两次正式发掘，发掘面积554平方米，获得重要遗物1800余件，以及大量的陶片和玉石制品，并发现生活遗迹、居住遗迹等。

从文化特征看，石器主要以磨制的石斧、石锛、石锄、石镞、石球、碇、石圭等为主，均通体磨光，加工精细，从形式上看，有的可能并非实用器，值得指出的是，网坠的数量非常突出（近900件），一般利用较大的河滩砾石，中间打凹槽，便于系缆绳。其中一件竟重达19千克，疑为系揽做锚定位用。

特别是发现的水晶器有玦、璜、环等，最精美的是一对玦，工艺精湛，晶莹剔透，堪为珍品。此外，玉石制品还出土了加工过程中产生的诸如废料、半成品、石芯等副产品，以及加工工具如石钻等，量较大，反映出该遗址可能作为玉石加工作坊的特色[①]。

上百件制作精美、多彩多姿的玉石工艺品，可能兼具装饰、祭祀、交换等多种用途。这个交换的去向其中有没有面向海外的途径呢？结合岩画上的船的因素，可以思考。

随后珠海举办了"宝镜湾岩画与遗址学术研讨会"，来自中央民族大学陈兆复，中国社科院考古研究所、中山大学、南京大学、厦门大学和江西、江苏、香港、澳门及广东省、珠海市的考古、文博专家、学者参加了研讨。大多学者认为宝镜湾岩画与遗址同处一地，两者年代应接近。

与会专家对宝镜湾遗址、岩画的重要性及遗址与岩画之间的关系等学术问题，展开了热烈讨论。

关于宝镜湾遗址，与会专家一致认为，宝镜湾遗址在珠江三角洲地区很有代表性，是典型的海岛型遗址。遗址文化层堆积较厚，地层关系明确，文化遗物丰富而有特点，柱洞、墓葬等遗迹也十分重要，为研究和复原珠江口地区史前时期的历史面貌提供了一批新资料。宝镜湾遗址所反映的珠江三角洲地区从新石器时代晚期到青铜时代的发展阶段，可能填补这一地区考古某些年代上的缺环，对确立和完善该地区的年代序列具有十分重要的意义。专家们还对遗址的文化内涵特点进行了分析，并与香港、澳门等环珠江口地区的相关遗址进行比较，指出遗址中大量的石锚、网坠反映出渔业经济的特点；上百件制作精美、多彩多姿的玉石工艺品，是环珠江口遗址的共同特点，可能兼具装饰、祭祀、交换等多种用途；陶器上有浮雕感的刻划纹，具有浓郁的地方特色，有别于珠江三角洲地区的其他遗址，并且延用时间长，具有这种图案的陶器应与祭祀有一定

---

① 李世源：《珠海、澳门近年出土水晶器试析》，《东亚玉器》，香港中文大学考古艺术中心，1998年。

的关系；同时，遗址中还包含了一些外来文化的因素，部分遗物与江西等地的同时期文化有一定的联系。

关于宝镜湾岩画，专家们认为，宝镜湾岩画是岭南地区最重要的岩画之一，在东南沿海地区已发现的岩画中规模最大、构图最丰富，其画面繁复，内涵丰富，是研究海洋文化的重要资料。整幅岩画以三组五只船和海浪为主体，左右有祭祀舞蹈的人群。从船体的形制看，应是海洋型的船，反映出海洋文化的特点。宝镜湾岩画与香港地区已发现的8处岩画相比，在雕刻技法等方面存在不同，宝镜湾岩画既有单线刻划又有明显浮雕特点的雕刻。除此，香港地区的岩画一般在距海平面6~10米的海边岩石上，多面临海洋，而宝镜湾岩画一般较高，且用天然岩石遮蔽。因此，专家们建议对宝镜湾岩画的研究要放在对环珠江口地区岩画的总体研究中；珠港澳的考古工作者联合对环珠江口地区的岩画进行一次普查是十分必要的。对宝镜湾岩画内容的释读和年代的确定，一定要注意与遗址的考古资料相结合。

关于遗址和岩画的关系，与会专家多数认为宝镜湾遗址和岩画有内在的联系。首先是两者的距离非常近；其次，从遗址出土的陶器工艺看，陶器纹饰分阴线刻文和浅浮雕式刻划纹两种题材的刻划工艺与岩画的刻划工艺相似；从宝镜湾遗址出土的生产工具看，宝镜湾的居民是有能力完成岩画的。此外，部分专家认为，宝镜湾岩画画面粗犷、规模宏大，非短时间内完成，有可能分两次制作。宝镜湾主体岩画的年代与遗址的年代大体相同，尚待进一步证实。

珠海博物馆的肖一亭研究员，对宝镜湾藏宝洞岩画进行了现场的凿制研究[①]，他研究认为如下。

一是岩画可能是居住于宝镜湾遗址的先民在此制成的。藏宝洞岩画线条繁缛，线条的宽度在3~4厘米，最窄处为1厘米，凿刻深度也大都为1厘米，其凿刻难度和工作量可以想见，制作这样大型的岩画，需要花费相当长的时间，不可想象会有外人专程到此制作，只可能是居住于宝镜湾遗址的先民在此制成的。宝镜湾遗址中发现大量建房柱子洞，其中一部分就是直接在坚硬的花岗岩（基岩）上凿洞，需要费很大工夫来建造房子。其中出土丰富的生产工具、生活用具，证明宝镜湾居民在这里已经有了相对稳定的居住。

二是宝镜湾藏宝洞东、西壁岩画是用尖状石器凿制的。

（1）从青铜器出土的情况来看。在宝镜湾遗址考古调查与考古发掘之中，目前尚未发现过青铜器。虽然这里出土了数以千计的石器和数以万计的陶器残片，但是，在这里还没有发现过青铜器及与此有直接关系的物品。

（2）珠海虽然有过青铜器出土的记录，如珠海平沙棠下环遗址商时期遗存、淇澳岛亚婆湾遗址、南芒湾遗址、南屏白沙坑遗址、东澳岛南沙湾遗址、斗门区缯船埔遗

---

① 肖一亭：《南海沿岸岩画的断代研究》，《三峡论坛》2010年第4期。

址，都出土或采集过有使用痕迹的铸造青铜器的石范，在范内有明显的黑色浇铸痕。但是从年代上看，宝镜湾遗址的相对年代，早于上述这类出土青铜器或铸铜石范遗址的年代。宝镜湾遗址主体遗存的年代在后沙湾一期与二期之间，其下限不晚于早商。在宝镜湾出土的印纹陶片，其年代也可以早到后沙湾二期。

（3）由于青铜器是一种相当贵重的物品，常用来制作礼器，即使是有青铜器，会否用来凿岩石，都实在要打一个问号。

（4）通过对岩画刻槽仔细观察，还没有看出金属锐器的凿痕。

事实上用金属工具与用石器制作岩画，其效果是不完全一样的。宝镜湾岩画刻槽的边沿是凹凸不平的。刻槽的底部也是凸凹不平，有石英、长石、黑云母等颗粒被整个儿抠出来的感觉，其刻槽剖面呈"∪"状。这些与晚期用金属凿出的风格是不一样的。在藏宝洞东壁岩画的下侧，有"莫劳心""金一万""银无钱金百千钱"等刻字，在东壁岩画的左部下有"即交"二字及多个不成字的刻文。从这些字的内容看，大都与好事者在此寻宝有关。在南方沿海地区，流传着清代海盗张保仔藏宝一事。高栏岛宝镜湾的岩画实际上很早就被寻宝者所发现，人们误以为这是张保仔的藏宝图，想按图索骥找到财宝，结果当然只能是一场空，于是也就只有在此发发感叹的份儿了。岩画下面这些文字就是这些寻宝者用金属锐器所凿刻出来的。其刻槽剖面呈"∨"状，刻槽的边沿也显得光滑、平直，且刻槽的宽度都只有1～2厘米，这都与早期岩画不一样。

宝镜湾藏宝洞东、西壁岩画不是用青铜工具刻凿出来的。只有一种可能性，这就是用石质工具。

尝试着用这些尖状器凿打从宝镜湾遗址采集到的花岗岩石料和砂质岩石料，发现其中的几件变质砂岩、石英片岩的尖状器，可以轻而易举地在这些砾石上对凿出一个穿孔来。

我们在宝镜湾遗址保护区之外，在不显眼处，选择若干处与宝镜湾岩画相同的花岗岩石进行实凿。

以石英石、角岩、石英片岩、变质砂岩等制作的尖状器，可以在较短的时间内在花岗岩上琢打出一条槽，由于技术方面的原因，最初琢打出来的线条一般不是很规整，槽的中部较边沿更深，剖面呈"∪"形。不过，如果再用平窄刃的尖状石器在槽中来回搓动，就可以达到宝镜湾古老岩画的效果。

在宝镜湾遗址中出土的石网坠、石沉子、石锚、穿孔石器等，都有用花岗岩石制成的。宝镜湾遗址中出土的玉石器、半成品、废品、副产品、坯料、原材料、工具等有一百余件，在这里发掘的两座新石器时代晚期的墓葬（祭祀坑？）中，也发现有用玉石玦和水晶原料随葬的实例。证明这一地区不仅是一个玉石器的制造工场，也是一个举行祭祀活动的场所。通过宝镜湾遗址的资料整理和研究工作，我们对宝镜湾先民的技术水平有了一个初步的了解。宝镜湾先民具有这种巨型岩画的创造能力，宝镜湾先民已经在实际生活中认识到这些石头硬度的差别，并能熟练地使用石制工具，他们已经有把花岗岩石玩于指掌的能力，在这样一个地方发现同时代的岩画也就不足为奇了。宝镜湾出土的尖状石器对岩画制作的可行性，使宝镜湾藏宝洞东、西壁岩画的年代推定，有了一个新的基础[1]。

关于岩画的断代研究有难度，但并非不可能。我们找到一条论证珠江口地区岩画年代的路径。尝试着探索着，力图了解岩画的年代，了解其创作的社会原因和直接动因。我们相信只要努力，一定能逐渐接近客观事实，进而了解其价值所在。

四、宝镜湾岩画与环珠江口地区岩画及环太平洋岩画的关联

宝镜湾岩画面积大、内容复杂，为广东乃至东南亚沿海罕见，是中国海洋文化的一幅代表作。遗址堆积层厚，内涵丰富，是珠江三角洲较有代表性的史前遗址。一些学者还就岩画保护这个世界性的课题提出独特见解。中央民族大学教授陈兆复先生作的《国外岩画研究动态》专题报告，为我们后续的保护研究打开了视野。

宝镜湾岩画是岭南地区最重要的岩画之一，在东南沿海地区已发现的岩画中规模最大、构图最丰富，其画面繁复，内涵丰富，是研究海洋文化的重要资料。整幅岩画以三组五只船和海浪为主体，左右有祭祀舞蹈的人群。宝镜湾岩画与香港地区已发现的8处岩画相比，在雕刻技法等方面存在不同，宝镜湾岩画既有单线刻划又有明显浮雕特点的雕刻。除此，香港地区的岩画一般在距海平面6~10米的海边岩石上，多面临海洋，而宝镜湾岩画一般较高，且用天然岩石遮蔽。我们也可以把对宝镜湾岩画的研究放在对环珠江口地区岩画的总体研究中。

澳门岩画发现于1982年11月14日，岩画位于路环岛九澳湾朝南的山谷里，共2处，为"棋盘"状图案和半球形"坑"及其他复杂的图案。不过，"棋盘"状图案似乎是由船形图案组成。这些岩画图案与香港岩画相差较大，而与珠海岩画在内涵及表现手法等方面比较接近，二者均以写实性图案为主，围绕船形图案展开事件的描述，并以此为中心说明岩画所喻含的深层意义[2]。

在澳门路环岛黑沙公园内，香港中文大学中国艺术研究中心与澳门基金会等在1995年合作曾做过小型考古试掘。在28平方米的试掘范围内出土了玉片、玉石器、水晶器、石斧、石锛以及玉加工用的器与玉加工边料等[3]。其出土文物的内涵与珠海宝镜湾考古内涵有着惊人的相似之处，证明澳门与内地地区同祖同宗一脉相承，早在5000多年前就有人类。澳门岩画与香港、珠海等地的岩画是否也有内在联系？

---

① 肖一亭：《南海沿岸岩画的断代研究》，《三峡论坛》2010年第4期。

② 郭雁冰：《澳门的岩画》，《遗产周刊》2003年第10期。

③ 邓聪、郑炜明著：《澳门黑沙》，香港中文大学出版社，1996年。

　　香港岩画目前已发现有8处，分别是长洲、黄竹坑、大浪湾、蒲台岛、东龙州、龙虾湾、滘西洲、石壁等8处[①]。从地理位置来说，香港都分布在面海处，制作年代大约距今3000年的青铜时代，同时8处石刻从地理环境看基本上依山临海或河流附近。岩画内容基本上以几何形为主，亦可辨出其风格和手法都与珠海宝镜湾岩画有可比处。我们重点看看其中3处，一处是位于香港岛西海面的东龙洲岩画，图案内容密集而复杂，长约12.4、高约1.8米，是香港面积最大的一幅岩画。二是位于香港九龙东临海的龙虾湾。画面虽已漫漶不清，仍可辨出是复杂的几何状。三是黄竹坑石刻，坐落在香港岛南端，有3幅石刻，每幅图案均以几何状为主，构图复杂，是香港岩画颇具代表性的。

　　考虑到宝镜湾遗址可能作为玉石加工作坊的特色，上百件制作精美、多彩多姿的玉石工艺品，也许兼具装饰、祭祀、交换等多种用途。这个交换的去向其中有没有面向海外的途径呢？结合岩画上的船的因素，可以思考。

　　陈兆复先生对东南沿海与环太平洋岩画与海洋文化有相当精彩的研究论述。

　　陈先生认为：东南沿海与环太平洋岩画有着明显的联系。这种几何纹样和抽象图案的特点，环太平洋诸国中，如日本、韩国、澳大利亚，以至美洲西海岸的岩画中都可以找到相似之处。我们可以从韩国川里的几何形岩刻、日本的富勾贝岩刻，以及美洲西海岸和澳大利亚的岩刻几何图案中看到类似的特征。从这里可以看出中国东南沿海岩画与环太平洋诸文化因素是相衔接的[②]。

　　以珠海宝镜湾岩画为代表的中国东南沿海的岩画是自成系统的，是中国海洋文化的重要组成部分。

　　事实上，中国海洋文化古已有之。但由于中国的广大地区从事的是农业，流行的是沿袭已久的大陆文化，海上贸易、海洋事业当时与大陆的农业相比是次要的，甚至是微不足道的。对海洋文化的关注研究中国学者投入的精力要少许多。

　　远古人类凭借原始的船只，在茫茫的大海上，破浪前进，横越海洋，凌波而行。这是一群勇敢的人，从某种意义上说，正是这群人发现了更广阔的外部世界。多年来，中华文明一直被误为单纯的农业文化，起源于西北黄土高原的大陆文化。其实不然，考古发现证明生活在东南沿海的"饭稻羹鱼"的古越人，在六七千年前即敢于以轻舟航海。河姆渡文化遗址出土的木桨和舟模型与许多鲸鱼、鲨鱼的骨骼，都表现出海洋文化的特征。

　　我们还了解到古越人很早就向海外迁移，主要是向东和向南迁移。因此，现在东南亚与南太平洋诸岛上许多民族都和古越人的后裔有血缘关系。

　　与中国先民的海上活动一起产生的，是中国的"海洋文化"。这种文化的特征就是勇敢的精神、开拓的精神、团队的精神、同舟共济的精神。这些海洋文化的精华也在

①　泰维廉：《香港古石刻——源起与意义》，基督教中国宗教文化研究社，1976年。

②　李世源：《珠海宝镜湾岩画判读》，文物出版社，2002年，陈兆复序二。

人们不断与海洋打交道中逐渐地成熟起来。

船形岩画是东南沿海岩画的特色，珠海高栏岛最大的一幅岩刻，近15平方米，其中最突出的是船形图像。船身有华丽的装饰，周围有汹涌的波浪，作品表现了一支在海上乘风破浪前进的大型船队。澳门岩画中装有桅杆的船只、珠海高栏岛岩画中出现的船队，都是海洋文化的明证①。

五、宝镜湾岩画的含义和功能

宝镜湾岩画意义和功能的探讨，专家学者各抒己见。广东省考古所徐恒彬研究员、珠海学者梁振兴，也是岩画的发现人，他们通过细致分析后指出，宝镜湾岩画的意义和功能大致有两种：一种记录和反映当时的生活；另一种与宗教、祭祀、信仰有关。前者以大坪石岩画和天才石岩画为代表，后者以藏宝洞东壁岩画为代表。主体岩画藏宝洞东壁岩画表现的是大船归来时人们在海边高兴地举行活动，有船、波浪及鹿、蛇等动物，有巫师，还有干栏式房子，人的图形相当明显，其动作与东南亚地区原始民族的舞蹈动作比较相似。江西省考古所所长彭适凡认为，宝镜湾岩画反映的是海洋氏族群体出海捕鱼的壮观场面，包含有祭祀的内容，船就有六七条，浩浩荡荡，还有个头领，双手上举，双腿开，像是在指挥。中央民族大学陈兆复教授认为，导致宝镜湾岩画辨认分歧的原因，一是时间太长，画面漫漶不清；二是当时人们的想法今人不同，他们在制作时的表现符号就不易为今人所理解。尽管如此，高栏岛岩画在以下几方面的内涵是很明显的，华丽的船队、海浪及舞者，显示了人类走向海洋时大胆、勇敢、冒险的精神，具有明显的海洋文化特征。南京大学教授张之恒认为，宝镜湾岩画具有明显的祭祀性质，与鱼祭祀有关，主体画中至少有5条船，而大坪石岩画也是以船为中心的，这应和当时人们捕鱼时为了能捕到鱼并平安回来这样一个祭祀活动有关，岩画与遗址中出土大量网坠所反映的经济性质一致。香港中文大学邓聪研究员认为，从船的头尾来看它应该是海运的船，与史前内地河流平头船不一样，这应该与宝镜湾风急浪大有关。在南越王墓、越南考古资料及目前台湾的一些民族学材料中也有类似的情况。

陈先生在对宝镜湾岩画研究中提出，其一是船，画幅上有多艘船只组成的船队，船身装饰华丽，说明船在当时人们心目中崇高的地位。其二是波浪，整幅画面以波浪为背景，船队在波涛汹涌、白浪滔天中前进。其三是人物，是在风口浪尖上跳跃的人物。正是这些图像使画面明白无误地体现出一种勇敢的、冒险的、开拓的精神，也体现出了一种团队的精神，即同舟共济的精神，而所有这些正是海洋文化的精神。这种精神在高栏岛宝镜湾藏宝洞的岩画中体现得如此完美准确、明白无误。这是一组关于大海和人的宏思巨构。所以说，珠海高栏岛宝镜湾藏宝洞的岩画，不仅是先民开辟海上事业留下的

---

① 李世源：《珠海宝镜湾岩画判读》，文物出版社，2002年，陈兆复序二。

印记，同时也是中国海洋文化的代表作。

"在这幅规模宏大的岩刻中，还有许多看不清、想不明的内容，但是，画面上主要的东西则是可以看得清、想得明的。中国东海地区的岩画，特别是磨刻在海岸边上的岩画，大都与先民们的出海活动有关。当时出海是一次重大活动，先民们或受生活所迫，或受强敌所逼，不得已遁至大海有'壮士一去不复返'的气概。出海之前，他们在海边印记，以期有朝一日返回故里。所刻的印记当有一定的含义，现在我们是很难弄清楚的了。但是，这些作品却是先民们走向海洋的历史见证，也是先民们开辟海上事业的印记。说得明白一点，所有沿海岛屿上的岩画都是人类走向海洋的印记。我国东南岛屿上发现的岩画，在我看来也都是中国大陆走向海洋的历史见证。"[1]

六、结　语

过去，我们提到中国的疆域，习惯性地记得960万平方千米的陆地国土，而把300多平方千米的海洋国土给忽略了。强化国人的海洋国土意识，首先应当关注海洋文化。在这个领域，肖一亭研究员用大量的考古资料进行了视野广阔深入的探索，引起了地方政府和国家有关部门的关注。

应当说珠海宝镜湾岩画表现出的是以渔业经济为特征的海洋文化面貌，是先民走向海洋开辟海上事业留下的印记。珠海宝镜湾岩画在东南沿海的岩画中，最能鲜明地体现出海洋文化的特色，是南海之滨先民创造的灿烂历史文化的载体，反映了其社会生活形态和工艺水平。

海洋文化与中原地区的农耕文化、草原地区的游牧文化共同构成了灿烂多姿的中华文明。

自古以来，海洋便孕育着人类，它开放而又包容。大航海时代，西方人从文明的角落变为世界的主宰。他们穿行在大小水上通衢，进行商贸活动。

当国外将海洋文化更多地解读为商业文明时，中国的海洋文明也体现在与渔为伴的渔业文化上，考古资料显示，距今6000多年前，珠海这块土地上就已经有人类活动，珠海一带就拥有了极为发达的渔业经济，并且已经出现相当规模的捕鱼生产活动，拥有可以在海上活动的渔船、掌握水上停船技术。

这是一种十分有趣、有特点、长期不为人们所熟识，而又引人入胜的人类文化现象。这也是大自然的造化，体现了先民的生存智慧和创造力。千百年来，我们的先民就开始在这里劳动、生息、繁衍。海洋用丰富的资源哺育着、用飓风恶浪历练着我们的祖先。先民们在认识海洋、依靠海洋、利用海洋的过程中创造着与自然界和谐相处的生活，形成了开放进取、兼容并包、勤劳笃实、敢于冒险的海洋文化特质。

---

① 李世源：《珠海宝镜湾岩画判读》，文物出版社，2002年，陈兆复序二。

2008年春天，珠海提出"以港立市"，这是珠海经济特区建立二十几年来，首次把发展港口经济提到了前所未有的高度，也使珠海所沿袭的海上丝绸之路精神有了新的传承框架。

国家"一带一路"愿景与行动计划中也明确提出，要充分发挥珠海横琴等开放合作区作用，打造粤港澳大湾区。"一带一路"倡议的一个重要环节，则是建设好横琴自贸试验区，横琴和澳门一起，成为国家实施"一带一路"倡议的重要支点，珠海市已和巴基斯坦的瓜达尔市，确立了两地友好城市和友好港口的关系。珠海港将在此前合作的基础共同推进两港全方位合作，成为广东连接南亚和中亚的桥头堡。

4月23日，广东自贸区横琴片区揭牌。自贸时代下，横琴与澳门的合作正从"紧密"合作升华为"深度"合作。一个包括政策沟通、设施联通、贸易畅通、资金融通、民心相通为主要内容的全面合作格局正在形成。

也许，几千年前，珠海一带以渔业经济为特征的海洋文化，在现今时代，演变升华为商贸盛景，让宝镜湾岩画见证海上丝绸之路大通道的港埠渐隆、碧海云帆、万里大洋畅若通衢的中国人大显身手的辉煌时代。

珠海宝镜湾岩画遗址的现状调查与保护对策

叶伟忠

（珠海市博物馆）

一、宝镜湾岩画遗址的概述

宝镜湾岩画遗址位于珠海市金湾区南水镇高栏岛西南部的宝镜湾，现存岩画包括藏宝洞东壁岩画、藏宝洞西壁岩画、藏宝洞洞口东壁岩画左侧的"图案符号"和"大坪石"。遗址附近还发现了5处7幅摩崖石刻画画面内容与遗迹之间有某些内在的联系，如陶片纹饰与岩画线条有很大的相似性。这些摩崖石刻画分别是"藏宝洞"3幅、"大坪石""大阳石"各1幅，岩画以印纹线条凿刻的方式在花岗岩岩体上凿刻而成，方法丰富多样，是经过长期艰苦的琢打而完成的鸿篇巨作。宝镜湾岩画遗址的发现填补了广东省珠江口一带除香港之外岩画的空白，使得我国东南沿海岩画遗址从江苏经福建、广东至广西连成一线，在岭南地区乃至全国岩画中都占有突出的位置。摩崖石刻画应是新石器时代晚期至青铜时代的产物，是南越古先民的生活写照或图腾崇拜，具有重要的历史、艺术、科学价值。2006年国务院公布"珠海宝镜湾摩崖岩画遗址"为第六批全国重点文物保护单位。

二、宝镜湾岩画遗址的现状

1. 宝镜湾岩画遗址地理位置

宝镜湾岩画遗址位于北纬21°53′43.562″、东经113°14′17.012″，面积10000余平方米，是一处沙丘连山冈遗址。包括藏宝洞东壁岩画、藏宝洞西壁岩画、藏宝洞洞口东壁岩画左侧的"图案符号"和"大坪石"。

藏宝洞位于宝镜湾半山腰，高出海面约65米，是一块巨大的花岗岩石崩裂后形成的一个大裂隙，而后山顶滚落的三块巨石压在裂隙的顶部，形成一个不完全闭合的岩厦式洞穴，中部通天，北部有一洞口可进入。洞长8、宽0.6～4、高约5.5米。巨石的崩裂面相当平整，东壁倾斜略呈俯面，西壁倾斜略呈迎面，两壁都有凿刻的岩画。

藏宝洞东壁岩画位于藏宝洞的东壁，是宝镜湾岩画中面积最大、内容亦最为丰富的一幅，画面宽5、高2.9米。以凿刻繁复迂回的线条，半形象半抽象地表现了船、人、动物等组成的图案。内容丰富、规模宏大，表现了古越族人的航海活动和海边生活，其手法和意念令人浮想联翩，赞叹不已。

藏宝洞西壁岩画位于藏宝洞的西壁，与东壁岩画相对，画面宽4.5、残高1.5米。凿刻的画面风化侵蚀严重，上半部分严重风化剥蚀而漫漶不清，下半部分线条斑驳可见，其手法与东壁岩画相同，应属同一时期的作品。藏宝洞洞口东壁岩画左侧的"图案符号"：东壁大幅岩画的左边靠近洞口部分，凿刻一"船形"图案，两侧斜出卷曲线条勾画之形象，一说以为"犬"形。画面宽170、高约70厘米。下方有后人所刻"即交"二字和一些小符号。东壁靠近洞口的下方另有一组图案，由线条和点组成，空鼓和龟裂严重，无法辨识。

"大坪石"位于风猛鹰山半腰，藏宝洞顶部之南边。岩石平斜向阳东西长5、南北宽3.3～4.3米。凿刻画面为一条大船，船前有一群人和少量动物，线条粗而抽象，唯半条船线条较形象。一说认为是"聚集海岸的人群庆祝出海大船的归来"。画面高约1米多，面宽约3米多，船高35、长150厘米。污染和生物病害严重，岩画无法辨识。

2. 宝镜湾岩画遗址地形地貌

宝镜湾一带的地貌为沿海丘陵山地，沿岸的基岩为中生代燕山期花岗岩。宝镜湾遗址岩画所在的风猛鹰山，高程为157米。山脊和山顶处土壤层薄，植被稀疏，为低矮的灌木草坡；山坡下因坡积物较厚，分布茂密的灌木和乔木。1990年开始在宝镜湾一带进行了大规模的填海造地，使地貌发生了很大的变化，原海湾被改造成人造平原和港口。

3. 宝镜湾岩画遗址气候

宝镜湾一带属于低纬度的南亚热带季风气候区。常年为东风，年平均风速为2.9米/秒。夏季（6～8月）以东南风为主，平均风速为3.3米/秒；冬季（12月至来年2月）以东北风为主，平均风速为2.3米/秒。空气年平均湿度为81%，夏季和冬季的平均湿度分别为84%和78%。珠海每年都会2或3个台风，最为严重的还有酸雨，空气污染物主要为二氧化硫、二氧化氮、可吸入颗粒物等。

4. 宝镜湾岩画遗址地质勘查现状

（1）保护区的地层岩性。
岩画保护区内出露的地层岩性主要为第四系覆盖层和中生代燕山期花岗岩。
（2）保护区地质构造。
保护区内未见褶皱和断层，主要构造痕迹为花岗岩中发育的3组裂隙。

（3）保护区水文地质条件。

保护区的地下水补给来自大气降水。降雨大部分以面流的形式顺坡面向冲沟和海湾排泄，一部分垂直入渗赋存于残坡积层和岩体风化带中。残坡积层和岩体风化带的厚度、分布受微地形地貌条件的控制，即山梁地段岩体表面无残坡积层，且风化带极薄，不具备地下水赋存条件，而藏宝洞上方的缓坡地段，常分布有0.5~1.5米的残坡积层，且岩体风化裂隙带深度为3~4米，是地下水赋存地段。

本区地下水为近程补给，地下水的循环条件较好，主要为大气降水补给。氯离子含量高，说明大气降水已受到油库化学品的空气污染。

（4）危岩体分布现状与稳定性评价。

根据现场调查，宝镜湾遗址岩画核心区附近共发现5处危岩体，其中3处处于不稳定状态。

5. 宝镜湾现存岩画本体病害特征

宝镜湾岩画遗址的本体病害分为面流水破坏、生物破坏、岩体失稳、风化病害、空鼓与裂隙、人为干预等。

（1）面流水破坏。

面流水及由此引起的渗水、漏水和积水是宝镜湾遗址岩画中最主要的病害，也是对石质文物危害最大的病害。

1）渗水破坏。

宝镜湾遗址藏宝洞高约5.5米，藏宝洞东壁与上部的山坡相连，藏宝洞上部山坡的表层由松散的残坡积层和其下部的花岗岩风化层构成，厚度为5~6米。雨季时该层为区内主要的浅层含水体。藏宝洞东壁的裂隙与含水层相通，裂隙导水，造成东壁下部渗水。而西壁无地下水补给源，不产生渗水。现场查明藏宝洞的东壁内侧有2处渗水点。

渗水点①：位于距藏宝洞内挡土墙上方，距洞口12米，距洞底高度2.5米处。该处发育有一条裂隙，产状183∠62°。裂隙内的充填物以灰褐色、灰黄色粉质砂土为主，有植物根系生长。沿该裂隙面渗水形成面流（图一）。

渗水点②：位于距洞口13.6米处，靠近藏宝洞的顶端，该处发育有一条裂隙，隙宽3~20厘米，最大隙宽达1.5米。在端部由于裂隙交切，形成一个宽45~90、高243、进深310厘米的洞穴（图二）。沿着该裂隙面有水渗出，形成面流，渗流面宽度约2米。藏宝洞东侧深部的洞穴长期处于潮湿状态。渗水在洞穴堆积的松散砂土中向人工挡土墙方向渗流，造成挡土墙渗透变形。

另外，由于长期渗水的影响，使洞穴内东壁下部长期处于潮湿状态。由岩体裂隙中渗出的水向北侧的人工挡土墙方向渗流。在墙后形成土压力，造成挡土墙的变形（图三）。

图一　藏宝洞内渗水点①

图二　藏宝洞内渗水点②

图三　挡土墙变形

2）水锈结壳。

宝镜湾岩画遗址核心区的面流水破坏包括裂隙渗水和壁面挂流，藏宝洞地下水渗流仅影响东壁的下部岩体。对岩画主体影响最大的是降雨对东、西两壁的冲刷，以及岩体表面雨水挂流的影响。对东壁的影响尤甚。东壁裸露内倾，东侧坡面的雨水顺壁面形成挂流，对东壁产生侵蚀冲刷。在东壁留下水锈结壳，影响了岩画的美观，为典型水锈结壳病害（图四）。

图四　藏宝洞东壁水渍病害现状

（2）生物破坏。

在藏宝洞所处的山体上，生长了大量的树木，加上自然生长的杂草，藏宝洞周边岩体生长了一层厚厚的植被（图五）。

图五　植物破坏

在洞内东西两壁，有大量微生物滋生（图六）。

图六　微生物破坏

（3）岩体失稳。

根据现场调查，宝镜湾岩画遗址核心区附近共发现5处危岩体，其中3处危岩体可能对遗址造成破坏，需进行加固保护处理。

（4）风化病害。

宝镜湾岩画遗址风化严重，主要风化病害为表面风化剥落和表面泛盐。

（5）空鼓与裂隙。

空鼓与表面龟裂对文物的危害极为严重。这两种病害在宝镜湾遗址岩画中局部存在，部分较为严重。

（6）人为干预。

在宝镜湾岩画遗址上尤其是东壁表面上，有多处人为破坏的痕迹，包括刻画和涂画。在东壁，刻画有"莫劳心""金一万""？"等字迹（图七）。

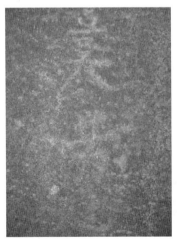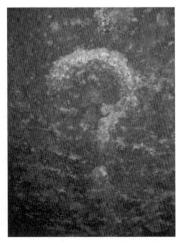

图七　东壁残留的游客刻画痕迹

　　1994年5月为防止雨水冲刷和日晒的影响，有关部门为藏宝洞设置了简易保护棚，对岩画起到了一定的保护作用。后来由于支撑保护棚的角铁构件生锈，有可能影响岩画的状况而被拆除，岩画又重新暴露在风吹日晒雨淋的自然环境中。临时性保护棚拆除后遗留的人工钻孔、铆钉的铁锈和水泥残留物影响了藏宝洞岩体的自然美观（图八）。

图八　临时性保护棚拆除后遗留的人工钻孔

6. 宝镜湾岩画遗址亟待保护

　　宝镜湾岩画遗址由于自然因素等的影响，局部岩画模糊不清，或遭到严重破坏，已影响到文物的自身安全与展示观瞻。亟待解决的问题有以下几方面。

　　（1）周边存在不安全因素。

　　宝镜湾岩画遗址周边多处存在危岩体，周边山体存在多处裂隙，对岩画及其载体的保存构成威胁。

　　（2）周边排水不畅。

　　宝镜湾遗址现存岩画周边及藏宝洞内部排水不畅，严重影响岩画及其载体的整体保存。

　　（3）配套不完善或周边环境不协调。

　　宝镜湾岩画遗址周边参观道路破损严重，藏宝洞内部地面与岩画不协调等。

　　此外，宝镜湾岩画遗址周边密集的化工区、石油储存区等都对现存岩画保护带来很大的忧患。

三、宝镜湾遗址岩画的保护对策

　　珠海宝镜湾岩画自1989年发现以来，国家、省、市及文物部门十分重视对其的保护工作，多次组织专家、学者进行实地考察并召开学术研讨会，也采取了一些措施防止岩画的进一步损坏，但由于长期的自然侵蚀，加之近年来自然环境恶化、大气有害物质腐蚀及人为因素等原因，宝镜湾岩画受到了不同程度的损害。保护岩画迫在眉睫，亟待进行现存岩画的抢救性保护及周边环境整治，以期最大限度地保存现有岩画。面临以上存在的问题，提出以下保护对策。

（一）保护原则

坚持"保护为主，抢救第一，合理利用，加强管理"的文物保护工作方针，有效保护文物本体及附属环境，最大限度地保护文物的总体格局及其周边环境的真实性和完整性。针对文物本体目前存在的问题，提出有针对性的保护措施，加强文物保护技术，尽可能减少对文物体的干预，确保文物本体的真实性和完整性。

以文物本体保护为核心，对文物周边的环境保护、生态改善、基础设施等相关方面进行协调和辅助建设。

（二）保护依据

《中华人民共和国文物保护法》（2013年）；

《中华人民共和国文物保护法实施条例》（2003年5月13日）；

《中国文物古迹保护准则》（2000年10月）；

《文物保护项目管理办法》（2003年5月1日）；

《纪念建筑、古建筑、石窟、寺等修缮工程管理办法》；

宝镜湾遗址"四有档案"其他相关基础资料。

（三）保护目标

（1）治理影响宝镜湾遗址岩画的水害，包括面流水、裂隙渗水及地下水；

（2）通过保护措施的实施，解决威胁宝镜湾遗址岩画本体安全的危岩体问题，保证岩画本体的安全；

（3）通过保护措施的实施，解决宝镜湾遗址岩画本体现存的各类病害，减缓由于气候因素、生物因素等产生的病害对岩画的进一步侵蚀和破坏。

（四）总体要求

在本文物保护单位的保护范围内，严禁挖掘、砍伐等破坏现状山体的活动。在本文物保护单位的建设控制地带范围内，严格控制挖掘、砍伐等改变现状山体的建设工程，除与文物本体及环境直接相关的保护项目外，严禁新建、扩建人工建筑物和构筑物，在保护范围内的人工建筑物和构筑物应符合文物本体及环境保护的基本要求；在本文物保护单位的建设控制地带范围内的建设工程项目，其建构筑物的高度、色彩、体量以及地块内建筑密度应符合文物历史环境保护的基本要求。

（五）保护措施

1. 治水处理

宝镜湾遗址现存岩画需要解决的首要问题是治水处理，核心区岩画所在区域的降雨及渗水严重，现有挡土墙渗水严重，失去应有的保护作用。根据现场实际情况，将在其周边无遗迹区域设置排水沟，重新砌筑现有的挡土墙，解决雨水冲刷及渗水对岩画造成的破坏。

（1）排水沟。

在无遗迹分布的区域设置排水沟，核心区导流系统，在岩画核心区东侧山坡花岗岩以上部位布置系统的排水网和防渗系统，拦截坡面流水和表层渗水，使面流水和部分表层地下水沿两侧的冲沟排出区外，以减缓藏宝洞内的渗水和雨水挂流。遗址区内开凿排水沟过程中，应选择地下无遗迹分布的区域，不得对遗址造成破坏。在排水沟修筑过程中要做好岩画和周边环境的安全隔离措施。

1）宝镜湾遗址藏宝洞东西壁岩画采用拉紧固定的无纺布（两层）覆盖，然后在其上覆盖防火、防水和防污染的篷布。

2）大坪石岩画表面先铺一层细砂隔离，然后按照与东西壁岩画相同的方法用无纺布和篷布覆盖。

3）排水沟周边区域采用篷布隔离。

4）排水沟区域碎石等杂物及时清理和清扫，保证作业面的整洁，确保岩画和周边环境的安全。

（2）挡土墙。

对藏宝洞的挡土墙进行拆除重建，在挡土墙上布设排水孔，以降低墙后土压力的影响。

新建挡土墙东侧下角预留出水口，沿墙后东侧做排水沟，将东壁渗水引至出水口，与登上道路两侧排水沟相连，排向洞门口。挡土墙应该采用与宝镜湾遗址岩画所在岩体颜色和质感类似的花岗岩，就地取材；也可采用人工塑石，保证与岩画及周边环境协调一致。

（3）防护性构筑物。

防护性构筑物的设计位置在藏宝洞正上方，贴合东西壁岩体，西侧向外延伸20厘米，保证雨水不会沿缝隙流入洞内，且可避免雨水直接冲刷带来的破坏。在藏宝洞顶部两侧作排水系统，引流至藏宝洞南侧排水沟排出。

1）防护性构筑物内设通风设备，防止凝结水的产生，保持岩画的良好保存环境。

2）防护性构筑物将采用玻璃钢按照藏宝洞岩石形状塑型，内部填满石英砂，表面喷涂仿石质材料，使之在体量、形制上和藏宝洞周边环境相协调。

3）防护性构筑物顶盖可用钢结构支撑桩，支撑桩嵌入岩体；或用拉索固定。该保护性构筑物可根据后期保护需要进行拆除或改造，不会对岩画及周边环境造成破坏，具有较好的可操作性。

2. 本体表面处理

（1）空鼓与裂隙的灌浆处理。

施工过程中需对岩画中的空鼓与裂隙的灌浆保护处理进行小面积前期试验，确保保护材料和保护工艺的适用性。

（2）水渍、污染部分的清洁处理。

1）清洁处理方法。

清洗就是除去表面的有害物质，如水溶性盐、难溶性硬壳、灰尘污垢等。根据前期现场试验结果，针对本岩石的保存状况，采用以下一步骤进行处理。

A. 大部分污染物采用高温压力蒸汽清洗机辅以塑料软毛刷进行人工清洗，即可清洗干净；

B. 局部污渍顽固附着之处采用塑料刷轻轻刷洗或用机械方法剔除，要确保不会对岩体造成磨损；

C. 泥土清洗；

D. 局部表面的难溶盐的清除；

2）清洁过程中的岩画防护措施。

A. 在清洁岩画周边区域岩体时，用无纺布和塑料薄膜等覆盖岩画区域，避免岩体其他区域的清洁用水对岩画造成污染；

B. 岩画区域的清洁将采用塑料刷或小型机械工具进行清理，尽量不用高温蒸汽机，避免因温度过高对岩画造成破坏；

C. 在岩画清洁后，要在藏宝洞顶部和大坪石上部搭设临时遮护设施，避免岩画在清理后受暴晒或雨水的影响而发生损坏。

（3）微生物防治处理。

微生物滋生区域在蒸汽、毛刷清洁后先用物理方法进行灭杀，再采用合适的保护材料进行处理。大部分微生物滋生区域采用蒸汽、毛刷清洗后表面涂刷聚亚乙基单胍磷酸盐类生物防治材料即可取得良好效果。微生物防治处理区域为岩画及所在岩体。

采用未经前期试验验证有效的化学方法时应当进行局部小面积试验后确认有效且对岩画本体无伤害时再扩大使用面积。

（4）人为破坏处理。

对人为干预留下的痕迹，应先进行清洗。对不当施工残留的铆钉和水泥要予以清除，然后采用环氧砖石修复砂浆进行表面处理，使之与遗址及周围环境协调一致，但可识别。修复砂浆的主要成分为石粉和环氧树脂，要求砂浆具有良好的触变性能，在粘接的过程中无外力作用下能够维持一定的形状而不发生流淌和变形。

3. 危岩体处理

在岩画核心区共调查了5处危岩体，目前在天然状态下这些危岩体大多处于稳定状态，但考虑地震等因素的影响时，危岩体可能失稳。应当对危岩体进行锚固处理。具体措施如下。

（1）锚杆选择。

根据场区的岩土特性和地层及水文地质特征，结合现场施工条件，决定采用预应力锚杆与砂浆灌浆加固保护相结合的手段进行保护，用预应力锚杆加固，则抵抗剪切面的移动就会大大增加。

（2）锚杆加固设计。

危岩体可能会滑塌，用预应力锚杆进行加固保护时，要使垂直作用于滑动面的力增加，最有效的方法是使锚固力也垂直作用于这种滑动面，也可以使锚固力与滑动面固定某一小于90°的倾斜度，锚固结构才能最有效地抵抗剪切破坏。危岩体将采用钢架支撑固定，防护性构筑物和排水沟、挡土墙等排水设施完成后，该危岩体周边将用混凝土砂浆进行灌浆和黏结处理，增加与周边岩体的接合能力，从而增加其稳定性。

（3）危岩体处理过程中的岩画防护措施。

在危岩加固保护过程中要做好岩画和周边环境的安全保障措施，具体如下。

1）宝镜湾遗址藏宝洞东西壁岩画采用拉紧固定的无纺布（两层）覆盖，大坪石岩画表面先铺一层细砂，然后再用无纺布覆盖。

2）在无纺布表面覆盖发泡好的聚氨酯泡沫块，具有一定的缓冲作用，预防危岩体滑落或坠落对岩画造成破坏。

4. 山体裂隙注浆

对岩画造成破坏的10条山体裂隙进行裂隙注浆处理。裂隙注浆时，先用混凝土注浆材料作为浆液进行封闭裂隙，并沿裂缝埋设注浆管；先注入注浆材料，渗透加固裂隙中充填的碎石和裂隙两壁，然后再进行裂隙注浆；裂隙注浆采用按自下而上的次序通过注浆管进行；注浆时，当相邻的上方注浆管中出现浆液溢出时应停止注浆，并堵塞该注浆孔，再向上方的注浆管中注浆；注浆完成并达到胶凝固化状态后，切割露出墙面的塑胶管，并用加固材料填充注浆孔，抹平。

5. 植物处理

清除高等植物须将其植入岩石缝隙的根系尽可能清除，可采取人工拔除和除草剂相结合的方法，在后续的保护处理中断绝植物水分来源，即可根除高等植物的危害。

四、宝镜湾岩画遗址保护利用的意义

当代人类社会的发展，不仅是经济的发展，而且是社会的全面、协调、可持续发展，其中文化发展越来越成为社会进步的重要标志。城市的发展不能以牺牲城市的文化价值为代价，不能以牺牲城市的环境为代价。宝镜湾遗址岩画是记载珠海地区先民聚居生息的历史载体，它蕴含、构成珠海独特的海洋文化和石刻文化的特色，是珠海地方文化发展的"根"，它们都是不可再生产的历史文化遗产，具有独特的历史价值、艺术价值、科学价值、教育和旅游价值，是珠海宝贵的物质和精神财富。

参考资料

中国地质大学（武汉）文化遗产和岩土文物保护项目中心、广州市翰瑞文物保护设计研究中心：《珠海宝镜湾遗址藏宝洞岩画核心区工程地质勘察报告》2011年。

浙江仙居中央坑岩画的调查和初步研究

华涛琛

（浙江省台州市仙居县文化遗产保护中心）

一、概　况

仙居地处浙江东南，台州西部，括苍山脉中段，位于北纬28°51′，东经120°44′。东连临海、黄岩，南与永嘉接壤，西和缙云交界，北邻东阳、天台。仙居开发甚早，殷商时属东瓯，春秋时为越地，秦属闽中郡，西汉为回浦县地，东汉为章安县地，三国为吴属始平县，西晋属始丰县。东晋穆帝永和三年（347年）置乐安县，这是仙居立县的开始，属临海郡。五代后唐长兴元年（930年）改乐安县为永安县。北宋景德四年（1007年），以其"洞天名山，屏蔽周卫，而多神仙之宅"为由，改永安县为仙居县。自此，仙居之名一直沿用至今。仙居的自然状况大体是"八山一水一分田"。境内峰峦起伏，溪流纵横，南有括苍，北有大雷，两大山脉自东向西绵亘然后相接于缙云。永安溪自西向东斜贯其中，全长141千米，沿溪两岸形成小块河谷平原，是县内主要的产粮区。全县属亚热带季风性湿润气候。

中央坑岩画发现于仙居县广度乡的中央坑。广度乡位于仙居县城之北，东界天台县。南接城关福应街道，西北与东阳为界。乡政府驻地水口村为仙水（仙居至水口）公路终点，距县城10.4千米，交通方便。主要山峰有祝太平岗、仰天岗、白雪背岗、竹家寮等，海拔均在1000米以上。广度古寺，寺后有山，寺前有放生池、无名桥和有五百年历史的望春花。又有三井古寺，寺下有三口潭，称三龙湫，有时能发出奇光异彩。广度乡真可谓风景优美而人文神异。

中央坑岩画的发现纯属偶然。盂溪上游山势陡峭，植被丰茂，生态良好，风景优美，尤其是雨后初晴，云蒸霞蔚，宛若仙境，给人以幽深神秘之感。仙居县林业局局长郭金星曾于2003年春请来浙江林学院专家，准备在三亩田村做一个"盂溪源森林公园"的规划。2003年立夏后的一天，郭金星一行在中央坑一老干部家吃中饭时谈起，规划森林公园不仅要注重森林植被、山水风光等自然资源，还要挖掘民间传说、历史典故，寻找岩画崖刻等人文资源。老干部说该村五分头自然村附近发现两处崖刻，一处好一点、清楚点，一处不好、不清楚。郭金星局长当即就请老干部带去探看。先看到的是位于五分头自然村水口的一处崖刻，该崖刻由于似人非人，似鸟非鸟，似鱼非鱼，什么内容不清楚，所以他们认为不好；而他们认为好一点、清楚点的一处在五分头村边的一处涧壁上，实际是个山界的"界"字，其历史文化方面的价值不高。对于前一处，老干部说是前几年做机耕路时发现的，本来为了路的宽度要炸掉，但他们觉得古人既然刻在这里总是有目的、有意义的，虽然不认得，也不能炸掉，要把它保留下来。郭金星局长在肯定他们保护意识的同时，告诉他们这片崖刻历史悠久，意义重大，要求他们继续保护好，严防破坏。之后不久，郭金星局长即邀王董天、张健军等同仁前去把它拓下来，并请朱炳火等去拍照片，以备请专家研究鉴定。其后才有省文物考古研究所所长曹锦炎先生前去考察鉴定。

近日，笔者与县文物办工作人员又对中央坑岩画进行了仔细调查。中央坑岩画位于仙居县广度乡中央坑村五分头自然村村西前门山脚，目前发现的有2处，总面积约7.6平方米。1号石刻位于五分头村西"菜园门口"石壁，石壁竖立，坐西朝东，平面略呈长方形，面积4.48平方米。有石刻图纹4个，阴刻，刻痕较深，平均深为0.5厘米，大小不一，大者20厘米×20厘米，小者5厘米×5厘米，刻痕清晰，历历可辨，保存完好。2号石刻位于五分头村西"小门楼坦"石壁，石壁竖立，坐西朝东，平面略呈梯形，总面积约3.12平方米，有石刻图纹6个，阴刻，崖面风化较严重，石刻图纹较模糊，但仍依稀可辨。图纹大小不一，大者20厘米×21厘米，小者12厘米×9厘米，刻痕均深0.2厘米。

二、中央坑岩画刻制年代的初步探讨

关于仙居岩画群的刻制时代，比较普遍的看法是刻于春秋战国时代，如2004年10月15日，浙江省文物考古研究所的曹锦炎先生在《关于推荐仙居古越族摩崖石刻为第六批全国重点文物保护单位的评估意见》上写道："从三处地点（指朱溪小方岩、福应送龙山、广度中央坑，当时上张西塘尚未发现岩画——笔者按）的崖刻观察，其文字或岩画均用金属工具凿刻，其年代不可能早至史前，其上限似不早于商代，其下限也不会晚于秦统一后。根据其图像及文字特点，参照临近福建漳州崖刻的年代，应为春秋战国时期。"[1]

当时也有人持不同观点。仙居郭金星认同曹锦炎先生关于中央坑崖刻"带有早期的文字特点"，以及"是中国文字学上的一次重要发现"的说法，但不认同"这是古越族文字"和只有"2300年历史"的判断。认为对中央坑摩崖石刻的刻凿年代和它所承载的历史文化信息，应当从分析它的文字形态入手，通过与其他文字形态和相关历史文化古迹进行横向比较之后再做判断。中央坑崖刻比越王勾践剑的错金铭文要早得多，越王

---

① 仙居县文化局：《仙居古越族崖刻——第六批全国重点文物保护单位申报材料》，2004年（内部材料）。

剑已经有2500年的历史，它的铭文是鸟篆，是美术化了的篆字；比甲骨文还要早，甲骨文已经有3300年的历史，文字形态规范，且在一定范围一定领域流通使用了。东晋义熙年间发现的仙居韦羌山蝌蚪文，相传是夏禹时代所刻凿，约有4000年的历史。另外，近年来在仙居本县范围发现多处古代岩画崖刻和石棚墓等巨石文化遗迹，表明古代人类活动足迹已经遍布全县各地。那个时候有的只是原始聚落，"古越族"等各种民族还没形成，不可能会有所谓的"古越族文字"①。综上所述，郭金星认为中央坑摩崖石刻绝非只有2300年历史的"古越族文字"，而是比越王勾践剑上鸟篆铭文还要早、比殷墟甲骨文还要老的象形文字，它体现了象形与表意的结合，是迄今为止已经发现的最早的中国古代文字之一，在中国文字发展史上具有开创性的意义。

然而2014年11月3~5日，在仙居召开的"仙居·中国岩画研讨会"上，各位专家学者的研讨意见对仙居岩画群的年代判断做出了新的认定。目前认为其刻制年代为商周时期。一些专家认为可用微腐蚀断代法去测定中央坑岩画的制作年代。其原理是观察石刻边缘是否含有石英颗粒的成分，如果有这种成分，那么随着年代更替，风霜雨雪等自然因素对其的腐蚀风化作用，这些石英颗粒表面会被磨圆磨光，即发生石亏现象，根据石亏测出的数据就可以判定这些岩画大约是哪个年代的。

三、文化意蕴的释读

1. 环境的意义

陈兆复先生认为"岩画这种特殊的美术现象，有着与环境不可分割的联系，也就往往特别注重特定环境的选择，艺术家根据艺术内容的不同和作品功能的需要来选择作画的崖壁或者岩石的环境条件和地理位置，并在特定的环境中形成自己的氛围和意境"②。

杨超先生又进一步阐述了环境的意义，"岩画从某种程度上来说，是一门环境的艺术。同样是岩石，为什么岩画会出现在这儿，而没有在那里出现？这是非常耐人寻味的。原始人类完全生活在大自然里，可以说是物我一体的，他们的生存几乎完全仰仗于大自然，自然界里存在的一切对他们来说至关重要，这种人与自然之间的缘分，给原始人的生活、生产、艺术创作和宇宙观的行程，具有潜移默化的影响。他们的岩画创作当然也是在这种情况下发生的，因而岩画这种与其他艺术不同的艺术形式与环境有着千丝万缕的联系，人们总是把岩画的创作看成是生产、生活和精神寄托的一个重要部分，对其环境的选择也就成了岩画存在于此的头等大事，它不仅仅影响着岩画创作的结果，而且这种特定环境中形成的氛围和意境甚至直接导致整个部族、部落的命运。可见，岩画

①　郭金星：《广度中央坑摩崖石刻记事》，中国国际文化出版社，2013年。
②　陈兆复：《中国岩画发现史》，上海人民出版社，2009年，第392页。

的环境是不仅关于岩画创作的成败，也是决定人们生存的必要条件"①。

李祥石先生说，"如今在有岩画的荒山野岭上，在遥远的时代一定是山清水秀的地方，是人们的美好家园"②。

中央坑岩画所在地不仅在古代而且在现如今也是风景优美山清水秀之地。它位于盂溪源头的广度乡中央坑村五分头自然村（图一）。这里山光掩映，翠鸟鸣和、泉水清凉，是一处世外桃源，也是一处古代民族、艺术、宗教的博物馆，集上下万年的历史于一身，古今碰撞，文史交融，神秘又伟大。那古铜色的岩石，如同她饱经沧桑的脸庞，美丽又坚强，动人又芬芳。这里崎岖的小道，正是攀登岩画山峰的阶梯；这里的山泉，正是干渴时的琼浆玉液。东西面是绵延起伏的大山，松杉绵密，苍翠欲滴，一条盂溪自北向南缓缓流淌，静静地滋养着周围的子民，溪水清澈见底，奇形怪状的鹅卵石被磨得温润可人，在溪涧中走上几步，仿佛可以忘却一天的烦躁，恍如进入了世外桃源、人间仙境。盂溪在大山之间天然地隔出一条山路。我们一行五人驾车绕过一弯又一弯的山路，终于来到一处翠竹丰茂、水流

图一　中央坑崖刻所在五分头村环境

潺湲、清风悠闲之地，刻有"省级文物保护单位——中央坑摩崖石刻"的石碑静静地立在路边西侧。这里距县城13千米，交通方便。地处大雷山脉西段，山高岭峻，峰峦重叠，坑深涧陡，水流如玉。石碑背面刻着"中央坑摩崖石刻共分二处，一在'菜园门口'处，一在'小门楼坦'处。其中'菜园门口'处刻图纹4个，保存完好，历历可辨；'小门楼坦'处石刻图纹6个，风化较严重，但也依稀可辨。2005年3月16日，被浙江省人民政府公布为第五批省级文物保护单位"。向北走几步即可看见"菜园门口"处的崖刻，该崖刻刻在西边的崖面上，面朝东，还用不锈钢窗紧锁着保护起来了。中央坑崖刻已于2013年3月5日被国务院公布为第七批全国重点文物保护单位。在先民眼里，这是一个山水秀丽的地方，背靠山峦，面临溪水，实在是一处风水宝地。这里资源丰富，现在还经常可以看到淳朴的山民背着一筐筐的山货怡然自得地行走于山路间。因此先民们择取此地刻制岩画就不是偶然的了。

①　杨超：《追寻沙漠里的风》，九州出版社，2010年，第29、30页。

②　李祥石：《发现岩画》，宁夏人民出版社，2012年，第250页。

2. 中央坑岩画的文化内涵

关于对中央坑岩画的文化内涵的认识，也经历了从浅层到深入，从偏颇到正确的过程。专家学者各抒己见。浙江仙居县广度乡中央坑村的村民在村前古道旁发现的摩崖石刻，2004年经中国古文字研究专家、浙江省文物考古研究所所长曹锦炎初步鉴定为春秋战国时期的古越族文字，距今不少于2200年。越族是我国古代东南地区的一个少数民族。据史书记载，越族应该有自己的语言和文字，但越族文字一直没有被发现。这次在这个村发现的两块越族文字石壁都非常平整，刻得较深的一块面积约有6平方米，刻有4个字，且字迹清晰，另一块石壁面积约有4平方米，由于风化严重，字迹已有些模糊，但笔画还依稀可认。曹锦炎先生认为这次发现的文字，从排列方式和笔画结构上看，都带有早期文字的特征，与商代早期的文字很相像，但又明显不属于中原文字系统。同时，它与出土的越国王室青铜礼器、兵器上的文字明显不同，礼器、兵器上用的是中原系统文字。仙居发现的越族文字，与地方志记载的韦羌山蝌蚪文以及早期发现的古越先民岩画，都有着一定的联系，说明这一带是越族的活动区域。这次的发现，对于研究中国古文字和少数民族文字有重要的价值。

直至2014年在仙居·中国岩画研讨会上，国内顶级专家学者汇集仙居探讨岩画。大家仔细观察中央坑崖刻上的图案（图二），认为中央坑崖刻不是古文字，而是岩画，因为图三中的似鱼骨形图案，仔细看下面还有两只脚，众专家学者一致推翻了"古越族文字"的观点。

图二　中央坑1号崖刻全景

笔者不赞同"古越族文字"的观点。中国历史上有许多把鱼和鸟作为氏族部落图腾来崇拜的先例。因此，刻凿在中央坑五分头水口之处的、兼有鱼和鸟的共同特征的图形，也不排除是古代先民原始图腾的可能性。岩面虽多有磨损风化，但笔者仔细观察崖刻全景（图二）和拓片全景（图四），依稀可辨图案可分为左右两组，两组疑似均为两个人形图案（图三）（暂且称其为"人形"图案，因为鱼骨形图案下面还有两只脚），中间有一个"口"字形图案。其中最左边一个"人"形图案叉开的两脚底下还有一个小东西（图三、图五），笔者认为可能是一个小孩，那么该两组图案都体现了生殖崇拜的含义。至于中间一个"口"形的具体含义，还难以确定。

图三　中央坑1号崖刻右侧局部

图四　中央坑1号崖刻拓片全景

图五　中央坑1号崖刻左侧局部

　　一定的文化现象必然是一定的社会生产生活形态的客观反映。从中央坑摩崖石刻表象形态来看，最左边的一个图案既像人的两臂向两边伸展，又像鸟的两翼张开。右边一个中间骨骼既像人的胸骨排列，又像鱼的骨骼上下排列。所以前面说它似鸟非鸟，似鱼非鱼，似人非人。它反映的可能是渔猎时代或者说是渔猎时代向农耕时代过渡阶段先民们生产生活的内容。从其表达的意义上判断，应该与祭祀活动有关——当时的先民把渔猎劳动所得成果摆放在这里祭神祭祖，既表达了其对神灵、对祖先的敬意，也表达了祈求获得更多劳动成果的心愿。

参 考 书 目

华涛琛：《浙江仙居送龙山岩画的调查和初步研究》，《三峡论坛》2013年第4期。

华涛琛、张峋：《仙居两座宋墓出土的文物》，《东方博物》第49辑，浙江大学出版社，2013年。

浙江仙居新发现岩画的调查与初步认识

张　峋

（浙江省台州市博物馆）

浙江地区在过去较长的时间内，基本上被视作岩画的空白点。2002年12月，浙江省台州市仙居县朱溪镇小方岩山麓发现岩画，打破了浙江无岩画的局面。之后几年内，仙居各地又陆续发现了不少岩画点。浙江省文物局将仙居的各个岩画点整合、打包为"仙居古越族岩画群"，向国务院推荐、申报"第七批全国重点文物保护单位"，2013年5月，国务院予以正式公布。其实在申报的同时或稍后，仙居各地又陆续发现了不少岩画点。笔者一直十分关注仙居岩画的新发现，最近一段时期以来，笔者在仙居县文物管理办公室同志的陪同下，对新发现的各个岩画点进行了详细的调查。现将调查情况予以介绍，并提出自己初步的认识。

一、仙居新发现岩画的调查

仙居新发现岩画一共有5处。

（一）南 部 山 区

3处，分别是余岭岩画、殿前岩画、谷卵岩湾岩画。

1. 余岭岩画

位于仙居县大战乡西南端的高田村余岭自然村，距县城25千米，村四周群峰叠翠，树木蓊郁，生态环境十分优越。村南俗名"余岭坑"的第三级梯田即村民李再民承包田的外侧，有一胎盘形岩石，岩画就刻于此处，海拔429米。其对面50米处，一座山峰突兀而起，松竹连绵，蔚然耸秀。梯田与山峰之间，一条深壑自西向东跌落，溪水潺潺，如鸣佩环。

余岭岩画所在的岩石，呈灰黄色，岩面仰天，略向北倾斜。该岩面长2.8、通宽1.15米。岩画位于岩面的东部和中西部，与地面形成30°夹角。整幅岩画从左到右、从上到下共分4组。

第一组，靠近岩面东端，共有2个图像，一为倒三角形图像（图一），高10、底10厘米，笔画粗0.3、刻痕深0.2厘米；一为圆形凹穴，直径3.5、深1.3厘米。

第二组，位于中部偏西，共有2个图像，近似"口"字形图像，高7、宽6厘米，笔画粗0.8、刻痕深0.8厘米；蛇头形图像（图二），长48、通宽6厘米，笔画粗0.5～1厘米，刻痕深0.5～0.8厘米。

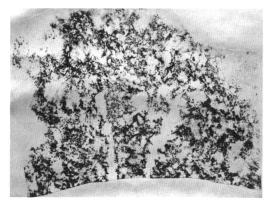 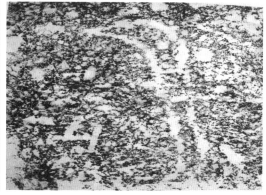

图一　余岭岩画倒三角形图像　　　　　　　图二　余岭岩画蛇头形图像

第三组，位于第二组的右下方，共有4个图像，舞蹈状的人像2个，大小基本相等，高7、通宽5厘米，笔画粗0.3、刻痕深0.4厘米。其中一个图像似为男性，男根明显裸露且前伸；肩背婴儿的人像1个，高25、宽19厘米，笔画粗0.5、刻痕深0.4厘米；倒三角形符号1个，高16、底24.5厘米，笔画粗1、刻痕深0.8厘米。

第四组，位于岩面的西南端和西北侧，共有18个图像，从上到下都是基本同样大小的圆形凹穴，平均直径4、深1.5厘米。

2. 殿前岩画

位于仙居县上张乡央弄村，距县城23.8千米。村落建在较为开阔的山岙地带，地势南高北低，自然生态环境良好。岩画实际上在新中国成立初期的合作化时即被村民周黄岩图因清除岩面上的藤络而发现，具体位于村东北殿前山麓一处水田旁，即一块略倾斜、岩面较为平坦的山岩上。海拔412米。岩画所在岩石南边紧挨村民周正义的责任田，坐南朝北，岩石旁边有小水沟，东面10米左右是主水沟，南面为开阔的田地，向南约200米处为俗名"大坪头"的山峰，北面是连绵的高山，俗名"满山岩"。

岩画所在的岩石呈青灰色，该岩面约4.14平方米，岩画所在的岩面面积约1.15平方米，刻有凹穴、带柄环形、肋骨形及其他不规则形状（图三）。共分两组：第一组位于岩面左上角，刻有2个带柄环形形象，大的长17、刻痕深0.3、笔画粗0.4厘米，小的长11、刻痕深0.15、笔画粗0.1厘米。第二组位于岩面右下角，刻有肋骨形、凹穴以及其他不规则形形象。其中较大的一个肋骨形形象（图四），高22、宽15、刻痕深0.3、笔画粗0.9厘米，凹穴共有5个，大小基本一致，直径均2、深2.3厘米。

图三　殿前岩画全貌　　　　　　　　　图四　殿前岩画肋骨形图像

3. 谷卵岩湾岩画

位于仙居县上张乡西塘村西高山塘山麓，距离县城20千米。该村是高山上的一个平原村，村西侧群山连绵，主山脉俗名为"高山塘"，因山上有一口大池塘而得名，海拔435米。"高山塘"山脉略高于四周的群峰。其东南、西南方向约1华里处皆有一列山峰似屏障般高耸，气势十分雄伟。谷卵岩湾岩画位于高山塘东北约350米的一处俗名"谷卵岩湾"的山崖上，海拔450米。此处岩画分为上下两部分，两者相距15米，上面部分岩画所在的岩石向南倾斜，岩面总面积约 102平方米，岩面上刻有房屋、米字格、舞蹈人物、棋盘、带柄法器等形象。其中房屋形象居多，共有8个，屋顶均刻饰鸟头形，房屋中间有数量不等的立柱，屋高37～54、宽39～62厘米；笔画粗犷，宽度大者有1.2厘米，刻痕较深，深者有0.8厘米（图五）。米字格形象有4个，面积大者29厘米×28厘米，小者18厘米×17厘米，笔画粗犷者，宽度有1.2厘米，刻痕深者也有0.8厘米。舞蹈人物形象有4个，大小基本一致，高为9、宽为5厘米（图六）。棋盘形图像高35、宽32厘米；笔画粗0.8、刻痕深0.6厘米。带柄法器形象（图七）高28、宽13厘米；笔画粗0.8、刻痕深0.6厘米。下面部分的岩面向东南倾斜，总面积约80 平方米，岩面上刻有梯、米字格、蛇头、两蛇交尾形、长嘴鸟身形、房屋、成排的凹穴、骨节形图像、女阴形象，以梯形和成排凹穴形居多。梯形共有4个，高45～120、宽6～13厘米，笔画粗0.5、刻痕深0.5厘米（图八）。米字格形1个，高13.5、宽13厘米。蛇头形图像一个，高43、宽19厘米。两蛇交尾形图像1个，长96、宽25厘米（图九）。长嘴鸟身形图像1个（图一○）。高45、宽20 厘米。房屋形图像一个，高21、宽15厘米。凹穴形图像共有4排（图一一），计有凹穴40个。骨节形图像4个（图一二），高60～88、宽4～6厘米。女阴图像4个（图一三），高14～17、宽10～13.5厘米。

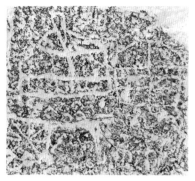

图五　谷卵岩湾上部房屋形图像之一

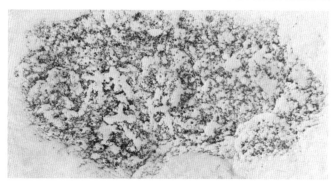

图六　谷卵岩湾岩画舞蹈状图像

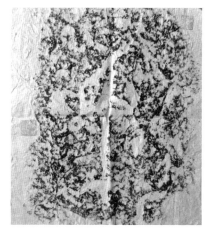

图七　谷卵岩湾岩画带柄法器形图像

图八　谷卵岩湾岩画梯形图像之一

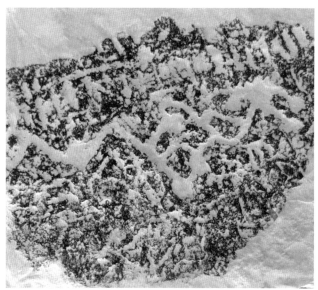

图九　谷卵岩湾岩画两蛇交尾图像

图一〇　谷卵岩湾岩画长嘴鸟身形图像

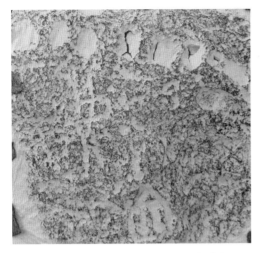
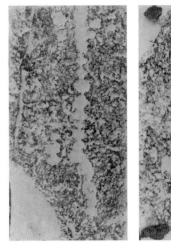
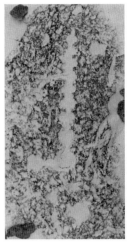

图一一　谷卵岩湾岩画之凹穴（部分）　　　　　图一二　谷卵岩湾岩画骨节形图像

图一三　谷卵岩湾岩画女阴图像

（二）西部山区

1处，即为石盟垟岩画。

石盟垟岩画位于仙居县淡竹乡石盟垟村东北的俗名为"牛鼻洞岩"下，该村南边翠峰如簇，北边溪涧环绕，环境幽静。岩画所在岩石俗称"四方岩"，悬立于村北的淡竹坑边，南对高约100米的悬崖"牛鼻洞岩"，北对俗称的"龙尾巴山"，岩面略向南倾斜，朝天一面的岩面面积约100平方米，青灰色，岩画大部已不可辨，现存的岩画岩面位于"四方岩"的右下角，约有1.51平方米，有锄耙形、棋盘形、疑似田字形三个形象。锄耙形长35、宽22、刻痕深0.4、笔画粗0.5厘米。棋盘形长53、宽45、刻痕深0.4、笔画粗0.8厘米。疑似田字形的形象高12、宽18、刻痕深0.8、笔画粗0.9厘米。

（三）北部山区

1处，即为东坪岩画。

东坪岩画位于仙居县广度乡祖庙村东坪自然村，距离县城28千米。岩画在村东边山道旁的一处山崖上，海拔456米，其四周群山叠翠，前方有一条狭长的沟壑和一座悬崖。岩画所在的岩石青灰色，面向东南，与地面成60°夹角，岩画面积2平方米（图一四）。岩画中心部位高143、宽96厘米。画面内容丰富，蛇头形图像及各种不规则的图纹分布密集，其中画面右下方刻有太阳形图像一个，直径25、刻痕深0.9厘米。

图一四　东坪岩画全貌

二、相关问题的初步研究

（一）岩画的刻制年代

从上述岩画的风化程度、刻痕深浅、岩画边缘凹痕等情况分析，仙居新发现的各岩画点的刻制时代应该有早晚之分。

仔细考察上述各岩画点的画面，没有发现一个岩画个体覆盖在另一个岩画个体之上的情况，也就是说不存在叠压打破现象。另外，从岩画的风化程度识别，诸多岩画个体颜色深浅基本一致，余岭蛇头形图像、上张殿前带柄环形形象颜色稍深，可能与它的表面长期覆盖着藤萝而免受日照、氧化有关。因此，可以判断上述同一岩画点的岩画为同一时期的作品。

由于地处深山，余岭岩画、殿前岩画、石盟垟岩画、东坪岩画总体上保存较好，风化现象不明显，它的刻痕深浅基本保持着原生状态。因此，从它们的刻痕都普遍较浅、刻线凹进去的边缘没有呈现锯齿痕等情况看，它们的刻凿工具可以判断为较坚硬的石器，而非金属用具。由此推断，余岭岩画、殿前岩画、石盟垟岩画、东坪岩画应属于史前时期的作品。根据仙居地区近二十多年来发现多处新石器时代中晚期文化遗存的情况，初步定这部分岩画的刻制时代为新石器中晚期，可能较为合理。上张谷卵岩湾岩画刻痕都较深，风化不明显，且刻线凹进去的边缘呈现锯齿痕迹，刻凿工具似乎可以判断为金属工具，因此其刻制时代应该较晚，初步判定为春秋战国时代应该不至于大误。

（二）关于岩画作者的族源

从地理位置上看，仙居地区处于古代瓯越族的分布范围之内，岩画的作者，笼统地说是瓯越先民，当然也不会错。但若对仙居地域远古时代的自然环境进行考古学观察，同时根据历史文献蛛丝马迹的记载，问题就不那么简单了。

目前新发现的仙居岩画群，都位于海拔300米以上的深山密林里，而且分布范围遍及全县东南西北各个区域，说明在新石器时代中晚期，仙居的大部分山区都栖息着数量不少的古越先民。关于这批古越先民的族源，按常理说，当然是"土生土长"的土著先民，但根据仙居各地普遍流传的 "吊船崖"传说，更根据仙居山民近年来在永安溪上游的高山上捡到过贝壳化石，笔者不禁联想到中国东部地区史前时期的海侵现象。由此我们不妨大胆推想，仙居这批与岩画有关的先民，一部分是被海侵赶上高山的别处的族人，那么会是哪一支族人呢？一条短小的地方文献史料似乎透露出了个中消息，也许会让人找到答案。

《嘉定赤城志》"仙居韦羌山"条记载："韦羌山，在县西四十里。绝险不可升。按《临海记》云：'此众山之最高者，上有石壁，刊字如蝌蚪。……俗传夏帝践历，故刻此石。'"①这是一条有关韦羌山上蝌蚪文崖刻的记载，笔者关注的是"俗传夏帝践历，故刻此石"这一片言只语，它虽然短小，却蕴含着深厚的历史文化信息，试论述之。

此处"夏帝"，当为大禹。说明先秦时期，仙居境内也流传着大禹的神话传说，考《临海记》，为南朝刘宋孙诜所著，笔者推测，至迟在南朝宋，这一"夏帝践历"的神话传说，仍广泛地传播于古老的瓯越腹地。那么其产生的时代应该更早。关于禹的神

① 徐三见点校：《嘉定赤城志》卷第二十二《山川门四》，中国文史出版社，2004年，第328页。

话传说，越文化研究专家陈桥驿先生有极高明的论断，他在《越文化研究四题》中说："在越人的史前文化中，最最伟大而意义深远的，是他们在海侵时期的特殊地理环境中所创造出来的禹的神话。"[①]关于大禹神话的产生背景，陈先生另在《越族的发展与流散》一文中也有所论证："越族居民在会稽、四明山地的山麓冲积扇顶端，俯视这片茫茫大海，面对着这块他们的祖辈口口相传的、如今已经为洪水吞噬的美好故土，当然不胜感慨。他们幻想和期待着有这样一位伟大的神明，能够驱走这滔滔洪水，让他们回到祖辈相传的这块广阔、平坦、富庶美丽的土地上去。"[②]可见大禹的神话传说与地理学上的"海侵"说有关。关于地质史上的"海侵"现象，目前学术界的研究成果已不少，通常引用的是王靖泰、汪品先的《中国东部晚更新世以来海面升降与气候变化的关系》一文[③]，根据他们的研究成果，我们知道，最近一次海侵的高峰时期在距今约6000年前，浙南的灵江、瓯江及飞云江下游河口附近曾经发生过局部海侵现象。我们完全可以想象得到，那些居于海湾与海峡之间的瓯越先民一部分人为了生存，不得不离乡背井流散到瓯越内陆腹地的崇山峻岭之间。同时，浙东的宁绍平原也由于海侵造成的环境恶化，带来了于越族人的大规模的南迁。笔者推测，一部分瓯越先民和于越先民循着灵江上溯，来到了仙居永安溪畔，或居于高山丘陵，或居于河谷平原，与当地土著先民一起继续繁衍生息。正如陈桥驿先生所论证的那样，他们虽然蛰居于瓯越内陆腹地，但仍缅怀故土，希望伟大的神明大禹治好水，让他们重返家园。于是在这瓯越内陆腹地的仙居境内也产生了"夏帝践历"的神话传说。

综上，笔者认为，仙居岩画的作者，其族源应该是仙居境内的土著瓯越族先民和由于海侵而内迁的原居于沿海一带的部分瓯越人以及原居于浙东宁绍平原一带的部分于越人。

（三）岩画的文化性质

1. 环境的文化信息

目前，学者们比较普遍的认识是，解读岩画所蕴含的文化含义，必须全面考察岩画所处的具体环境，比如岩画的面向、所处的位置、周围的山脉、河流的分布、人类活动的状况等。杨超认为："岩画从某种程度上说是环境的艺术，它的出现总是处在或者出现在某种特定的氛围之中（与某种特殊的氛围相伴），与其周围的环境连在一起，才能构成岩画所要表达的整体意义。"[④]阿纳蒂认为："史前人类和现在部落的人们一

---

① 车越乔：《越文化实勘研究论文集》，中华书局，2005年，第9页。
② 陈桥驿：《吴越文化论丛》，中华书局，1999年，第46页。
③ 《地理学报》1980年第4期。
④ 杨超：《论岩画阐释中的多元视界》，《东南文化》2010年第1期。

样，他们通常（对环境）寻求意义。自然、石头和山的形状通常被认为是祖先神灵传达给人们的某种信息。……那些被选择制作岩画的地方，是神灵表情达意的所在。"①

考察余岭岩画所在的岩石，它独立处于一个较为空旷的地带，前方为三级开阔而平坦的梯田，颇似一处天然的祭坛。前方近50米处，有一条流动不息的溪涧，一座挺拔巍峨的单体山峰，隔溪而立。观察这座山峰，顶部圆浑而略呈圭角，向天而挺。殿前岩画面朝高耸而连绵的满山岩，其南面也为开阔平旷的梯田，也似一处天然的祭坛，再向南不远处，也有一座山峰拔地而起，突兀而高旷。谷卵岩湾岩画，上部分所在的岩面突兀而平旷，下部分所在的岩面平坦空旷，也是古人理想的祭祀场所，其东南、西南方不远处皆有一列山峰似屏障般高耸，气势十分雄伟。石盟垟岩画坐北朝南，其正对的前方，就是巍然挺拔的牛鼻洞岩，岩画所在的四方岩为一块独立的岩体，总体平旷空阔，颇似祭坛。东坪岩画所在的岩石，其面向东南的方向和它的背后也是高峰耸翠。

我们可以想见，在先民眼里，这一方方天然的祭坛，和它对面或周遭的高山，总体构成了一个神秘、奇异的特定氛围，他们择取此地刻制岩画绝不是偶然的。

新石器时代至春秋战国时期，仙居境内的族人总体上属于越族，或者更具体地说，属于瓯越族。近年来，我国南方瓯越地区的先秦时期考古发现表明，瓯越族人似乎普遍存在着较强的"尚高"意识：土墩墓、石棚墓还有石室墓、悬棺，或葬于山坡高处、山巅之上，或置于高岗之上，或面朝高山和天空②。考察仙居目前已经发现的诸多岩画点，大多地处海拔300～500米的大山深处，且岩画所在的岩石面对一座或多座高大的山峰，由此可见古越先民在选择岩画地点时，心中应该存有某种意识或理念，那么，这是一种怎样的意识或理念呢？有学者这样认为："从同期南方其他地区主要墓葬形式来看，不管是土墩墓、石棚墓还是石室墓、悬棺葬，都有尚高倾向，这可能反映了古代南方民族的崇天观念或灵魂归天的观念。"③笔者受这一观点启发，认为形似祭坛的余岭岩画、殿前岩画、谷卵岩湾岩画、石盟垟岩画等所在岩面，本身可能就是一个宗教祭祀场所，先民们所选的崖刻对面的高山向天而挺，似乎反映了他们具有强烈的崇尚大山、崇尚高天乃至"通天"的原始宗教意识。瓯越先民的这种思想，实际上在远古时期就具有"普世性"，汤惠生曾经谈到，"天"是中国传统文化信仰体系中的一个核心，而"通天"则成为古人生命过程中最主要的实践活动内容之一④。余岭岩画等诸多刻制地点的选择，正是先民们精神生活的具体实践活动。这些在如此神秘、奇异氛围中刻制的岩画，极有可能是古越先民原始宗教思想的外化形式和心态密码。

---

① 转引自杨超：《论岩画阐释中的多元视界》，《东南文化》2010年第1期。

② 张峋：《瓯越先民"尚高"意识的考古学观察》，《台州社会科学》2012年第3期。

③ 黄舟松：《先秦瓯族史初探》，《东方博物》第22辑，浙江大学出版社，2007年，第39页。

④ 汤惠生：《玦、阙、凹穴以及蹄印岩画》，《民族艺术》2011年第3期。

2. 岩画的文化意蕴

远古时期，人口成活率极低，先民们为了种族的繁衍和群体的兴旺而普遍产生了生殖崇拜现象。黑格尔说：“东方所强调和崇敬的往往是自然界普遍的生命力，不是思想意识的精神性和威力而是生殖方面的创造力。”①生殖崇拜或者说性崇拜是世界岩画的三大主题之一。这一主题在余岭岩画等仙居新发现的岩画中也得到了体现。

余岭岩画最明显的是蛇头形图像，昂扬向上，颇见力度，谷卵岩湾下面部分、东坪也刻有蛇头形岩画，谷卵岩湾下部山崖还刻有两蛇相交的形象，根据中外学者的广泛研究，现在普遍认为，蛇与生殖文化关系密切。英国学者哈雷克特涅研究认为，“蛇象征色情，性欲及性姿”②。杨知勇先生也说：“几千年来，蛇一直是性激情的象征。”③原始先民早已注意到蛇的某一外部特征与男根相似，故以蛇喻男根。据《路史·后纪一》注引《宝椟记》：“帝女游于华胥之渊，感蛇而孕，十三年成庖牺。”所谓感蛇而孕，就是与某男子交媾而孕，蛇在这里象征男根乃至男性。余岭第三组岩画中的男性图像的阳具坚挺而前伸，似乎是岩画作者特意更具体地表达生殖崇拜的意识。余岭岩画中的呈倒三角形的图像，也曾在内蒙古的阴山、乌兰察布，新疆的阿尔泰山、昆仑山以及蒙古国发现过，中外学者如比利时岩画学家布日耶那、我国历史学家卫聚贤都认为此类符号，是崇拜女子生殖器的象征④。

在世界岩画中，用男女性器官表达远古人类的生殖崇拜，是普遍的现象。黑格尔说：“具体地说，对自然界普遍的生殖力的看法是用雌雄生殖器的形状来表现和崇拜的。”⑤周予同也说：“生殖器崇拜，实是原始社会之普遍的信仰，……他们对于这产生生命之生殖力认为不可思议，因与以最高的地位，而致其崇拜，实很普遍自然。”⑥余岭岩画中那个男性前伸的阳具，接近倒三角形的图像，实际含有男女交媾的意思，在这两个图像的前方，即肩背婴儿的人像，明显的表示先民们希望通过交媾，实现子孙繁衍、族类兴旺的理想。

凹穴形岩画，现在普遍被认为是象征女性生殖器，认为凹穴就是“性穴”，意义在于“母胎归元”，即“再生”。此类图像是世界上出现很多的岩画题材，我国内蒙古阿拉善左旗、阴山、乌兰察布、巴丹吉林和宁夏的贺兰山、河南的具茨山，都有发现；同样类型的岩画也出现在日本和朝鲜半岛。余岭岩画中共有19个圆形凹穴，谷卵岩湾有

---

①　黑格尔：《美学》第三卷上册，商务印书馆，1981年，第40页。

②　〔英〕哈雷克特涅：《性崇拜》中译本，湖南人民出版社，1988年。

③　杨知勇：《宗教·神话·民俗》，云南教育出版社，1991年，第33页。

④　杨超：《北方生殖型岩画原型浅议》，《西夏研究》2011年第3期。

⑤　黑格尔：《美学》第三卷上册，商务印书馆，1981年，第40页。

⑥　周予同：《周予同经学史论著选集》，上海人民出版社，1983年。

55个圆形凹穴，殿前岩画有5个圆形凹穴，也应视作女阴的象征物。

说仙居岩画表达的是先民们生殖崇拜的原始意识，实际上从某些岩画所在的岩石形状和它周围环境也能考察出来。余岭岩画所在的胎盘形的巨石，使人不得不想到它，似乎象征了生命的母胎和生殖力的繁盛；考察岩画对面不远的高山和溪涧，容易使人想起《大戴礼记·易本命》的"丘陵为牡，溪谷为牝"两句话，它实际上体现了远古先民们的普遍的一种原始思维，即敬畏和崇信高山和溪谷，在他们眼里，高昂突兀的山峦颇像男根，低凹流动的溪谷则与女阴相似。瓯越先民们相信，在这样的环境中祭祀、祈福，会达到地形交感的效果，从而实现生命的丰产。

上张谷卯岩湾岩画刻有4个表现骨架的形象，上张央弄殿前岩画刻有1个肋骨形形象，连同以前在仙居广度乡中央坑村发现的人头连着肋骨的形象，使我们不得不想到出现在世界各地的X射线风格的岩画。欧亚草原大陆中这种风格的岩画不胜枚举，美洲和澳大利亚也发现不少，我国新石器时代最著名的"骨架风格"的艺术是仰韶文化彩陶盆上的X射线风格的人形图案。同样的形象也出现在青铜时代的岩画中，如宁夏中卫岩画和贺兰口岩画[①]。根据学者们的研究，这种风格的艺术形象的出现，应该和萨满教的死亡和再生观念有关。

在很早以前，人们就已发现骨骼是生物最持久、最具抵抗外界侵蚀的人体组成部分，并认为骨骼是赋予尘世生命的载体。早期狩猎者认为：骨骼是动物生命的根基，是生命更新不绝的源泉。他们相信：动物和人死后，会化为精华附在骨骼上，通过自然间不间断地永恒循环，生命得以再生。南西伯利亚的突厥人，把一个宗族或一个部落看成是一具骨骼，因为骨骼是祖先死后留下的唯一可以辨认出的遗物，是浓缩保存生命过去与未来属性的载体。"这就是为什么狩猎部落的人们从不将动物骨头砸碎，而是小心翼翼地收集起来，再根据不同的习俗加以处置如掩埋、置于高处或树上、投入水中等。由此看来，无论人或动物，其灵魂都寄居在骨头里，而通过骨头便可再生出生命。"[②]艾利亚德在其名著《萨满教——古代迷狂术》一书中专门辟出一章来讨论骨头与再生的问题，如"在萨满神话和仪式中，骨头还扮演者另外一种角色。比如当一个威斯于干-奥思特亚（Vasyugan-Ostyak）萨满去寻找病人的灵魂时，他要乘船去另外一个世界，而这只船是用一个箱子作的，桨则是肩胛骨做的。我们还可以援引使用羊的肩胛骨进行占卜作为例证。在卡尔梅克（Kalmyk）、柯尔克孜（Kirgiz）以及蒙古族等人中都流行用羊的肩胛骨进行占卜；在柯尔亚克（Koryak）人中，则用海豹的肩胛骨。占卜本身便是一种使萨满教的基础——精神世界具体化和更易于交流化的手段和技术。在这里，动物骨骼再次象征着生命继续和再生的神秘……"[③]汤惠生先生认为，既然萨满教是世界

---

① 汤惠生、张文华：《青海岩画》，科学出版社，2001年，第115、116、126页。

② 汤惠生、张文华：《青海岩画》，科学出版社，2001年，第115、116、126页。

③ Aliade M. *Shamanism-Archaic Techniques of Ecstasy*. Princeton University, 1974: 160-165.

上普遍流行过的原始宗教，那么包含在其中的"再生"的文化内涵，也应普遍见诸世界各地的早期文化中①。仙居刻有骨架形象的各岩画点所在山崖，平旷空阔，颇似天然祭坛，前方或周遭都有高峰耸立，其环境的神秘性，也说明此处很有可能是古人进行祭祀的场所，祭祀前后瓯越先民在山崖上刻制骨架，借以表达崇敬祖先或崇尚、追求"再生""生命"等萨满教中二元对立中的肯定因素。

瓯越族也和世界上其他许多民族一样，对太阳非常崇拜。至少早在新石器时代早期，瓯越族先民就有这种原始宗教意识。2013年3月，浙江义乌城西街道桥头村发现上山文化遗址，出土近九千年前的"太阳纹"彩陶②，就是明证。仙居前几年发现的送龙山岩画、对山冈岩画刻制有太阳纹图像，新近发现的岩画点，如广度乡的东坪又发现太阳纹岩画，也是瓯越先民太阳崇拜的体现。

仙居是个内陆山区，境内万山叠翠，树木葱郁，生态环境十分优越，自古以来，禽鸟遍布，种类繁多，据《万历仙居县志》卷之四"禽属"条记载，仙居山区比较多见的鸟类有"鹳、鹊、鹰、鸠、莺、枭、燕、鹭、雉鸡、竹鸡、山鸡、郭公、画眉、啄木"等29种之多，我们可以推想，古越先民与这些鸟类朝夕相处，对它们非常熟悉，也十分愿意与它们"结亲"，终而把它们作为图腾而加以崇拜。古代越人的鸟图腾崇拜现象，已被文献资料、考古发掘报告和民俗学资料所证明。根据民俗学调查，至今仙居许多乡村仍将燕子等益鸟视为吉祥动物，家中屋檐下若有燕窝，则认为是吉事、喜事，全家小心呵护，不得骚扰。家中外墙上若安有鸟巢，家中长辈则会认为是福气降临，屡屡告诫稚童不得乱掏，另外，仙居方言将小男孩的生殖器亲昵地唤为"卵雕（鸟）"。所有这些，都应该是鸟图腾崇拜（连带也有生殖崇拜）的一种文化遗孑。仙居上张谷卵湾下部分岩画中，刻有一鸟头人身形图像，上张殿前岩画也有一个疑似鸟人的形象，以前发现的广度中央坑崖刻也刻有至少两个鸟头人身形图像，四肢还做舞蹈状，这些岩画图像应该就是古越人鸟图腾崇拜的一种反映。

上张谷卵湾下部刻有至少3条的梯形图像，上部刻有8个房屋形图像，各个房屋屋顶刻有鸟形象，还有2个房屋屋顶刻有向天的线条。这些图像如果联系起来考虑，不禁使人想起远古人类"通天"的宗教意识。如果把上张谷卵湾上下两部分的岩画内容联系起来，我们不妨进行大胆推想：那下部的梯形图像，是古人心目中的天梯，那是登上"天庭"的必经之"路"；那8个房屋形图像，是他们居住的村落的缩影。那屋顶鸟形的图像和向天的线条，似乎喻示着古人希望借此飞上高天的理想。在先民的思想中，"天"不可触及，它无边无际，主宰万事万物，而鸟有翅膀，赋予它有自由翱翔的能力，这是人类无法办到的③。因此，在先民的眼里，它被赋予"通天"的本领，可以与

---

① 汤惠生、张文华：《青海岩画》，科学出版社，2001年，第115、116、126页。

② 蒋乐平：《义乌桥头遗址发现近九千年前"太阳纹"彩陶》，浙江文物网，2013年3月29日。

③ 郑琳喆：《从古代袖舞中透视鸟图腾文化》，《大舞台》2010年第2期。

天进行对话。谷卵岩湾上部那4个舞蹈状的图像（可以理解成巫师的形象）和带柄法器的图像也似乎暗示我们，这里就是瓯越族人举行宗教祭祀的场所，他们希望自己"登天""通天"的宗教意识通过巫师的祭祀得以实现。

原始岩画中的"水"的图像符号的研究[*]

周　丰　吴晓莉　王小妍

（河海大学机电工程学院工业设计研究所）

一、引　　言

岩画是一个全球性的文化现象，可以追溯到3万年前的历史，根据联合国教科文组织统计，岩画占全世界现存原始艺术品的99%，是我们今天见到的、人类数万年前遗留下来的时间最早、数量最多的图像。岩画（美："petroglyph"表示"岩刻"，用"pictograph"代表"岩绘"；欧洲："rock art"表示"岩石艺术"）包括"岩刻"和"岩绘"两种，表现了史前人类看周围世界的方式以及与自然的存在关系，它是"书写产生之前的书写"。

纵观文化考古学研究，许多学者如季羡林对糖的历史、弥勒佛的由来和佛教混合梵语的历史起源等进行了考证；香港汉字学家饶宗颐则有《通考》；欧洲岩画中的蒙古马考、卐考；日本学者的"羊"考等，唯独没有对水的图像符号之源头展开过专门的考证。人类开始对物质世界进行记号化过程中，水作为流动的物质是如何被记号以至于发展出抽象的概念，岩画作为最古老的文化现象，以岩画为切入点进行"水考"是极为重要的。

二、岩画与水崇拜的自然观

1. 原始文化中的水神

现代人（homo sapiens）的特征之一是图腾崇拜（totemism）[1]的进化。从岩画、彩陶的图像符号研究表明，早期人类对于变幻神秘莫测、难以驾驭的"水"有水崇拜的痕迹。

* 基金项目：中央高校基本科研业务费"构建和发展以知识为科学的理论体系研究"（编号2012B05614）。

岩画在山和水中的具体空间位置有尊卑吉凶的意味。我国最大的岩画宝库阴山岩画，虽然没有直接表现对水神崇拜的图像，但岩画所磨刻的山崖多是近水的地方，并且多分布在山水奇秀之处或山高谷深伴有溪水畅流，或谷回沟转二水交会处[2]。其规律体现了当时人们朦胧的水的神灵符号的形成。

在远古的萨满文化中，山民对水的崇拜，不仅是出于对水的生存依赖，也有对山洪暴涨、山水倾泻而下的恐惧。英国人类学家爱德华泰勒认为，原始部落对水神的崇拜仅限于崇拜具体的小溪、河流、湖泊之神，而没有抽象的一般的水神符号[3]。

2. 原始岩画与"水"

目前岩画散落在世界五大洲120多个国家。已被发现的大型岩画遗址，每处至少有一百万种图形[3]。

对某一岩画的解读是否代表水的图像符号，存在一定的难度。本文讨论的是至今尚未有人讨论过的岩画中的水的记号，并以此可以一窥人类对水的表现认知的源头。

首先，提出假设：在漫长的石器时代的岩画中，就已经出现了专门指示"水"的图像符号。那么今天，伴随史前符号的解读及破译，从众多的先史时代的岩画中必定能够找到指示水的符号或图像。

岩画研究者爱马努埃尔·阿纳蒂提出三种不同的语法符号，即图画型岩画、表意型岩画和心理型岩画[3]。下文分别从图画型岩画、表意型岩画两个方面来探讨"水"的图像符号。

三、原始岩画象形图像中的"水"符号

1. 图画型岩画中的"水"符号

对岩画的先行研究表明，所有的岩画产生于五种主要社会范畴，即早期狩猎者、早期采集者、进化的狩猎者、牧民、复合经济体。无论是哪种社会范畴，水皆是不可或缺的物质，人类对水在表达上都有相同的需求。图画型岩画中表达水的主题极少，但表达与水相关的主题的图像有零零星星的存在。全世界史前艺术和部落艺术的主题基本相同，即繁衍、食物和领土，这些主题与水都有千丝万缕的联系，直接或间接地表达了水的符号的存在。

岩画以点、线、面等构成的图像符号表现形式为载体，水作为流动的物体，是如何被图像符号化的是本文探讨的重点。原始岩画中象形图像是一种视觉符号系统，是外在视觉化到心理意象的过程，涉及人类的知觉、注意、意象、概念形成、思维、记忆等多种高级认知心理活动。根据进化心理学研究表明，今天人的大脑图像符号认知能力和5万年前homo sapiens没有什么差别[1]，这是我们今天能够读懂原始岩画的生物学基础。今天的人们就岩画的再认知的过程中一般包含两种活动：①"看作"（see as）活动，对岩画中的图形赋予概念、功能及意义；②"看到"（see that）活动，处理岩画中非图形概念[4]。

岩画的类型和内容的某些特定元素在世界范围内表现出恒定性，其五种类型具有普遍性。全球岩画考察的六种元素应被纳入考虑范围：创作主题、关联类型、构图和场景、体裁趋势、工艺模式、位置模式[3]。

由于岩画中水的图像符号的研究受条件的限制，本文根据权威书籍挑选出国内外岩画的素材。选择标准如下：首先，选择的岩画素材必须是与水有直接或者间接关系的事物的图像，如龟、鱼、云、船等图像，展开实证的分析；其次，选择的岩画图像必须清晰，可以作为研究的素材用。从时间上，在2万年左右的先史文明时代。

以下是从中挑选的20幅岩画图像（图一～图二七），并以此展开研究和分析。

（1）《巴丹吉林沙漠岩画》[5]。

图一　水井、鹿、骑者
地点：夏拉玛
时间：石器时代

图二　龟
地点：布德日根
时间：石器时代

（2）《中国岩画图案》[6]，上海三联书店，1997年。

（3）《发现岩画》[7]，宁夏人民出版社，2002年。

图三　龟
地点：内蒙古阴山
时间：早期铁器时代

图四　贺兰山人面像与重圈岩画
地点：贺兰口
时间：石器时代

（4）《古代岩画》[8]，文物出版社，2001年。

图五 牡鹿孤角（右下角：母鱼与小鱼）
地点：西藏日土县日姆栋
时间不详

图六 小船与人
地点：广西龙峡山、时间不详

（5）《广西左江岩画》[9]，文物出版社，1988年。

图七 人群与船
地点：广西宁明花山、时间不详

图八 船、人
地点：广西岩拱山时间不详

（6）《世界岩画资料图集》[10]，中国工人出版社，1992年。

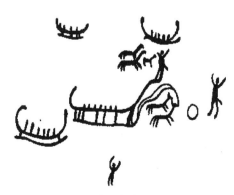

图九 船与人
地点：斯堪的纳维亚半岛
时间：中石器时代

图一〇 小舟渔猎图
地点：南非
时间：1.2万年前

图一一　捕捉淡水鱼

地点：南非

时间：1.2万年前狩猎采集时代

图一二　独木舟

地点：加拿大

时间：1.7万年前

图一三　　（左）巫师、豪猪、独木舟；（右）尼皮贡河上的梅梅瓜什

地点：加拿大

时间：1.7万年前

图一四　猎手们和杀死的鳄鱼

地点：津巴布韦

时间：1.2万年前

图一五　水上茅舍

地点：意大利

时间：中石器时代

（7）《外国岩画发现史》[11]，上海人民出版社，1993年。

图一六 捕鱼

地点：南非布须曼崖壁画

时间：后期石器时代

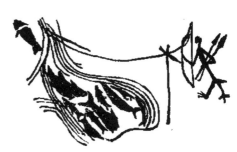

图一七 渔猎

地点：印度马哈德山崖壁画

时间：约为20000年前

图一八 捕鱼

地点：印度皮摩波特卡崖壁画

时间：公元前25000～前15000年

图一九 船与人物

地点：日本富勾岩刻

时间：2万年前

图二〇 河马

地点：阿尔及利亚阿尔杰

时间不详

（8）《太平洋岩画》[12]，上海文化出版社，1997年。

图二一　海龟

地点：智利复活岛岩刻

时间不详

图二二　人、船与太阳

地点：加拿大

时间不详

图二三　牛、船

地点：加拿大

时间不详

图二四　人与船

地点：马来西亚

时间不详

图二五　鲸

地点：韩国盘龟台岩刻

时间不详

（9）《中国岩画》[13]，广东旅游出版社，2004年。

图二六　船

地点：澳门

时间不详

图二七　船、人物、动物

地点：牡丹江

时间不详

从岩画表现的艺术风格来说，在早期，几个大洲文化生成是极其类似的。中国北方地区的岩画可以看到许多对龟、船、鱼等的描绘，因为在古代，贺兰山、甘肃、内蒙古区域是气候温润、水量丰沛的地区。在先史时代，非洲及太平洋沿岸的古人类就开始捕鱼结网，并使用类似梭镖的工具开始进行渔猎活动。原始岩画中的小木船与今天威尼斯的干朵拉、巴布亚新几内亚土著居民的船等相比，在造型上并无大的改变。

2. 表意型岩画中的"水"符号

表意型岩画其实是成群的点和线，或可以看作是综合性的标志和符号，其产生可追溯到旧石器时代早期。有大约20种表意符号在世界范围内传播，已识别的主要是身体结构表意符号（如生殖符号[14]、手印、脚印）、概念表意符号（如十字、"Z"字形、圆盘）、数字表意符号（如成群成组的点、线）。这些术语都是应交流需要而产生的，并不一定表现出表意符号原本的重要性。

表意型岩画以具茨山的凹穴岩画为最，有几万幅之多。因为"水"是人类早期的基本词汇之一，可以推测这其中一定有指示"水的符号"，然而，具体哪一种凹穴岩画代表水，尚无明确的定论；其所表现的内容目前至少已有上百种解释，包括星星、星座、血滴、盛圣水的杯、一种对生或死或战争的记录、道路、月亮和太阳活动的记录或气候变化的预报等。很明显，它们具有某种象征的意义或记事的作用（图二八～图三二）。

现今岩画的研究涉及表意型符号解读，因为史前艺术是一种能够被破译的语言。目前，在这一领域，每年都有新进展，对它的解读为世界史研究奠定了基础。

（1）《发现岩画》[7]，宁夏人民出版社，2005年。

图二八　水或者星、月、太阳

地点：贺兰口

时间不详

（2）《丝绸之路岩画艺术》[15]，新疆人民出版社，1993年。

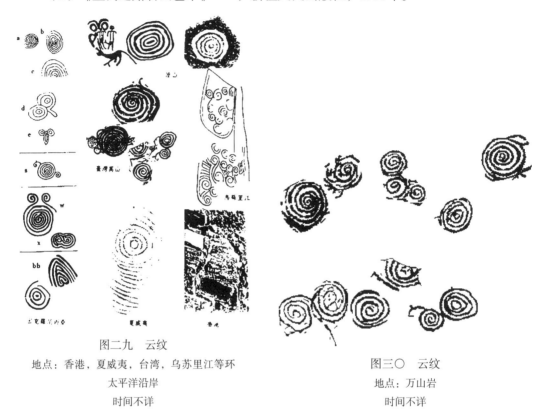

图二九　云纹
地点：香港，夏威夷，台湾，乌苏里江等环
太平洋沿岸
时间不详

图三〇　云纹
地点：万山岩
时间不详

（3）《太平洋岩画》[12]，上海文化出版社，1997年。

图三一　旋涡纹
地点：台湾
时间不详

图三二　旋涡纹
地点：美拉尼西亚
时间不详

除此之外，在大洋洲土著的祖先在梦创时代（dreamtime）的远古岩画中，用同心圆表示水流或野营地。

四、结　论

通过对大量原始岩画的调查，我们并没有发现直接表达"水"的图像或符号，或者无法通过直接的证据表明某种符号是指"水"的。

从大量岩画资料中与水相关的事物，如龟、船、鱼等的描绘，可以了解到古代中国北方地区的气候条件，如贺兰山、甘肃、内蒙古区域气候是温暖湿润的，有丰沛的水源，并无今天的干旱之忧。今天这些地区的气候干燥，与第四纪冰川结束后地球气候总体趋于变暖有密切关系。

今天，世界上许多地方，依旧在使用过去传统造型的小船，如威尼斯的干朵拉、巴布亚新几内亚土著居民的木船，这些船的造型都可以追溯到古代的岩画中的原型。因为，岩画中船的造型与今天人们还在使用的小木船造型并无大的差异。

在先史时代，人类就开始捕鱼结网，并使用类似梭镖的工具开始进行渔猎活动。

根据格式塔原理[11]，如图三三所示，通过对大量原始岩画的调查发现，在岩画图像中"水"是作为格式塔的"地"而存在的，并没有发现作为"图"而存在的案例。这种将水作为地的表现特征，反映了早期人类还没有普遍寻找到表现水这种流动物体的方法。从岩画表现的艺术风格来说，早期几个大洲文化生成是极其类似的，后来才逐步形成差异。

在古代岩画中发现大量的螺旋状的纹样，是云纹还是水波纹，依据目前的技术条件及人类的解读水平，尚不能做出判读。值得注意的是，资料中所有的螺旋式纹样是以逆时针旋转为主。

图三三　鲁宾的杯

人类在原始狩猎采集的石器时代，与其他生命同属于生物圈。这期间，虽然有丰富的图画记事和符号记事的内容，但没有形成普遍意义的水的记号。水作为无形之物，当时的人类尚未找到记号水的方法。然而，当人类选择了农耕畜牧的生活方式之后，地球上人间圈开始形成，原来以太阳能为主要的地球系统驱动力的物质及能量循环开始发生了改变。

此后数万年里，人类以文字符号代替岩画图像来传达信息、交流思想。在中国形成了象形文字的语言系统，人类创造了丰富的水的读音符号以及文字符号表达。

参 考 文 献

［1］ 長谷川寿一.進化と人間行動［M］.东京：东京大学出版社，2000.

［2］ 冯军胜.阴山岩画与原始宗教自然观［J］.内蒙古大学学报（人文社会科学版），1999，31（6）.

［3］ 爱马努埃尔·阿纳蒂，吕莎译.岩画与艺术的起源［J］.中国社会科学报，2012，（284）.

［4］ 刘征，鲁娜，吴剑锋.基于设计认知的草图研究综述［J］.浙江大学学报（工学版），2010.

［5］ 盖山林.巴丹吉林沙漠岩画［M］.北京：北京图书馆出版社，1997：12.

［6］ 盖山林.中国岩画图案［M］.上海：上海三联书店，1997：1.

［7］ 李祥石.发现岩画［M］.银川：宁夏人民出版社，2005：2，9.

［8］ 陈兆复.古代岩画［M］.北京：文物出版社，2001.

［9］ 王克荣，邱钟仑，陈远璋.广西左江岩画［M］.北京：文物出版社，1988：12.

［10］ 刘方.世界岩画资料图集［M］.北京：中国工人出版社，1992：10.

［11］ 陈兆复，邢琏.外国岩画发现史［M］.上海：上海人民出版社，1993.

［12］ 李洪甫.太平洋岩画［M］.上海：上海文化出版社，1997：11.

［13］ 盖山林.中国岩画［M］.广州：广东旅游出版社，2004.

［14］ 〔美〕贾雷德·戴蒙德.枪炮，病原菌，钢铁——人类社会的命运［M］.上海：上海译文出版社，2000.

［15］ 周菁葆.丝绸之路岩画艺术［M］.乌鲁木齐：新疆人民出版社，1993：6.

百年庆典　国际关注

爱马努埃尔·阿纳蒂先生访谈录

爱马努埃尔·阿纳蒂
Emmanuel Anati

（国际岩画委员会第一届主席、意大利世界岩画研究中心创始人、卡谟诺史前研究中心创始人、国际史前和原始科学协会会长、国际史前和民族研究中心主席）

2015年7月5日在首都博物馆，由中国岩画学会主办，崇左市人民政府协办的"亘古天书·2015'中国岩画展"隆重开展，这是中国岩画学会首次举办的大型全国性岩画展览。爱马努埃尔·阿纳蒂先生应邀专程从意大利赶到北京出席并全程参与了本次活动各项议程。

阿纳蒂先生在两天当中两次到首博岩画展厅参观。一个年逾耄耋的老者，每次观看都很激动，他对记者和同仁表示：他本人曾多次到中国岩画点进行实地考察，中国岩画分布广、数量大，是世界岩画的一个重要组成部分。而本次岩画展以地域为线索对中

爱马努埃尔·阿纳蒂（左三）参加纪念中国岩画现代研究保护100周年
"亘古天书·2015'中国岩画展"开幕式

国际岩画巨匠爱马努埃尔·阿纳蒂先生对"亘古天书·2015'中国岩画展"赞誉有加

国岩画遗存地做了极为全面的概览，每一个展板都会令他再次回忆起他曾到过的神秘而巍峨的中国岩画点，同时也生动地展现了中国岩画现代研究保护所取得的巨大进步。他没有想到这样成功的岩画展览等系列活动是由仅仅成立两年的中国岩画学会举办的。中国岩画学会以文化为切入，在帮助花山岩画申遗取得实质性进展方面发挥了重要作用。

当晚，在观看"阴山·古歌"的精彩演出后，阿纳蒂先生发表感言：这是他走过的全球岩画遗址地观看过的唯一一部以岩画为主题的岩刻情景舞台剧。该剧让他从艺术和美学的角度重新感悟了阴山岩刻和中国岩画的风采，舞台剧背后的内涵值得细细回味。这场演出将岩画与文化、美学、艺术欣赏和现代人的价值观、生存观紧密结合，具有高度的观赏价值。他希望能够得到一份该舞剧的光盘，带到意大利同他的学生们以及今后所到之处共同分享这场精彩绝伦的演出。此外，来自秘鲁和印度的岩画学者也对本次活动给予了高度评价，再三要求馈赠"阴山·古歌"的全场录像光盘以便他们带回到各自国家岩画界的同仁当中。

阿纳蒂先生还表示：中国岩画学会的朋友王建平，谢谢你征求我关于你组织的中国岩画展览的意见。这是个很好的项目，展示了在全国收集知识和文献的努力。同时其卓越的合作与组织能力也显而易见。这是非常有价值的主题，同时有重要的教育意义，展示出了中国岩画遗产的多样性与丰富性。该展览还包括了世界上其他岩画，可进一步增强教育价值和文化价值。

毫无疑问，中国岩画是古代文明非常重要的信息。展览提供了一个发展研究的平台，旨在了解早期艺术家在传达的岩画中的意义和目的。展览揭示了各个时期各种文化的概念，展示了人类族群的特殊性，其中一些是游牧民族，还有一些体现着不同经济身份的人：猎人、牧民、农学家等。展览是一个有价值的基地。它依据各个时期具有代表性的岩画，试图重建当时经济和社会进展。而集中通过艺术类型学、人类群体经济以及社会组织和生活方式界定岩画的研究，是一个很有前途的研究领域，对岩画的研究也可以从展览中得到启发。

展览的价值可以开放至教育、研究和旅游等各个领域。对岩画的兴趣可以激励学校促进国际合作，鼓励中国学者，吸引国外学者。岩画遗址也可以成为一种吸引国内外游客的新型文化旅游资源。展览非常重要，揭示了基于岩画领域各种研究成果或成功经验基础上的努力和智慧。

Dear friend Wang Jianping,Thank you for your enquiry about my opinion on the exhibition organized by you on the rock art of China. It is an ambitious project that illustrates the large efforts, gathering knowledge and documentation, all over the country. It reveals excellent ability of cooperation and organization. It is a valuable presentation of the subject and an important educational contribution showing the variety and wealth of the Chinese rock art patrimony. The sector including other rock art sites in the world is a further addition to its educational and cultural value.There is no doubt that rock art is an important source of information about the variety of ancient cultures that grew and developed in the territories of China. The exhibition is offering a base for developing research, aiming at understanding the meaning and the motivations of the messages that the early artists intended to convey by their rock art. It also reveals the conceptual variety of cultures belonging to various periods, showing the peculiarities of populations, some sedentary, others nomadic, having different types of economy: hunters, pastoralists, agriculturalists, etc. The exhibition may be a valuable base to reconstruct the economic and social evolution following the various periods represented. The study aimed at defining, by the typology of the art, the economy of human groups, the social organization and way of life, is a promising research field that can be inspired by the exhibition.The valuable presentation of the exhibition may open up positive development in education, research and tourism. The interest in rock art can be an incentive for schools, stimulate international cooperation, encourage Chinese scholars and attract scholars from other countries. It can also be a source of a new kind of cultural tourism, to the rock art sites, for both, Chinese people and tourists from abroad.The exhibition is important. It reveals the efforts and wisdom at the base of the successful results.

（原载于《中国岩画》2016年第3期）

罗伯特·G.贝德纳里克先生访谈录

罗伯特·G. 贝德纳里克
Robert G. Bednarik

（世界岩画组织联合会主席）

本刊记者：请您谈一下目前世界在岩画保护与展示方面的情况和这次参加"世界岩画谷"项目研讨会的感想？

罗伯特：首先，来到这里是我的荣幸，我也非常高兴会议能够邀请我。岩画是世界上奇迹般的存在，几乎遍布在每个国家。它是现存史前人类文化证据的重要构成部分，约占当今世界古代艺术的99%。因此，它是人类早期文化遗产中最突出的部分，提供了关于古人概念现实和人类认知进化的丰富信息来源。

听了大家发言后，我必须说一些非常重要的观察结果：无论什么情况下都不应该对岩画进行直接的、物理性的挖掘。比如说过去用到的一些方法会产生：激光腐蚀、塑料腐蚀、拓片、喷水，还有不停地在上面施加其他各种的东西。所有这些研究方法在今天都是禁止的。非常简单的道理就是：所有对岩画物理性的干扰都会造成岩石或岩画发

世界岩画组织联合会主席罗伯特·G.贝德纳里克先生在"世界岩画谷"项目研讨会上发言

罗伯特·G.贝德纳里克先生在福建考察岩画

生化学反应的结果。好好利用今天的科学手段对我们来说非常重要，我们无法预测一百年或五百年后的岩画科学家将按照什么样的先进研究方法使岩画能够保持原貌。

所以，我们必须保证尽最大可能减少未来岩画研究者对岩画进行任何物理性干预。一个公平的观点是：在今天的观念下我们不考虑进行下一步的研究行动，除非有数据证明或岩石成分分析可以告诉我们如何保护这些岩画。

本刊记者：其他国家的岩画比如您的所在国澳洲的岩画也同样面临破坏严重的问题吗？

罗伯特：西澳大利亚丹皮尔群岛是世界上最大的岩石艺术聚集地，正在被澳大利亚最大的公司之一的工业综合体破坏。这里是世界上最大的岩画聚集区，但是很不幸的是当时没有限制，有一些岩画就受到了工业区的破坏，这些工业生产带来的污染也会对岩画造成大量的破坏。如果不是那时候的工业堤建的比岩画遗址的石头低一些，当时将会损失大约一百万个岩画图像。可惜的是我们还是在二十世纪末失去了大部分的岩画遗址。

在丹皮尔地区岩画破坏的现象和规模是非常严重的。这不仅是由某些商业公司造成的，而且还有考古学家的不当指挥对丹皮尔岩石艺术遗址的破坏。2007～2008年的一些具体的挖掘项目花费了600万美元。在过去的55年里，95000幅岩画被摧毁、掩埋或移除。有些则是被转移到其他的地方去，无法被很好地安置。所以岩画必须留在遗址原地。

本刊记者：世界国际岩画组织联合会在过去的岩画保护与展示工作中有怎样的进展？

罗伯特：2006年以来，世界岩画组织联合会多次游说联合国教科文组织的文化遗产部门，认为《世界遗产名录》偏袒欧洲历史时期的遗产，历史遗迹可能会因政治导向产生分歧。我们呼吁他们要重视世界岩画，不仅仅是重视欧洲地区的文化遗产保护。岩画是属于全人类的智慧结晶，而不是属于某些种族或国家的。

在多次沟通中，我们对当时结果并不是非常满意。我们一共与联合国教科文组织开了四次会议，最终取得了优良的成果：欧洲以外的岩画遗址也理应得到重视。这就是为什么最近后来有更多的岩画遗址（包括花山岩画）进入了世界遗产名录。这些遗址被世界文化遗产名录顺利录入的原因是与我们的努力工作分不开的。

本刊记者：您认为"世界岩画谷"项目对于岩画文化生态保护与利用有什么样的作用和意义？

罗伯特：关于岩画旅游业，从岩画学者的角度来说，是更希望从来没有任何岩画参观者到达岩画地的。因为所有人类对遗址的造访都会造成干预，即便是最微小的行为。我来给大家举一个例子：在澳大利亚的北部约克角半岛，它大概容纳了一万个岩画遗址，我们向公众奉献了两个遗址，一万个中的两个被牺牲。

这是我们唯一向公众做出妥协的特殊部分，从而转移公众注意力使其他的岩画不受外界侵扰。"世界岩画谷"项目就是类似的保护手法，在向公众展示岩画面貌的同时，又把公众注意力从岩画原址转移使其不受外界干预。在展开建设时，我们一定要把岩画的全信息复制过来。包括：绘制岩画的原料、绘制或凿刻手法或绘制的步骤等。我们不能欺骗观众，实际上有的时候呢，观众是可以欺骗的，但是你总有露馅的一天。所有我们给观众的信息一定要比较真实、比较出于事实，编故事恐怕不是个办法。

本刊记者：在其他岩画保护展示工作比较先进的国家里，是否有类似"世界岩画谷"项目可以借鉴的经验？

罗伯特：法国在岩画不受外界侵扰方面有比世界其他任何国家更多的经验。洞穴岩画如果向外界公众开放，会对岩画有很多的负面影响。不仅是对石头有侵蚀，最主要的是人类还会带来很多微生物：例如霉菌、孢子等都是从外界进来的。20世纪60年代法国拉斯科洞穴就发生过一次霉菌感染，政府花费了上百万美元仍然无法去除这些霉菌。这是一个使人非常困扰的问题。

其中一种解决方式就是建立岩画的摹本。比如说澳大利亚的凯文·斯密波特建造的岩石艺术仿制品、澳大利亚卡卡杜国家公园安邦邦的临摹作品，都是根据岩画真实大小而临摹的，不仅是非常优秀的艺术作品，就连岩石的纹理和质地都复制得很到位。2016年的拉斯科四世博物馆中创造了三个拉斯科洞穴艺术的复制建筑，工程造价6400万美元。最终在2017年这些作品在人造山洞模型的基础上建立起拉斯科博物馆。

2014年施工的世界文明的肖维洞穴复制模型大概有8000平方米左右，是一个非常巨大的工程。所有岩石都是一比一复刻的，包括岩石的纹理和质地，一些小细节也没有放过。艺术家在进行岩石的复制工作时，不是岩画而是岩石的复制工作，以至可以复制出原有的洞穴容貌。做这样大一个工程却如此细致,我们可以想象一下需要多少人的工作和时间去完成,但是这就是当时的真实情况。这个项目现在差不多已经要完成了,投资金额达到了7500万美元。博物馆里有一条非常宽阔的走道可以供人在上面行走,以应对将来成千上万的游客。

本刊记者:对岩画艺术品进行如此细致的刻画与复制,无疑需要对岩画本身做非常细致的研究工作,那么这些研究工作进行过程中应该如何保证岩画不被破坏呢?

罗伯特:法国乔维特洞穴内奥瑞纳文化据推测是距今40000～32000年前的岩画艺术。除了专家和考古学家外其他非专业人士是不能进入这个洞穴的,这是为了更好地保护洞穴里的岩画。以至于这个洞穴里的岩画仍然能够呈现高质量的图像。我自己有幸进到洞穴里面去研究,不是每个人都有这样的机会,但是我可以告诉你这是一次非凡的经历。只有75名工作人员进入了洞穴,其他人不可以进入。这个洞穴每年只可以进来两次,每次不超过2周时间,虽然这个洞穴非常巨大但进入的人数也受到严格的控制,一般一次不超过10到12人。

今天运用的岩画研究技术是完全电子化、数字化的,用完善的技术判定一个空间里上百万个点,然后不用任何东西碰触岩画就可以复制整个图像。通过无接触的复制岩画,我们还有效地解决了如何才能把岩画搬离原址的问题,因为这种复制方法也包含了各种数据包括岩石成分和其他所有的特征。

本刊记者:谢谢您,罗伯特·G.贝德纳里克教授!

(原载于《中国岩画》2019年第2期)

帕萨克·敏纳克什博士访谈录

帕萨克·敏纳克什
Meenakshi Dubey-Pathak
（印度岩画协会创始成员、布莱德肖基金会成员、国际岩画组织联合会成员、
岩画研究学者、博士）

2015年7月，受中国岩画学会邀请，帕萨克·敏纳克什博士参与"亘古天书·2015'中国岩画展"暨纪念中国岩画研究保护100周年、第二届中国·国际岩画论坛。

2015年10月受国际古迹遗址理事会委派，帕萨克·敏纳克什博士对我国2016年的世界文化遗产申报项目左江花山岩画文化景观进行现场考察评估，并给予申遗各项准备工作高度评价和充分肯定。

1. 请您谈谈对此次展览的第一印象并谈谈有何感受。

我觉得这是一个令人钦佩的展览。能看得出来，为了向游客介绍中国丰富多彩的文化遗产，举办方付出了艰辛的努力。

2. 您是第一次接触对于中国岩画的保护和研究现状的展览吗？

2014年7月，我曾在广西参观过此类展览。那次是关于花山岩画保护的。但这次展

帕萨克·敏纳克什博士（中）参观"亘古天书·2015'中国岩画展"

帕萨克·敏纳克什博士观看大型岩刻情景史诗
"阴山·古歌"后发表感言

2014年7月，帕萨克·敏纳克什博士参加了2014年
中国·国际岩画论坛，随后到广西考察花山岩画

览的内容还包含了中国其他地区岩画的研究工作和进展情况。

3. 您认为此次展览有助于您了解中国岩画的分布和风格吗？您认为通过此次对古岩画的展览有助于您理解中国史前文明吗？

当然，这次展览非常容易理解，尤其对游客，特别是非专业人士。而对我这个专门研究岩画的人来说，我能充分意识到岩画在中国史前文明中所扮演的角色。这次展览非常清晰地展示出了这一点。

4. 参观此次展览后，就中国岩画的水平和数量而言，您能谈谈其在全球范围内岩画中的角色吗？

中国岩画当然是丰富壮观的，且分布在不同的地区。关键是它们都有自己的独特之处。比如花山峭壁上的岩画，离地面40多米，而且位于地形复杂的地方，太独特了。

5. 与世界上其他类似的展览相比较而言，您对此次展览的影响有何评价？

世界不同地区的岩画艺术展大多基于某个特定的主题（例如洞穴壁画）或区域，与中国的相比限制太多。这次展览能把中国岩画介绍给很多人，包括国内外迄今为止还不知道岩画的人。

6. 您认为此次展览是否有助于将中国古文化艺术推广的到其他国家？此外，您认为此次展览是否有助于其他国家更多地了解中国古文明，以及中国古文明中的岩画艺术？

如果考虑到对公众教育的影响，如使人们知道中国岩画文化遗产的重要性、文化价值，以及它在中国史前及漫长历史中的突出地位，那么，这次展览还有很长的路要走。

1. I found it a quite impressive exhibit. Which shows the painstaking efforts made to introduce the visitors to one of China's great forms of heritage.

2. I had witnessed this particular kind of exhibition for the first time in the Guanxi region in July 2014. It was about the preservation and protection of Hua Shan rock art. But the new exhibition is also presenting and displaying research work about other rock art sites elsewhere in China.

3. Yes, the exhibition is very comprehensive and easy to understand by the visitors, which is the main point when dealing with a public of non-specialists. As a specialist of rock art myself, I am indeed fully aware of the role played by rock art in Chinese prehistoric civilizations and this comes out clearly in the exhibition.

4. Chinese rock paintings are certainly quite abundant, in different parts of the country. They may be spectacular and impressive. Above all, they have their own originality. For example, the Hua Shan cliffs, covered with paintings up to forty meters above ground and set in an extraordinary landscape, are unique.

5. Rock art exhibitions in different parts of the world generally bear on a particular topic (like "cave art", for instance) or on a particular area, in general far more restricted than China. This one will introduce Chinese rock art to a great many people that were so far ignorant about it, abroad but also in their own country.

6. Because of its pedagogical impact on the public, this exhibition should go a long way in making people aware of the importance and cultural value of Chinese rock art heritage and of the prominent place it holds in the prehistory and long history of the country.

（原载于《中国岩画》2016年第3期）

高里·托米先生访谈录

高里·托米
Gori Tumi E. Lopez
（秘鲁岩画研究学会副会长，博士）

　　请接受我关于延迟回答采访问题的道歉。我很感谢有幸参与第三期中国岩画杂志的讨论。非常感谢！

　　1. 我对展览的第一印象是惊讶，它展示了中国岩画的具体案例和诸多图像，无论是岩石雕刻抑或象形文字。这是我第一次看到这样的岩画。看完展览，我感觉自个儿像走完了中国，并且更认识了中国人的复杂又丰富的图像历史。

　　2. 是的，第一次。看到这样一个包含了岩画作为工艺品的展览，岩画作为具有价值的遗产真是值得去保护和研究。据展览的举办方披露，在保护这些遗产，尤其是那些非凡的具有潜在价值的岩画过程中，每个省都肩负着很大的责任。

　　3. 当然可以。像这样既典型又印象深刻的岩画从来没有在哪个地方展出过。这次展览所展示出来的岩画主题、风格的变化，对于人们理解中国历史的复杂性很有帮助。我们从中可以看到，许多传统的文化表达起源于岩画或与之相关的因素。岩画这种人工制作的作品，是早于文字和陶瓷的中国文明的图像发展。

高里·托米博士参观"亘古天书·2015'中国岩画展"（左2）

高里·托米博士与中国岩画学会王建平会长沟通交流（左1）

4. 中国一定有世界上最大的最广阔的岩画遗产。虽然这些遗产的外延和时间需要更多的研究。在价值判断和主题方面，展览展出的作品相当古老。在这个层面，中国岩画的潜力是非凡的，毫无疑问，中国是世界上有着众多岩画的国家。

5. 岩画的本质植根于产生它的地方。这次文化工艺品展览没有提供其他文化的相同的条件和视角。从这个角度看，这个展览是展示中国岩画文化潜能的例子。它的首要作用是警示人们这个遗产是微妙的，必须保持其在所发现之地的原貌。作为国际观察员，令我担忧的是，岩画会被人们从它最初所处之地移走，放在私人美术馆或博物馆，这对于岩画研究是非常不利的。从这个层面说，这样的博览会督促我们必须保护这些非凡的遗产。来自中国和其他国家的人们，都会为人类辉煌的过去感到骄傲，并将这份遗产传给后人。

6. 我从未见过像这样的一个展览。它展示了中国文化身份更纯粹的一面，更清晰地说明了中国文明在世界的位置。任何看到这个展览的人，都可以肯定这是一个真正展示中华民族过去的展览，从中可以理解古老的中国的史前背景。随着全球范围内保护岩画的信息和科技的出现，岩画成了一个可以证明自己历史的非凡证据。

1.Answer: My first impression was amazement because of the deploying of the exhibition, showing concrete examples and multiple images of China rock art, both petroglyphs and pictographs. It was the first time I saw such a sample. After see the exposition, I felt that I had a great trip to the China past covering almost all its territory, and recognizing the Chinese people complex and rich graphic history.

2. Answer: Yes, is the first time that it is possible to see an exhibition of this kind that involve a general perspective of rock art as a particular artefact that deserve to be protected and studied as any other valuable cultural patrimony. The organization of the exhibition reveals that each province presents and extraordinary potential of rock art research implying a huge responsibility in the safeguard and protection of this evidence around the country.

3.Answer: Of course I do. A sample as representative and impressive as this was never gathered before in one place. The theme and stylistic variation of the rock art in the exhibition gives an idea of the huge historical complexity of China cognitive develop over time. The sample emphasizes that many of the traditional forms of cultural expression have originated or are somehow related with rock art; this artefact is at the foundations of the graphic develop of China civilizations, before the invention of the writing and before the use of ceramics.

4. Answer: China must have one of the largest and extensive rock art patrimonies in the world. Although the extension and age of this patrimony requires to be established with more research in all Chinese territory, the exhibition exposes samples of considerable antiquity judging by the condition and patination of their motifs; in this regard, the potential of China on this patrimony is extraordinary. Without no doubt is one of the countries with more rock art in the world.

5.Answer: As the nature of rock art lies in the location where it was produce, an exhibition of this cultural artefact does not have the same conditions and perspectives of other cultural materials. Following this perspective, the exhibition is an example of the extension and the cultural potential of China respect of rock art and its first effect shall be the warning that this patrimony is delicate and must be kept in situ in all places of the country were was found. As an international observer it worries me the fact that this patrimony can be removed from their original places to be relocated in private collections or museums with negative consequences for rock art research. In this sense, an exposition like this must compel us to protect this extraordinary past testimony so all people from China and from others countries could feel pride of this glorious past than we can heritage to future generations.

6. I never saw an exhibition like this, it expose one of the more pure facets of the cultural identity of China, showing clear exponents of its civilization essence to the world. Any one that see this exhibition can be sure that is looking a genuine testimony of the Chinese national past, from this is possible to understand part of the historical background of this ancient country. An exhibition that valuate rock art as an extraordinary testimony of their own past, with a message of conservation and advance in rock art science can be seen around the world.